新编公共行政与公共管理学系列教材

理解电子政务
——从理论到实践
Understanding Electronic Government: Theory and Practice

黄璜／编著

北京大学出版社
PEKING UNIVERSITY PRESS

图书在版编目(CIP)数据

理解电子政务：从理论到实践/黄璜编著. —北京：北京大学出版社，2011.2
（新编公共行政与公共管理学系列教材）
ISBN 978 - 7 - 301 - 18707 - 4

Ⅰ.①理…　Ⅱ.①黄…　Ⅲ.①电子政务 - 高等学校 - 教材　Ⅳ.①D035.1 - 39

中国版本图书馆 CIP 数据核字(2011)第 051246 号

书　　　　名：	理解电子政务——从理论到实践
著作责任者：	黄　璜　编著
责 任 编 辑：	高桂芳(pkuggf@126.com)
标 准 书 号：	ISBN 978 - 7 - 301 - 18707 - 4/C · 0665
出 版 发 行：	北京大学出版社
地　　　　址：	北京市海淀区成府路 205 号　100871
网　　　　址：	http://www.pup.cn　电子邮箱：ss@pup.pku.edu.cn
电　　　　话：	邮购部 62752015　发行部 62750672　编辑部 62753121
	出版部 62754962
印　　刷　者：	河北滦县鑫华书刊印刷厂
经　　销　者：	新华书店
	730 毫米×980 毫米　16 开本　24 印张　　427 千字
	2011 年 2 月第 1 版　2012 年 5 月第 2 次印刷
定　　　　价：	46.00 元

未经许可，不得以任何方式复制或抄袭本书之部分或全部内容。
版权所有，侵权必究
举报电话:010 - 62752024　电子邮箱：fd@pup.pku.edu.cn

前 言

20世纪70年代末以来,信息革命席卷全球。以计算机技术为核心的现代信息技术在各国公共治理、经济发展和公众生活中扮演着日益重要的角色。各国政府在将发展信息化作为振兴经济之基本国策的同时,也纷纷将信息技术引入自身管理活动中,以此提高公共管理的绩效水平。电子政务便是在这场信息化盛宴中应运而生,成为各国信息化进程中最为瞩目的焦点之一。

如果将1999年"政府上网"工程的启动作为中国政府大规模推行电子政务的起点,至今已历经十余年。中国电子政务从无到有,取得显著的成绩。与之相适应的,电子政务的研究与教学也从无到有地发展起来,目前已经遍及国内各大高校和科研机构。

从研究和教学的角度来看,电子政务是一个新兴的跨学科领域,所涉及的学科背景包括政治学、经济学、公共管理学、计算机科学、信息科学、传播学、情报学、地理学等。不同学科在研究和教学中通常都依循各自的逻辑起点,从不同的视角来理解和讲授电子政务。

本书的教学对象是公共管理专业的本科生、研究生和公共管理硕士(MPA)。本书以作者在北大政府管理学院的电子政务教学实践为基础,主要体现了作者对电子政务的理解和教学旨趣。书中内容包括以下七个部分:

第一,导论。这部分内容通过一系列案例,向读者展现了电子政务的基本面貌,努力为读者建立关于电子政务的初步印象。相关内容的细节则在其他章节依次展开。

第二,信息化篇。这部分内容向读者介绍了社会信息化的若干主要方面。信息化是电子政务的社会环境。了解信息化是理解电子政务,尤其是中国电子政务的前提。

第三，组织篇。这部分内容将与读者详细讨论组织环境与电子政务的相互影响。电子政务可以看作是公共部门管理的政策选择。读者由此可以理解管理部门选择信息技术的动因。

第四，公共服务篇。这部分内容阐述了公共部门如何利用信息技术为公众提供公共服务。电子民主相关内容被囊括进来，是因为从操作性的角度，电子民主可以看作是支持公众参与的技术服务。

第五，信息系统篇。对信息的系统化管理是提高管理绩效的基础。这部分内容从一般模型和应用系统两个层面详细介绍管理信息系统如何在不同层次的政府管理活动中得以应用。

第六，决策支持篇。这部分内容详尽讨论了信息技术如何支持管理决策活动。读者由此可以比较深入地理解电子政务在支持政府决策方面的价值、行动方案和技术标准。

第七，知识管理篇。这部分内容在对知识和知识管理的一般性探讨基础上详细阐述了面向知识管理的电子政务的基本内涵、价值目标以及设计方案，有助于读者对新一代电子政务的深入理解。

本书在借鉴前人工作成果的基础上，努力在以下四个方面做出一些改变：

第一，综合政治学、传播学、计算机科学、情报学和管理学的电子政务研究成果，从不同的学科视角，理论联系实际，对电子政务的主要方面进行系统性的阐述，方便读者比较全面地了解和掌握电子政务相关内容。

第二，加强理论性的讨论，将大量电子政务实践经验作为理论教学的案例，增强电子政务研究和教学的学术性，提高读者的研究兴趣。

第三，重视理论研究的延续性，将对电子政务的探讨放在政治学、管理学研究的更广阔的理论脉络中，既强调理论模型的一般性，又重视电子政务的特殊性，拓宽电子政务教学的理论视野。

第四，按照理论和案例阐述的需要来讨论信息技术，内容主要围绕技术对公共管理活动的价值，一般不涉及技术的细节，并尽量以非技术的语言来阐述，使非技术背景的读者也能够对技术形成兴趣并有所了解。

在教学和写作本书过程中，作者参阅了大量文献，吸收了许多中外学者的研究成果，在此一并致谢！

在本书即将付梓之际，对北京大学出版社高桂芳等同志的大力支持和辛勤付出表示感谢。

作者的夫人李吉芝女士在辛勤工作与照顾家庭之余帮助作者整理书稿，在此也对她的付出表示感谢!

  由于时间和水平所限,本书与最初所制定的目标仍有差距,一些教学内容尚未细致展开,并且一定存在不当甚至错误之处,恳请学界同仁和广大读者批评指正!

黄 璜

2011 年 1 月 14 日

于北大廖凯原楼

目　录

导论 /1
　　本章摘要 /1
　　关键术语 /1
　　§0.1　信息时代的公共管理 /1
　　§0.2　电子还是政务？ /6
　　§0.3　电子政府的模式 /11

信 息 化 篇

第一章　信息化 /25
　　本章摘要 /25
　　关键术语 /25
　　§1.1　信息化的肇始 /25
　　§1.2　信息化的发展 /32

第二章　信息资源与信息技术 /43
　　本章摘要 /43
　　关键术语 /43
　　§2.1　信息与信息资源 /43
　　§2.2　政府信息资源 /49

§2.3 信息技术 /53

第三章 信息产业与电子商务 /63

 本章摘要 /63

 关键术语 /63

 §3.1 信息产业 /63

 §3.2 电子商务 /70

组 织 篇

第四章 全球化、新公共管理与电子政务 /81

 本章摘要 /81

 关键术语 /81

 §4.1 公共治理的危机 /81

 §4.2 管理的革命 /84

第五章 信息与组织(一) /91

 本章摘要 /91

 关键术语 /91

 §5.1 组织中的信息结构 /91

 §5.2 组织中的信息资源管理 /100

第六章 信息与组织(二) /107

 本章摘要 /107

 关键术语 /107

 §6.1 组织信息结构的变革 /107

 §6.2 组织对技术的选择 /117

公 共 服 务 篇

第七章 门户系统 /125

 本章摘要 /125

 关键术语 /125

§7.1 门户系统的一般架构 /125

§7.2 网络 /129

§7.3 数据库与业务逻辑 /138

第八章 政府门户网站 /146

本章摘要 /146

关键术语 /146

§8.1 政府门户网站的设计 /146

§8.2 政府门户网站的评估 /158

第九章 电子民主 /174

本章摘要 /174

关键术语 /174

§9.1 信息技术与民主 /174

§9.2 电子民主的模式 /182

§9.3 电子投票与互联网投票 /194

第十章 互联网安全与信任 /202

本章摘要 /202

关键术语 /202

§10.1 互联网技术安全缺陷 /202

§10.2 互联网中的信任 /208

信息系统篇

第十一章 管理信息系统 /219

本章摘要 /219

关键术语 /219

§11.1 管理中的信息与技术 /219

§11.2 管理信息系统的一般模式 /226

第十二章 政府管理信息系统 /240

本章摘要 /240

关键术语 /240

§12.1　政府管理信息系统的分类　/240

§12.2　支持政府部门内部业务应用的管理信息系统　/242

§12.3　支持政府外部业务受理应用的管理信息系统　/248

§12.4　支持跨部门整合应用的管理信息系统　/249

决策支持篇

第十三章　组织中的决策　/261

本章摘要　/261

关键术语　/261

§13.1　决策及决策过程　/261

§13.2　决策者　/270

第十四章　决策支持系统　/276

本章摘要　/276

关键术语　/276

§14.1　决策支持系统　/276

§14.2　群体决策支持系统　/290

第十五章　支持决策的软件技术　/293

本章摘要　/293

关键术语　/293

§15.1　数据仓库技术　/293

§15.2　数据挖掘技术　/301

§15.3　数据可视化技术　/308

知识管理篇

第十六章　组织中的知识演化　/317

本章摘要　/317

关键术语　/317

§16.1　知识　/317

§16.2 组织中的知识演化与创新 /325

第十七章 知识管理 /332

 本章摘要 /332

 关键术语 /332

 §17.1 知识管理的理论探讨 /332

 §17.2 知识管理的目标与框架 /342

第十八章 政府知识管理系统 /346

 本章摘要 /346

 关键术语 /346

 §18.1 政府知识管理 /346

 §18.2 政府知识管理系统 /356

参考书目 /364

导 论

本章摘要

现代信息技术对于政府管理活动具有重要价值。电子政务重在政务,而非电子。电子政务可以分为政府与公众间电子政务、政府与企业间电子政务、政府部门内部电子政务和政府部门之间的电子政务。

关键术语

信息时代的公共管理　公共服务　以公众为中心　行政改革　信息化
G to C 电子政务　G to B 电子政务　G to G 电子政务

§0.1　信息时代的公共管理

信息社会的到来在全世界引起了巨大的变化。在信息社会,与原来建构在大工业时代下的政府相比,政府出现了明显的变化。信息时代要求政府能够更加灵活、有效地面对市场与社会,为新的信息技术提供充分的发展环境,保证知识型劳动者的自由流通,提供更高质量的公共服务。

1993 年,美国政府启动了"国家绩效评估"(NPR)计划,提出要打造一个

"效率更高,花费更少"①(Works Better and Costs Less)的政府。利用信息技术推动政府实现现代化,提高公共服务的绩效,是"国家绩效评估"计划的核心所在。在该计划的倡导和支持下,美国"国家信息基础设施"(U.S. National Information Infrastructure, NII)建设得以大规模展开。世人所熟知的"信息高速公路"(Information Highway)便从这里起步。一系列覆盖全美的信息系统得以建立起来。这些系统在提高政府绩效方面获得了显著的成绩。比如,美国政府采购原先交易需要花费23—53天,而采用信息技术后变为5—10天,每一次交易的平均成本由原先的120美元削减至58美元;税务申报从原先书面办理的约10周缩短为3周以内。

美国政府对信息技术的推动迅速得到了其他国家的响应。在欧洲,1993年,欧洲议会发表白皮书《发展、竞争和就业:进入21实际的挑战和进程》可以看做是欧洲信息化的一个里程碑。该白皮书的基本观点是,建立横跨欧洲的IT基础设施,它将作为发展、提高欧洲竞争力,建立新市场和提供更多就业机会的前提。② 1999年,欧洲委员会提出了"电子欧洲"(eEurope)计划,其中关于"政府在线"的项目旨在利用信息技术为欧洲社会提供公共部门信息和服务。在德国,"联邦在线2005"计划的实施使德国联邦行政管理每年节约超过4亿欧元;在英国,根据政府的当时估计,如果中央政府和地方政府每年合起来能为信息化投资5.4亿英镑,那么可以削减41亿英镑的行政成本;如果在与民间部门的结算中使用电子商务的话,可以在五年内削减37亿英镑的成本,而电子采购又可以使成本削减3.9亿英镑。在亚洲,各国也不甘落后,信息技术被不同程度地应用在各种公共服务之中。比如,新加坡在2001年实现无纸化支票结算,仅此一项为当地银行节省4 600万新元。

1999年,在数十家中央部委的倡议下,"政府上网工程"正式开启了中国政府建设电子政务的进程。十多年来,运用信息技术提高公共服务质量,降低行政服务成本,提升执政能力,不仅已经成为决策者的创举,在中国社会也逐渐形成了共识。大规模的基础网络建设构架了中国的信息高速公路,各级政府部门开始大规模采用计算机辅助业务工作,各种各类的信息系统成为信息时代中国政府的标志。以下案例能够充分说明这一点。

---

① Creating a Government that Works better & Costs Less: the Report of the National Performance Review. Washington, D.C.: The Review: U.S. G.P.O., 1993.
② Ake Gronlund 等:《电子政府:设计、应用和管理》,清华大学出版社2006年版,第21页。

案例0-1

信息技术在中国政府管理中的应用

北京国内驻京机构网上办理工作居住证于2004年11月15日开通运行,到2005年5月26日,已经通过网上申报417件,173件已经办结,最快的一件只用了3天时间,减少了重复审核,简化了申报手续,极大地方便了用户,节省了办理时间。

广州市工商局建成的企业注册和年检系统,使得原先短则需要2—3个月,长则半年的企业注册工作,变成在8个工作日内就能完成。

"全国进口机动车核查系统"将进口车办理入户时间由原来的3个月缩短到现场办结。

银行大额支付系统直接连接1 500多家金融机构,涉及6万多个银行分支机构,日均处理跨行业务45万笔,金额高达7 000亿元,每笔业务不到1分钟即可到账。

上海市黄浦区群众低保系统建立区级社会救助"一口受理"服务平台,为居民提供低保协保、廉租房、医疗救助、支内回沪定居人员生活困难补助等服务。救助对象办完手续只需要3天,原来是15天,使用3—9种证明,原来需要5—19种,无须填表(原来2张表)。

除上述之外,诸如3S技术、数据挖掘、移动通信、信息安全、模拟仿真等现代信息技术,都已经被广泛地应用在公共管理活动之中,这将在第八章至第十九章中进一步讨论。

上述案例说明,现代信息技术对于公共管理活动具有以下价值。

首先,信息技术有助于降低公共管理成本。

任何管理活动都需要资源的投入,包括物力、人力、财力、时间、空间等。案例中相关部门使用各种业务管理系统所取得的效果,充分说明了信息技术在降低资源耗用方面的重要作用。现代信息技术一方面实现了对数据和信息运算能力的飞跃,从而能够大幅度地节省原先被投入到数据分析和处理中的人力、物力和时间;另一方面则革命性地替换了信息的物质载体,"比特流"不仅可以存储在"超小"空间中,而且可以实现人类自身所无法企及的超速传播。这样,那些原先广泛用于承载和传播信息的物质载体,比如纸张等,以及传播信息所需要的时间都可以被极大地节省下来,以至公众足不出户便可以获取政府的信息,办理相关业务。

其次,信息技术有助于提高公共管理部门的管理水平。

这表现在三个方面。第一个方面是实现了管理的科学化。通过信息技术可以获取和管理大规模数据,实现科学的分析方法,从而为管理决策提供支持,第十四至十六章将继续讨论。第二个方面是实现了管理的标准化。详尽的管理内容和标准化的管理流程都将被"固化"在信息系统之中,并以统一的风格为公众提供服务;用户只需要按照系统所提供的信息,以及所规定的步骤完成业务即可。技术并不能改变或提高人们的素质,但是可以改变信息交流的方式,这样一方面可以减少用户在业务办理时因为信息不对称导致出现的交易成本,另一方面也可以规范办事过程,实现按章办事,依法行政。第三个方面是实现了管理的精准化。"天下大事必作于细"。有人提出,对细节的把握决定管理的成败,然而对细节的管理是需要付出成本的,其中关键之一在于如何获取精细的信息。深入到每个角落的信息网络可以实现对管理过程的全面监控。第十二章中将继续讨论。

在上述价值的基础上,信息技术还可以进一步为政府管理活动带来以下价值。

第一,促进政府职能转变。

信息技术为政府职能以管制型为主向以服务型为主转变提供了重要的技术基础。管制型政府职能与服务型政府职能的一个重要区别在于,前者为公众的政治、经济和社会活动限定了明确的范围,即什么是能做的,什么是不能做的;而服务型职能则是要为各种各样的公众活动提供可靠的支持。这样,与管制型政府职能相比,服务型职能将面临更多的不确定性,同时也需要更加多元化的手段。比如,社会信用对于市场经济的健康发展具有重要意义。在一个开放的社会中,社会个人或者企业很难建立和维护社会信用体系,因此公共管理机构可以利用自身优势建立社会信用评估系统,将社会信用作为一种公共物品提供给社会,从而对社会经济活动提供支持。不难想象,如果没有现代信息技术,一方面是很难搜集到个人和组织的信用信息,另一方面即使获得了这些信息,由于传播效率低,也很难为社会所用。目前,中国金融部门正在利用现代信息技术兴建企业征信系统和个人征信系统;这些系统还将与其他行业领域(比如电信)的信用记录进行整合,从而建构全面的社会信用体系。

案例0-2

社会信用系统

有人估算，在2005年以前，我国每年由于企业赖账、假冒伪劣、三角债等信用问题造成的损失达6 000多亿元人民币。企业的信用问题成为我国企业、政府，乃至社会关注的问题。

中国人民银行于1997年开始筹建银行信贷登记咨询系统，2002年建成地市、省市和总行三级数据库体系，实现以地市级数据库为基础的省内数据共享。该系统主要从商业银行等金融机构采集企业的基本信息、在金融机构的借款、担保等信贷信息，以及企业主要的财务指标。在该系统多年运行基础上，2005年人民银行启动银行信贷登记咨询系统的升级工作，将原有的三级分布式数据库升级为全国集中统一的企业信用信息基础数据库，在信息采集范围和服务功能上大大提高。企业信用信息基础数据库已经于2006年7月份实现全国联网查询。① 据相关人士透露，截至2010年2月底，国内个人征信系统收录6.7亿多个人信息，企业征信系统收录1 614.7万户企业和其他组织信息。②

第二，提高行政监管的有效性。

上文已经讨论，信息技术有助于实现公共管理活动的标准化，无论是工作人员还是社会公众，都只能按照系统所规定的流程来办理业务，这意味着"暗箱操作"将受到限制，管理过程可以被更有效地监管起来，工作透明度将进一步增强。同时，我们也可以注意到，利用信息技术可以使原先分散在工作人员或者各个部门的信息集中起来存储，这不仅可以提高信息流转和利用的效率，而且还意味着，部门内部不同人员之间的信息不对称被打破了，这使得原来那些对信息的控制权，进而自由裁量权便被剥夺了。正如简·芳汀所指出的："职员的权力尽管被扩大，但他们所拥有的潜在选择范围，经常受制于软件，……内嵌在软件中的规则微妙但却清晰地界定了每项独立任务的不同方面。"③这方面的内容将在第五章和第六章中详细讨论。

---

① 中国人民银行征信中心：《企业和个人征信系统介绍》，中国人民银行征信中心网页，http://www.pbccrc.org.cn/zhengxinxuetang_102.html。
② 闫立良：《个人征信系统已收录6.7亿个人信息》，载《证券日报》2010年4月1日，http://news.stockstar.com/info/darticle.aspx?id=JL,20100401,00000404&columnid=1221。
③ 简·芳汀：《构建虚拟政府：信息技术与制度创新》，中国人民大学出版社2004年版，第45页。

第三，促进民主建设。

信息技术降低了信息交流的成本，这首先有助于提高社会公众对公共机构的监督能力。阳光是最好的防腐剂，公共机构的权力运行过程公开透明，可以大大地降低腐败发生的几率。虽然现代信息技术本身并不能带来政府信息的公开，但它们提供了成本更为低廉，受众更为广泛的技术手段，从而有助于推动政府部门公开信息。其次，有助于实现政府官员与社会公众的直接交流。政府可以通过互联网向社会公众阐明政策主张，公众也可以直接或者间接地向政府表达诉求，或者对相关工作提出意见、建议。近年来，中国政府官员，无论是最高领导人，还是基层干部，都开始使用互联网上的交流方式与公众进行直接的交流。再次，信息技术还有助于提高民主选举工作的效率。在国内外一些地方的民主实践中，信息技术已经被引入到选举投票、计票和监票过程中。关于电子民主将在第九章和第十章中继续讨论。

综上所述，现代信息技术为公共机构的管理和服务提供了新的技术路径，有利于实现新的管理理念和管理方法。在这些新的理念、方法和活动的基础上，人们创造了一个新的概念，即"电子政务"（Electronic Government, e-Government）。可以看到，在这个新概念的背后，是信息技术的发展和公共部门在新时代所力图做出的改变。

越来越多的政府部门、公务员、系统提供商和社会公众将"走进"电子政务。他们不仅是电子政务的建设者，也是电子政务的使用者、推动者和受益者。他们中的任何人都可能会对电子政务的设计与实施提出自己的看法，从而有可能影响电子政务的发展方向。对于走向越来越精彩，却也越来越复杂的未来的人类来说，这将是一个富有智慧和挑战的历程。本书将面向那些希望能够参与到这样的历史进程中的初学者们，帮助他们系统地了解电子政务的概貌，为将来的实务工作做好准备。

§0.2 电子还是政务？

究竟什么是电子政务？对于这个问题，来自不同学科背景的研究者或技术专家会给出不同的答案。

在中国电子政务发展的早期，技术专家们从计算机系统的视角来定义电子政务，因此电子政务常常被等同于公共管理业务的计算机化、办公自动化、网络化、信息化。在实践中，不少地方政府在规划和建设本地的电子政务时，认为最重要的是建设网络基础设施。随着中国"村村通"工程的建设，固定电话已经基本普及到所有行政村、自然村，计算机网络也正在向基层普及。通过这些渠道，公众可以通过电话直接获取到政府的信息，这同样可以被理解为电子政务。

从不同的技术角度来界定电子政务，其共同点是把电子政务看成是计算机技术在政府管理领域的一种应用，它们分别描述了电子政务在不同发展阶段的技术特征。然而，仅从技术的角度来认识电子政务是不够的，因为这种理解只关注到了工具、手段，却忽视了内容。这容易导致在实际工作中出现对技术上先进性的盲目追求，却无视公共管理自身的发展规律。将电子政务定位为技术层面，最终可能实现的仅仅是用信息技术来替代原先的人工劳动。

经过若干年的发展，人们已经形成共识，即电子政务是现代行政改革的重要组成部分，应把电子政务放在行政改革的大背景下来理解。电子政务的重心是在"政务"，而非"电子"。接下来，我们考察几个现有的界定，它们分别从过程、方法和结果的角度来界定电子政务。

过程论的电子政务

电子政务实质上是对现有的、工业时代的政府形态的一种改造，即利用信息技术和其他相关技术，来构造更适合信息时代的政府结构和运行方式。[1]

电子政务是一种复杂的变革，其目的是使用最新的技术来支持政府运作和效能方面的转变。[2]

电子政务并不仅仅是通过因特网提供服务，……在未来几年中，更加巨大的挑战是管理本身的变革，是一种完整意义上的变革——行政和社会权力的组织和使用方法都会发生巨大的变化。[3]

这些基于过程的界定明确地提出了，电子政务是一场公共管理部门的变革。变革是一个过程。这种改变将涉及公共管理部门的方方面面，旨在提高政府的运作效率，而信息技术将作为一种有效的手段或者工具来支持这样的变革。

方法论的电子政务

电子政务是一种方法，政府使用新技术来让人们更加方便地访问政府信息

---

[1] 周宏仁等：《电子政务的理论与实践》，国家行政学院出版社2002年版。
[2] Ake Gronlund等：《电子政府：设计、应用和管理》，清华大学出版社2006年版，第24页。
[3] 同上。

和服务,改善服务质量,让人们又更多机会参与民主制度和过程。①

电子政务以高效、信息公开和提高服务质量为目标,在政府行政部门间,以及政府行政部门与国民、企业等民间部门间开展的信息化和网络化,它导致了政府行政部门中业务和组织方式的根本性变革。②

基于方法的电子政务界定同样重视变革,但变革是引入方法和技术的结果。这些方法将支持不同主体,比如政府部门、社会公众、企业等之间的互动,并促进政府提高服务质量,而这些虽然在过去也是公共部门所追寻的目标,却可能因为技术上的缺陷而无法实现。

结果论的电子政务

电子政府……代表使用新信息和通信技术来支持政府和公共行政部门的工作,其目标包括三点,即(1) 为商业界和公众提供更好和更加有效的服务;(2) 提高政府行政管理的效率和开放程度;(3) 节省纳税人的资金。③

对现有的政府组织结构和工作流程进行优化重组后,重新构造成的新的政府管理形态。其核心内容是借助互联网构建一个跨越时间、地点、部门,以顾客满意为导向的政府服务体系,即虚拟政府。④

基于结果的电子政务或者基于目标的电子政务为我们说明了电子政务的发展方向,勾画了美好的未来图景。这个美好愿景即是构建一个虚拟政府。这个虚拟的网络实体将秉承现实世界中的政府实体的基本宗旨,即以服务社会公众为导向,但同时又拥有截然不同的特点,即虚拟政府所提供的服务是跨越时间和空间的,而且各种业务部门之间的"缝隙"将被技术所弥合;与之所对应的是,政府部门内部将实现更为优化的工作流程和更为合理的组织结构。

本书对电子政务的界定

发达国家的电子政务集中在如何利用信息技术缔造新的管理和服务手段,从而为居民和企业提供直接服务。然而,正如中国国家信息化专家咨询委员会

---

① N.Z., "E-Government—A Vision for New Zealanders", "E-government Unit of the State Services Commission", 2000, 转引自 Ake Gronlund 等:《电子政府:设计、应用和管理》,清华大学出版社 2006 年版,第 23 页。
② 白井均等:《电子政府》,上海人民出版社 2004 年版,第 15—16 页。
③ Ake Gronlund 等:《电子政府:设计、应用和管理》,清华大学出版社 2006 年版,第 24 页。
④ 王浣尘:《信息技术与电子政务:信息时代的电子政府(通用版)》,清华大学出版社 2004 年版,第 1 页。

委员王安耕所指出的：①

> 发达国家在电子政务建设方面走在了前面，在他们众多的关于电子政务的规划、政策宣言和研讨材料中，电子政务被定义为如何利用互联网（Internet）作为新的服务手段，来实现政府对居民和企业的直接服务。而政府机关内部的事务处理，如 OA、税收工作等等的电子化并不列入电子政务的范畴。这是因为他们在上世纪 90 年代前一般都已完成了内部事务电子化甚至网络化的进程，不需要再列入电子政务的规划中。实际上，发达国家政府不同机构之间的联网和资料共享（特别是信息资源共享）也还有大量工作要做，因此，G2G 的工作仍然是其电子政务规划中重要内容。我国电子政务建设面临的情况则不同。包括 OA 在内的政府内部事务处理电子化和网络化总体上远未完成，即使是重点应用，如金关、金税等工程，仍有大量的艰巨的建设任务要做。如果在我国的电子政务的概念到实践中，把这方面任务排除在外，用电子化、网络化手段向居民和企业服务岂不成了无源之水、无本之木了？所以，在我国，电子政务从概念到实践都必须把 OA 和内部事务处理的电子化、网络化作为一个重要组成部分。

在中国，信息化建设与"电子政务"建设是基本同步的，没有信息化建设就谈不上电子政务的发展。这一点是在中国谈电子政务与发达国家的区别，因此，我们要界定中国的"电子政务"，就需要在国外"电子政务"概念基础上，增加"信息化"因素。

综合上述讨论，本书对电子政务的界定是，公共管理部门通过引入现代信息技术，实现决策、管理和服务的信息化，并以此为基础，重组组织结构，优化工作流程，推动以公众为中心的行政改革，提供高效、规范、透明、无缝隙的公共服务。

上述界定基于以下认识。

第一，本书倾向于从过程的角度来看待电子政务。首先，正如上文中所讨论的，方法或技术只是电子政务的手段，而不是电子政务的内容或本质；其次，由于公共部门的变革是一个持续进行的过程，信息技术在公共部门中的应用也将是不断变化发展的，如果将电子政务限定为一个最终的状态，就容易引起一个问题，即如何看待实现这种最终状态的演进过程。换言之，一个政府究竟要把多大比例的服务放在网上进行，才算是已经建成了虚拟政府呢？实际上，电子政务是在实践中不断发展、充实、壮大的，因此，也必然随着实践发展而不断

---

① 王安耕：《区分：电子政务与电子政府》，载《中国计算机报》，2005-12-12，http://www.enet.com.cn/article/2005/1212/A20051212481894.shtml。

变化。这种变化决定了电子政务既不是一个标准统一的设计模式,也没有一个固定不变的信息系统,而是一个不断探索、不断创新、不断追求卓越的历史过程。

第二,通常认为,电子政务的主体就是政府部门。这样的理解往往存在模糊性,政府部门是指狭义的行政部门,还是指包括立法、司法和行政在内的大政府的概念?显然,电子政务的实施主体并不仅仅指行政部门。在国外,电子政务泛指国家机构所提供的电子化服务或电子化手段。在中国,除了电子政务之外,也曾经出现过电子党务、电子人大、电子政协等概念以及相对应的信息系统。虽然这些系统在具体内容上存在差别,但无论从基本理念、设计模式,系统架构还是实施过程来看并没有本质的区别,因此可以都统一到电子政务的范畴下。在下文讨论中凡是涉及电子政务的主体时,将按照习惯和行文方便,仍然沿用政府,对此不再解释。

第三,电子政务的发展是一个从以技术为中心到以业务为中心的演进过程。信息化是电子政务的基础。尤其是在中国,电子政务与大规模的信息化几乎是同步进行的。如果没有信息网络的支撑,没有信息技术的发展,利用信息技术来重构组织结构,优化工作流程也无从谈起。因此,电子政务首先是要实现政府部门的决策、管理和公共服务的信息化、数字化。通过信息化、数字化,可以降低政府部门内部、各部门之间,以及政府与社会公众(或企业)之间的交易成本,诸如无纸化、信息共享、一站式服务平台、移动政务、部门联动等改革措施都依赖于信息技术的不断进步。同时,信息技术水平的高低也会影响电子政务的实施效果,比如在信息安全、硬件设备等方面的滞后可能给电子政务带来负面影响。

第四,电子政务的本质是一种行政改革的过程,而不仅仅是信息技术在政府业务工作中的再现。电子政务在发达国家的兴起与这些国家的行政改革一脉相承。西方主要发达国家在20世纪70年代末开始了一场行政改革运动,虽然这场改革的效果和意义还有待进一步讨论,但是将新的信息技术引入到改革过程中推动改革,是这场改革中的普遍趋势。中国电子政务的肇始与发展也与我国行政管理体制改革有着密切的关系。中国共产党第十七届全国代表大会报告中指出:要加快行政管理体制改革,建设服务型政府……推行电子政务,强化社会管理和公共服务。纵观各个国家的行政改革,其共同点之一在于在公共管理和服务中强调以满足公众的需求为中心。

第五,电子政务的目标包括内、外两个部分。其内部目标是,在信息化的基础上,通过对政府部门的组织结构和业务流程进行改造,从而打造高效、规范的政务管理模式;其外部目标是,简化服务流程,满足公众需求,为社会提供透明、无缝隙的公共服务。公共部门归根到底是为公共服务的,因此电子政务的内部目标也是为外部目标服务的,外部目标同时又以内部目标为前提。一方面,外部的公众需求是内部结构再造和流程重组的发展方向;另一方面,只有通过内部的结构再造和流程重组,才能简化外部的服务流程,提供透明、无缝隙的服务。电子政务不仅仅是对原有政务工作的数字化,而是要按照以公众为中心的要求,改变传统的政务服务模式,减少公众与政府打交道的交易成本,从而提高公众对政务工作的满意度。要实现这个目标,就需要在内部重组或优化各个部门的工作流程和组织结构,使之相互配合,相互衔接。

第六,高效、规范、透明、无缝隙(Seamless),是电子政务为社会公众提供公共服务的基本特征。高效是指高水平的服务效率;规范是指制度化的服务行为,透明是指公开民主的服务作风,无缝隙是指政府部门与部门之间紧密"衔接",意指公众(或企业)面对的是一个跨部门的、一体化的政府,而无需考虑不同部门之间的业务差异。

§0.3 电子政府的模式

电子政务可以划分为不同的模式,其中最基本的划分是分为政府内部的电子政务和政府对社会的电子政务。政府内部的电子政务又可以进一步划分为政府部门内部的电子政务和政府部门之间的电子政务;政府对社会的电子政务则可以继续划分为政府与公众间的电子政务和政府与企业间的电子政务。

政府与公众间电子政务(G to C)

G to C 是指政府(Government)与公民(Citizen)之间的电子政务,是政府通过电子政务平台为社会公众提供公共服务。奥斯本和盖布在所著的《重塑政府》中曾经提议,公共服务的提供者响应公民需要的最好方式是,让每一个人都可以方便地获得各种资源,人人都有选择的机会,为他们的孩子选择学校,选择休闲设施,甚至选择治安服务。① 在传统的公共服务供给模式中,虽然这个理想在逐步得以实现,但是碍于技术上的条件,人们仍然不得不来回于各种行政部门之间,向不同风格的工作人员咨询,填写各种各样的、内容重复的表格,最后

---

① 戴维·奥斯本、特德·盖布勒:《改革政府——企业精神如何改革着公营部门》,上海译文出版社1996年版,第149—177页。

只能坐在办公大厅的沙发椅上等待处理结果。虽然在许多地方政府通过行政服务中心实现了集中办公,省却了人们在空间移动过程中的成本,但是业务办理的效率的提高仍然有限。

银行、超市和各种互联网的网站都能够全天候,全方位的提供各种私人服务和产品,为什么公共机构不能做到?有人理想地指出,电子政务所能实现的服务重点应该是,让公民自己选择"在哪里"和"什么时间",他们可以得到公共服务。① 每天24小时,每周7天,24×7的服务模式意味着在任何时间都能得到所需要的服务。公众只需要拥有某个能够联入电子政务系统的终端,比如计算机、智能手机、掌上电脑,通过有线的或者无线的方式,就可以获取到政府所提供的电子化的公共服务。比如,到2006年,加拿大面向公民和企业的最常用的服务上网比例已经达到67%。②

电子政务可能为公众提供的数字化的公共服务包括但不限于:

(1) 公共信息的搜索。

政府拥有着大量的信息资源,比如各种政策法规、统计数据、开放的档案、图书资料等,这些资源在法律允许的条件下应当向社会公众公开。信息检索技术将帮助人们在家中便可以快捷地搜索到所需要的信息资料。虽然为了实现这些公共信息的数字化,政府需要投入较大的成本,但是这种模式在方便公众的同时,也大大降低了政府组织人力、物力来提供这些信息的成本。

(2) 社会保障与社会福利。

政府可以通过网络建立起覆盖本地区或者全国的社会保障网络,公众可以通过网络来了解自己的养老、事业、工伤、医疗等社会保险账户的详细情况。医疗主管部门可以向当地居民提供医疗资源的分布情况,医药信息、执业医生的信息等。银行系统的联网和智能卡技术等,可以实现将各种社会福利直接转移给受益人。

(3) 网上纳税。

税务与财政机关的系统,与银行等系统连接后,可以直接实现网上报税、在线纳税、退税和补税。

---

① 道格拉斯·霍姆斯:《电子政务》,机械工业出版社2003年版,第4—5页。
② 王长胜等:《中国电子政务发展报告 No.4:从政府信息上网到政府服务上网》,社会科学文献出版社2007年版,第5页。

案例0-3

个人所得税纳税申报

中国自2006年开始实行个人所得税年所得12万元以上个人自行纳税申报制度。目前,申报人已经可以利用互联网来把申报数据发送到税务局的纳税申报受理服务器,这些申报信息将传递至纳税人的开户银行,由银行直接从纳税人的签约账户上将税款划缴国库。网络申报的好处在于,(1) 纳税申报软件会对数据进行自动审核,并进行错误或正确提示,保证申报数据的准确性、完整性;(2) 纳税人不受时空限制,足不出户就能完成申报程序,不仅操作简单,而且免除了往返次数多,等候时间长之苦,大大降低了纳税成本,提升了办事效率。

案例0-4

新加坡"电子公民"网站

新加坡政府的"电子公民(e-Citizen)"网站以其服务的完整性闻名于世。这个系统构建了一个为公众提供所谓"从生到死"或者"从摇篮到坟墓"的所有公共服务的服务链,如图0-1所示。当用户登录到这个网站时,他们的连接速度会被自动检测到,系统会根据他们所面临的生活事件来调整页面上的服务选项。

在第一站,新加坡人可以预定出生证明并找到与他们孩子相关的免疫信息。接下来的生活事件则包括入学、服兵役、找工作、出国、雇佣人员,一直到退休领取退休金。跨入每一个生活事件,实际上就相当于通过鼠标点击进入一个现实的城镇或办公大楼。

- 在教育城,学生可以报到入学,登记国家考试,申请住宿,并且申领政府基金等。
- 在住房城,人们可以申请有线电视,安装电话,通知政府更改住址以确保收到他们的邮件。他们也可以获取出租或购买公共福利公寓的信息。
- 在健康城,病人可以与医生预约,在新加坡国立医院注册,甚至可以购买关于健康的手册和磁带。

| 理解电子政务 |

- 就业城则包括了很多与工作相关的服务,比如申请工作,归档退还所得税,申领社会保障说明等。
- 在运输城,公民可以申领护照,通知有关门去海外旅行并申请离境许可证,也同样可以预定出租车,在线驾驶员考试,或者更新他们的车辆注册信息。

"电子公民"创立于1997年,当初只是作为一个试点来向政府说明什么是"整合的"和"以公众为中心"的电子服务。截止到1999年4月,这个网站从单一的教育服务逐渐发展到包括49项生活事件的150种服务。①

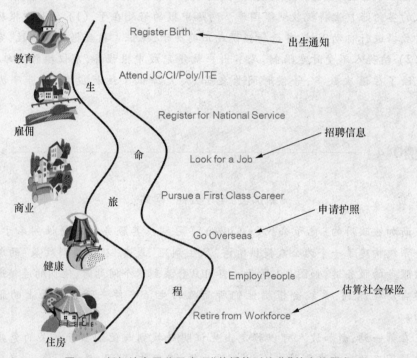

图0-1 新加坡电子公民中心"从摇篮到坟墓"的在线服务

政府与企业间电子政务(G to B)

G to B 指政府(Government)和企业(Business)之间的电子政务。英文中之所以使用Business,即商务,主要是源于对电子商务模式的借鉴。②

---

① 道格拉斯·霍姆斯:《电子政务》,机械工业出版社2003年版,第10—11页。
② 第三章将对电子商务展开讨论。

从设计架构和技术选择上，与企业间的电子政务和与公民间的电子政务并无实质的区别。政府可以通过电子化和网络化的方式为企业提供诸如企业注册、执照办理、工商管理、纳税、停业破产等整个企业生命周期的服务。此外，政府还可以通过互联网向社会公开发布政府的采购信息和采购进程，实现"透明采购"。

（1）通过网络平台提供信息。

充分的信息是企业在市场竞争中取胜的关键。政府可以为企业提供有关未来经济和市场条件发展变化的信息，比如国家的经济和社会发展信息、产业政策变化信息等；有关对市场竞争起重要作用的产品技术信息，比如新技术、新工艺、新产品在产业中的应用前景和对市场的影响等。对于企业来说，特别是中小型企业，要由自身来获取这些信息需要付出很大的成本。然而，传统的技术模式导致了政府很难有效地，及时地为所有企业提供这些信息。G2B的首要功能便在于借助互联网来发布这些信息，它使得任何企业，尤其是中小企业，可以低成本的获取信息，从而增强他们的竞争力。

（2）电子化的市场管理。

一个有效运行的市场离不开公共机构对企业市场行为的监管。传统的监管方式由于程序比较复杂，可供利用的信息技术相对落后，导致效率低下，这种现象常常被人诟病。如果将一部分市场监管功能通过互联网来实现，既可以大大缩短政府监管的人力、物力，也可以减轻企业的人力和经济负担。电子化的市场监管可以使企业在网上申请、受理、审核、发放、年检、登记营业执照，办理如统计证、土地和房地产证、建筑许可证、环境评估报告等申请。

（3）电子化采购。

政府利用电子化采购和电子招投标系统，对提高政府采购的效率和透明度，树立政府公开、公平形象具有重要作用。这套系统不仅可以对外发布采购需求信息，还将跟踪采购进程，对采购各个环节进行公开监控，从而在一定程度上可以减少徇私舞弊和暗箱操作的可能。同时，通过网络平台发布采购信息，可以为国内外企业提供一个平等竞争的机会，特别是能够为广大中小企业提供更多的发展机会。

案例0-5

国外政府的电子采购系统

澳大利亚维多利亚州的自然资源和环境部有2 500多名工作人员从事使用纸质申请表格的采购任务。一旦一个被授权的官员同意购买了,货物也已经到位了,工作人员还得等到看见发票才把发票递交到应付账款办公室,在该办公室,发票的细节需要手工输入到一个计算机系统中,才可以办理付款事宜。1998年,一个无纸化的采购系统出现在部门内部网上,这个系统包括申请、批准、检查、支付和协调。工作人员可以通过一个书签直接进入一个他们可以用个人账户和密码登录的采购系统。这个授权可以通过电子方式批准或同意这个申请的官员。一旦获得批准,订单就直接发到供应商那里,当货物到达时,工作人员通过电子方式确认收到之后,供应商就可以立刻得到付款,不需要等到接到发票。以前的采购申请需要好几天来处理,引入该系统后,这些过程很少超过24小时,经常是立刻就能处理了。系统自动处理了相关的检查,同时消除了额外的签字和与纸质文档打交道的需要。在不到一年的时间里,这个部门的一般以上的用品是通过电子邮件方式购买的,由于提高了效率,节省了1 300万美元。美国农业部引进了一个采购系统时,它的交易成本从过去纸质采购时的每个订单平均77美元降到平均32美元。在线采购系统,可以通过自动收集管理信息来通知购买者,从而为节省成本提供更多的机会。通过正确的信息,购买者可以查看使用情况,并询问为什么有一个办公室总是比在其他办公室消费更多的铅笔,或者,为什么一个部门会需要许多不同牌子的铅笔。有了这些信息,政府机构可以减少适当的供应商并从大宗采购中获得收益。①

政府部门内部的电子政务

有人将政府内部的电子政务称作G to E,也即政府对雇员(Employee)之间的电子政务。这种称法并不具备普遍性。在中国,一般不将政府工作人员界定为政府雇员。政府雇员近年来常常出现在某些地方的行政管理创新中,他们往往是由政府部门聘任的,具有特殊能力或拥有特殊资源,但是处于政府部门正

---

① 道格拉斯·霍姆斯:《电子政务》,机械工业出版社2003年版,第21—22页。

式编制之外的高级公共管理人员。事实上,从实践发展来看,政府部门内部的电子政务也就是政府部门的办公自动化(Office Automation,OA)。

一般意义上的办公自动化主要是指借助于信息技术,将人的部分业务转交给各种电子设备来完成,并由这些设备和工作人员共同完成办公业务。无论是公共机构,还是私人机构的业务办公,都可以看作是处理各种信息的过程,包括对各种信息的编撰、编辑、传递、签署、存档、销毁等,而用于支持这个过程的各种电子办公设备则充分体现了如何在这个信息处理过程中"尽可能简化信息处理"的思想。因此,所谓的"办公自动化"从本质上可以看作是对原有信息处理手段的技术升级。早期办公自动化主要指利用计算机、打印机、传真机、复印机等电子设备辅助业务办公。信息在计算机中得以分析和处理,然后仍然通过传统的纸质媒介实现信息的传输。

其后,内部局域网的引入使得分散在不同办公室内的计算机之间建立起了联系,一部分信息开始通过网络直接传输。这些信息不仅包括正式的文件,也包括工作人员之间的日常联系。此时,虽然工作效率提高了,但是信息仍然是分散在各个计算机里,换言之,仍然分散在不同的办公室及其工作人员那里。

第十一章将深入讨论"管理信息系统"(Management Information System,MIS)。管理信息系统的出现,实现了原先处于分散状态的信息的集中化。管理信息系统的核心是数据库,所有的信息被统一存储在一个数据库中,工作人员要做的事情不再是从自己的计算机里生成并传播信息。他们从数据库中获取信息,进行处理后,重新存回到数据库中去。这些信息可能既包括个人的业务信息,也包括许多工作人员之间的共享信息。谁拥有信息,谁能够浏览信息,谁能够使用这些信息,对信息的处置权力等,在管理信息系统的设计逻辑中被严格的规定下来。涉及多个工作人员且具有先后关系的业务时,将通过诸如消息提醒等方式实现合作。在管理信息系统出现之前,这些文件或通知的发送者可能是通过电话,或者邮件的方式,将具体的内容传递给接收者,这样就会造成大量的重复存储。而在管理信息系统中,所有的信息,包括上述文件、通知,都统一存储在数据库中的某一个"地点",发送者可能只是通过一条简短的消息,告知接收者到该地点去浏览所需的信息。这些简短消息可以在事后被删除,而那些文件或通知可以一直存储在数据库中;如果日后又需要使用这些信息,工作人员可以通过检索的方式得到。

案例0-6

某政府部门内部电子政务系统

图0-2是某地方政府部门内部电子政务系统的功能框架。首先,部门内部的工作人员按照各自的权限登录该系统。

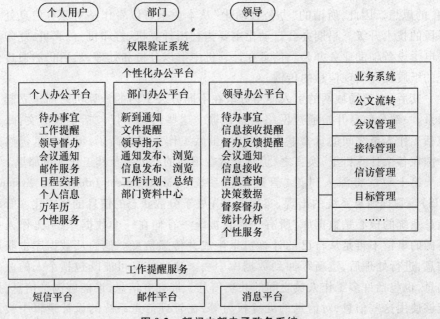

图0-2 部门内部电子政务系统

其次,对于不同业务或不同级别的工作人员,系统会展示出不同的页面。比如,一般工作人员和部门领导所对应的办公平台中的功能组件是不同的。再比如,该系统中与其他专项业务子系统,如公文流转、会议管理、信访管理等,能够相互对接。这些管理业务既可能涉及所有办公室或工作人员,也可能只涉及其中的一部分。这样,不同工作人员在自己的个性化办公平台上能够使用的功能也不尽相同。

再次,个性化办公平台不是各自独立的,而是通过各种业务关系被紧密联系起来。主要有联系两种方式。第一种方式是消息提醒(工作提醒)。比如,在上下级之间流转公文,发送者就可以向接收者发出消息提醒以告知。再比如,某项会议组织者向相关人员发出会议通知,也可以通过提醒将发送通知"送"到相关人员的个性化平台上。消息提醒可以通过不同的方式来完成,比如短信、邮件等。另一种方式是统计分析。这项功能主要面向高级管理者。工作人员在日常工作中所产生的各种数据、文件、资料等都被统一的存储起来。高级管理者可以通过一些专门的统计工具对这些数据资料进行再加工,从而得到有价值的决策信息。

政府部门之间的电子政务(GtoG)

GtoG 或 G2G 是指政府部门之间的电子政务,它可以看作是政府部门内部电子政务在政府部门之间的扩展。内部电子政务利用计算机系统将部门内部各个办公室和工作人员联系起来,形成一个高效的业务协作网络。而政府间的电子政务则将所有政府部门联系起来,形成一个更为庞大的,跨部门的业务协作网络。在这个网络里,既包括不同层级的政府部门之间的联系,比如上级与下级部门之间,如案例 0.7 所示;也包括同级部门之间的联系,比如不同地方政府之间或者同级的委、办、局之间,如案例 0.8。部门间电子政务不仅包括原有业务的技术升级,还涉及对部门之间业务关系的重新设计。技术升级可以看作是在政府部门间原有的信息关系上引入了新的信息技术,而重新设计则是利用信息技术为政府部门之间建立了新的信息关系。

政府间的电子政务是对传统政府模式的一种挑战。传统政府模式是在大工业的时代背景下建立的,政府被划分为各负其责,各有分工的各类部门,诸如教育、公共安全、铁路、财政等,公共服务是通过这一系列垂直的刚性"渠道"分别提供的,目的是为了便于政府的管理。[①] 在传统模式下,不同政府部门提供的公共服务虽然存在着业务(数据)关联,但这种关联实际上是通过服务对象,即社会公众或企业、团体,建立起来的。比如,公众注册企业需要到工商局、税务局和质量监督局办理相关业务,这些业务是相互关联的,注册人将先后向这三个部门提交相关的信息。案例 0.8 中的电子政务数据中心实现了各种不同部门之间信息的共享,服务对象通常只需要一次性向数据中心提交所有信息即可。

---

① 道格拉斯·霍姆斯:《电子政务》,机械工业出版社 2003 年版,第 36 页。

案例0-7

三级办公系统

图0-3是某地级市三级办公系统的信息关系图。市、区、街道三级办公系统通过网络连接起来,政府公文通过文件交换中心在政府机构之间流转。这个案例可以看作是将信息技术引入到原有信息关系上,提高了部门之间的信息传递效率。

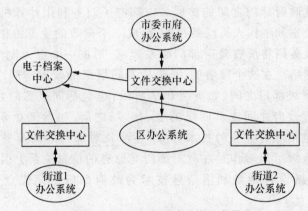

图0-3 三级办公系统结构示意图

案例0-8

政务网数据中心

图0-4是某区"政务网数据中心"的总体框架图。这个数据中心的业务涉及该区一系列政府部门,如社保、劳动、民政、计生等。与上例中的系统所不同,这个数据中心实现了同级部门之间的数据交换。在数据中心中交换的数据,不仅包括部门之间的公文,还包括政府部门对社会提供公共服务所需要使用的数据。如果说公文流转交换是对原有业务的技术升级,那么集中存储并自动流转公共服务数据就可以看作是对原有业务关系的"再造"。

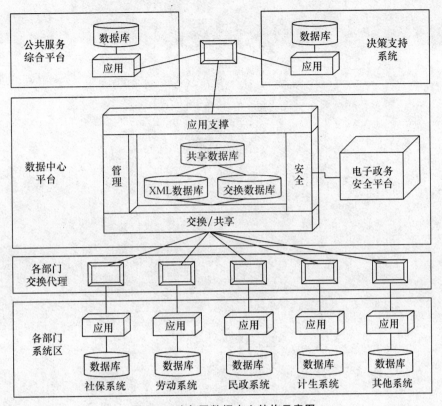

图 0-4 政务网数据中心结构示意图

信息化篇

第一章 信 息 化

📖 本章摘要

正如工业革命引发了工业化一样,当代信息革命也在全球范围内引发了信息化。信息化在理论上可以看作是从物理世界映射到数字世界,再逆映射到物理世界的过程,而在实践上则是将现代信息技术应用于社会各个领域,并推动社会深刻变革的历史性过程。值得关注的是,信息化以及由此而带来的变化并不是均衡发展的,在不同社会之间存在着数字鸿沟。

◆ 关键术语

信息革命　信息化　信息基础设施　数字鸿沟

§1.1　信息化的肇始

信息革命

1962 年,美国社会学家丹尼尔·贝尔(Daniel Bell)提出了一个新的概念:"后工业社会"(Post Industrial Society),用来反映人类社会发展的新阶段。[①] 虽然当时人们并没有都采用这一说法,但丹尼尔的思想引起了许多人的共

---
① 丹尼尔·贝尔:《后工业社会的来临》,北京:商务印书馆1984年版。

鸣。人们都认识到,人类社会已经进入到一个新阶段中,但是如何来指称这一新的阶段没有统一的认识,只是感觉到社会出现了质的变化。① 丹尼尔视野中的新阶段,包括五个方面的特征。第一,在经济上,传统的制造业经济向服务业经济转变;第二,在就业结构上,专业人员和科技人员将居于社会的主导地位;第三,科学知识将成为社会革新和制定政策的源泉;第四,技术将逐步朝着有计划、有节制的方向发展;第五,在政策制定上将越来越依赖于智能化。

丹尼尔为我们勾勒了新的社会发展图景,然而这些特征只是社会变革的表象,在这些表象的背后是什么样的更为基本的因素支持着这场变革? 1980年,美国著名的未来学家阿尔文·托夫勒(Alvin Toffler)出版了风行世界的《第三次浪潮》。该书指出,基于科技发展的角度,人类社会经历了三次革命,前两次社会革命分别是农业革命和工业革命,而当前的人类社会正在经历信息革命。信息革命是由现代信息技术的广泛应用所引起的,信息革命正在引领发达国家由工业社会进入信息社会,而发展中国家也可以利用信息技术实现"跨越式发展"。也有人认为,现代信息技术革命,是全球社会从穴居人类"以物易物"以来最为根本性的变化。因为信息技术可以解决大规模的信息和知识的生产问题,从而改变了人们的生产和生活方式。如果说工业革命的第一阶段是生产的机械化,第二阶段导致了生产的电气化、自动化和工业社会的形成,那么信息革命则导致人类社会的数字化、智能化和网络化。② 贝尔在《后工业社会的来临》一书中进一步发展了"信息经济"的概念,认为在后工业社会,经济活动的基本战略资源、工具、劳动环境、文化观念都会出现一系列的变化。美国企业家保罗·霍肯在其《未来的经济》一书中,以相对"物质经济"的概念提出"信息经济"。霍肯认为,每件产品、每次劳务、都包含物质和信息两种成分,在传统的"物质经济"中,就整个社会而言,物质成分大于信息成分的产品和劳务占主导地位,而在信息经济中,信息成分大于物质成分的产品和劳务将占主导地位,因此未来的趋势将是物质经济向信息经济过渡,产品中物质同信息的比例正在发生变哈,并将进一步变化。③

对于信息革命究竟始于何时,存在不同的见解。一种意见认为是1946年,当时诞生了第一台现代意义的电子计算机(ENIAC);另一种意见则认为是1971

---

① 李农:《中国城市信息化发展与评估》,上海交通大学出版社2009年版,第9页。
② 周宏仁:《信息化概论》,电子工业出版社2009年版,第30页。
③ 转引自王宪磊:《信息经济论》,社会科学文献出版社2004年版,第39页。

年,当年英特尔公司生产了第一个微处理器(Intel 4004)。① 计算机或者微处理器的发明为实现信息革命奠定了技术基础,尤其是微处理器的发明大大地加快了当代信息革命的进程,人类由此掌握了前人无法想象的信息处理工具,整个社会的经济、政治文化也因此得到迅速发展。另一位著名的未来学家约翰·奈斯比特(John Naisbitt)在其著作《大趋势——改进我们的生活的十个新趋势》中提出,信息社会应当从1956—1957年算起。在他看来,1956年在美国历史上第一次出现从事专业技术和管理工作的白领工人人数超过了蓝领工人,即大多数劳动者是从事的是信息处理工作而不是具体产品的生产工作;而1957年,苏联发射了第一颗人造卫星,其重要性不仅在于带来了航天时代,更重要的是开启了全球卫星通信的时代。如果从社会发展的角度来看,技术本身只是一种实现社会创新的能力,而所谓革命的进程应当始自社会整体的变迁。②

准确地说,人类历史上曾经经历多次信息革命,包括语言的产生,文字的创造,造纸和印刷术的发明以及电报、电话和电视的发明。③ 这些发明对人类社会的发展都具有不可估量的意义。但是它们在性质上与当代的信息革命还有所不同,原因在于,这些技术发明和技术进步只是对一种产业、一个领域,或部分产业、部分领域产生影响,还不具有产业革命的性质;对人类社会的发展还不像农业革命、工业革命那样,使人类社会生产体系的组织结构和经济结构产生新的飞跃,并因而具有里程碑和阶段性的意义。④

正如工业革命引发了工业化一样,当代信息革命也在全球范围内引发了信息化。"信息革命"和"信息化"是两个既有联系又有区别的概念。前者可以看作是一次质变过程,产生了一系列新的思想、新的学科、新的技术、新的方法以及新的设备等,从而对与信息相关的工作产生革命性的促进作用。而"信息化"实际上是"信息革命"的社会后果,是"信息革命"对人类社会发展所带来的影响,因此它不仅是在信息和信息技术领域,还涉及人类社会的所有领域。

信息化本身不是目标,而是一个有助于人类社会实现超越性发展的过程。信息化对发展的促进作用表现在:第一,信息化可以鼓励创新,信息技术使得信息与知识的共享越来越方便,这又促进了经济与社会交流活动的新形式的诞

---

① 周宏仁:《信息化概论》,电子工业出版社2009年版,第45页。
② 约翰·奈斯比特:《大趋势:改变我们生活的十个新方向》,中国社会科学出版社1984年版,第10—13页。
③ 童天湘:《从阴阳学说到智能革命》,载《中日北京技术文明与现代化学术讨论会文集》,湖南科学技术出版社1987年版,第58—67页。
④ 周宏仁:《信息化概论》,电子工业出版社2009年版,第46页。

生;第二,信息化可以促进经济资源的有效利用,与传统发展(如制造、工业化)相比,信息化不需要太多自然资源的支持,因而信息技术有利于经济的可持续发展以及后工业时代服务经济的发展;第三,信息化可以提高生产率并由此提高国际竞争力,在经济全球化大潮中,技术个性是核心的竞争要素,而一个国家的信息化战略能够帮助技术创新营造有利的环境。①

自20世纪80年代以来,尤其是进入90年代后,几乎所有的国家都十分重视通过信息技术的应用来推动社会经济发展的目标。世界银行的一项关于40个国家信息技术战略的研究表明,各国推动信息化的路径基本相似,通常可以分为三个阶段。②

第一个阶段集中在基础设施的建设和技术的研发方面,信息技术在经济、政治和社会等各个领域中有所应用,但比较分散。

第二个阶段会制定统一的信息化政策目标,将信息技术与社会经济发展联系起来,为协调经济、政治和社会等不同政策领域的行动计划奠定基础。

第三个阶段则实现了信息技术在上述各个政策领域中的互相协调,并以互相促进的方式实施,从而促进产业、经济和社会结构的调整。

"信息化"的来源

"信息化"一词出现伊始是从产业结构演化的角度提出的。追溯这个概念从何而来,需要回到20世纪60年代。1963年1月,日本京都大学科学系教授梅棹忠夫(Umesao Tadao)发表了《论信息产业》一文,受到日本国内的广泛关注。梅棹忠夫是一位民族学和文化人类学学者,他的理论是一种所谓阶段发展理论,其特点在于从仿生学的视角来分析产业经济。在他看来,所有动物都主要是由三种器官组成的,即内层器官(消化系统和肺脏)、中层器官(肌肉、骨骼和生殖器官)和外层器官(大脑、神经系统和感觉系统)。而对于像人类这样的高级动物,外层器官所占的比重要比那些低级的简单动物大很多。对于产业结构而言,也同样包括所谓"内层产业"(提供食品的农业)、"中层产业"(运输业、建筑业以及其他生产与服务产业)和"外层产业"(信息、大众传播、电信、教育、文化等信息产业)。在他看来,产业结构变迁与动物进化类似,人类产业的历史就是人类作为生物有机体的功能阶段发展的历史;信息时代的特征之一就在

---

① 世界银行:《中国的信息革命:推动经济和社会转型》,经济科学出版社2007年版,第12—13页。
② 同上书,第13—14页。

于,那些相当于人的大脑、神经系统等器官功能扩展的产业将迅速发展。①

梅棹忠夫的思想在日本学界、政界、商界以及媒体中引起了关于未来社会的广泛讨论。虽然他本人没有使用"信息化"、"信息社会"的概念,1964年1月的一篇题为《信息社会的社会学》的论文指出,日本社会正在进入梅棹忠夫提出的作为"信息产业时代"的"信息产业社会"。② 1967年,日本政府的一个科学、技术、经济研究小组在研究经济发展问题时,依照"工业化"概念,正式提出了"信息化"概念,并从经济学角度下了一个定义:"信息化是向信息产业高度发达且在产业结构中占优势地位的社会——信息社会前进的动态过程,它反映了由可触摸的物质产品起主导作用向难以捉摸的信息产品起主导作用的根本性转变"③。在这场关于信息产业和信息化的讨论形成了这样一种共识,即人类社会是由低向高不断进化发展的;工业社会中有形物质生产占据社会主导地位,而信息社会的主要特征就是无形信息将创造主要的价值,并占据主导地位。1980年,日本未来学家增田米二(Yoneji Masuda)提出,信息社会就是"后工业社会",是世界未来发展的趋势。④ 他将信息社会的理念加以推广,将计算机技术提升到一个管理社会的高度,进而将"计算机"切换到"信息社会"的生产与生活方式新理念。⑤

虽然,日本较早地提出了信息产业、信息化等概念,而且日本政府在20世纪70年代就将政策扶持的重点转向"知识密集型产业",然而由于政府部门之间的利益权属分配问题,信息技术和信息化等并没有能够在日本迅速发展起来。⑥

1978年,出于对美国信息技术企业给法国经济发展造成的、不利影响的担忧,受法国总统的委托,西蒙·诺拉(Simon Nora)和阿兰·孟克(Alain Minc)发表了《信息化社会:给法国总统的报告》(L'Informatisation de la societe: Rapport a M. le President de la Republique)。该报告讨论计算机和通信技术的结合对社会发展的重大影响。这份报告创造了术语"Informatisation",也即法文中的"信息化"(英文中写为"Informatization")。1980年,这份报告的英文版将题目翻译为

---

① 伊藤阳一:《日本信息化概念与研究的历史》,载李京文等:《信息化与经济发展》,社会科学文献出版社1994年版,第84—99页。
② 同上。
③ 谢阳群:《信息化的兴起与内涵》,载《图书情报工作》,1996年第2期。
④ Yoneji Masuda, *The Information Society as Post-Industry Society*, Washington, D. C.: World Future Society, 1981.
⑤ 李农:《中国城市信息化发展与评估》,上海交通大学出版社2009年版,第29页。
⑥ 冯维江、何帆:《日本股市与房地产泡沫起源及崩溃的政治经济解释》,载《世界经济》,2008年第1期。

The Computerization of Society: A Report to the President of France。① 需要指出的是,这里将"信息化"和"计算机化"混同起来,说明当时部分研究者对信息化的理解仍然限于计算机应用层面。

在中国有关信息化的早期文献中,也有学者将信息化定义为"通信化、计算机化和行为合理性的总称",提出所谓行为合理性是指人类活动按公认的合理准则与规范进行;通信化是指社会活动中信息交流广泛地基于通信技术基础上进行,计算机化是指社会组织和组织间信息的产生、存储、处理(或控制)、传递、消亡等广泛地采用先进的计算机技术设备管理下进行,社会计算机化的程度是衡量社会是否进入信息化的一个重要标志。②

事实上,"信息化"与"计算机化"是存有差别的。所谓"计算机化",可以理解为利用计算机实现信息获取、处理、存储、传播等的全过程,是一种技术进程;而"信息化"则是针对社会整体而言。信息化是一个技术进程,又是一个社会进程。它涉及的范围,大至全球、国家,小至企业、团体、家庭乃至个人等所有的领域。它是以新的信息技术为手段,推动一个国家的发展,使其逐渐变为信息社会的过程。③ 也正因此,人们也称之为"社会信息化"。

中国信息化专家周宏仁博士指出,对于信息化的认识和理解存在以下几个不可忽视的要点。首先,信息化并不仅仅是一个简单的信息技术的应用问题,而更重要的,信息化是一个社会发展和演变的过程。其次,信息化不仅仅具有生产力(生产技能与生产工具)发展的内涵,同时更重要的,信息化意味着生产关系(管理流程和组织机构)的变革。再次,信息化的内涵是改变人类信息和知识的生产、传播和利用的方式,变为一种数字化、智能化、网络化的生产、传播和利用的方式。④ 基于这样的认识,另一位信息化专家钟义信教授认为信息化可以分为狭义和广义两个方面来理解。狭义的信息化就是推广计算机技术的应用,推动计算机的联网,促进信息资源的建设和更新。广义的信息化,则是人类社会从工业社会发展转化为信息社会的一个历史进程。⑤

---

① "The Role of the South African Online User Group (SAOUG) in the Informatisation of Society", Available at http://www.saoug.org.za/archive/2003/0317a.pdf.
② 施鸿宝:《信息化社会与计算机科学技术的发展》,载李京文等:《信息化与经济发展》,社会科学文献出版社1994年版,第78—83页。
③ Rogers, Everett M., "Informatization, globalization, and privatization in the new millennium", The Asian Journal of Communication, 2000, 10(2):71—92.
④ 周宏仁:《信息化概论》,电子工业出版社2009年版,第71页。
⑤ 钟义信:《社会动力学与信息化理论》,广东教育出版社2007年版,第121页。

信息化的模型

与人类生生息息的物理世界相对应,以计算机为核心的现代信息技术为人类缔造了一个新的数字世界。在这个数字世界中,我们可以获取新闻、浏览图片、欣赏音乐、观看电影;可以和在物理世界中相互隔离的朋友们交流;可以购买商品、管理私人账目、申请学校、获得公共服务;电子游戏甚至为用户创造了完全虚拟的幻想空间。这些创新的实现,都是通过无数的数据库和服务器,经由各种网络相互连接在一起来实现的。随着数字世界中内容越来越丰富多彩,它们与物理世界的关系也将越来越密切。

在这些丰富的社会现象背后,我们可以将信息化看作是一个从物理世界映射到数字世界,再逆映射到物理世界的过程,如图1-1所示。

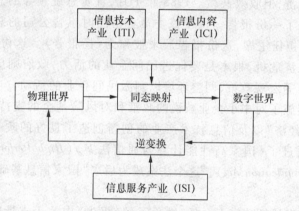

图1-1　信息化模型

图片来源:周宏仁:《信息化概论》,电子工业出版社2009年版,第73页。

从图1-1可以看出,信息化就是将我们生活的物理世界通过同态映射将其变化为数字世界;同时,又利用逆变换将数字世界转换至物理世界,成为人们认识和改造物理世界的工具。① 在映射过程中,我们需要使用信息技术产业(Information Technology Industry,ITI)和信息内容产业(Information Content Industry,ICI)。信息技术产业使用了各种数字化技术,包括信息传播和处理技术,比如微电子、计算机、通信、软件等,信息内容产业则产生各种各样的数字内容,比如出版、咨询、中介等。在从数字世界到物理世界的逆变换中,我们需要使用信息

---

① 周宏仁:《信息化概论》,电子工业出版社2009年版,第72—73页。

服务产业(Information Service Industry,ISI),它通过各种形式向用户提供所需要的信息资源,使其为物理世界中的人们服务。因此,整个信息化的过程依赖的正是这些信息产业的支持。

§1.2 信息化的发展

国家信息基础设施

虽然日本的研究者提出了信息化的概念,但是日本企业界并未对此做出认真的反应。① 而事实上最先完成社会转型,实现信息化的是美国。

20世纪80年代初期,美国政府试图通过放松管制和实施减税两大政策来刺激美国经济,但收效甚微。1985年1月,直属总统领导的总统产业竞争力委员会发表了一份报告。由于该委员会由当时惠普公司的总裁约翰·扬(John Young)担任主席,这份报告后来被称为《扬报告》。这份报告认为,要化解美国的经济危机,根本是要促进民间企业的活力,政府则应不断改善金融、财政、教育等宏观政策,调整环境以刺激民间企业的活动。当时美国的里根政府因此实施了对中小企业减税的政策和对风险基金的支持,这使得后来出现所谓"新经济"以及信息技术产业的创新创造了良好的政策条件。1991年布什政府通过了《国家高性能计算与通信法案》(High Performance Computing and Communication Act)。这个法案成为后来"国家信息基础设施"的直接推动力。

1992年,克林顿政府上台后,继承了《扬报告》中关于支持民间企业的思想,而且把主要精力放在了副总统戈尔所提倡的信息技术产业之上。1993年初,美国13家主要计算机公司提议美国当时拥有的"国家研究与教育网络"(National Research and Education Network,NREN)应当跨过政府部门和大学的界限,进入全国的办公室和家庭,建立一条遍及全国的"信息高速公路",让全体国民享受信息技术所带来的丰硕成果。这一建议很快得到政治家们的响应。同年4月,国会议员巴歇(Boucher)建议将所有学校、图书馆和地方政府的办公室连接到网络上,并使所有局域网用户都能使用"信息高速公路"。

1993年9月,克林顿政府发布了《国家信息基础设施:行动计划》,这标志

---

① 李农:《中国城市信息化发展与评估》,上海交通大学出版社2009年版,第14页。

着美国"国家信息基础设施"计划的启动。NII的总体目标是,通过发展高等级的国家信息基础设施和保持美国在全球信息基础设施中的优越地位,使美国公民享用广泛的信息资源及信息服务;充分运用通讯和信息技术的创新成果,通过企业、劳动者、学术界、消费者和各级政府的相互配合,以实现美国广泛的经济和社会目标。在技术上则要求将美国各地的超级计算中心连接到一个高速网络上,并使其他部门的工作也进入高性能计算领域,从而构筑一个先进的,无缝隙的公共的和私人的高速通信网络;在这个网络上,不仅包括用来传输、储存、处理或显示信息的各种物理设备,比如计算机、照相机、扫描仪、传真机、交换机等,还包括在用户之间实现交互性的各种功能、个性化的服务,多媒体的数据库等。现在人们所熟知的互联网在这里正式启动,社会、市场和政府的全面信息化也拉开了序幕。图1-2描绘了在不同领域实现信息化的美好前景。

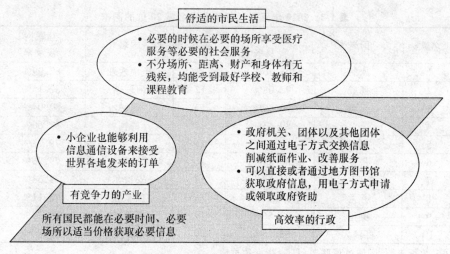

图1-2　社会、市场和政府的信息化

图片来源:白井均等:《电子政府》,上海人民出版社2004年版,第34页。

1994年,世界电信联盟在阿根廷召开首次世界电信发展会议。当时美国副总统戈尔在会议上发表了主题演讲,提出了建立"全球信息基础设施"的构想。这实际上是美国人第一次向全世界推荐互联网。自此,全球进入网络互联的时代。

在近20年的时间里,互联网的规模迅速扩大,全球用户数量从1995年的四千万人,发展到2009年的18亿人。表1-1和表1-2分别给出了互联网用户数和普及率排名前20位的国家。

表 1-1　2010 年全球互联网网民数排名前 20 位的国家

名次	国名	网民数（百万）	名次	国名	网民数（百万）
1	中国	384.00	11	韩国	39.44
2	美国	239.89	12	意大利	29.24
3	日本	94.08	13	墨西哥	28.44
4	巴西	75.00	14	西班牙	28.12
5	德国	65.12	15	伊朗	27.91
6	印度	61.30	16	土耳其	26.41
7	俄罗斯	59.70	17	加拿大	26.22
8	英国	51.44	18	越南	24.00
9	法国	44.63	19	波兰	22.45
10	尼日利亚	43.98	20	哥伦比亚	20.79

数据来源：国际电信联盟（ITU）指标数据库。

表 1-2　2010 年互联网普及率排名前 20 位的国家

名次	国名	互联网普及率	名次	国名	互联网普及率
1	冰岛	93.46%	11	圣卢西亚	82.99%
2	挪威	92.08%	12	阿联酋	82.15%
3	瑞典	90.80%	13	巴林	82.04%
4	荷兰	89.63%	14	韩国	81.60%
5	卢森堡	87.31%	15	文莱	79.78%
6	丹麦	86.84%	16	德国	79.26%
7	新西兰	84.38%	17	安道尔	78.53%
8	芬兰	84.14%	18	加拿大	78.11%
9	英国	83.56%	19	新加坡	77.23%
10	百慕大	83.25%	20	日本	76.80%

数据来源：国际电信联盟（ITU）指标数据库。

中国的"信息化"

中国对信息化问题的重视始于 20 世纪 80 年代初。1983 年，在全国范围内开展的"新技术革命的挑战与我们的对策"的大讨论，使人们意识到新技术革命的核心是信息革命，而信息革命的目的就是要提高信息资源的开发利用水平，扩大信息资源的开发利用规模。[①] 1982 年，国家成立了"计算机与大规模集成

[①] 谢阳群：《信息化的兴起与内涵》，载《图书情报工作》，1996 年第 2 期。

电路领导小组",1984年成立了"国务院电子振兴领导小组",都由副总理级别的领导同志担任组长。1984年,邓小平同志为国家信息中心题词:"开发信息资源,服务四化建设"。这些说明,信息技术、信息化等问题在中国改革开放之初就已经引起国家领导的高度重视,"信息化"一词的广泛使用建立在改革开放和现代化建设的社会大背景之中。

1987年9月14日,中国科学院的钱天白教授发出了中国第一封电子邮件:"越过长城,走向世界"(Across the Great Wall we can reach every corner in the world)。这封电子邮件经由意大利的公用分组网经(ITAPAC)和德国 DATEXIP 分组网,实现了和德国卡尔斯鲁厄大学的连接,通信速率最初为300bps。1994年4月20日,通过美国 Sprint 公司,中国连入 Internet 的64K国际专线开通,实现了与互联网(Internet)的全功能连接,从此中国被国际上正式承认为真正拥有全功能互联网的国家。从20世纪90年代开始,中国先后建设了中国公用计算机互联网(CHINANET)、中国科技网(CSTNET)、中国教育和科研计算机网(CERNET)等一系列网络基础设施,为中国信息化建设奠定了网络平台基础。

1997年召开的首届全国信息化工作会议将信息化定义为"培育、发展以智能化工具为代表的新的生产力并使之造福于社会的历史过程"。而所谓国家信息化就是"在国家统一规划和组织下,在农业、工业、科学技术、国防及社会生活各个方面应用现代信息技术,深入开发广泛利用信息资源,加速实现国家现代化进程"。会议还提出,要构筑和完善国家信息化体系,这包括六个方面的要素,即:

- 开发利用信息资源
- 建设国家信息网络
- 推进信息技术应用
- 发展信息技术产业
- 培育信息化人才
- 制定和完善信息化政策。

2006年,中共中央办公厅、国务院办公厅印发《2006—2020年国家信息化发展战略》,指出信息化是充分利用信息技术,开发利用信息资源,促进信息交流和知识共享,提高经济增长质量,推动经济社会发展转型的历史进程。除上述六个要素外,这次会议还提出四个方面的重点战略,即:

- 推行电子政务
- 推动社会信息化
- 建设先进网络文化

- 建立国家信息安全保障体系。

从 20 世纪 90 年代初开始,中国先后启动了一批重点信息化工程项目,用光纤、卫星等通信手段来构筑中国特色的信息高速公路。因为这些工程的名字中都有一个"金"字,因此通常称之为"三金工程"、"十二金工程"等。最早是在 1993 年至 1995 年,先后启动了"金桥"、"金卡"和"金关"等"三金工程",分别涉及网络基础设施和通信建设、金融领域信息化和海关信息化建设。2002 年后又先后启动了"十二金"工程。① 这些信息化项目,尤其是"金桥"、"金卡"、"金税"等为中国社会整体的信息化提供良好的基础,大力促进了电子政务、电子商务等各种应用的发展。

全球信息化与数字鸿沟

信息革命对全球社会经济带来深刻的变化。本章后面将要述及的信息资源、信息技术、信息产业以及电子政务、电子商务,都是基于全球信息化这个宏大框架下的具体讨论。然而,首先值得关注的是,信息化以及由此而带来的变化并不是均衡发展的。事实上,在国家与国家、地区与地区、阶层与阶层、种族与种族之间,信息技术的普及与对信息资源的使用,都存在着巨大的差别。这种不同国家、地区、人群之间,在获取和使用信息资源和现代信息技术的能力上的差别,被称作"数字鸿沟"(Digital Divide 或 Digital Gap)。简言之,数字鸿沟就是在"信息富有者"和"信息贫困者"之间的鸿沟。

"数字鸿沟"的概念最早出现在 20 世纪 90 年代中期的一些调查报告中。从 1995 年开始,美国国家通信基础设施管理局(National Telecommunications Infrastructure Administration,NTIA)发布了一系列关于信息化普及率的调查报告,其中在 1998 年《在网络中落伍 II:关于数字鸿沟的新数据》(*Falling Through the Net II: New Data on the Digital Divide*)和 1999 年《在网络中落伍:定义数字鸿沟》(*Falling Through the Net: Defining the Digital Divide*)的报告标题中正式地使用了"数字鸿沟"一词。② 2000 年 7 月,世界经济论坛组织(WEF)向八国集团首脑会议提交了专题报告《从全球数字鸿沟到全球数字机遇》(*The Global Digital*

---

① 十二金工程主要是电子政务项目,包括三个方面。在加强监管、提高效率和推进公共服务方面有金宏工程(宏观经济管理系统)、办公业务资源系统;在增强政府收入能力、保证公共支出合理性方面有金税、金关、金财、金融监管(含金卡)、金审工程;在保障社会秩序、促进国民经济和社会发展方面:金盾、社会保障(金保)、金农、金水、金质工程。关于金字工程的内容,参见孟庆国、樊博:《电子政务理论与实践》,清华大学出版社 2006 年版。

② 该报告可在 http://www.ntia.doc.gov/ntiahome/net2/下载。

Divide to the Global Digital Opportunity)。此后,数字鸿沟成为世界瞩目的焦点问题,该词也开始被广泛的引用。

从不同的视角出发,数字鸿沟表现为不同的形式,比如,国际鸿沟、地区鸿沟、种族鸿沟、语言鸿沟、性别鸿沟、代际鸿沟等。

国际鸿沟基于全球视角,认为不同国家在信息化的各个层面上存在着显著的差别。联合国一份报告中所指出,在信息社会里,信息技术所带来的生产力有可能扩大最富裕国家和那些缺乏技术、资源和基础设施投资的国家的鸿沟;网络社会正在开创两个平行的交往体系,一个属于那些收入高、教育好、文化基础多的国家,它们享有低成本、高速度的丰富信息;另一个属于那些缺乏接触的国家,它们被时间、成本和不确定性等壁垒所阻碍,只能是过时的信息。图 1-3 说明了不同国家在通信基础设施普及率之间的差别。数据表明,无论是固定电

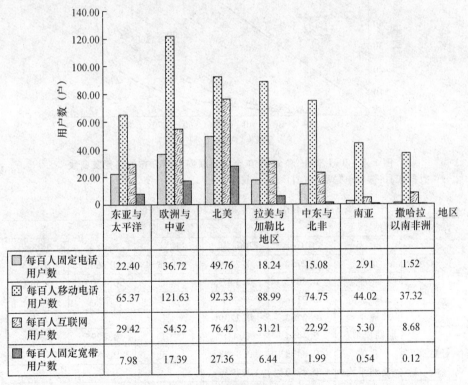

图 1-3　全球通信技术普及率

数据来源:国际电信联盟(ITU)统计数据。

话、移动电话、互联网还是固定宽带的普及率,排在前列的欧美地区的表现要远远高于排在最末的撒哈拉以南非洲各国。图1-4则说明,互联网用户在全球(包括212个国家或地区)人口中的分布是不均衡的。表1-3中利用联合国经济和社会事务部关于各成员国政府电子政务发展的评估数据,反映了各大洲在电子政务发展水平方面的差距。

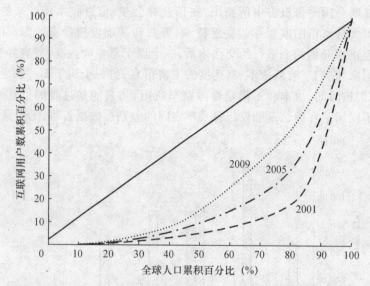

图1-4 2001、2005和2009年全球互联网用户分布的洛伦茨曲线
数据来源:国际电信联盟(ITU)统计数据。

表1-3 联合国2010年电子政务国际(地区)比较

		联合国电子政务发展指数				
	地区	2010年	2008年	地区	2010年	2008年
非洲	东非	0.2782	0.2879	中非	0.2603	0.253
	北非	0.3692	0.3403	南非	0.3505	0.3893
	西非	0.2156	0.211			
	非洲平均	**0.2733**	**0.2739**			
美洲	加勒比地区	0.4454	0.448	中美	0.4295	0.4604
	北美	0.8479	0.8408	南美	0.4869	0.5072
	美洲平均	**0.4790**	**0.4936**			
亚洲	中亚	0.4239	0.3881	东亚	0.647	0.6443
	南亚	0.3248	0.3395	东南亚	0.425	0.429
	西亚	0.4732	0.4857			
	亚洲平均	**0.4424**	**0.4470**			

（续表）

	联合国电子政务发展指数					
	地区	2010年	2008年	地区	2010年	2008年
欧洲	东欧	0.5449	0.5689	北欧	0.7113	0.7721
	南欧	0.5566	0.5648	西欧	0.7165	0.7329
	欧洲平均	**0.6227**	**0.649**			
大洋洲		**0.4193**	**0.4338**			
全球平均		0.4406	0.4514			

数据来源：Department of Economic and Social Affairs, United Nations, "E-Government Survey 2010: Leveraging e-government at a time of financial and economic crisis", 2010.

地区鸿沟指每个国家内部不同地区之间所表现出的数字鸿沟现象。表1-4中国各省（市、自治区）互联网、固定电话、移动电话普及率相对中列出了中国各省（市、自治区）互联网用户的普及率。不难看出，中国东部地区的互联网普及率要明显高于中西部地区。图1-5中国互联网网民城乡结构对比则说明了中国城乡之间在互联网使用方面的显著差距。

表1-4 中国各省（市、自治区）互联网、固定电话、移动电话普及率相对值
（普及率最高的省份设定为100）

省份	北京	上海	广东	天津	浙江	福建
互联网普及率	100	95	78	74	74	69
固定电话普及率	100	94	67	62	79	66
移动电话普及率	96	100	84	75	78	65
省份	辽宁	江苏	山西	山东	海南	重庆
互联网普及率	57	55	48	45	44	43
固定电话普及率	67	66	42	45	41	42
移动电话普及率	60	58	51	51	52	45
省份	青海	新疆	吉林	陕西	河北	湖北
互联网普及率	43	42	41	41	41	39
固定电话普及率	37	49	40	41	36	36
移动电话普及率	49	47	51	56	48	49
省份	黑龙江	内蒙古	宁夏	湖南	广西	河南
互联网普及率	37	37	35	34	33	33
固定电话普及率	43	35	35	35	31	29
移动电话普及率	44	60	55	39	36	38

(续表)

省份	甘肃	四川	西藏	云南	江西	安徽
互联网普及率	31	31	29	29	28	27
固定电话普及率	33	36	36	24	32	39
移动电话普及率	41	38	39	38	31	31

省份	贵州
互联网普及率	23
固定电话普及率	23
移动电话普及率	34

数据来源：互联网普及率数据来自中国互联网络信息中心（CNNIC）第 25 次《中国互联网络发展状况统计报告》，http://www.cnnic.net.cn/。

固定电话和移动电话数来自《2009 年全国电信业统计公报》，http://www.miit.gov.cn/n11293472/n11293832/n11294132/n12858447/13011909.html。

人口数据来自国家统计局 2009 年统计年鉴，http://www.stats.gov.cn/tjsj/ndsj/。

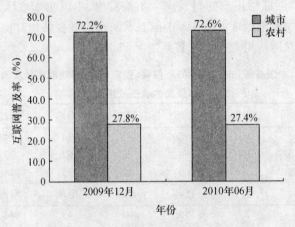

图 1-5　中国互联网网民城乡结构对比

数据来源：中国互联网络信息中心（CNNIC）第 26 次中国互联网络发展状况统计报告，http://www.cnnic.net.cn/。

　　语言鸿沟反映了不同语种的社会之间存在的数字鸿沟现象，尤指互联网上使用英语和非英语语言之间的差距。语言是一种通信标准，采用同样语言标准的人越多，意味着可以沟通的信息量也就越大，因此也就会吸引更多的人采用这种语言与他人沟通。这样在持不同语言的人群之间也存在着明显的信息资源方面的差距。互联网将有可能进一步拉大这种差距。表 1-5 不同语言（文字）在互联网上拥有网页数量的比较显示了，对于相同的关键词（二氧化碳），不同语种在互联网上拥有的网页数量。

表1-5　不同语言(文字)在互联网上拥有网页数量的比较

语种(文字)	内容	网页数
英文	carbon dioxide	17 500 000
中文(简、繁体)	二氧化碳(二氧化碳)	5 736 000
泰语		492 000
希伯来语		88 900
斯瓦西里语	dioksidi kaboni	2 080

数据来源:利用 www.Google.com.hk 搜索引擎,按照"高级搜索"中的相应语言格式进行搜索,搜索时间为 2010-12-19 22:00。

有关种族鸿沟的讨论主要集中在美国,指不同种族群体在使用数字产品和服务上的差别,比如白人和有色人种之间在上述方面的差别。[①] 性别鸿沟和代际鸿沟则分别反映了不同性别以及不同年龄之间的数字差距。

对数字鸿沟现象的解释认为,数字鸿沟不仅是技术的鸿沟,也是制度的鸿沟,归根到底是经济的鸿沟。正如一位学者所指出的,数字鸿沟反映了人们在接触信息与通信技术上所表现出来的一种绝对可以量化的差距,它是不断加深的相对贫困与社会排斥问题内在固有的因素和后果。[②] 事实上,无论是国际鸿沟、地区鸿沟、种族鸿沟、性别鸿沟等,都反映了不同社会之间以及社会内部在拥有财富方面的经济性的差别。

由于经济原因所导致的在信息资源方面的差距早已存在。20世纪70年代,美国传播学家蒂奇诺(P. J. Tichenor)在实证研究基础上提出"知识鸿沟",认为社会经济状况较好的人要比社会经济状况较差的人更快地获取信息,随着大众传媒向社会传播的信息越多,上述两者之间的知识鸿沟存在不断扩大的趋势。[③]

对于现代信息技术对信息鸿沟的影响,存在乐观的、悲观的和中立的三种观点。乐观的观点认为,数字技术有利于提高人们获取信息的能力,降低信息成本,缩小不同地区之间的信息差距。悲观的观点则认为,数字技术不仅没有缩小这些鸿沟,甚至扩大了信息鸿沟,进而扩大了国家之间和国家内部的经济

[①] 曹荣湘:《陷阱还是机遇:数字时代的人文环境》,载曹荣湘:《解读数字鸿沟:技术殖民与社会分化》,上海:三联书店2003年版,第5页。

[②] 阿方索·莫利纳:《数字鸿沟:需要发动一场社会运动》,载曹荣湘:《解读数字鸿沟:技术殖民与社会分化》,上海:三联书店2003年版,第86页。

[③] Ticheror, P. J., Donohue, G. A., Olien, C. N., "Mass Media Flow and Differential Growth in Knowledge", *Public Opinion Quarterly*, 1970, 34(2): 159–170.

差距。正如联合国发展报告中指出:"网络社会正在开创两个平行的交往体系。"①中立观点则认为不能过分夸大数字鸿沟的可能后果。有学者通过比较电话、收音机、电视、录像机的普及率变化趋势后指出,人们拥有这些信息技术的百分比通常呈 S 曲线,即起初是爬行缓慢,随着时间的流逝才开始加速,接近100% 时又再次缓慢下来,包括价格、政府调节、可得到的信息和各方面的努力都将决定着其曲线轨道在哪个点开始上扬。② 比较图 1-4 2001、2005 和 2009 年全球互联网用户分布的洛伦茨曲线中 2001、2005 和 2009 年三年的情况,也在一定程度上说明,不均衡程度正在减轻,鸿沟正在逐渐弥合。

---

① 转引自皮帕·诺里斯:《数字鸿沟的三种形态》,载曹荣湘:《解读数字鸿沟:技术殖民与社会分化》,上海:三联书店 2003 年版,第 20 页。

② John Carey, "The First 100 Feet for Householders: Consumer Adoption Patterns", In *The First 100 Feet: Options for Internet and Broadband Access*, eds. Deborah Hurley and James Keller, Cambridge: MIT press, 1999, 转引自安德鲁·利·罗伯特·阿特金森:《冷眼看数字鸿沟》,载曹荣湘:《解读数字鸿沟:技术殖民与社会分化》,上海:三联书店,2003 年版,第 70 页。

第二章 信息资源与信息技术

本章摘要

信息就是信息,不是物质,也不是能量。信息资源具有需求性、稀缺性、可选择性、共享性、时效性、不同一性等特征。政府信息资源包括政府自身生产的以及政府在履行职责中由其他主体提供的信息资源。现代信息技术以计算机技术为核心,推动了新的产业革命。现代信息技术进入现代组织管理经历了一个逐步演化的过程。

关键术语

信息资源　政府信息资源　信息孤岛　信息技术

§2.1　信息与信息资源

信息

我们已经反反复复地提到了信息,却始终没有给信息下一个定义。信息是人类日常生活中,几乎每时每刻都在打交道的东西,那么究竟什么是信息呢?

最早将信息当作研究对象来研究的是通信领域,因为通信,顾名思义,就是要研究信息的传输。1928 年,哈特莱(Ralph V. L. Hartley)在《贝尔系统电话》杂志上发表了一篇题为《信息传输》(*Transmission of Information*)的论文。这篇论文认为，发送信息者所发出的信息，就是他在通信符号中选择符号的具体方式，这种选择的自由度可以用来计量信息的大小。例如，假定用 26 个英文字母作为符号，那么用符号"he is a professor"传达了一种信息，而用"he is a young man"则传达了另一种信息。26 个字母所能组成的符号量是很多的，因此所能发出的信息量也很大。如果只能用 0 和 1 两个符号，且长度限定为 1，则信息发送者只有两种选择，这时能传达的信息量就很小。

1948 年，后来被称为信息论之父的申农（Claude Elwood Shannon）在论文《通信的数学理论》（Mathematical Theory of Communication）一文中为了测算信息传输量，提出了一个高度抽象化的定义：信息是消除不确定性的东西。基于这个定义，就可以用不确定性的减少来计量信息的量。其后有学者进一步界定，信息就是"负熵"[①]。1950 年，控制论奠基人维纳在《控制论与社会》一书中指出，正如熵是无组织（无序）程度的度量一样，信息就是组织（有序）程度的度量。在维纳看来，广义的通信是人与人、人与机器、机器与机器、机器与自然物、人与自然物之间的信息交换，而信息就是在适应外部世界，并把这种适应反作用于外部世界的过程中，同外部世界进行交换的内容。

随着科学技术和经济的发展，信息的概念也在不断地拓展。除了通信领域外，其他学科的学者也对信息抱以浓厚的兴趣，并给出了不同的定义和描述。我国著名学者钟义信教授在其《信息科学原理》一书中对这些定义进行了总结。他认为，在信息概念的多种层次中，最重要的是两个层次：一个是无条件约束的本体论层次，另一个是受（人类）主体约束的认识论层次。从本体论上考察，信息可以看作是事物运动的状态和状态改变的方式。[②] 这是一种纯客观的定义，信息的存在与否与主体无关，世界上一切事物都在不断地产生信息。本体层次上的信息是最普遍、最广义的信息，与物质、能量所并列。正如维纳所说的："信息就是信息，不是物质也不是能量。"[③]从认识论的角度来考察，信息是主体所能感知的或者主体所能描述的事物运动状态以及状态变化的方式。认识论层次上的信息概念，考虑到信息的产生、认识、获取和利用都离不开信息的主体，因此信息是指主体所感知的或主体所表述的相应事物的运动状态及其变化方式。[④] 这里所说的信息的主体，包括狭义和广义之分。狭义的主体通常仅仅指

[①] 在热力学中，"熵"被用来描述一个孤立物质系统中物质的无序程度，负熵则是指物质系统有序化、组织化。
[②] 钟义信：《信息科学原理》，北京邮电大学出版社 1996 年版，第 38 页。
[③] 维纳：《控制论——关于在动物和机器中控制和通讯的科学》，科学出版社 1962 年版，第 133 页。
[④] 钟义信：《信息科学原理》，北京邮电大学出版社 1996 年版，第 38 页。

人,而广义上的信息主体则还包括信息机器。

从本体论和认识论层次上对信息的定义阐明了信息的本质,而申农从通信的角度给出的定义实际上是说明了信息的价值。消除或减少的不确定性越多,则表示主体收到的信息量越大。

要注意区分消息和信息。消息本身不是信息,消息是信息的载体,是形式。消息可以表现为各种不同的形式,比如文字、符号、数据、语言、音符、图片、图像等,所有这些形式的消息都是能够被人们的信息器官所直接感知的。而信息是内容,是实质,在上述各种消息形式中蕴含着信息。通信过程,在形式上传递的是消息,接收者接收到消息后,就能够从中得到关于描述某事物状态及状态变化的具体内容,也就是信息。从这里也可以看出,从认识论上来看,信息的价值,也即所能消除的不确定性是针对于特定主体的,同样的消息给不同主体带来的信息量可能是不同的。比如,一则"北京获得2008年奥运会举办权"的消息,对于那些还不知道2008年北京将举办奥运会的人来说,这条消息就包含了信息,然而对于那些已经知道人来说,这个消息中的信息量是零。

信息资源

目前国内外对信息资源尚未有统一的定义。美国经济学家马克·波拉特(Mark Porat)认为,信息资源包括信息的处理、操作、传递中所用到的一切人、机械、产品、服务……这些都是信息活动所不可缺少的因素。美国信息管理学家霍顿早年对信息资源的界定是,信息资源包括信息生产者、供应者、处理者、传播者,各种形式的信息,文献化与非文献化的原始数据,经过评价的信息,图书馆的库藏,信息中心的库藏,信息系统和数据库中的数据、记录、报刊、录音带和电影以及其他存储和处理媒介中的信息。其后,霍顿与另一位合作者重新对信息资源进行了定义,区分了"信息资源"(Information Resources)和"信息资产"(Information Assets)两个概念,前者包括具有与信息相关的技能的人才;信息技术中的软硬件;信息机构,如图书馆、计算中心、通信中心和信息中心等;信息处理服务提供者。[①] 中国学者从20世纪80年代中后期开始关注和研究信息资源问题。90年代,原国家科委宣布将"情报"改为"信息"。较早对信息资源展开系统研究的中国学者孟广均曾指出,信息资源应当包括所有的记录、文件、设

---

① 转引自马海群等:《信息资源管理政策与法规》,科学出版社2009年版,第2页。信息资产包括:公司所拥有的正式的数据、文件、文献等财产;公司所拥有的实际知识,包括类似专利和版权的智力财产以及个人的专门知识;公司所拥有的关于竞争对手、商业环境及其政治、经济、社会环境等方面的商业情报。

施、设备、人员、供给、系统和搜集、存储、处理、传递信息所需的其他机器。①

原中国国家信息中心总经济师乌家培在综合国内外研究成果的基础上,提出信息资源可以从狭义和广义两个层面上来界定。② 狭义的信息资源是指,人类社会经济活动中经过加工处理有序化并大量积累起来的有用信息的集合;广义的理解则认为,信息资源是人类社会信息活动中积累起来的信息、信息生产者、信息技术等信息活动要素的集合。③ 广义定义在狭义定义的基础上,将为某种目的生产信息的生产者和处理信息的信息技术都纳入到信息资源的范畴中来,是因为信息价值的实现离不开信息生产者和信息技术这些要素的作用。本书中一般所指的信息资源主要是按照狭义的理解,但是这绝不是要否认信息生产者和信息技术的重要作用。

信息资源与物质资源、能源资源一样,具有经济资源的一般特征。这些特征包括以下方面。④

(1) 需求性。人类从事经济活动都离不开各种资源的投入。传统经济活动主要依赖于物质资源和能源资源的投入,而现代经济活动则主要依赖于信息、信息技术、信息劳动力等信息资源的投入。人类之所以把信息资源当作是一种生产要素,主要是因为不仅可以将信息本身看作是一种重要的生产要素,从而取代物质、能源要素的投入,而且可以通过与这些非信息要素的相互作用,使其价值倍增。比如,可以通过教育培训提高劳动力的工作效率,通过引入信息技术提高管理效率,实现自动化生产等。

(2) 稀缺性。在既定的技术和资源条件下,物质资源和能源资源是有限的、不能自由取用。在一般情况下,如果一些人用多了,其他人就可能少用或者不用。信息资源同样具有稀缺性,这是因为在既定的约束条件下,某一特定的经济活动行为主体因为其人力、物力、财力等方面的限制,其信息资源的拥有量总是有限的,因此要获得相应的信息,就要付出相应的代价。

(3) 可选择性。信息资源与经济活动相结合,使信息资源具有很强的渗透性,可以广泛渗透到经济活动的方方面面。同一信息资源可以作用于不同的作用对象上,并产生不同的作用效果。经济活动行为主体可以根据这些不同作用对象所产生的不同作用效果,对信息资源的使用方向进行选择,这样就产生了信息资源的有效配置问题。

---

① 孟广均:《祝愿奇葩更鲜艳》,载《知识工程》,1991 年第 1 期。
② 乌家培:《信息资源与信息经济学》,载《情报理论与实践》,1996 年第 4 期。
③ 马费成、赖茂生:《信息资源管理》,高等教育出版社 2006 年版,第 4 页。
④ 肖明:《信息资源管理》,电子工业出版社 2008 年版,第 22 页。

除了具备上述经济资源的共同特征外，人们一般认为，信息资源还表现出一些特殊性。

（1）共享性。信息资源的利用不存在竞争关系。比如，小张读完本书获得信息后，并不会影响小王在读本书时获得同样的信息；同样，互联网上的信息，也可以同时供所有网民来消费。这里，一个信息资源的消费者对信息的消费并不以其他消费者少利用或者不利用为前提，即两者在信息资源的消费上不存在竞争关系，可以同等程度地共享某一份信息资源。同样，对于信息生产者来说，为一个用户开发的信息资源与为许多用户开发同样的信息资源比起来，所花费的成本几乎没有差别。共享性也意味着信息可以在时间过程中不断保存、积累。

（2）时效性。一条及时的信息可能使濒临倒闭的企业扭亏为盈，成为行业巨头；而一条过时的信息可能使企业丧失难得的发展机遇，甚至酿成灾难性的后果。这种时效性并不意味着开发出来的信息资源越早投入利用就越好。早投入利用固然可能易于实现其使用价值，但相反的情况亦屡见不鲜。随着时间的推移，某些信息资源是可以像陈年老酒一样增值的，这就要求信息资源的利用者善于把握时机。①

（3）不同一性。美国经济学家肯尼思·博尔丁（Kenneth E. Boulding）曾指出，信息资源之间必定是完全不同的。对于物质资源而言，我们可以不断累加同样的资源。比如购买面包，我们可以每天都消费同样的面包；或者可以购买两辆同样的汽车等。但是如果我们提出需要更多的面包配方信息或者汽车设计资料时，同样信息的复制是不能满足我们的要求的，而是需要其他的不同的配方或者设计资料。

信息资源的共享性

信息资源的可共享性是信息资源的基本特性，对于这个特性的理解，还应进一步注意以下问题。

第一，信息资源的呈现或传播总是借助于一定的承载物。承载物可以是物质，也可以是能量，而能量的转移则最终依赖于物质的运动。比如，人类用纸张来记录信息，现代通信通过电磁波来传递信息等。信息资源的共享性，并不意味着信息承载物具有共享性。信息资源的共享性假设了承载物成本为零。换言之，由于承载物的生产和流通需要支付成本，因此信息资源的共享也会受到

---

① 马费成、赖茂生：《信息资源管理》，高等教育出版社2006年版，第9页。

限制。比如,人类早期的信息媒介来自于天然材料,比如石器等。这样的媒介的制造与传播都需要支付较高的成本,因此在人类早期,信息或知识传播的效率非常低。后来出现了纸,纸的意义在于降低了信息传播的成本,信息便可以在更多的人中间共享。现代信息技术出现后,虽然信息承载物的成本仍然存在,但这种成本相较于信息量和传递速度而言可以忽略不计。信息技术的发展,在一定意义上也就是信息承载物,或者说信道的进步。信道就是信息传输的通道。人们不断地用新的材料代替旧的材料,从而降低承载物或者信道的成本,使信息能够更方便,更经济的共享。

第二,信道的拥挤性会对信息共享产生限制。当信道不拥挤时,人们在消费信息资源时都不会对其他人产生影响。但是如果信道容量相对消费者数量表现出不足,就会造成拥挤,从而使得一部分人无法分享信息。而信息资源的生产者就需要对信道进行扩充。比如,固定电话的线路是有限的,同时打电话的人数存在上限;如果带宽不能满足网民数量的扩张,互联网内容提供商(ICP)就需要添置或扩充带宽;政府公文的上传下达,如果只需要在部门内部浏览,成本很低,但是如果需要向社会每个人都公布,大量复印会导致过高成本,因此会选择其他的信息传播方式。

第三,信道的耗损也会限制信息的共享。在信息长距离传输时,承载物在物质上或能量上的耗损会导致信息的不均匀分配。在空间中长距离传输的信息会因为能量的耗损而丢失。比如,会场前排的听众一般听得最清楚。而在时间中不断积累传承的信息,则会因为承载物的折旧而不断减少,甚至消失,比如书本的老化会导致内容的残缺不全。又因为信息资源具有时效性,那些较早获得信息或者获得较多信息的个体就能得到较多的,甚至全部的信息收益。比如北京市民更容易获得奥运会的信息而寻找到合适的商业机会等。因此,为了保证信息的"均匀"供应,就必须投入成本来不断增强能量,或者复制物质品。比如,中继器就是一种用于放大信息能量的设备;书籍是对停留于大脑中的知识和经验的物化,而书籍的不断复制也是为了保证信息的持续供应。

第四,对信道的控制也会影响信息的共享。信息资源具有价值,因此信息获得者会尽可能地对信道进行控制来保证自己的收益。这种控制包括制度和技术两个层面。从制度上来看,任何资源的排他性都"至少部分地依赖于法律架构"[①],信息资源也不例外。信息能否共享或者排他性使用,取决于外部的正式的或者非正式的制度安排。这里包括两种情形。一种情形是对信道的绝

---

① 王则柯、李杰、孙群燕:《瓦里安谈信息市场和信息管理》,载《国际经济评论》,2001年第Z2期。

限制,比如对国家机密、商业秘密、个人隐私的保护,无论是私人部门还是公共部门都会建立正式的保密制度予以保证。另一种情形则是通过收费的手段来排除免费消费的可能,这是一种对于信道的相对限制。这种情形的出现,是因为信息共享虽然能够降低消费成本,但同时也会降低生产者的积极性。信息生产同样需要投入大量成本,如果不能获得相应的收益,生产者就不愿意生产更多的信息资源。比如,大量盗版软件的存在会降低软件开发者继续开发新软件的积极性。公共机构往往需要进行干预,比如颁布知识产权法,或者专利法等,私人部门则可能对知识创造者采取奖励来实现。信道控制的第二个层面是技术。信息技术的进步不仅可以提高信息共享的能力,同时也会提高限制共享的可行性,降低信息资源的排他性成本。无线电视节目被看成公共产品并不是出于电视台的公德心,对观众缺乏技术性控制是其免费的重要原因之一;而有线电视将电视节目的供应者与最终消费者一对一地连接起来,就使得收费变得可行,排他也就成了可能。在计算机软件中,类似的信息排他性技术还有激活技术,加密技术等。这些技术将软件与硬件进行了绑定,从而会提高信息复制的成本。

§2.2 政府信息资源

政府信息资源的界定

什么是政府信息资源概念?有学者将政府信息资源和政府行政信息等同起来。这种理解实际上是将政府信息资源和政府部门内部产生的各种正式文件、报表、档案等画上了等号。

美国联邦政府对政府信息资源的界定是,"由(by)或为(for)联邦政府而生产、搜集、处理、传播或处置的信息"[1]。根据这一定义,政府信息资源可以分为两个部分,其一是联邦政府自身在履行政府职能时所生产、搜集、处理、传播或处置的信息资源,这些信息资源主要表现为政府制度规范信息、政府公共服务信息、政府机构信息、政务信息以及反馈信息等;其二是联邦政府在履行政府职能时需要政府系统之外的其他个人、组织、社团、社区等来生产、搜集、处理、传播或处置的信息。[2]

---

[1] OMB, Circular A-130, *Management of Federal Information Resources*, Revised November 30, 2000.
[2] 夏义堃:《公共信息资源的多元化管理》,武汉大学出版社2008年版,第28—29页。

国内也有学者将政府信息资源界定为一切产生于政府内部,或者虽然产生于政府外部,但却对政府各项业务活动有影响的信息的统称。① 这个界定所包含的内容要丰富得多,它将政府信息资源分为两个部分,一个部分是政府内部活动自产自销的信息资源,另一部分则是人们的社会活动中所有能够对政府行为产生影响的信息资源。具体而言,政府部门自身生产和拥有的信息资源可能但不限于包括:政策法规信息、为社会服务的信息、各部门工作职能、各种公文、会议情况、总结报告、记录数据、办公文档、机关行政管理信息、经验介绍、各类资源要素的储备和分布状况、规划与发展以及行政部门历史沿革信息、地下网、管、道和线的分布和结构等方面的信息等。政府需要从外部采集的信息则可能包括对政府行使其职能、监控经济运行、制定战略方针和目标起支持作用的经济信息、社会信息资源等。

在实践中,能够对政府行为产生影响的信息来源包括各种社会组织、各类专家系统、公众个人,乃至其他国家。这些主体的活动都会产生信息。一般来说,只要这些主体产生的信息涉及社会公共领域,就可能对政府的管理活动产生影响。比如,网民在互联网社区中对公共政策或者各种社会问题的讨论,就可能会影响政府决策者的决策。但是如果将这些互联网上各种文章,都看作是政府信息资源,未免过于宽泛了。我们认为,在实践中,上述信息主体可能会主动向政府提供信息,或者政府也会主动从这些主体那里获取信息,这些信息进入政府系统后,被加工提炼成正式的文件、资料、数据等,这样才形成政府信息资源。

按照信息资源所涉及的行业来划分,比如政治信息、经济信息、文化信息、教育信息等。以经济信息资源为例,包括经济生产总值、各行业的投入产出核算数据、各行业的资金流量、资产负债等总体情况、商品市场/金融市场/劳动力市场运行情况、经济发展战略、项目审批、大型工程进度、行业改革进程、经济运行相关的管理条例、国家机关税收支出、其他地区经济动态分析等。按照对信息资源的生产和加工过程,可以将信息资源划分为原始信息资源、二次信息资源、三次信息资源和精粹信息资源。② 从信息资源开发与管理的特点和要求的角度上,有人将政府信息资源分为四种类型:可以完全对社会公开的信息资源、只在指定的系统或部门之间(含内部)共享的信息、只在本系统或部门内

---

① 马费成:《信息资源开发与管理》,电子工业出版社 2004 年版,第 386 页。
② 马海群等:《信息资源管理政策与法规》,科学出版社 2009 年版,第 8 页。

部共享的信息、只对某一或某些特定的个体开放的信息。① 也有学者从不同决策需要的角度来划分,分为战略级信息资源、管理级信息资源和事务级信息资源等。②

政府信息资源的管理

如前所述,在传统的信息技术条件下,政府主要通过纸媒介来存储和传播信息资源。各种数据、信息、资料都记录在特定的文件中,虽然这些文件会在不同的部门之间流转,但最终将在各个部门内部积累下来,形成文件库、档案库等。纸媒介有利于长期存储,但一方面,如果要从这些长期积累下来的文件中搜索特定的信息,是一件极为困难的事情,另一方面,对这些信息进行进一步处理仍然需要人力方式,效率比较低。进入现代社会以后,人们的信息需求越来越多,这种传统的技术就越来越不合时宜了。现在,我们已经可以通过建立计算机"数据库"来改进这些缺陷,大幅度地提高信息检索和处理的效率。

虽然在实际工作中,"数据库"这个词常常也被用来指称数据库文件、数据库管理工具或系统(比如 MS SQL Sever、Oracle)等,但事实上,顾名思义,数据库就是存储数据的"仓库",只是这个仓库建立在计算机存储设备上;仓库里的内容,也就是数据,是数字化的,按一定格式可以在数据库中长期地存放。数据库可以表现为某个电子表格(如 Office Excel)里的一份地址清单,也可以是电信公司中每天数百万次的电话接听情况、单次通话收费、月结话费账单等日志文件。由于现代数字存储设备的容量呈指数级增长,数据库可以容纳的数据量也越来越大。一个数据库的容量可以小到只有几千个字节,也可以大到需要以 TB(1 TB = 1 024 GB)作为计量单位。一个小小的硬盘中能够存储的信息量甚至可以抵得上一个图书馆。数据库的作用不仅仅在于存储数据,通常还会为用户检索数据提供便利的工具。一个简单的数据库可以只由本地计算机的单个用户使用,而一个复杂数据库则可能有几千个用户同时使用,数据库中的数据也可能分布在多台计算机和多个硬盘上。

开发利用信息资源,对政府管理活动具有重要意义。对于政府而言,开发利用信息资源的直接收益非常少,主要体现在通过利用这些信息资源为社会提供相应的服务而收取的服务费用,通过利用各种信息减少人员开支、降低行政

---

① 马费成等:《信息资源管理》,武汉大学出版社 2001 年版,第 281 页。
② 朱晓峰、王忠军:《政府信息资源基本理论研究》,载《情报理论与实践》,2005 年第 1 期。

成本等等。然而，信息资源开发对于政府部门来说具有巨大的间接收益，主要体现在可以提高政府运作的效率，有助于制定有效的公共政策，加强责任感和管理能力；随着信息资源开发利用的深入，信息资源共建共享的实施和实现可以打破长期以来存在的部门、地区信息分割状态，消除信息孤岛，切实实现信息的互通共享，从而对政府机构实现有效地监管。

案例2-1

人口基础数据库

2002年，《国家信息化领导小组关于我国电子政务建设指导意见》出台，确定"十五"期间，电子政务建设的主要任务之一是"规划和开发重要政务信息资源"。其中，启动国家信息化建设四大战略性、基础性的数据库——人口基础数据库、法人单位基础数据库、自然资源和空间地理信息基础数据库及宏观经济数据库工程是该任务的主要内容。

人口基本信息是政府部门实现社会管理的基础，在政府管理活动中发挥着重要的作用，对劳动就业、税收征管、个人信用、社会保障、人口普查、计划生育、打击犯罪等信息系统的建设具有非常重要的意义。人口基础数据库由公安部牵头、国家计委、统计局、人力资源与社会保障部、民政部、卫生部、教育部、工商局等众多部门共同参与的基础性数据库之一。它将为各部门提供最具权威的有关中国人口的基本信息。对国家来说，人口基础数据库可以提高行政效率，堵塞诸多行政管理漏洞，降低行政成本；对公民而言，人口信息的共享可以省去许多麻烦和不便，减少需要证明自己，甚至无法证明自己的尴尬。

数据库的主体包括公民身份号码、姓名、性别、民族、出生地点等基本信息，还包括各行政管理部门的业务系统在利用人口基本信息实现社会管理过程中产生的，其他部门存在共享需求的人口信息。

比如，公安部门日常业务中所涉及的人口信息包括户籍管理、驾照管理、护照管理、犯罪管理、暂住人口管理、其他信息等六个部分的业务。以户籍管理业务为例，就包括了自然人数据、出生数据和户籍数据中的数十项元数据。而社会保障部门的业务范围则主要包括养老、医疗等社会保险业务（五险），劳动就业管理、劳动力市场管理、职业培训管理等，其中社会保险管理中涉及包括养老保险、医疗保险、失业保险、工伤保险、生育保险等五类社会保险的信息。其中，医疗保险所涉及的人口信息包括基本医疗保险个人账户建立日期、医疗证号、基本医疗保险个人账号、医疗人员类别、职务级别、修改日期、门诊慢性病医疗机构代码等。一个城市级的人口基础数据库所涉及各个领域的元数据将多达600多项。

信息孤岛

政府各个部门在建立自己的信息资源管理系统或者电子政务系统的过程中，常常根据自身情况需要，采用不同的技术和数据结构来建立信息系统。虽然在部门内部，这些系统提高了业务工作的效率，但是各种原因导致系统之间无法形成互联互通，信息不能在部门或系统之间流动和共享。阻碍了基于信息技术的跨部门合作。这样，每个部门的信息资源都形成了一种"孤岛"效应，人们将这种现象形象地比喻成"信息孤岛"。统一的信息资源开发与利用以及电子政务的发展都要求必须解决"信息孤岛"问题，实现不同位置、不同格式的数据之间的共享和相互访问，从而可以集成相关的业务数据，为政府内部政务系统、企业和公众提供统一和一致的服务。

"信息孤岛"现象在我国电子政务的当前发展中仍然是一个比较突出的问题。比如，工商局和税务局的业务联系紧密，如果两个部门之间信息沟通不畅，就会造成管理上的混乱——逃税漏税，无照经营、伪造营业执照，等现象无法得到有效解决。统计局用于统计的企业信息与工商局不一致，也会导致无法实现政府的有效监管，无法掌握本市企业基本情况。另一方面，法人单位提供给工商、税务、统计、财政部门的信息往往大同小异，但是却要经常重复性地提供给不同部门，一致性和共享性都比较低。对于管理部门来说，无法保障信息质量；对于法人单位来说，重复填报表单造成了工作量的增加，正确率和效率的下降。

§2.3 信息技术

技术的演变

工具是技术的物化。从生产工具的角度来看，物质可以被加工成材料，为生产工具创造了形体；能量可以被转换为动力，为生产工具注入了"活力"；而信息则可以被提炼成知识，从而为生产工具提供了"智能"。

人类的生产活动都需要用到物质、能量和信息。在农业时代，如果没有物质材料制作的工具和畜力提供的生物能的支持,农业活动完全依靠人的手、脚等运动器官和自身体力来完成,那么生产效率是极为低下的。人类因此发明了木制或铁制的生产工具,并且可以依靠畜力来组织农业耕作。这些农业工具和畜力虽然仍然需要人的直接操作,但可以大大提高农业生产效率。从某种角度上看,这些工具可以看作是对人类运动器官的扩展。在工业时代,人类发现了各种能够代替简单生物能的一次或二次能源,它们可以为生产工具提供"源源不断"的动力,从而可以将人的手脚从繁重的直接劳动中解放出来,实现大规模的工业生产,创造了工业化的辉煌成就。这些工业化的工具可以看作是对人类(或牲畜)运动器官的代替。由农业技术和工业技术的上述作用看来,技术的进步实质上是人类利用各种资源弥补自身不足,不断扩展自身能力的过程。

无论是农业生产还是工业生产,都需要人们从生活和生产活动中获取信息,处理信息,从而形成经验或者知识,指导生产活动能够更有效率的进行。如前所述,前信息时代的信息技术同样为人类记录和传播信息提供了技术支持,实际上是对人类信息器官的扩展。人类的信息器官可以分为四类。[①] 第一类是获取信息的"感觉器官",比如视觉器官、听觉器官、嗅觉器官、味觉器官、触觉器官等;第二类是传递信息的"传导器官",主要指神经网络系统;第三类是处理和存储信息的"思维器官",主要指大脑;第四类则是使用信息的"效应器官",比如手、脚、口等。因此,主要着力于传递和记录的传统信息技术,扩展了人类的传导器官和思维器官的存储功能。而获取信息、使用信息以及处理信息,仍然需要依靠人类自身来完成。

信息技术

通常所讲的信息技术,是指以计算机为核心的一系列技术的集合。如美国信息技术协会(Information Technology Association of America, ITAA)将信息技术定义为研究、设计、开发、实现、支持或管理基于计算机的信息系统的技术。这种理解容易产生这样的认识,即信息技术是从20世纪40年代中期以后才出现的。

事实上,如果从一个更广泛的意义上来理解信息技术,即将信息技术界定为完成信息的收集、识别、提取、变换、存储、传递、处理、检索、检测、分析和利用等功能的技术(集),那么自人类社会诞生起,甚至在此之前,就已经出现了各种各样的信息技术和工具。信息和物质、能量并列,被认为是组成客观世界的三大基本要

[①] 钟义信:《信息科学原理》,北京邮电大学出版社1996年版,第11页。

素。在人类社会的历史长河中，人类大量地使用着信息为生活、生产活动服务。

中国古代有"结绳记事"的传说，即是一个利用物质材料记录信息的例子，"结绳"可以看作是一种最简单的信息工具。进入文明社会后，人类相继发现或发明了各种记录信息的书写工具，比如刻刀、笔等；存储信息的工具，比如石碑、竹简、莎草纸、羊皮、纸、图书馆等；传递信息的工具，比如烽火、印刷术、道路、各种交通工具等。从传播学的角度来看，存储和传递信息的工具实质上都是信息传播的媒介。利用这些媒介，信息可以在空间和时间两个维度上传播，有些媒介有利于时间上的传播，有些则利于空间上的传播。[①] 不难发现，上述技术主要解决的是信息传输问题。中国人发明的算盘是少数在古代社会能够对信息（数据）进行处理的工具，也正因此，有人认为算盘是最早的"计算器"。

到了近代，人们发现"电"信号可以用来传递信息，从此信息技术发展史上便掀开了电子技术的一页。在将近两百年的时间里，人类几乎完成了"现代电信"发展所需要的全部基础性工作，使信息在空间中的传播方式出现了根本性的转变。然而，这种转变可以看作是对传统传播技术和工具的升级，大大提高了信息传播的效率，但依然没有为信息处理提供技术支持。因此，虽然电子信息技术从18世纪就已经出现，但是人们所公认的，真正带来信息革命的是20世纪40年代电子计算机的发明。计算机的核心部件是"中央处理器"（CPU）[②]，或者我们通常所说的"芯片"，它为人类提供了前所未有的进行大规模复杂运算的能力。在芯片出现之前，人类主要是通过大脑来处理信息，而芯片可以看作是对人类大脑的替代。也正因此，计算机被人们称之为"电脑"。随着技术的不断进步，芯片已经被广泛地安置于各种电子设备之中，就好像为各种设备配置了"大脑"，即所谓"智能化"。

我们将计算机出现之前的信息技术称为传统信息技术；将其后出现的，以芯片为核心的信息技术称之为现代信息技术。

案例2-2　　　　　　　　　　　　　　　　　　　　　　　>>>

近代以来信息技术发展简史

1753年，爱丁堡的《苏格兰人》杂志上一篇文章提出了"采用静电的电报

[①] 哈罗德·伊尼斯：《帝国与传播》，中国人民大学出版社2003年版。
[②] 中央处理器（CPU）是指计算器内部对数据进行处理并对处理过程进行控制的部件。随着大规模集成电路技术的发展，CPU可以集成在一个半导体芯片上，称之为"微处理器"。

机"的构想。这是关于电信的最早建议。1793年,法国查佩兄弟在巴黎和里尔之间以接力方式架设了一条230千米长的托架式线路,开始用"电报"方式传递信息,当时将这种方式称作"遥望通信"。

1832年,俄罗斯人许林格将6条彼此用橡胶绝缘的电报线路放在玻璃管内,埋入地下用来传送电报信号,这被认为是世界上最早的"地下电缆"。1834年,美国人莫尔斯提出莫尔斯电码,并于1837年制成了第一部使用莫尔斯电码的电报机。1843年,英国人贝恩获得了传真通信的专利。1844年,莫尔斯在华盛顿用自制的电报机拍发了世界上第一封电报。1858年,第一条横跨大西洋的海底电缆竣工,在美、英之间拍发了第一份海缆电报。1864年,英国人麦克斯韦发表了电磁场理论,预言电磁波的存在。1875年,美国人贝尔发明了电话。1883年,德国人尼普柯夫发明了"尼普柯夫圆盘",以机械扫描方式进行了首次图像传送。1895年,意大利青年马可尼发明了无线电报,并于1901年成功完成跨越大西洋的无线电报试验。

1902年,美国人史特波斐德进行了第一次无线电广播;1920年,世界上第一个广播电台,美国匹兹堡KDKA电台进行了首次商业无线电广播。1925年,英国人贝尔德发明了机械扫描式电视机;美国贝尔研究所研制出相片传真机。1931年,美国开始试播电视。1940年,美国人古尔马研制出机电式彩色电视系统。1941年,雷达在美、英等国得到实用。1944年,英国人克拉克在一篇题为《地球外的中继》的论文中,提出了利用人造地球卫星进行通信中继的设想。①

1946年2月,美国宾州大学诞生了世界上第一台电子计算机,名为"电子数字积分器和计算机"(Electronic Numerical Integrator And Computer, ENIAC)。这台计算机的资助者是美国军方,目的是计算弹道的各种非常复杂的非线性方程组。同年,后来被人们称为"计算机之父"的美籍匈牙利人,数学家冯·诺依曼与助手设计了"电子离散变量计算机"(Electronic Discrete Variable Automatic Computer, EDVAC)。EDVAC第一次建立了完整的计算机模型,奠定了现代计算机的基础。1947年,诺贝尔物理学奖获得者,AT&T贝尔实验室的科学家肖克利和他的两名助手发明了以硅为主要原料的晶体管,进而推动了全球范围内的半导体电子工业。1956年,晶体管代替电子管成为计算机的主要电气元件。由于晶体管彻底改变了电子线路的结构,集成电路以及大规模集成电路便应运而生。1958年,诺贝尔物理学奖得主美国得克萨斯州仪器公司的工程师基尔比(Jack Kilby)在一块半导体硅晶片上将电阻、电容等分立元件集成在里面,制成

---

① http://wiki.chinalabs.com/index.php? doc-view-77894。

第二章 信息资源与信息技术

世界上第一片集成电路。

1971年,被誉为"二战以来最有影响力的七位科学家"之一的英特尔公司研究员霍夫将计算机中央处理器的全部功能集成在了一块芯片上,制成了世界上第一个微处理器,即 Intel 4004(如右图所示),从此人类社会的信息技术进入了微处理器时代。1973年,施乐公司研制了世界上第一台现代意义的个人计算机 Xerox Alto。Alto 不仅可以提供数学计算,而且还配有鼠标,图形用户界面,操作系统、开发工具以及最早的以太网网卡。1977年,乔布斯领导的苹果公司研制

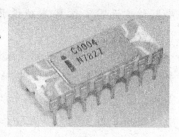

Intel 4004

个人电脑

了世界上第一台成功商业化的个人计算机"苹果2(Apple II)"。1981年,国用商用机器(IBM)公司率先提出了"个人电脑",即 PC(Personal Computer)的概念,并宣布了 IBM 第一台 PC 的诞生(如左图所示)。1985年,日本东芝公司推出了世界上第一台笔记本 T1100。

1969年,由于将硬件和软件捆绑销售而不标明软件价格受到反垄断法指控,IBM 宣布其产品将分为硬件和软件,承认软件有单独的价格。至此,一个真正意义上的软件行业诞生。1974年,美国人基尔代(Gary Kildall)博士开发了世界上第一个用于微型计算机的操作系统 CP/M(Control Program/Monitor)。1981年,微软公司开发了第一个商业化成功的个人计算机操作系统 MS-DOS V1.0。虽然不是最早的图形界面操作系统,微软公司的 Windows 1.0 操作系统在 1985 年上市,获得了市场成功,从此揭开了计算机视窗系统时代。

1975年,美国施乐公司和斯坦福大学联合推出"以太网"(Ethernet)。这是计算机局域网的第一个工业标准产品。1985年,美国国家自然科学基金会(NSF)在全美建造了五大超级计算中心,将 100 所大学科研单位连到网上,全国按地区划分建立了计算机广域网,构成了美国国家 NSFNET 网。这就是初期的 Internet;1989年,NSFNET 对公众开放,成为 Internet 最重要的通信骨干网络,这时主机数已超过 100 000 台。1990年,万维网(WWW)开始在 Internet 上出现,其软件系统是日内瓦欧洲核子研究中心(CERN)的研究人员蒂姆·伯纳斯·李

(Tim Berniers-Lee)为研究高能物理的信息需要而开发的;1993年,美国提出政府制订建设国家信息基础设施(NII)的构想,同年宣布建设"信息高速公路"计划。

1978年,在美国芝加哥试验成功第一个移动电话通信系统;1979年,日本开放了世界上第一个蜂窝移动电话网;1982年,欧洲成立了GSM研究组,任务是制订泛欧移动通信漫游的标准,GSM是全球移动通信系统的缩写。1989年,美国发射了第一颗全球定位系统(GPS)工作卫星。美国高通(Qualcom)公司研发了CDMA数字蜂窝移动通信系统并进行小规模试验。

信息技术的分类

进入信息时代以来,不难发现,人类的信息功能得到了全面的工具支持。除了在传播和存储信息方面出现了效率更高的技术外,在获取、处理和使用信息等方面也都出现了各种新的技术,可以扩展或代替人类原有的信息器官。按照上述信息器官的分类,可以将信息技术分为四类,即感测技术、通信技术、智能技术和控制技术。

感测技术,即信息采集技术,是对人类感觉器官收集信息功能的扩展,比如摄像技术、扫描技术、信息识别和提取技术、遥感技术等都属于感测技术。感测技术的使用范围也十分广泛。比如,工业生产中可以利用传感器来获取外部环境的温度、湿度等信息;在交通管理中,可以利用摄像头拍下违章车辆的车牌号,然后再利用信息识别技术将车牌号码自动地提取出来;各种扫描设备可以将非数字信息数字化;利用人造卫星,每隔18天就可送回一套全球的遥感图像资料等。

通信技术即信息传输技术,是对人类神经网络系统功能的扩展,作用是传递、交换和分配信息,消除或克服空间上或时间上的限制,使人们能更有效地利用信息资源。传统电子信息技术中的电报、广播、电话、电视等技术都属于通信技术。现代通信技术则包括有线网络、无线局域网、移动通信等,这些都是目前十分常用的技术。如果说信息存储可以看作是在时间维度上的信息传播,那么那些用来存储信息的技术,比如内存储器技术、硬盘技术、光学存储技术等在某种角度上也可以看作是通信技术。

智能技术即信息处理技术,是对人类思维器官的扩展,主要功能是使人们能更有效率地加工和再生信息,从而能够形成知识,或者对外部环境做出反应。最典型的智能技术就是计算机技术或者微处理器技术,它们是现代信息技术的核心。比如,最初发明计算机就是为了求解军事活动中的复杂计算问题;决策支持技术则可以从海量的数据资料中挖掘有价值的知识,从而辅助人们的决策行为。

控制技术即使用信息的技术,是对人类效应器官功能的扩展。控制技术的作用是根据智能技术所做出的指令,对外部事物的运动状态实施干预。比如,工业自动化技术能够实现机器设备在无人干预的情况下,按规定的程序或指令自动进行操作或控制。

上述四类技术被称作信息技术的四基元。正如有学者所指出的,通信技术和智能技术是信息技术的核心,感测技术和控制技术则是核心与外部世界之间的接口。没有核心技术,信息技术就失去了基本的意义;没有接口,信息技术就失去了基本的作用。[1] 换言之,上述分类只是一种基于基本原理上的简单划分,而我们通常所使用到的信息技术或者信息工具都是上述各种信息技术的综合体。

现代组织中信息技术的体系结构及其演化

图 2-1 给出了现代组织中现代信息技术的总体架构。[2] 这个架构被分为三个部分。底层结构是由信息技术所构建的平台。最基础的技术包括两个方面。一个方面是信息管理技术,包括各种计算机软硬件系统,另一个方面是通信管理技术,包括各种网络设备技术。这两类技术支撑了各种用于生产与管理的信息技术工具,可以实现信息的总结、分析,群体交流,专家支持以及辅助生产等功能。

用户界面是平台与用户直接对话的接口。这个接口同样包括软件和硬件两个部分。图形化桌面代表了具有可用性和友好型的软件设计风格,这种风格的界面有助于让用户可以"傻瓜"式地操作系统。输入输出设备则不仅包括常用的键盘、鼠标、显示器等,还包括各种扫描、绘图、触摸输入、语音输入等技术。

架构的中间层由实现和控制平台运行的各种方法与规则构成。方法将有助于提高平台的可靠性与质量,规则既是平台运转的程序,又是平台运行的保障,一方面系统平台只能在既定的组织内部规则的定义下实现,另一方面系统能够得到有效、充分的利用,有赖于组织制度规则的调整,形成有利于系统使用

---

[1] 钟义信:《信息科学原理》,北京邮电大学出版社 1996 年版,第 12 页。
[2] Lynda M. Applegate, "Managing in an Information Age: IT Challenges and Opportunities", In Lynda M. Applegate, M. Bensaou, Michael Earl, *Information Technology for Managers*(影印版), 中国人民大学出版社 2002 年版,第 6 页。

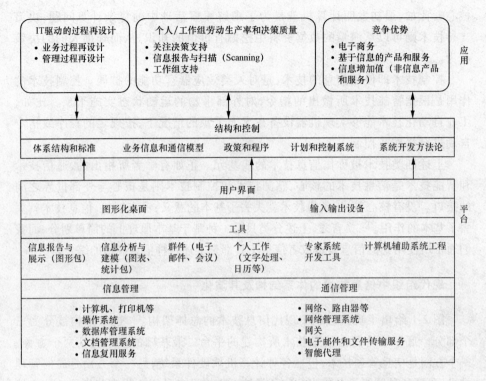

图 2-1 现代组织中信息技术的体系结构

图片来源:Lynda M. Applegate, "Managing in an Information Age: IT Challenges and Opportunities", In Lynda M. Applegate, M. Bensaou, Michael Earl, *Information Technology for Managers*(影印版),中国人民大学出版社 2002 年版,第 6 页。

的行为约束。

架构的上层是指信息技术在组织中的应用,它关注的不是技术本身,而是技术所作用的对象,是组织的目标。借助于技术的推动,组织可以再造业务过程和管理过程,使之更加符合组织发展的需要;组织将利用信息技术不断增强个人或小组的工作效率,提高决策效率;信息的集中和快速的流转将增强组织的竞争优势,为组织带来效益。

阿普尔盖特(Lynda M. Applegate)教授进一步对上述信息技术架构从 20 世纪 50 年代到 90 年代的演变过程进行了系统的总结,如表 2-1 所示。①

---

① Lynda M. Applegate, "Managing in an Information Age: IT Challenges and Opportunities", In Lynda M. Applegate, M. Bensaou, Michael Earl, *Information Technology for Managers*(影印版),中国人民大学出版社 2002 年版,第 7—8 页。

第二章　信息资源与信息技术

表 2-1　组织中信息技术架构的演变

	大型主机时代 (20世纪50—70年代)	微机时代 (20世纪70—80年代)	分布式时代 (20世纪80年代后期至90年代)	泛在(Ubiquitous)时代 (20世纪90年代至今)
		IT范式		
支配地位的技术	大型主机/小型机;集中化的智能	微机;分散化的智能	客户端服务器网络;分布式智能	非结构化的网络/个人便携技术;泛在智能
组织的象征	层级	创业型(Entrepreneurial)	过渡式的混合物	信息时代
IT的职责	自动化现有过程	增加个人/团体的效力	行业/组织转型	价值创造
典型用户	计算机专家	有计算机素养的业务分析家	有信息素养的管理者和工作人员	每个人
使用地点	计算机房	办公桌	多个地点	任何地方
存在的合理性	投资回报率	生产率和决策质量的提高	竞争地位	价值创造
		信息管理		
信息水平	数据	分析	信息	知识
信息模型	特殊应用	数据驱动	业务驱动	知识驱动
信息贮存	特殊应用的数据文件	层次型数据库管理系统;早期的关系型	关系型数据库和文档管理系统	超文本和面向对象的知识管理系统
集成水平(数据、音视频、图像、文本)	计算机只能支持数据	可以支持各种信息类型,但集成度有限	开始集成数据、声音、视频、文本、图像	对所有信息类型的综合性的集成化的支持
		通信管理		
连接媒介	粗同轴电缆、空气(微波和卫星)	双绞线、细同轴电缆	电缆、光纤、蜂窝、卫星;连续通道分离	通道整合
传输协议	专有广域网(WAN);分组交换、电路交换	专有局域网(LAN);以太网令牌环	路由器管理的WAN和LAN集成;开放标准;顺中继	WAN/LAN融合技术;异步传输模式(ATM)

(续表)

	大型主机时代 (20世纪50—70年代)	微机时代 (20世纪70—80年代)	分布式时代 (20世纪80年代后期至90年代)	泛在(Ubiquitous)时代 (20世纪90年代至今)
最大传输速率（通信管理）	56Kbps	1Mbps	3-20Mbps	10Gbps或更多
信息报告（工具）	纸质报告	电子表格、建模、文字处理、纸质报告	开始集成	定制的、集成化的、相关的浏览和链接
信息分析	批处理	结构化决策建模和文件生成	关系型信息建模并开始目标导向	非结构化的、实时业务建模和知识生成
通信	大型主机、电子邮件	局域网、电子邮件	独立的群件产品	任何时间、地点、形式
系统开发	计算机编程语言	最终用户工具	计算机辅助软件开发环境	面向对象的开发环境
输入/输出设备（用户界面）	键盘和监视器	键盘、鼠标和监视器	键盘、笔、鼠标和远程个人数据助理(PDA)	远程PDA上的自然接口
应用程序界面	命令驱动的文本	菜单驱动	图标驱动、视窗、声音和图像	三维图形和虚拟现实
信息管理组织结构（结构和控制）	集中式的	自动化孤岛;分散式的	开始分布式的	协作伙伴关系
信息管理计划和控制过程	集中式控制,特定时间的计划和预算周期	控制孤岛;定制的	转换	分布式的/交互式的管理过程与业务和信息周期同步
信息管理运作过程	单个的、结构化的模型（如系统开发生命周期）	多重模型（系统开发生命期、原型法、最终用户开发等）	快速原型法;迭代	交互式;过程集成;质量管理;持续改进
IT专业性	技术专家	技术和最终用户专家	复合型:过程咨询师,信息专家	领域专家:业务/IT通才

第三章　信息产业与电子商务

本章摘要

信息产业和电子商务都是信息化的重要组成部分。信息产业可以看作是围绕信息的生产、传播、存储和利用等环节相关的产业部门的集合。学界和经济管理部门对信息产业所包含的内容存在不同理解。电子商务是社会信息化的重要组成部分。电子商务的发展要远早于电子政务,并为电子政务的发展提供了诸多借鉴。技术的进步推动了电子化商务模式的演变。基于互联网的电子商务具有显著的优势。

关键术语

信息产业　电子商务　电子数据交换　BtoB 电子商务　BtoC 电子商务

§3.1　信　息　产　业

产业与信息业

简单来说,产业(Industry)就是国民经济中从事产品生产和服务的各个部门,或者通俗地讲就是国民经济中的各行各业。随着人类社会经济的发展,产业在不断地发生变化,产业范围也在不断地扩大。在现代社会,通常按照国民经济各产业生产过程的特征和产品性质将全部经济活动分为第一产业、第二产业和第三产业三类。按照中国《国民经济行业分类》(GB/T4754-2002)的标准,第一产业是指可以直接从自然界中取得产品的产业部门,包括指农业、林业、牧业、渔业以及农、林、牧、渔服务业等。第二产业是人们对自然资源进行加工来取得产品的产业部门,主要指工业,包括采矿业、制造业、建筑业、电力、燃气以及水的生产与供应业。第三产业则是为人类生产、生活和社会发展提供服务的产业部门,通常指服务业,包括交通运输仓储和邮政业、批发零售业、金融业、住宿与餐饮业、房地产业、教育科研、卫生、社会保障、公共管理、社会组织、文化娱乐等众多产业门类。

产业结构,即产业间的关系结构,是一个经济学概念,可以用产业之间的比例关系来衡量。经济学中的"配第—克拉克定理"指出,不同产业间相对收入的差异会促使劳动力向能够获得更高收入的部门移动,随着人均国民收入水平的提高,劳动力首先从第一产业向第二产业转移,当人均国民收入水平进一步提高时,劳动力便向第三产业转移。这样,劳动力在产业间的分布呈现出第一产业人数减少、第二和第三产业人数增加的格局。在发达国家,第三产业在整个国民经济中居于主要地位。

第三产业之所以会出现迅速发展,其中重要因素之一就在于信息业的发展。① 服务业中的绝大多数工作者实际上是在创造、处理和分配信息。上文曾述美国未来学家约翰·奈斯比特发现,战后美国的"服务部门"发展很快,但传统的服务行业大致仍保持在11%至12%之间,真正增长的是信息业。1950年,美国只有17%的人从事信息工作,而到1956年,计算机程序员、教员、职员、秘书、会计、证券经纪人、经理、保险行业人员、官员、银行业人员和技术员等从事信息方面工作的人口超过了60%。② 在奈斯比特看来,这是人类社会由工业社会向信息社会的转变。

信息业并不是一个新事物。如前所述,人类很早就会使用信息为生活和生产服务,信息业也就是那些专门从事信息服务的行业,比如教育、出版、中介等。在前信息时代,这些专门从事信息服务的行业是小规模的,信息服务更多地体现为其他产业部门中对产业生产活动提供支持的子部门,比如企业内部的财务部门。而进入信息时代后,信息业实现产业化,也即是指那些分散的信息工作实现了集中化、专业化,过去分散在三次产业和各行业部门中与信息的生产、流通、交换、分配等直接有关的企事业单位和个人重新进行调整组合,各种类型的、营利的或非

---

① 张燕飞、严红:《信息产业概论》,武汉大学出版社1998年版,第41页。
② 约翰·奈斯比特:《大趋势:改变我们生活的十个新方向》,中国社会科学出版社1984年版,第13页。

营利的信息活动按照产业发展的要求进行组织,从而在微观上形成了一大批专门从事各种信息活动的经济实体,这样在宏观上便形成一个具有相对独立的产业部门,即信息产业。同时,为了对信息业的服务提供支持,那些用于提高信息处理和传播效率的技术与工具生产部门,也可以纳入到信息产业的范畴中。

如果仅仅是信息业的产业化,那么只是涉及信息处理和传播工作模式的变化,主要表现为信息机构的企业化。更重要的是,信息业的发展为传统产业提供了先进的信息技术和工具,从而可以促进传统产业的信息化升级,改变原有的组织结构和业务流程,也即所谓"产业信息化"。产业信息化也会促进信息产业的发展,更多的先进技术和工具将进一步支持信息业的发展。

信息产业的分类

从广义上讲,信息产业是围绕信息的生产、传播、存储和利用等环节相关的产业部门的集合。虽然在前信息时代,并没有一个独立的信息产业,但是诸如印刷出版、新闻报道、文献情报、图书档案、邮政电信、科研教育、咨询中介等产业部门都属于信息业或者信息服务业。计算机的出现催生了新的信息服务部门,比如计算机产业、软件产业、卫星通信业、数据库业、音像视听业、信息系统与网络建设业等。这些部门有的是提供直接的信息内容或者服务,有的则是为信息服务提供技术支持。基于此,有人将信息产业划分为传统信息产业和现代信息产业,分别对应上述两类产业部门。

对哪些产业属于信息产业,学界一直有争论。早在 1962 年,美国经济学家弗里茨·马克卢普(Fritz Machlup)出版了《美国的知识生产与分配》一书,提出知识产业和信息服务的概念。[①] 他将知识产业划分为五大类:教育、研究与开发、传媒、信息机器和信息服务。马克卢普建立了一套信息产业产值核算体系,并据此计算出美国 1958 年信息产业产值占国民生产总值(GNP)的 29%,劳动者收入的 32% 以上来自信息生产与服务。

1977 年,马克·波拉特(Mark Porat)博士发表研究报告《信息经济:定义与测量》。波拉特系统地提出了一套信息产业经济的分析框架,提出了"四产业划分法",即将整个国民经济划分为农业、工业、服务业和信息业。在他看来,信息生产、处理、传播和服务已经渗透到国民经济的各个领域,因此他又将从事信息活动的产业部门划分为第一信息部门和第二信息部门。第一信息部门指直接向市场提供信息产品和信息服务的部门,包括八个主要类别,如表 3-1 所示。[②]

---

① 弗里茨·马克卢普:《美国的知识生产与分配》,中国人民大学出版社 2007 年版。
② 转引自张燕飞、严红:《信息产业概论》,武汉大学出版社 1998 年版,第 67—69 页。

表 3-1　波拉特第一信息部门简表

产业类别	产业	产业类别	产业
知识生产和发明产业	研究开发和发明性产业	信息处理与传递服务业	非电子处理
	民间信息服务业		电子处理
信息交流和通信产业	教育		电信电话
	公共信息服务	信息货物业	非电子消费和中间货物
	正规通信媒介		非电子投资货物
	非正规通信媒介		电子消费或中间货物
风险经营	保险业（各种）		电子投资货物
	金融业（各种）	部分政府活动	政府中的一次信息服务业
	投机经纪人		邮政服务
调查和协调业	调查和非投机经纪业		州或地方政府
	宣传	基础设施	信息建筑的建造和租赁
	非市场协调业		供应办公室

第二部门是指那些为各种面向市场的组织内部提供信息产品和服务的部门，其主要信息活动投入、产出如表 3-2 所示。①

表 3-2　波拉特第二信息部门简表

信息活动	主要投入	主要产出
电子数据处理（信息处理）	计算机及外围设备、软件等	电子数据处理服务
广告	艺术设计、摄录像设备等	广告宣传
文字处理、复印	文字处理、复制设备及材料	信件、商业通讯复制品
印刷	印刷机器及技术人员等	印刷品
直接邮送广告	邮递设备、制作设备及材料	邮政服务
研发	研究所及设备、人员	知识发明专利
杂志剪贴	报纸、事务员	业务通讯
经营管理	管理设备及人员	计划
会计	会计设备及人员	会计信息
法律	律师及设备	法律咨询
专利权、著作权	知识生产	转让费
图书资料检索	图书目录及管理设备和人员	信息存储与检索

不难看出，波拉特对信息产业的划分是比较宽泛的，比如将信息机器以及信息部门的建筑物等都归入第一信息部门。1983 年，日本科学技术与经济协会出版的《信息产业前景》中将信息产业分为两个产业群体。第一个产业群是信息技术产业，这些产业的主要经营活动不是信息的内容，而是提供信息技术，包

---

① 许晶华：《信息产业分类体系的比较研究》，载《情报学报》，2001 年第 5 期。

括信息机器产业、软件产业和信息媒介产业。另一个产业群是信息商品化产业,指使用信息机器进行信息的收集、加工、分配等提供信息服务的产业,比如出版报道产业、数据库产业、咨询产业、教育产业、文化产业等,它们是通过出售信息内容而获得收益,其活动是使信息产业化。

1997年版的《北美产业分类体系》首次把信息业明确列为一种产业类目,包括四大类。第一是生产、发布信息和文化产品的出版业,包括报纸、期刊、图书、数据库出版和软件出版;第二是提供方法和手段的电影和录音业,包括电影、视频业和录音业;第三是传输和发布这些产品的广播和电信,包括无线电和电视广播,有线网和节目传播以及电信业;第四是从事信息服务和数据处理的产业,包括新闻,图书馆,档案馆以及数据处理服务业。

纵观国外学者或机构对信息产业的分类,一个主要的区别在于是否将信息机器纳入到信息产业的范畴之中。《北美产业分类体系》几乎将信息设备从信息业中剔除,只保留了信息产品和信息服务业。这可能是因为考虑到信息设备作为信息转化为商品的一种辅助工具,其产业部门已经独立地构成了一个工业部门。《北美产业分类体系》的分类是按信息的内容来确定范围,而波拉特的分类则是按照信息活动的目的来确定范围。①

中国对信息产业的研究起步较晚。在国外研究的基础上,国内学者也提出了一些信息产业的分类标准。比如,信息经济学家乌家培认为,信息产业有广义和狭义之分,狭义的信息产业是指直接或间接地与电子计算机有关的生产部门;广义的信息产业是指一切与采集、存储、传播、利用以及信息设备制造、信息系统建设等活动有关产业部门。②刘昭东提出,信息产业一般是指从事信息技术研究、开发与应用,信息设备与器件的制造,以及为经济发展和公共社会需求提供信息服务的综合性生产活动和基础结构。③

中国《国民经济行业分类与代码》中并没有单独列出信息产业。信息产业中涉及的电子及通信设备制造业属于制造业,软件开发、软硬件维护、咨询业、数据处理等属于社会服务业,电信业属于邮电通信业,教育、广播、电视、图书馆、档案馆等属于教育、文化艺术及广播电影电视业。2004年,为了统一和规范以电子信息技术为基础的信息相关产业的统计范围,准确提供相关的统计资料,同时与国际上相关分类进行比较,国家统计局下发了《统计上划分信息相关产业暂行规定》,提出信

---

① 许晶华:《信息产业分类体系的比较研究》,载《情报学报》,2001年第5期。
② 乌家培:《经济信息与信息经济》,中国经济出版社1991年版,第129页。
③ 刘昭东、宋振峰:《信息与信息化社会》,科学技术文献出版社1994年版,第71页。

息相关产业主要活动包括六个部分,即电子通讯设备的生产、销售和租赁活动;计算机设备的生产、销售和租赁活动;用于观察、测量和记录事物现象的电子设备、元件的生产活动;电子信息的传播服务;电子信息的加工、处理和管理服务;可通过电子技术进行加工、制作、传播和管理的信息文化产品的服务,如表3-3 所示。①

表 3-3 中国国家统计局《统计上划分信息相关产业暂行规定》简表

电子信息设备制造	电子计算机设备制造	电子计算机整机制造等
	通信设备制造	通信传输设备制造等
	广播电视设备制造业	广播电视节目制作及发射设备制造等
	家用视听设备制造	家用影视设备制造等
	电子器件和元件制造	电子真空器件制造等
	专用电子仪器仪表制造	雷达及配套设备制造等
	通用电子仪器仪表制造	工业自动控制系统装置制造等
	其他电子信息设备制造	电线电缆制造等
电子信息设备销售和租赁	计算机、软件及辅助设备销售	计算机、软件及辅助设备批发等
	通信设备销售	通讯及广播电视设备批发等
	计算机及通信设备租赁	计算机及通讯设备租赁
电子信息传输服务	电信	固定电信服务等
	互联网信息服务	互联网信息服务
	广播电视传输服务	有线广播电视传输服务等
	卫星传输服务	卫星传输服务
计算机服务和软件业	计算机服务	计算机系统服务等
	软件服务	基础软件服务等
其他信息相关服务	广播、电视、电影和音像业	广播等
	新闻出版业	新闻业等
	图书馆与档案馆	图书馆等

案例3-1

中国电子信息产业的发展②

基本情况:中国电子信息产业规模继续扩大,2009 年规模以上电子信息制造业实现收入 51 305 亿元,在全国工业中的比重依然达到 10% 左右(如图 3-1 所示)。2009 年,中国是世界电子产品第一制造大国,手机、微型计算机、彩电、

---

① 详细划分请参见国家统计局网页 http://www.stats.gov.cn/tjbz/t20040210_402369833.htm。
② 中华人民共和国工业和信息化部运行局:《2009 年电子信息产业经济运行公报》,参见中华人民共和国工业和信息化部网页,http://www.miit.gov.cn/n11293472/n11293832/n11294132/n12858462/13009463.html。

数码相机、激光视盘机产量分别占全球的49.9%、60.9%、48.3%、80%、85%，电子信息产品贸易额占全球的15%以上，电子信息百强实现主营业务收入接近1万亿元。

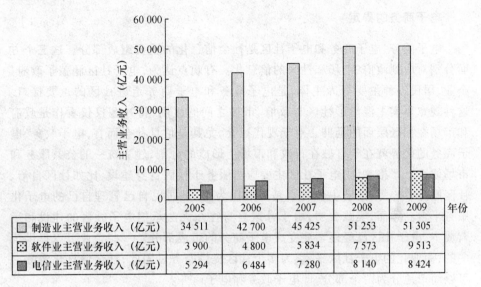

图3-1 中国电子信息产业主营业务收入

图片来源：中华人民共和国工业和信息化部历年统计数据，http://www.miit.gov.cn/n11293472/n11293832/n11294132/n12858462/index_7.html。

值得关注的问题：当前，中国电子信息产业正处于转型升级的关键时期，从技术发展、市场竞争、宏观环境等方面都出现一些新的苗头。首先是产业调整升级趋势加快，具体表现在(1)技术和网络不断融合，(2)信息服务业成为发展趋势，(3)产业分化整合的趋势更加清晰，(4)生态设计模式成为产业重要的发展方向。其次是国际产业竞争日趋加剧。各国家和地区纷纷加大对IT等高技术领域的战略投入，国际大企业并购增多，产业链竞争突出。再次是行业发展秩序仍需规范。产品质量和售后服务问题突出，低价竞争现象明显，山寨产品已成为行业发展不容忽视的力量，部分领域盲目建设，低水平重复建设倾向突出。第四是产业环境亟待改善。核心领域的政策仍不能满足产业需要，软件和集成电路产业的新政策始终未能出台，严重影响企业发展的信心；管理机制仍不适应产业发展和三网融合的要求；宏观环境变化影响产业比较优势，汇率、税率、劳动等新措施在一定程度上增加了企业的成本。

§3.2 电子商务

电子商务的界定

电子政务、电子商务和电子社区是社会信息化的重要组成部分。这三个方面分别对应到政府、市场和社区的信息化。有观点认为,电子社区涵盖了政府、企业、居民三种主要行为主体,是电子政务和电子商务走进社区的重要接口。这种观点事实上混淆了社区与政府、市场之间的区别,将社区仅仅看作是政府和市场在社区层面的延伸。对于现代社会,尤其是信息社会而言,电子政务、电子商务的优势就在于打破在行政和市场上形成的分割,建立统一的公共服务和市场体系。严格来说,电子社区主要应当服务于社区自身建设,比如社区自治、社区服务中心等,活动主体应当是以居民为主,是居民自己管理自己的电子化服务平台。然而,实践表明,由于社区自身往往无法承担电子社区的建设和运营成本,电子社区已经逐渐演变成电子商务的组成部分。一些企业可以提供统一的,商业化的电子社区平台,为多个社区提供服务。因此,社会信息化实际上可以简单地分为两个部分,即电子政务和电子商务。

在第十二章中,我们会系统性地讨论信息系统在政府中的应用情况。电子商务和企业信息化的发展历史要远远长于电子政务。从技术上来说,电子商务与电子政务所采用的技术系统并无差别。在业务理念上,电子商务为电子政务提供了诸多借鉴,这在后面的章节中还会详细阐述。由于电子商务具有的重要性,本章最后将简要的总结电子商务的基本概念和发展模式,作为对信息化和电子政务的知识扩展。

广义的电子商务包括与市场活动相关的所有业务的电子化,即不仅包括商品交易活动,还包括各种企业、消费者、社会团体,甚至政府等主体在生产、采购、消费等方面的活动。在这个广义范畴下,企业内部信息化,比如企业资源计划(ERP)系统等,也属于电子商务的一部分,因为企业信息化的根本目标仍然是为了增进企业在市场活动中的竞争力,从而创造更大的市场价值。

狭义的电子商务是指利用电子传输媒介开展商品或服务的买卖交易活动,

这些产品或服务可以通过物理的或者数字的方式在不同地点之间传输。① 目前的电子商务主要是基于互联网,但也包括利用移动设备,或者早期所建设的专用网络开展的商务活动。这里仅简要讨论狭义层面的电子商务。

和传统商务一样,电子商务作为一个经济系统,其核心层包括卖方(第一方)、买方(第二方)、虚拟市场(第三方)。其中,虚拟市场是指各种电子商务的交易平台,这些平台的基本功能就是让买卖双方实现电子交易。作为对电子商务的直接支撑,配套服务(第四方)组成了系统扩展层,包括物流、软件、金融、保险、广告等。政府、行业组织以及教育科研机构组成了电子商务的相关层,这些组织或功能不直接参与电子商务交易活动,但是对电子商务的发展提供基础性服务(如图 3-2 所示)。

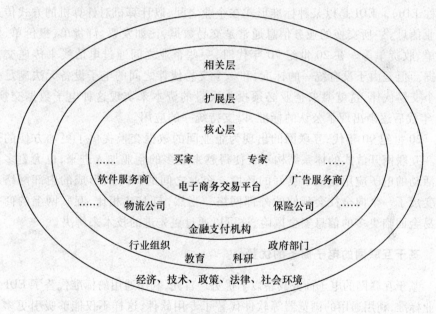

图 3-2　电子商务系统生态图

图片来源:阿里研究中心:《2010 年网商发展研究报告》,2010.08,http://www.aliresearch.com/civilization/9838/,本书有部分修改。

---

①　Marilyn Greenstein, Miklos Vasarhelyi, *Electronic commerce: security, risk management and control*, Boston: McGraw-Hill/Irwin, 2002: 2. 中文翻译中通常将 Electronic Commerce 和 Electronic Business 都翻译成电子商务。许多人在使用时,并不严格区分这两个词。准确地说,Electronic Business 在意义上要比 Electronic Commerce 宽泛。Electronic Commerce 仅仅指交易活动本身,而不涉及与交易相关的其他信息活动。Electronic Business 则包括商品营销、客户支持等更多的商务活动。

电子商务的演变

电子商务的出现是技术进步和市场竞争共同作用的结果。20世纪80年代以来,各国企业无论在国内,还是在国际市场上都面临激烈的竞争,这要求企业对顾客的需求做出更加快速的反应,从而能够提供更优质的、多元化的服务;而日益频繁的国内国际贸易所带来的各种贸易单证、文件等的激增,使传统利用人工来处理各种纸面文件的方式显示出明显的不足,对新技术的需求十分迫切。与此同时,以计算机和网络为代表的现代信息技术的进步为实现商务电子化(Electronization)改变提供了必要的物质基础和技术准备。

最早出现的商务电子化技术是电子数据交换(Electronic Data Interchange,简称EDI)。EDI是以某种标准形式在企业之间,以计算机对计算机的方式传递企业信息。① 所交换的业务信息通常是交易数据,比如发票、订货单、报价单、发货单、收货单等。在20世纪70年代时,一些企业之间通过电话线来传递交易数据。但是由于没有统一的标准,和一个交易伙伴之间的电子设备无法满足另一个交易伙伴,这就要求企业必须投入大量的资本来实现这种电子数据交换。80年代后逐渐出现了公认的标准,以支持统一的应用。

20世纪90年代,互联网的出现为企业间的数据交换提供了更加方便的途径。互联网开放式的体系结构不仅使得越来越多的企业加入进来,也为更多商务活动的电子应用提供了良好的环境。企业之间的EDI所形成的内部网络就演变成了一个向全社会延伸的外部网络。当然,与EDI相比,互联网上的商务交易会面临更多的信息安全风险,这可以通过更先进的技术来解决。

基于互联网的电子商务的优势

基于互联网的电子商务具备以下优势。首先,利用通用的标准代替了EDI的专业标准,利用通用的浏览器等软件代替了专用软件,这样不仅能够吸引更多的企业,尤其是无力承担EDI费用的企业加入到电子商务中来,而且将原先仅限于企业之间的电子商务扩展到了企业与消费者之间的电子商务,企业与政府之间的电子商务;基于这些通用的标准和软件,也出现了更多形式的电子服务。

其次,互联网24小时不间断的服务模式,使得商品交易和消费行为可以突破时间和空间的限制,在任何时间、任何地点只要能够接入互联网,就可以从事交易活动。

---

① 加里·施奈德:《电子商务》,机械工业出版社2008年版,第156页。

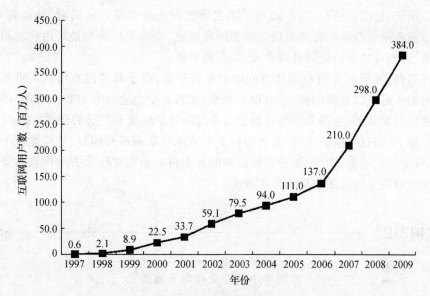

图 3-3 中国互联网用户规模

数据来源:中国互联网络信息中心:《中国互联网络发展状况统计报告》(1997.12—2010.01)。

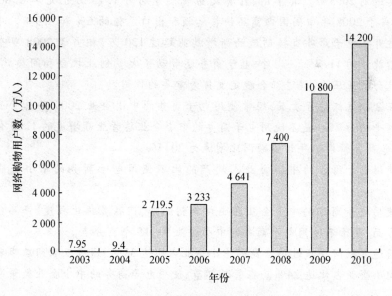

图 3-4 中国网络购物用户规模

数据来源:中国互联网络信息中心:《中国互联网络发展状况统计报告》(2004.01—2010.07)。

第三,传统市场上,生产商与市场之间还存在着大量的分销商、经销商等,电子商务则使得生产商和市场之间零距离接触,缩短了厂家与最终用户之间的距离,从而可以大幅地降低渠道成本,实现共赢。

第四,互联网上没有实体空间中的地域概念,电子商务网站可以在世界上任何地点都可以被访问到,这有助于企业,尤其是中小企业节省营销费用,提高企业的营销效率,为跻身国际市场创造平等的竞争环境和广泛的合作空间。

第五,通过网络的交互,卖方可以更有效地获取买房的偏好,从而提供个性化、可定制的服务;同时,买方在商品和服务质量方面相对于卖方的信息劣势会因为互联网上信息的集聚而发生改变。

案例3-2　>>>

中国中小企业应用电子商务[①]

2009年,中国中小企业通过电子商务创造的新增价值占中国GDP的1.5%,拉动GDP增长0.13%。中小企业电子商务交易规模达1.99万亿元,同比增速达到20.3%。其中内、外贸交易规模分别为1.13万亿元和0.86万亿元,相当于2008年中国国内商品销售总额和出口总值的6%和8.9%。中小企业通过开展电子商务直接创造的新增就业超过130万,相当于2008年全国城镇新增就业的11.7%。此外,电子商务还带动了大量创业机会和间接就业,为缓解社会就业压力,促进社会稳定发挥着重要的作用。

在金融危机的背景下,经常使用电子商务的中小企业2009年总营业额同比增速平均为7%,是不使用电子商务的中小企业总营业额增速的1.35倍。其中,电子商务带来的年销售额同比增速为20.3%。

使用电子商务的中小企业人均产能比不使用电子商务的中小企业高出10.9%。

使用电子商务的中小企业在小订单利润率、产品多样化程度、产品创新能力等方面,高于不使用电子商务的中小企业9—15个百分点。

通过互联网寻找过供应商的中小企业占比达31%,通过互联网从事营销推广的中小企业占比达24%。在营销环节,使用电子商务的中小企业数量年均增

---

① 本案例摘自工业和信息化部中小企业司:《2009年中国中小企业电子商务应用及发展状况调查》,机械工业出版社2010年版。

速达到15.2%;在采购环节,使用电子商务的中小企业数量年均增速达14%;在物流仓储环节,使用电子商务的中小企业数量年均增速达到10%。

电子商务的模式

电子商务交易模式

根据卖方或买方和交易平台的关系,电子商务可以分为卖方集中模式,买方集中模式和第三方交易平台模式,如图3-5所示。

- 卖方集中模式由卖方提供交易平台,卖方产品目录通过平台向买方展示,分散的买方通过交易平台向卖方提交订单。
- 买方集中模式则是由买方提供交易平台,买方需求目录通过平台向分散的卖方展示,卖方通过交易平台向买方提供产品信息,或(并)完成交易。
- 第三方平台模式则是由独立于买方和卖方,专门提供电子商务服务的企业来提供交易平台,卖方和(或)买方向交易平台提交自己的信息,并完成交易。

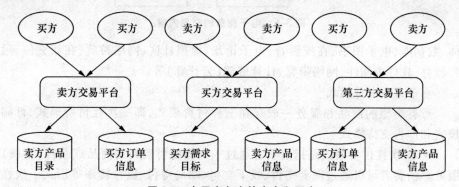

图3-5 电子商务中的卖方和买方

电子商务内容模式

电子商务涉及商品和服务的交易,如图3-6所示。

- 商品主要指有形商品,通常采用网上商店的模式,即买卖双方通过交易平台进行在线检索、询价、支付、评价等活动,然后由卖方自行或由独立的物流服务企业在"线下"实现商品运输和与买方的交割。
- 服务可以简单地分为信息服务和非信息服务。其中非信息服务,诸如旅游、差旅客票、餐饮住宿、家居装修、医疗美容、生活服务等服务的交易,与有形商品类似,买卖双方虽然可以实现在线交易,仍然在"线下"实现服务。信息服务的交易与服务都可以在网上实现,包括但不限于即时通信、信息检索、电子媒

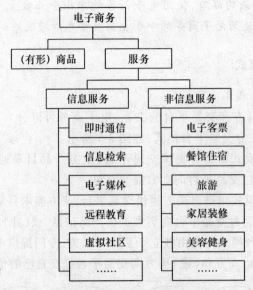

图 3-6 电子商务的交易内容

体、数据库、电子图书、在线影音、电子论坛、虚拟社区、网络游戏、在线充值、远程教育、软件中间件、网络带宽、计算资源(云计算)等。

电子商务支付模式

所有类型的商品和服务一般存在三种付费模式,即一次性付费模式、订阅模式和广告支持模式。

• 一次性付费模式是指消费者通过一次性的付费购买商品或获得(下载)服务。消费者可以通过网上支付、线下支付、邮局寄付、银行转账等形式一次性结清应付账款。

• 订阅模式则是指经营商通过每月(或其他计时单位)向消费者收取固定费用而提供某种商品或服务。消费者可以通过前述付费形式,按月(或其他计时单位)交付应付账款。

• 广告支持模式则是指经营者免费向消费者提供商品或服务,其营业活动全部用广告收入支持。

电子商务交易主体关系模式

按照电子商务交易种卖方和买方的不同身份,电子商务通常被分为四种模式。

模式一:企业(商家)对企业(商家)(Business to Business)模式,简称 B to B 模式。

这种模式是指企业之间通过互联网交易平台开展贸易相关活动,如谈判、订货、签约、支付等。较早出现的"电子数据交换"(EDI)就可以看作是一种 B to B 模式,它按照企业和企业之间的协议,将商业单据规格化,然后通过计算机网络在贸易伙伴之间交换数据,自动处理相关业务。

基于互联网的 B to B 模式又可以分为供应商集中模式、客户集中模式、基于互联网的 EDI 模式以及第三方交易平台模式。基于互联网的 EDI 模式是指利用互联网实现贸易伙伴之间的业务数据直接交换。1999 年成立的中国互联网企业"阿里巴巴"网(www.alibaba.com)是第三方交易平台的典型代表。

模式二:企业(商家)对消费者(Business to Consumer)模式,简称 B to C 模式。

这种模式是指企业和消费者之间通过互联网交易平台直接开展交易活动。也有人称之为"在线零售"。表 3-4 显示了 1996 年以来全球 B to C 和 B to B 电子商务的交易额。早期的 B to C 平台通常由企业自己经营电子商务网站,即卖方集中模式。其中典型代表是 1994 年成立的,当时主要经营图书销售的美国互联网企业"亚马逊(Amazon)"网(http://www.amazon.com)。这种模式虽然仍然是目前的主要运营模式,不过越来越多的企业,尤其是中小企业,已经意识到网络消费所具有的巨大潜力,同时发现自己建 B2C 网站,不仅网站运营维护的成本较高,而且浏览量上不去,不足以吸引足够的人气,因此会利用已有的第三方电子商务交易平台实现 B to C 电子商务。

表 3-4 全球企业与消费者间电子商务和企业间电子商务交易额

年份	企业与消费者间电子商务交易额（亿美元）	企业间电子商务交易额（亿美元）
2007	2 400	68 000
2006	1 900	53 000
2005	1 500	41 000
2004	1 300	28 000
2003	1 000	16 000
2002	800	9 000
2001	700	7 300
2000	500	6 000
1999	250	5 500
1998	100	5 200
1997	50	4 900
1996	<10	4 600

资料来源:加里·施奈德:《电子商务》,机械工业出版社 2008 年版,第 7 页。

模式三:消费者对消费者(Consumer to Consumer)模式,简称 C to C 模式。

这种模式指消费者之间通过互联网开展交易活动，这种模式的思想来源于传统的"跳蚤市场"，通常由非职业的个体网民在网上拍卖或者竞卖，从而实现交易。由于 C to C 模式交易规模和利润相对较小，一般都需要借助特定的第三方交易平台。比如，早期的各种网络论坛、电子布告栏（BBS）中会设立跳蚤市场版或二手交易版，专门为这种交易提供信息渠道；典型的企业是1995年成立的，支持网民在线拍卖自己物品的美国互联网企业"电子港湾"（eBay）（http://www.ebay.com）。

随着电子商务的发展，一方面越来越多的企业利用第三方交易平台直接面向消费者，另一方面越来越多的 C to C 中的非职业交易者逐渐演变成为职业化的个人卖家。因此，B to C 和 C to C 可以在同一个交易平台上相互竞争，B 可以变成 C，C 也可以变成 B，共同点在于都是面向消费者，为消费者服务。

第四种模式：企业对政府（Business to Government）模式，简称 B to G 模式。

这种模式指企业和政府之间通过互联网展开的交易活动。比如企业参与政府网上集中采购。政府可以通过网络发布招标公告，供应商可以在线浏览招标文件，发送标书投标，投标结果在网络上公开，整个采购的信息过程都在网上完成。这种模式和客户集中模式的 B to B 是类似的。

另一种分类模式是将电子商务分为 Web 1.0 和 Web 2.0。虽然一般语境上，这种划分更多指互联网的业务应用模式，但是在电子商务中表现尤为显著。互联网上早期出现的业务应用模式只支持用户访问由网站自己生成、编辑和控制的信息，用户只是被动地接受这些内容，网络"对话"只是在用户和网站经营者之间展开。这种模式后来被称作 Web 1.0，以与新出现的 Web 2.0 所区别。诸如门户网站、新闻类网站、BtoC 交易网站等一般都被认为属于 Web 1.0 模式。

Web 2.0 则是指用户之间通过各种网络电子媒体直接建立"对话"关系，从商务的角度看，即用户消费由其他用户生产出来的信息，或称之为"用户生产内容"（user-generated content，UGC）。"用户生产内容"是 Web 2.0 最重要的特征之一。其他的特征诸如互操作、数据与网站分离，支持网络社群，开放的标准和应用程序接口、互联网分权化等，可以看作是在"用户生产内容"基础上的扩展。因此，从 Web 1.0 演化到 Web 2.0，并非是某种信息技术上的创新，而是一种基于网络对话模式的应用模式演变。典型的 Web 2.0 网站包括但不限于博客、播客、维基（wikis，或称"多人协同创作超文本系统"）、搜索引擎、社会网络服务、即时通信等，这里不再赘述。①

---

① 关于 Web 2.0 的信息，请参阅维基百科网 Web 2.0 词条，网址为：http://en.wikipedia.org/wiki/Web 2.0。

组织篇

第四章　全球化、新公共管理与电子政务

本章摘要

全球社会经济的发展促使各国政府对传统公共治理模式进行改革,从而掀起一场公共部门的管理革命。这场改革强调,公共部门要有明确的管理目标和责任机制,以公众为中心,以结果为导向,实现公共管理的分权化和公共组织的扁平化。利用新的现代信息技术实现各种新的管理理念和方法成为改革中的共识。电子政务在这场行政改革的大背景下应运而生。

关键术语

全球化　治理危机　新公共管理　行政改革　以公众为中心　分权化　扁平化

§4.1　公共治理的危机

全球化对公共治理的挑战

生活在这个时代的人们,能够深刻体会"全球化"的含义。

一本畅销书的作者将全球化分为了三个阶段:第一阶段是1492年到1800年,它是在国家层面上发生的,比如发现美洲,主要动力是国家。第二阶段从1800年左右一直持续到2000年,推动全球一体化的主要力量是跨国公司,这些

公司到国外去的目的就是要寻找市场和劳动力。第三个阶段开始于2000年，这一阶段主要动力是个人在全球范围内的合作与竞争。①

虽然对"全球化"的界定和划分仍然存有争议，但是全球化是持续的过程是一个无可争议的事实。在这个持续的过程中，人类所创造的物质产品、精神产品以及人类自身的流动冲破了区域和国界的束缚，从而影响到地球上每个角落的生活。②

技术进步，是全球化的原动力。从早期文明开始，人类就不断地尝试突破生存空间的极限，向更广阔的世界中移民，生存所必需的物质和能源也随之扩散开来，同时伴随着技术和人类精神的地理扩张。交通技术和通信技术正是社会发展内在要求的产物。全球化依托于交通技术和通信技术的进步。交通技术的不断革新促进了人流、物流、能源流和信息流在全球范围下的扩散。信息流往往是伴随着物流而发生的，因此，物质空间和信息空间往往是相一致的。从电报、电话、电视，一直到现代计算机、互联网，电子通信技术的出现和持续发展，将信息流的全球化扩散推到了极致——信息空间与物质空间被剥离开来，信息空间作为独立的空间而存在。显然，电子通信技术加速了全球化的进程，全球合作不仅在物质空间中进行，而且越来越多地在信息空间或者虚拟空间中展开。这样，世界各地的，具有相同兴趣、爱好和利益的人日益紧密地联系在一起，传统意义上地理社区逐步让位给基于这些网络上共同体，同时又把传统地理社区分割成不同的集团或个人。

全球化给各个国家和地区的公共行政带来了持续的挑战。仅就现代社会而言，全球化对公共行政带来的影响表现在以下几个方面③：

首先，经济全球化使得每一个国家都迫切地需要保持其国际竞争力。随着全球经济的到来，越来越多的国家和地区被拉入到国际分工体系中，跨国企业突破民族国家的范围，在全球展开竞争，把触角伸向了世界的每个角落。由于经济要素在全球流通，如果不能保持本国的竞争优势，吸引更多的资本和资源，便有可能在世界经济竞争中落后。

其次，超国家机构组织在世界上的发挥着越来越大的作用。诸如联合国、国际货币基金组织、世界银行等国际组织在世界经济舞台上的作用日益显著，并直接影响了许多国家的经济与社会问题的决策。在全球各个领域都活跃着

---

① 托马斯·弗里德曼：《世界是平的》，湖南科技出版社2006年版，第8—9页。
② 转引自李存娜：《"中国：全球化与反全球化"会议综述》，载《世界经济与政治》，2003年第2期。
③ 周志忍：《当代国外行政改革比较研究》，国家行政学院出版社1999年版，第6—8页。

一批非政府组织,它们的实力和影响不断增强,甚至会超越政府的权威,或者左右政府决策的行为。

第三,日益复杂的社会事务要求各国展开充分合作。社会事务已不再局限于本国范围内,而是成为多国、地区,乃至全球的公共事务。冷战结束以来,传统的威胁国家安全的因素逐渐被排除。但非传统的威胁却不断升级。恐怖主义、有组织犯罪、贩毒、种族冲突、人口膨胀、环境恶化和贫困,这些因素都能引发经济萧条、政治动荡,甚至国家分裂。[①] 这些都需要各国密切互动,建立互信,展开合作。

第四,全球化使得各国行政改革具有传播效应。信息技术使得民众能够超越政府所控制的信息渠道,成本低廉地获悉世界上正在发生的一切,一国内部发生的变化能够迅速地传播到其他国家。某个国家通过公共行政改革所取得的成果将促使其他国家的人民敦促本国政府推行公共行政改革,各国在相互的学习和促进中不断增加改革的内容,提升行政管理的绩效水平。

治理危机

20世纪70年代,西方发达国家国内面临了一系列社会问题。一方面,公众对政府的期望越来越高,不仅要求提高公共服务的质量,还要求尽量减少财政支出,降低公众的税负。这对于政府来说是一项前所未有的挑战,它要求政府当局必须花更少的钱,同时提供更好的服务。另一方面,二战后,发达国家的工商企业取得了十分显著的业绩,这种业绩给政府部门却带来了巨大的压力。人们不禁要问,为什么企业能够做到如此的成绩,而政府却无法实现?企业的成功为政府提供了示范和借鉴的作用。人们认为,在企业中应用的管理手段,比如质量管理等,也同样适用于政府管理中。

同时,这些国家的政府自身也遇到了多重的困境。有学者将这些困境总结为"财政"、"管理"和"信任"三大危机。[②]

首先,政府在"福利国家"的名义下行使着广泛的职责,过于庞大的财政开支使其陷入了巨额财政赤字而难以自拔。

其次,在公共服务和公共产品供给上的垄断性,使得公共部门失去了竞争的动力,部门内部官僚主义严重,服务意识不够,效率十分低下;但另一方面的情况却是,公共部门的规模越来越庞大,分工越来越细,管理部门的严格控制与

---

① 谭晓梅:《全球化对公共行政的冲击》,载《上海交通大学学报(社科版)》,2000年第4期。
② 周志忍:《当代国外行政改革比较研究》,国家行政学院出版社1999年版,第11—16页。

专业化之间的天平日益向后者倾斜,导致政治机构对公务人员的管理和控制变得越来越难。

再次,社会民众对政府和政治表现出冷漠的态度,这在一定程度上源于民众对政府的不满意、不信任,政府"不仅面临着预算赤字和投资赤字,由于政府的绩效赤字,还面临着巨大的信任赤字。除非解决了这一问题,其他问题都无从谈起。"[①]

对于这些危机,人们普遍认为,政府应该有效地为以企业为中心的民间经济主体提供服务,放松规制,构筑良好的投资环境,提高政府的透明度,削弱政治压力和来自特定利益集团的压力,拓宽反映市民呼声的渠道,为纳税者提供高水准的公共服务。

§4.2 管理的革命

新公共管理

基于上述社会经济与政治背景,西方发达国家从20世纪70年代末开始实行公共行政改革。尽管各国改革的性质、规模和途径不同,但都具有一个已发展起来的共同议程,即所谓"新公共管理"(New Public Management)范式。[②] 这场"新公共管理"运动对于西方公共部门管理尤其是政府管理的理论与实践产生了重大而深远的影响。

经合组织公共管理委员会对新公共管理作了如下界定:公共管理的新范式……旨在在不太集权的公共部门中培养绩效取向的文化。[③] 其特征是:

- 从效率、有效性和服务质量等方面来更密切地关注结果;
- 用分权式的管理环境取代高度集权的科层结构。在分权体制下,关于资源配置和服务供给的决定更接近于供给的核心问题;分权式的管理环境也为顾客和其他利益集团的反馈提供了机会;
- 灵活地寻求能够带来更加有效的政策成果的可行方案,以替代直接的公共供给和管制;

[①] Clinton W., "Remarks and a Question-and-Answer Session on the National Performance Review in Houston", *Weekly Compilation of Presidential Documents*, 1993, 29(37).
[②] 陈振明:《评西方的"新公共管理"范式》,载《中国社会科学》,2000年第6期。
[③] 转引自戴维·G.马希尔森:《新公共管理及其批评家(上)》,载《北京行政学院学报》,2001年第1期。

- 极大地关注由公共部门直接提供服务的效率,它包括建立生产率目标、在公共部门组织内部和公共部门组织之间营建竞争环境;
- 其核心目的是为了强化指导政府发展、要求政府自动灵活地以最低成本对外部变化和不同利益需求做出回应的战略能力。

虽然各国的改革措施各有不同,但基本上包括三条主线,第一,政府角色定位和职能结构的优化,即通过非国有化、自由化、压缩管理等措施,解决政府应该管理什么的问题;第二,社会力量的利用和公共服务社会化,即通过市场化等方式解决政府如何管理的问题;第三,政府部门内部的管理体制改革,即通过政府内部自身的改革,提高政府管理绩效。[①] 而作为这场改革的核心价值,"以公众为中心"被认为是各国行政改革运动的逻辑起点,它要求以公众是否满意作为评价和衡量政府管理和服务质量的标准。[②]

新公共管理的范式特征可以归纳为如下八个方面:[③]
- 强调职业化管理。
- 明确的绩效标准与绩效评估
- 项目预算与战略管理
- 提供回应性服务。
- 公共服务机构的分散化和小型化。
- 竞争机制的引入。
- 采用私人部门管理方式。
- 管理者与政治家、公众关系的改变。

如前所述,与这场行政改革运动并行的是现代信息技术的发展。20世纪70年代末,人类迎来了微处理器和个人计算机时代。计算机不再仅仅是国防、科研、教育等部门的昂贵仪器,越来越多的私人部门开始使用计算机来提高其业务绩效。在新公共管理运动中,公共部门充分地学习、借鉴了这些私人部门在应用信息技术方面的经验,这在美国政府于1993年发布的《国家绩效评估报告》中得到了较为全面的总结。

国家绩效评估报告

1993年,美国克林顿政府建立了"国家绩效评估委员会"(National Perform-

---

① 周志忍:《英国执行机构改革及其对我们的启示》,载《中国行政管理》,2004年第7期。
② 周志忍:《当代国外行政改革比较研究》,国家行政学院出版社1999年版,第37页。
③ 陈振明:《评西方的"新公共管理"范式》,载《中国社会科学》,2000年第6期。

ance Review Committee),并发布了《创造一个工作更好、花费更少的政府:国家绩效评估报告》(Creating a Government that Works Better & Costs Less: the Report of the National Performance Review)。该报告的主旨是提出应当对联邦政府部门的工作进行全面的绩效评估,以解决政府工作效率低下,成本高昂,规模过大等种种问题。

该报告指出,先进信息技术的应用是克服美国政府在管理和服务方面弊端的有效方法,这表现在:①

- 在帮助(政府)消除组织边界,加速服务供给方面,信息技术就像是一个强有力的再造工具。

- 新的管理信息系统正在改变政府。他们使政府生产效率更高,能够提供更多的方式为公众服务,让我们的雇员能够得到更多准确的数据。利用计算机,我们将不再需要向过去那样工作。

- 笔和纸将持续地转向荧屏,文字资料现在形成了数据库里的记录。基于视频和计算机的课程将使学习在任何时间、任何地方都可以进行。钞票将不再在手中流转,它将数字化的传递。人们不在(面对面)交谈,他们"发短信"。会议可以在任何地方召开而不需要(人们)实体在现场。

- 通过计算机和通信技术,我们不需要再做许多过去必须做的事情。我们可以设计一个客户驱动的电子政府来处理那些在10年前根本无法想象的事情。……可以建立一个覆盖全国范围的系统,支持通过电子化的形式分发政府福利。

- 个人将能够同步的通过电子数据交换设施来填写联邦的或州的所得税,同时他的隐私将被保护。

- 电子政府不仅仅是通过智能卡传输钱款和福利,还可以获取公共援助,参加培训、退伍军人服务、儿童日托等,可以记录参与者的财务状况,跟踪福利记录,以减少腐败。……将更加公平,更加安全,对公众更负有责任,比现有的以纸张为基础的办公系统更富有效率。

该报告较为详细地总结了当时美国各地公共行政部门利用信息技术实现的业务创新实践,并首次以官方文件的形式提出了"电子政务"的概念。报告中涉及的一些关于信息化的新概念,目前仍然被广泛地使用。比如,无缝隙(seamless)服务,一站式(one-stop)、向所有美国人开放(即普遍服务)、知识工人(knowledge worker)、数字签名(digital signature)等。

---

① *National Performance Review* (U.S.), "Creating a government that works better & costs less", Washington, D.C.: The Review: U.S. G.P.O., 1993.

同年,另一份名为《利用信息技术实现再造》(Reengineering Through Information Technology)的报告中,进一步就信息化对美国社会可能带来的影响,以及美国政府应采取的相应措施进行了论述,并提出了构筑"电子政务"的目标,即通过信息技术的运用强化领导地位、引入电子政府以及确立电子政府援助系统;为实现政府业务和信息技术的结合,政府高层应发挥强大的领导作用。该报告中多提出的电子政府包括七项最优先考虑的项目,即(1) 补助金发放的全国联网,(2) 网上接受政府信息和服务方法的开发,(3) 公共安全网络的确立,(4) 税金传送、报告和支付系统,(5) 建立国际贸易数据库,(6) 制作全美环境数据目录,(7) 所有部门使用电子邮件。与这七项项目所配套的电子政府援助项目有五项,分别是(1) 改善政府信息基础设施,(2) 开发确保隐私和网络安全的系统,(3) 改善购买信息技术时的步骤,(4) 提供革新奖励。(5) 对联邦职员提供信息技术教育。

管理革命

如前所述,20世纪西方国家的行政改革主要包括三个方面的内容,即政府角色定位和职能结构优化,社会力量的利用和公共服务社会化,政府部门内部的管理体制改革。与工商企业相比,人们认为当时的政府部门内部的管理水平十分落后,主要表现为不重视管理,管理人才地位低下,缺乏现代理念、管理机制不完善等,这样的管理水平难以满足社会经济发展的要求。因此,政府部门内部管理体制改革的重点不是简单的机构调整,而是提升管理的地位,推动管理现代化,因此也有人称之为"管理革命"。这场"革命"包括以下特征:[①]

第一,明确的管理目标和责任机制。政府部门履行的职责和从事的活动十分庞杂,所追求的目标相应多样化且具有弹性特征,使得部门目标设定和管理绩效的评价十分困难。由此导致责任机制的不完善。这被认为是政府失灵的主要原因之一。因此,明确管理目标并在此基础上强化责任机制,是当代政府管理改革的一个重要趋势。

第二,顾客为中心和结果导向。在官僚制的行政文化中,"程序埋没了目标,过程压倒了结果,投入代替了产出,规则取代了使命",当代公共管理的新理念则是"顾客为中心和结果导向"。结果导向就是关注行政管理活动所产生的社会效果;以顾客为中心,就是从顾客(公民)而非官僚机构的立场和角度来评判结果。

第三,分权化。在美国学者凯特尔看来,"新公共管理"旗帜下的当代政府

---

① 周志忍:《英国执行机构改革及其对我们的启示》,载《中国行政管理》,2004年第7期。

管理改革的基本战略可归结为两句话,即"使管理者管理;让管理者来管理"（make the managers manage and let the managers manage）。前者是指建立合理有效的激励和约束机制,使管理者关注管理并为此承担责任;后者则是赋予他们充分的管理自主权,也就是分权化。在这场变革中,分权与权力下放达到了前所未有的广度和深度。

此外,通过将部门内部上下层之间信息沟通方式系统化、规范化,形成直接的沟通渠道,再加上各种形式的分权与权力下放,部门内部中间管理层次的作用大幅降低,因而被削减或取消,导致政府部门的组织结构出现了"压平层级制"或"扁平化"的变革。

实现上述新的管理理念,既需要有制度上的保障,也需要有管理技术上的支持。现代信息技术正是在这样的背景下被引入政府管理中来,电子政务也因此应运而生。早期的部分研究文献将上述"顾客为中心"、结果导向、分权化、扁平化等归纳为电子政务的必然特征,或者认为这些特征是电子政务所引起的行政部门的变革。如导论中所讨论的,如果从行政变革的角度,认为电子政务完全同构于现代行政部门改革,那么这种观点也不足为怪。但这种观点难免会造成一种假象,即是技术的变化与进步引发了上述组织变革。

技术的变革为行政部门的变革提供了支持,然而技术并不一定带来这种变革,因为技术及其实现方案是由行政组织中的决策者所选择的。事实上,本书在导论所讨论的电子政务的各种特征或目标,只是构建了一个理想的电子政务模型,其背后的支撑是行政改革的大背景;而这个大背景之所以出现,虽然从某种程度上说也受到技术进步的影响,但更直接,也是更重要的是社会经济条件的发展与变迁。本章后面两节将进一步讨论信息技术与组织变革之间的互动关系。

以公众为中心

在发达国家的行政改革过程中,20世纪90年代以前的改革重点是提高效率,降低成本,克服政府的财政困难,同时强调公共服务中应遵循"顾客导向"或"顾客为中心"的理念,即把公共服务的对象看作是"顾客",主要表现为:消除部门垄断,赋予服务对象选择权,促进部门竞争,从而在保持质量的前提下像私营部门那样降低服务成本,提高效率。这一时期,由于服务改善的目标由政府部门决定,其手段主要针对政府部门的内部管理,顾客依然具有被动性特征。至90年代初,英国政府发起了所谓"公民宪章"运动,这被看作"顾客导向"理念发展的一个里程碑。所谓"公民宪章",就是用"宪章"的形式,把政府公共部门服务的内容、标准、责任等公之于众,接受公众的监督,实现提高服务水平和质

量的目的。各个部门服务宪章的具体内容和实施安排根据实际情况各有不同,但设计中必须体现以下六项指导原则:①

- 明确的服务标准——包括服务效率、质量等方面的具体要求和公务员在与公众打交道时的行为准则。
- 透明度——有关公共服务的信息必须公开、透明,包括服务的内容和运营状况、特定服务项目的开支与成本状况、管理机关和承担服务的具体机构、后者的服务水平和质量等方面的信息。
- 顾客选择——在可能的情况下和与服务对象协商的基础上,应向公众提供选择服务机构的机会,充分发挥内部竞争的作用以提高服务水平和质量。
- 礼貌服务——公共服务人员必须礼貌对待公民,一视同仁地向公民提供服务,尊重公民的隐私权、文化、宗教信仰和人格尊严。
- 完善的监督机制——建立方便有效的公民投诉受理机制,包括明确的补偿标准、便捷的受理程序、方便的投诉渠道等,可能时设立宪章电话专线。
- 资金的价值——推广和完善合同出租制度,展开公共服务领域的公私竞争,以竞争求质量,以竞争求效益,实现公共资源的充分利用。

顾客导向,是从私营部门的营销模式中借鉴而来。由于公共部门是为社会公众服务的,"顾客导向"实际上是"以公众为中心"的体现。"以公众为中心"是20世纪发达国家行政部门改革中的基本原则,被贯彻到各种具体改革措施中,电子政务亦不例外。

传统政府部门的设置是以各个部门的职能为中心。这种业务模式往往会造成业务办理时间长,效率低的情况,在公众与政府部门之间存在着过高的交易成本。交易成本包括交易的实施费用和信息费用。这一方面表现在,公众在办理相关业务时常常需要往返于各种政府部门所在地之间,因此需要支付时间和交通成本;另一方面,由于公众不熟悉相关业务的办理条件和程序,还需要不断地咨询和学习,因此要支付学习成本。

以公众为中心,就要改变以部门职能为中心的公共服务的供给模式。这种新的服务模式,在目标上要提高为公众服务的效率,具体表现为降低公众和政府打交道的成本,提高公众的服务满意度;在方法上,对外要提供便利的服务设施,标准化的服务内容,对内则要为这些便利设施和标准化服务重新组织行政业务流程。

信息技术为实现上述方法提供了技术支持。这表现在,一方面,信息系统可以将全部的业务流程规范"固化"在软件中,这样既能够为公众提供标准化的

---

① 周志忍:《当代政府管理的新理念》,载《北京大学学报(哲学社会科学版)》,2005年第3期。

服务,又能够根据不同的情况提供个性化的服务;另一方面,互联网将这些服务延伸到了公众的身边,公众不需要再在物理空间中来回"运动",而只需要在自己的家中、工作单位就可以全天候地办理相关业务,获取公共服务。这样一来,公众不仅可以节省办理业务的时间和交通费用,而且可以大幅度降低学习成本。后者表现在,一方面电子政务可以提供有关业务知识的工具,另一方面标准化的办事程序和固化的信息流程本身也可以减少学习的需要。

案例 4-1

新加坡"电子公民"结婚注册服务

新加坡结婚登记系统提供了方便快捷的申请结婚服务(如图 4-1 所示)。新加坡公民可以在任何地方、任何地点,只需要能够连接互联网就可以完成申请。这种随时随地的模式,一般被称作 24×7 模式,即每周 7 天,每天 24 小时都可以提供服务。

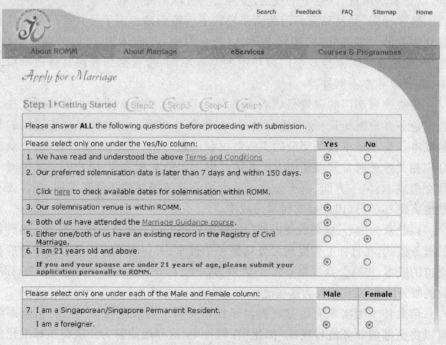

图 4-1 新加坡"电子公民"结婚注册页面

第五章 信息与组织(一)

 **本章摘要**

组织可以看作是一个信息系统,组织的行为过程中都包含着信息过程,信息过程又连接着不同的行为过程。信息在组织中的传播具有两个相互制约的基本特征,即广度和深度;它们决定了组织的信息结构,从而影响了组织结构和决策结构。因此,信息的不同分布一定程度上决定了组织中的权力关系。这种影响使得在组织中管理信息资源面临困境。首席信息官的职责不仅在于管理技术,而是管理组织的全部信息资源,因此应当置于组织的权力中心。

■ **关键术语**

组织信息系统　组织结构　信息结构　广度和深度　自由裁量权　首席信息官

§5.1　组织中的信息结构

组织信息系统

信息系统通常被理解为"以计算机为基础的用户—机器系统"(User-

Machine System)①。20 世纪 80 年代以后,部分学者对这种单纯技术化的传统观点提出了批评,尝试从"技术—社会系统"或"社会系统"的观点对信息系统的概念基础进行重新思考。② 比如有学者提出了"基于行动的信息系统模型"(Action Based Model of Information System),从信息引导人们行动的"施为性"(Performativeness)出发,把信息系统定义为"服务于不同代理人之间的(受一定社会、文化规范制约)有限通信、并支持他们行动的形式化语言学系统"③,但这种"形式化的语言学系统"最终仍然要依靠计算机技术系统来实现,因此最终还是技术系统。

"系统"并非单指计算机系统。对"系统"的系统性阐述可以追溯到 20 世纪 30 年代。现在,系统工程的思想和方法已经几乎渗入到一切领域。简单来说,系统就是由相互作用和相互依赖的若干组成成分结合而成的、具有特定功能和目标的有机整体。系统概念来源于人们对客观世界的存在方式的认识,即各种事物之间都存在着广泛的联系,它们以"整体—部分"的关系形成了层次性结构。人们不可能,也不必要认识全部的事物和事物间的全部关系,而是可以把这些事物和事物间的关系构成的整体称为一个"系统",这一整体存在于本身及其组成要素和其他事物的有机联系之中。通常所说的,整体大于部分之和,即是说在系统中,整体往往具有各个部分独立存在时所不具备的某种"涌现"(Emergency)现象,因此整体不能简单地看作是部分的加总。

系统的各个组成成分之间通过不同的途径产生联系,可以通过物质材料,可以通过能量原料,也可以通过信息。把由信息联系起来的系统可统称为信息系统,系统中的元素称为信息节点。由于信息总是需要通过一定的承载物才能传播,信息系统与其他系统之间并非是完全独立的,信息系统往往要架构在其他系统上。比如计算机软件系统是由各种软件模块及其之间的信息通道构成的,软件模块之间的通信又必须依赖于存储器、总线等硬件系统的支持。

对于"组织"来说,首先,组织中信息过程和组织成员的行为过程彼此是密不可分的,是组织同一业务过程分别从信息角度和行为角度进行抽象和描述的两个不同侧面。一方面,一切行为过程都伴随着信息过程;另一方面,一切行为

---

① Davis G. B., Olson M. H., *Management Information Systems: Conceptual Foundations, Structure and Development* (2nd edition), New York: McGraw-Hill, 1985: 6.

② 夏昊翔、王众托、党延忠:《关于信息系统概念基础的一点思考》,载《系统工程理论与实践》,2001 年第 10 期。

③ Lehtinen E., Lyytinen K., "Action based model of information system", *Information Systems*, 1986, 11(4): 299—317.

过程须通过相应信息过程的引导才可能完成。这样信息过程是与行为过程是一个互为因果的耦合关系。

其次,人们习惯于从行为过程的角度来考察组织,把业务过程等同于行为过程,信息过程则被看作是对行为过程的"支持"过程,但是当人类社会由各种通信网络联结成一个整体时,单纯从行为角度进行考察就显得不足了,必须同时考虑行为过程背后的信息过程。另一方面,从延伸与改造组织的信息交流和加工处理模式入手,利用现代信息技术提高组织的行为活动能力与绩效,已经成为组织设计与组织发展的一个核心议题,因此有必要将原先处于"背景"状态的信息过程置于前景位置进行考察、研究和实施。

再次,人类社会(组织是其一部分)中的信息过程的一个重要特点是信息的符号化,即使是最直接的人际交流,由特定文化模式规定的符号化信息过程也广泛存在。这样,信息以各种各样的符号的方式得以表示、保存、传播,因此所谓信息系统,本质上就是在一定的符号空间中建立的信息传播的途径。

基于上述认识,可以将所谓"组织信息系统"(Organization Information System)看作是人们从组织的信息生成、获取、保存、处理和传播角度进行考察所得到的组织的一个侧面,或者说,是从信息和信息联系角度进行理解与描述的组织的一个侧面,它由实现组织中各种信息符号化和符号信息化的一切要素和过程构成。[①] 由于组织的一切业务过程都包含着相应的信息过程,"组织信息系统"与"组织"在系统意义下是同一的。

组织中的信息传播

组织中存在各种信息主体,信息或知识在这些主体之间以不同的符号方式产生、存储和传播,比如通过文字的方式记录在传统的纸质介质上,也可以以电子比特的方式存储在计算机中,更重要的信息主体是组织成员本身,他们利用各种工具生产信息、处理信息、获取信息。如果将这些信息主体看作是组织信息系统中的信息节点,那么信息节点及其相互之间的关系就构成了这个系统的信息结构(Information Structure),组织中的信息可以看作被分配在了不同的信息节点上。

如果将"组织"看成是"实现集体行动的利益的一种手段",那么那些正式的组织,比如政府、公司、企业、大学等,不是组织的仅有的类型;像市场体系等

---

① 夏昊翔、王众托、党延忠:《关于信息系统概念基础的一点思考》,载《系统工程理论与实践》,2001年第10期。

也可以被解释为一种组织,因为市场中存在着"精巧的办法来进行沟通和达成共同的决策"①。从一般性的角度,本节接下来将按照这种广泛的"组织"概念来讨论。

首先,考虑信息传播在组织中的基本特性。信息在信息结构中的不同节点之间传播,具有两个基本的特性:广度(reach)与深度(richness)。广度又可以称作"受众量",指相互间交换信息的节点总合,也就是指信息结构中相互连结(connectivity)的程度。深度又称作"丰富性",通常指信息的质量特性,包括带宽、针对性、交互性、安全性等特征(如表5-1所示)。②

表 5-1 信息传播的深度特性

带宽	在单位时间之内,从信息发送节点传播到信息接收节点的信息量。股票报价就是窄带信息,一部故事影片是宽带信息
针对性	信息内容对接收节点的需求的响应程度,也称作订制化程度(degree of customized)。电视广告的针对性远远不如个人的叫卖,但是广告信息却能被更多的人获得
交互性	信息发送节点与接收节点之间是双向的,还是单向的沟通方式。就小团体而言,对话是可能的,但是旨在传递给数百万人的信息就必须是独白的
安全性	信息是否安全,表现为(1)授权的信息接收节点一定能收到信息,(2)非授权的信息接收节点不能收到任何信息。人们会在房门紧闭的少数人的会议上交换高度机密的信息,如果试图将这些信息传播给更多的人,则会在信息传播的任何环节都会面临安全风险
可靠性	信息真实程度的衡量。当信息在由相互信任的个体组成的组织中传递时,可靠程度就高;反之,当信息在由陌生人组成的组织中传递时,就相对不可靠了
时效性	时效性强,说明人们能够在很短的时间获取信息,反之,则需要较长的时间才能获得信息。比如,在分秒必争的金融市场,少数造市者可以马上拿到第一手报价,更多的金融机构要在3—15分钟之后才能得到报价,而对于大多数零散投资者,要想得到报价就只有在至少15分钟之后了

在通常情况下,当成本既定时,广度与深度之间存在着总体上的一种权衡。如果需要提高信息广度,就需要在深度上做让步;反过来,若需要增强信息传播的深度,就不得不牺牲广度(如图5-1所示)。信息总是依赖于某种信息渠道来传播。由于渠道总是基于物质的或者能量的基础,渠道在使用过程中总会产生耗损,信息也就无法长时间或者长距离的传播,或者就需要对渠道的"损失"进

---

① 肯尼斯·阿罗:《组织的极限》,华夏出版社2006年版,第28页。
② 菲利普·艾文思、托马斯·沃斯特:《裂变:新经济浪潮冲击下的企业战略》,上海远东出版社2000年版,第34—35页。

行不断的补充。

一般来说,信息传播的深度依赖于空间邻近性或者专用的渠道,而要在保证广度的同时,建立和维持这些渠道就要支付较高的成本,因此人们就不得不做出折中:要么减少信息传播的距离,或者是降低所传播的信息量。前者可以表现为对广度的牺牲,即减少信息接收节点的数量,后者则可看作是对深度的"放弃",可以通过减少带宽、针对性、交互性和安全性来实现。因此,组织中信息结构的模式往往受到信息传播在广度和深度上权衡的制约。一般来说,特别丰富的信息只能由为数很少的人共享,而相对不太丰富的信息才能由更多的人共享。

比如,一个100人的班级在大教室里听课和聘请家教的效果是不同的。在大课堂上,面对的学生众多,而时间有限,教师只能根据学生的一般情况教授课程,很难做到因材施教,也很难与每个学生都能够充分交流;在家教中,由于只面对两、三个甚至一个学生,教师就能够针对学生的特定情况给予不同的教学,而且双方也能够充分的沟通。再比如,企业在产品推广时,会根据产品的特点采用不同的营销模式,比如报刊、杂志、电视等大众媒体的受众量非常广泛,但信息传播的针对性、交互性等则相对有限;而如果通过电话,甚至面对面直接沟通,那么深度将得到保证,但受众量就显然减少了。

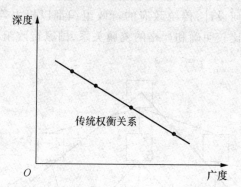

图 5-1　信息传播深度与广度的权衡关系
资料来源:菲利普·埃文斯、托马斯·沃斯特:《战略与新型信息经济》,载《哈佛商业评论》,1997年第9/10期。

组织结构与信息结构

从信息系统的角度来看组织,就不得不面临上述的权衡关系,这使得信息在组织中传播时无法同时兼顾丰富性和受众量。如果既要求让更多的人获得信息,同时又强调信息的深度,那么组织内部的信息结构就必须设计成,仅由少数人彼此交换丰富的信息,再利用由上往下的层级方式,间接的加强广度的效果。这样就需要控制管理幅度,实现管理层级化,形成金字塔型的组织结构。

管理幅度与管理层次是组织结构的两个基本变量,前者构成组织的横向结构,是指主管人所能直接领导、指挥和监督的下级人员或下级部门的数量及范围;后者则构成组织的纵向结构,是指组织的纵向等级结构和层级数目。[①] 这两个变量是影响组织结构的决定性因素。在组织条件不变的情况下,管理幅度和管理层次通常成反比例关系,即管理层次越少,则管理幅度越大;反之则越小。

如图 5-2 所示。根据管理幅度的宽窄,可以将组织结构分为金字塔型和扁平型的组织结构两种。如果管理幅度过大,而又要保证上下级之间的充分沟通,对于上级管理者来说,就需要同时建立和维持更多的信息渠道,这显然导致组织上层管理者的负担则过重,从而引起管理混乱。反之,如果管理幅度太小,就需要增加更多的管理层次,这样同样会导致工作效率低下。传统组织理论强调权力集中,对下属进行严密的指导和监督,因此主张减少管理幅度。但是随着现代行政事务日趋复杂,行政组织和公务人员的数量不断增加,管理幅度小势必使的管理层次增多。现代管理理论主张通过分权、授权等措施,加强自主管理,因而倾向于适当扩大管理幅度以控制管理层次的增加。不过,无论管理幅度和管理层次如何设计,传统政府的行政组织都以权力等级为基础,上级与下级组织之间都有比较明确和严格的统属关系,国家行政组织通常都是金字塔型的。[②]

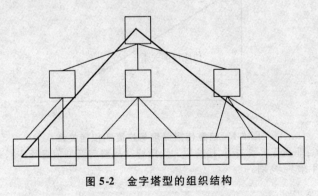

图 5-2 金字塔型的组织结构

---

① 张国庆:《行政管理学概论》,北京大学出版社 2000 年版,第 172—173 页。
② 汪玉凯:《电子政务基础知识读本》,电子工业出版社 2002 年版,第 180—182 页。

不难看出,在金字塔型的组织结构中,信息结构是纵向的,信息的收集、处理、储存、传递路径呈倒树状结构。每个职位都是信息节点。从总体来看,越靠近组织的基层,信息节点就越多,逐级分叉;越接近上层,节点就越少,逐级集中。从横向来看,每一个层级都可以看作是一个信息平台,信息平台上的每个节点都可以看作是一个信息处理的子系统,信息在这个平台上按照子系统的专业化原则分别存储和处理。从纵向来看,在每一个子系统中,信息呈垂直状在不同层级间流转。这样,当组织这个信息系统运转时,越往上层,就越有可能获取到更全面的信息。从理论上看,这种信息结构具有结构简单,信息渠道成本较低的特点,但是在实际运行过程中却可能出现信息过载、信息扭曲、中层堵塞等缺陷。

金字塔型的组织结构与大工业社会所追求的集中管理、权力控制、保持秩序和机械效率等理念相适应的。这不仅与人员素质不太高,环境相对稳定相关,而且也受到了信息技术不发达的影响。组织内部严格的规则保证了用人工方法进行信息采集和处理的效率,组织中庞大的"中间层"则承担着信息的"上传下达"作用。换言之,这种结构及其规则,在解决人员素质、有效传递信息等方面是有效率优势的。当人类社会步入后工业社会或信息社会时,社会环境变动不居,并日益复杂化,社会大众要求政府提供更加个性化的管理和服务,这些都要求政府部门能够迅速地,以及多元化地对社会问题做出反应。而传统体制对环境的适应能力差,组织相对僵化,不容易根据环境中出现的信息、信号迅速做出反应,其缺陷也就暴露出来。

自由裁量权

关于组织的相关理论丰富而复杂,但其中许多理论都围绕着一个中心问题,即法律授予的自由裁量权。[①] 虽然从效率出发,要求在决策中授予自由裁量权,但是这种授权也必然带来控制和监督的问题。正如有学者所讨论的:由于中心决策者不可能得到所有信息,绝大多数决定权都必须授予那些掌握相关信息的人,人与人之间信息流动的昂贵成本带来了在组织和国家中下放某些决定权的必要性。由于代理他人行使决定权的人都具有自私自利的本性,所以不是最完美的代理人,而权力下放则会弱化系统的监控。[②]

上述现象可以简化为信息经济学中的委托—代理模型。代理人按照委托

---

① 福山:《国家构建:21 世纪的国家治理与世界秩序》,中国社会科学出版社 2007 年版,第 44 页。
② 迈克尔·C. 詹森:《组织战略的基础》,上海财经大学出版社 2008 年版,第 2 页。

人的要求完成某项工作,工作的最终结果可以为双方获知,但是委托人难以观察到代理人在工作中所付出的努力程度。委托代理关系存在于诸如企业、政府、大学、团体等各种科层化组织及其内部各个层次的管理活动之中。组织的每一个层级上的职能都被划分并委托给下属部门或个人,建立起一系列的委托—代理关系。对于企业而言,委托—代理问题的产生是因为雇主和雇员的利益不完全相同,高级雇员与下属之间的利益亦不完全相同。在"政治代理模型"[1]中,委托人是广大公众或选民,公众的第一级代理人是选举产生的代表,而立法者相对于政府行政部门而言也是委托人。在政府中,委托—代理关系体现在高级官僚与下级官僚之间,上级部门与下级部门之间,中央政府与地方政府之间。

经典委托—代理问题中的关键在于如何避免"道德风险",其实质是一种非对称信息博弈。所谓"非对称信息"(Asymmetric Information),就是指某些参与人拥有另一些参与人不拥有的信息。在委托—代理关系中,代理人在实际工作中所能掌握的关于他们自己行为的信息要比委托人多,如果假设委托人和代理人双方都追求效用最大化,那么代理人可能并不完全按照委托人的最佳利益来工作,而是可能追求与委托人利益所不一致的自身利益,给委托人带来损失。为了使代理人的不良行为最小化,委托人一方面需要利用适当的激励来鼓励代理人,另一方面也要监督代理人的活动。在这个过程中所产生的成本,被称作"代理成本"[2]。按照一般的定义,代理成本包括三部分的内容,第一是委托人对代理人的监督成本(Monitoring Costs),第二是代理人保证不会损害委托人利益所支付的担保成本(Bonding Costs),第三是在给定最佳的监督和担保活动的前提下,代理人的偏离行为仍然造成委托人收益损失的剩余损失(Residual Loss)。

不难看出,委托—代理关系是一种风险关系,蕴含了委托人对代理人的信任。[3] 信任或不信任,是一个个体评估另一个或另一群个体将从事某个特殊行动的主观概率水平,这个评估发生在他能够监控这个行动(或者即便他能够监控,但却缺乏必要的能力)之前,而且这种评估会影响他自己的行动;如果评估超过了某个阈值,便给予对方信任,否则就不信任。[4] 委托人需要判断,代理人

---

[1] 蒂莫西·贝斯利:《守规的代理人——良政的政治经济学》,上海人民出版社2009年版,第112页。

[2] Michael C. Jensen, William H. Meckling, "Theory of the Firm: Managerial Behavior, Agency Costs and Ownership Structure", *Journal of Financial Economics*, 1976, 3(4): 305—360.

[3] 詹姆斯·科尔曼:《社会理论的基础》,社会科学文献出版社1999年版,第112—117页。

[4] Gambetta, Diego, "Can We Trust Trust?", in Gambetta, Diego (ed.), *Trust: Making and Breaking Cooperative Relations*, electronic edition, Department of Sociology, University of Oxford, 2000: 213—237.

是否值得信任。如果信任超过一定的阈值,就意味着委托人通过授权所获得的收益要大于不授权所得到的收益。而为了规避风险,核心的要素是信息。无论是监督活动,还是担保活动,委托人都是希望建立某种信息传播渠道来获取代理人的信息,而代理人为了实现自己的利益,则有可能反控制这些信息渠道,阻碍或过滤信息的传播。委托人可以利用更多的人力或层级来实施监控,但这些增加的控制都会带来新的代理成本。随着管理层级的增加,组织中的委托—代理关系也会不断地增加,组织所面临的风险也就越大,代理成本也就越大。所谓"中层黑洞"现象,就是一种实践中的表现。信息在组织中传递时可能会被误解、扭曲、过滤、堵塞。中间层在传递过程中,并不是完全的传声筒,而具有自己的利益和价值判断。

信息是一种权力

在组织中,信息技术的管理"主要是政治问题,其次才是技术问题"[①]。如果说,信息不对称可以使一方相对其他方处于优势地位[②],那么保持对信息的控制,可以使个人、部门或组织保持他们对于其他方的优势地位,从而可以使自主权、职位以及经费得到保障。[③] 因此,在某种意义上,信息就是权力。上一节已经讨论了,代理人的自由裁量空间可能因为组织信息过程的重组而变小,这种变化产生的实质是因为组织中信息的分布状态发生了改变,信息不对称便可能从偏向代理人转变为偏向委托人。这并不是说代理人失去了自由裁量的权力,而是这种自由裁量权被削减了,因为其决策所可能选择的集合被缩小了。反之,委托人的实质权力增加了,因为委托人可以通过低廉的信息技术比过去获得更多的信息。虽然这些信息可能会出现冗余过剩的情形,导致委托人仍然需要支付成本来挖掘其中有价值的内容,但是只要信息分析是在非公开的形式下进行的,代理人依然会对即使是形式上的信息监控做出比较敏感的反应。在这里,信息产生了对双方契约合同得以履行的某种强制性。

进一步来看,所谓强制性并不是直接施加于信息本身,而是信息传播的渠道。信息渠道的控制权决定了谁能获得以及谁能传播信息。比如,媒体曾被称

---

① Strassmann, P. A., *The politics of Information Management*, New Canaan: The Information Economics Press, 1995. 载戴维·加森:《公共部门信息技术:政策与管理》,清华大学出版社 2005 年版,第 23 页。

② Bellamy, C., "The politics of public information system", In C. D. Garson (Ed.), *Handbook of Public Information Systems*. New York: Marcel Dekker, Inc, 2000: 85—98.

③ 布鲁斯·罗切莱奥:《政治、责任与政府信息系统》,载戴维·加森:《公共部门信息技术:政策与管理》,清华大学出版社 2005 年版,第 18 页。

作在立法、行政和司法权力之外的"第四种权力",因为媒体在一定程度上掌握着社会舆论的信息渠道,从而能够影响社会舆论。如果代理人获得了信息渠道的控制权,就可以设置"过滤器",即根据自己的需要,有选择地向委托人传递信息。反之,如果委托人掌握了信息渠道,就可以尽可能多地采集信息以限制代理人按照自己的利益行动。

无论是什么类型的组织,虽然组织的正式制度都会对组织内的信息渠道做出明确的规定,以保证组织内部决策权力的有效性,但是这并不意味着真实的信息结构和过程将按照这种"明确"的信息渠道来组织。非正式的规则对信息渠道具有更大的影响,争夺对信息渠道的控制权是组织内不同层级、不同部门以及不同个体之间的博弈。博弈不仅存在于组织内部。在组织与外部环境的互动中同样存在着对信息渠道的竞争。政府信息上网可以看作是政府向社会让渡信息渠道权的一种表现。然而这种"让渡"的界限仍然取决于政府部门的意志。虽然类似于《信息公开条例》这样的正式规则对"界限"做出了反应,但是在实际政治过程中,界限如何得以保证仍然取决于那些非正式的规则。

§5.2 组织中的信息资源管理

信息资源管理的困境

在组织信息化发展的早期,人们较少关心信息系统和信息资源的问题,因为信息系统最初是用来完成日常工作的,比如编写财务报表等,因此信息系统往往由预算或者财务部门来管理。随着信息处理的重要性不断提高,计算机进入到越来越多的业务中,因为信息技术的成本大幅度下降,信息资源便逐渐成为一种独立的要素而发挥作用。这时,人们就开始关注如何对信息资源进行管理,从而使其发挥更大的价值。尤其是数据库等技术的出现,如上文所讨论的,一方面从传播的角度来看,获取信息的效率将更高,另一方面从组织架构来看,信息资源趋向于集中化。然而也正如上所述,"政治因素"在信息资源管理中起到了决定性作用。达文波特等人发现,由于(1)充分共享信息会导致组织面临生存的危机,(2)相对弱小的部门对于组织或部门业绩的评估比较敏感,因此一些组织不愿意提供信息与其他组织共享。[①]

[①] Davenport, T., Eccles, R. G., Prusak, L., "Information politics", *Sloan Management Review*, 1992, Fall: 53—65.

从根本上来说，如何选择信息资源管理的结构，是一个利益分配问题。一方面的原因是，信息集中使得原先通过信息的控制而获得的利益受到损失。比如某市公安部门原先可以利用户籍信息向通信公司提供有偿信息查询（5元/条），当该市提出在这些部门之间实现信息交换时，被断然拒绝；而在某市工商局提出与房地产局、文化部门等进行信息交换时也遭到了拒绝和抵制。第二个方面的原因则是出于维护部门权威，或出于部门的政治利益。比如某市工商部门向税务部门共享数据，工商部门需要把各类企业的开业登记、变更、注销、年检等信息交换给税务部门。税务部门从而能及时掌握最新企业信息，加强市场监管，有效防止企业偷逃税款。税务部门业绩提升，得到领导的表彰，甚至提职提薪；而工商部门不仅得不到好处，甚至原有的"企业信息查询费"收益还可能受到冲击。

图5-3表明了在政府中实现信息共享的难度，而这种难度受到了组织本身运行复杂程度以及对制度变化的要求的影响。"机构网站"代表了单独的政府部门内部的信息发布系统，其运行比较简单，不要求对现有的制度有太大的变化。而对于跨机构整合来说，则需要协调不同部门之间的关系，并使这种关系制度化，因而对制度变革的要求也更高。比如，地理信息系统（GIS）的引入将可能引起一系列管理部门的结构变化。由于地理信息系统成本较高，而且适用性较广，可以适用于不同的专业管理部门，比如城市管理、公用设施、园林绿化、公共安全等，因此理想的模式是通过一套系统为多项业务提供服务。这将不仅

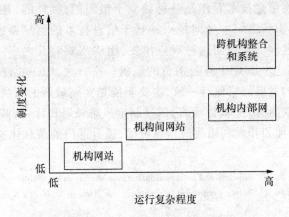

图5-3　组织运行复杂程度与制度变化的关系

图片来源：简·芳汀：《构建虚拟政府——信息技术与制度创新》，中国人民大学出版社2004年版，第114页。

涉及如何从各个部门获得信息的支持,重要的是如何实现这些部门在系统建设与实施中的协调合作。有学者发现,有些在工作职能上有重叠的部门之间实际愿意交换的数据量很小。① 由于各个部门都需要录入相关数据,一旦出现数据错误,每个部门都往往会指责其他部门。②

对信息集中化的抵制同样发生在部门内部。首先,领导缺乏足够压力或动力是导致协调困局的关键原因。组织领导对信息系统的重视程度往往取决于其所能获得的收益,而这也正是部门内部信息资源管理最关键的环节。这些收益可能包括在政绩竞赛中获胜,或者是可以作为一项所谓"面子工程",或者是能够对组织的运行实现全方位的控制。然而其所需支付的成本则包括对系统开发的物质投入,对系统的学习成本,以及在管理手段上可能出现的灵活性的丧失。

其次,组织中其他成员也可能对信息集中化抱以怀疑甚而抵制的态度。一方面可能是因为,至少在短期内,需要在现有的业务之外增加新的工作和学习任务,对于那些不愿意时常更新自己知识和技能的人来说,这将是一笔很大的负担。另一方面,管理者的"监视"也会让下属感到威胁,自由裁量权由于技术的刚性而受到制约,而某些岗位也可能信息共享后而被取消。

首席信息官

首席信息官(Chief Information Officer,CIO)常常被定位为组织中技术的管理者,甚至技术的提供者,这是对其 CIO 职责的误解。之所以出现这种误解,是因为人们始终将信息技术看作是一种独立于组织的,额外的,甚而可有可无的支持,而未曾意识到组织本身即是一种基于信息技术的信息系统,组织的运行即是一种信息过程。从后面这种观点出发,组织需要对其内、外的信息资源进行有效的管理,这才是 CIO 所需担负的职责。换言之,CIO 的首要职责是使信息技术与组织的发展战略保持一致,次要职能是实施最新的解决方案以及改进组织的信息存取能力。③ 具体而言,即是制定战略规划和计划,监控信息化规划和项目实施,管理和开发利用政府信息资源,提升部门的信息化实现能力。④

---

① Rocheleau, B., "Computers and horizontal information sharing in the public sector", In H. J. Onsrud, G. Rushton (Eds.), *Sharing Geographic Information*, New Brunswick, N. J.: Rutgers University Press, 1995: 207—229.
② 布鲁斯·罗切莱奥:《政治、责任与政府信息系统》,载戴维·加森:《公共部门信息技术:政策与管理》,清华大学出版社 2005 年版,第 27 页。
③ 埃夫拉伊姆·图尔班等:《管理信息技术》,中国人民大学出版社 2009 年版,第 505 页。
④ 吴江等:《政府首席信息官制度》,载王长胜等:《中国电子政务发展报告(No.4)》,社会科学文献出版社 2007 年版,第 192 页。

正如上文所讨论的,由于信息资源管理在一定程度上体现了组织的制度安排,因此CIO"不仅要处理技术问题,而且要扮演政治家、整合者和督促者的角色"①。与这种角色定位相对应的,CIO并一定需要掌握技术的细节,而应具备战略思维和管理能力、协调能力、对业务流程的管理能力,以及要了解信息技术发展现状及趋势。

虽然人们已经认识到CIO对于组织的重要性,但在实际运行中,CIO的工作常常面临困境。比如对于企业CIO来说,由于信息资源部门不仅不是利润的直接创造部门,而且还可能是巨大的成本投入部门,这就使得企业管理者会对是否建立以及支持这样的部门保持谨慎的态度。对于政府CIO来说,信息资源管理同样不能直接转化为政绩,因此也会在一定程度上受到忽视,比如有人会认为信息资源部门只是一种辅助部门或后勤部门。这种困境会阻碍CIO获得在不同部门之间进行协调的权力。

基于上述困境,也有人认为,首席信息官(CIO)应当由首席执行官(CEO)兼任。② CEO一词通常用于企业经营中,这里实际上指的是组织战略的最高执行者。也有人指出,CIO至少应当是最高核心管理团队中的一员。CIO不一定需要任何信息技术的背景,事实上,它了解组织的运作比具有强大的技术背景更为重要。③ 正如前文所讨论的,组织系统的运行可以看作是一种信息资源管理的过程。信息资源或者信息技术,不是外化于组织的资源,而在某种角度上可以看作是组织的核心,使组织得以运转的基础。

案例5-1 >>>

美国的首席信息官制度④

美国《首席信息官》杂志对首席信息官的定义是,负责一个公司(企业)信息技术和系统的所有领域的高级官员。他们通过信息技术的利用来支持公司

---

① Pitkin, G. M., "Leadership and the changing role of the chief information officer in higher education", Proceedings of the 1993 CAUSE Annual Conference. Boulder, CO: CAUSE, 1993: 55—66.
② Severin, C. S., "The CEO should be the CIO", Information week, 1993, October 11: 76.
③ Kost, J. M., New Approaches to Public Management: The Case of Michigan, Washington, D. C.: The Brookings Institution Press, CPM Report, 96-1, 1996.
④ 摘自吴江等:《政府首席信息官制度》,载王长胜等:《中国电子政务发展报告(No.4)》,社会科学文献出版社2007年版,第188—206页。

目标。他们是具备技术和业务流程两方面的知识,具有多功能的概念,常常将组织的技术调配战略和业务战略紧密结合在一起的最佳人选。

1980年,美国颁布的《文书工作削减法》指出"政府信息资源管理"的意义,提出要加强联邦政府各部门的信息资源管理活动。各个部门要设立CIO,并从组织上予以保障。1996年,《信息技术管理改革法》强调要建立CIO制度,要求联邦政府各部门以及地方政府都要设立,负责本部门或地区的政府信息资源管理、信息技术项目监督和评估、信息系统架构制定和维护等(如图5-4所示)。该法案提出,美国联邦CIO经咨商国会参议院取得同意后,由美国总统任命,为美国首席信息官办公室负责人,该办公室隶属美国管理和预算委员会;联邦政府各部门均应设立首席信息官制度,部门首席信息官一般由该部门第一副手担任,并由该部门行政首长任命。CIO的职责是:(1)向政府部门首脑及其他高层管理人员提供信息化发展意见及协助,指导、监督本部门信息技术相关事务的实施,以保证本部门信息化的成功实施;(2)为本部门开发、维护一个稳妥的、整体的信息化架构,有效地进行信息资源管理;(3)改善提高本部门在信息资源管理方面的运作,制定更为有效的工作流程。

美国主要通过两种方式保证CIO的权威。首先是以法的形式明确规定政府CIO的职责范围、核心能力、组织体系等问题,其次则是通过赋予CIO以一定的行政权力来保证其权威性,比如通过财政预算,或身兼要职等方式确保首席信息官具有较高的地位和权力。而对CIO的绩效评估则采用电子政务记分卡的方式。联邦预算和管理局(OMB)向联邦政府各部门发放,根据已确定的评估指标进行评分,并且每季度刷新一次。其考核的指标包括,是否将大部分信息技术开支放在需要优先执行的现代化实现项目上;是否已按照预定的成本/时间表/执行目标来实施重大信息技术项目,浮动的范围控制在10%以内;重大的信息技术系统是否已通过权威认证、认可或者以其他方式被授权证明具有充分的安全性;电子政务项目是否具有可操作性,并能够创造利润(如降低成本、缩短响应时间、减少负担、提高公众服务质量等)。

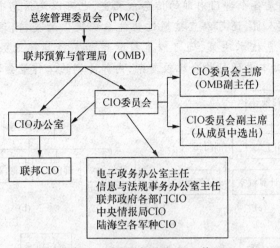

图 5-4 美国联邦政府 CIO 体系

案例5-2

信息中心[①]

在许多政府部门和大型企业中,虽然没有 CIO 这一职位,但一般会有信息中心这样的专业性业务部门。信息中心通常负责组织内部的信息技术的运营管理,包括计算机软硬件、网络、数据库等,为组织领导在信息技术发展方面的决策提供咨询意见;也有不少信息中心还需要负责组织内部的系统开发或购买;而另一些信息中心需要统一整合组织内部的信息资源。

信息中心与政府部门的关系可以如图 5-5 所示。图 5-5(a)中表示该部门没有设立信息中心这样的专业性管理组织,各业务部门通过自己的计算机室,独立使用和管理自己的信息技术和信息资源。图 5-5(b)则表示信息中心与其他各个业务部门是并列关系,主要负责信息技术平台和业务系统的运营维护东工作,涉及信息技术发展的高层决策需要有上级管理层来做。图 5-5(c)中信息中心由高层管理层直接领导,可以提供决策参考支持,对部门内部的信息资源进行集中调度和管理,但有时会对各个业务部门的信息系统需求响应不够及时。图 5-5(d)中,信息中心与其他业务部门组成类似的矩阵式的关系,与信息

[①] 赵苹:《管理信息系统案例教程》,北京大学出版社 2003 年版,第 319 页。

中心对接的可以是各个部门内部的信息系统室，也可以是信息中心派驻到各个业务部门的工作人员，还可以直接通过软件系统提供的支持，这样既可以较好地参与上级的信息技术决策，还可以直接管理和支持具体业务部门的信息需求，但是信息中心本身的结构会比较复杂，内部协调的工作量会增加。

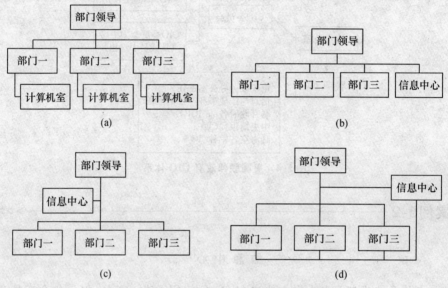

图 5-5　信息中心与政府部门关系示意图

第六章 信息与组织(二)

本章摘要

现代信息技术引致组织中信息传播广度和深度权衡关系的革新,并进而为改变组织的结构创造了技术的条件。信息传播方式发生了巨大的变化,出现了各种建立在个人和(或)多人之间的新途径。然而,技术也可能用来加强现状。技术导致信息的集中化,从而促进组织进一步集权化。同时,组织对技术的选择受到组织既有的制度和环境的影响。

关键术语

信息结构　广度和深度　信息集中化　技术选择　被执行的技术

§6.1 组织信息结构的变革

信息技术引致变化

有信息的地方就有信息技术。组织信息系统得以运转必须依赖于信息技术的支持,信息技术的不断革新也推动了组织的发展与创新。

首先,信息运算速度的提高。运算速度的提高对于组织的意义,不仅在于提高了单个业务单元的工作效率,更重要的是使大规模的同步工作成为可能。由于每一个人同时最多只能办理少量的业务,在传统技术条件下,组织业务模式是按照线性的方式组织的。业务的申请者,无论是工作人员还是组织外部的客户都需要排队等待。计算机和互联网的引入将这种线性的、串行的模式变为非线性的,并行模式。虽然在单个中央处理器(CPU)层面上,系统仍然按照线性的时间关系运转,但是从组织层面看,大量的业务可以同时提交到系统中运行。

第二,信息标准的统一。没有标准就无法实现信息渠道的连接和信息的交换。在人类历史中,每一次通用标准的出现都会带来重大的社会发展。在物理世界中,技术标准与内容标准往往不同,而在数字世界里,技术标准与内容标准却没有质的区别。比如,计算机中的所有指令与数据都是通过 1 和 0 来表示;网络传输中传输标准与内容标准之间存在着包含与进化的关系。① 通用的网络标准逐步取代了各种专用的网络标准,互联网、广域网和局域网等可以看作是同一事物的变体,人们几乎在零成本的基础上进行交流。通用的低级标准实现了网络的同质化和量的扩张,在此基础上开发出各种高级标准又实现了全球网络的部落化,以满足人们多元化的需要。对于组织来说,通用的信息标准一方面意味着组织可以进入一个相互连通和共享的世界中,组织之间的关系更为密切,另一方面也意味着,组织所能提供的管理和服务更趋合理化、规范化、个性化。

第三,网络连接的增加。通用的标准降低了进入标准网络的门槛。全世界网络连接的增长率超过了几乎所有的预测。1995 年,全球互联网用户为 4 500 万,而到 2009 年这个数字已经达到 17.3 亿。迅速增长的链接数量,对于组织来说,一方面的意义在于越来越多的人可以更加方便、快捷地使用组织信息系统,另一方面的意义是,越来越多的社会单元,包括各种组织、家庭和个体,利用一致的信息渠道全面地连接起来,信息便可以从那些依附于特定组织和个体的信息渠道中脱离开来,"信息与媒介,产品与和产品相关的信息流、信息价值链与物质价值链、信息经济与实物经济——都断裂了"②。

基于上述技术的发展,组织信息系统内部的信息传播能力在广度和深度上都发生了质的变化。就广度而言,运算速度的提高与连接的增长从时间和空间两个维度上都极大地扩展了信息传播的受众量,信息可以几乎同时传递到世界的任何角落,信息系统也可以同时处理数以万计的业务量。深度上所依赖的邻近性在数字世界中变得模糊起来。从传输简单的编码信号到下载多媒体信息,信息传播的带宽在显著地增长。广泛地连接也让更多的人能够及时地获得信

---

① 菲利普·艾文思、托马斯·沃斯特:《裂变:新经济浪潮冲击下的企业战略》,上海远东出版社 2000 年版,第 45 页。
② 同上书,第 24 页。

息。并行计算的能力、信息检索的工具,以及建立在通用标准基础上的个性化表达,已经使得信息的交流具有更强的针对性。这种交流也不再限于特定的时间和空间,而是在异构的时空中进行。虽然互联网上的安全事件日益增多,但这种现象的前提是,人们越来越依赖于利用这种远程信息工具来传输信息,包括那些涉及国家、商业乃至个人秘密的信息;换言之,信息技术所带来的不安全性在数量上是增加了,但人们在信息安全技术基础上,实现过去所不能实现的信息安全交换的数量也同样增加了,后者显然在数量上具有更大的优势。

上述变化说明,信息传播的丰富性和受众量同时增加了,换言之,广度和深度上的权衡在一定程度上被打破了。其原因仍然在于,现代信息技术极大地降低了信息过程所耗费的成本。事实上,权衡仍然存在,只是建立在更高的水平上,如图6-1所示。

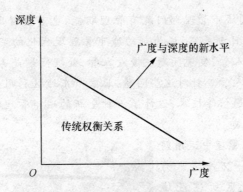

图6-1 信息传播深度与广度权衡关系的革新
图片来源:菲利普·艾文思、托马斯·沃斯特:《裂变:新经济浪潮冲击下的企业战略》,上海远东出版社2000年版,第42页。

组织因此而发生变化。从组织外部来看,组织将变得更加庞大。这不是因为组织成员数量的扩大,而是因为组织的信息触角可以在更广阔的时空中扩张。一方面,这种扩张能够加强组织与其他组织或者社会之间的联系,提高组织的社会影响力,另一方面,扩张也加剧了不同组织影响力在时空中的重合性,因此无论对于私人组织还是公共组织来说,不同组织间的竞争将更趋激烈。从组织内部来看,传统的信息结构、组织结构都将发生变化。

首先,直线型的信息结构将趋向网络化。建立信息渠道的成本越来越低,这就使得组织的各个部门之间都可以通过建立信息渠道实现信息共享。理论上,组织中不同职能、不同层级的部门之间都可以相互连接起来,这样在组织中,既有垂直方向的,也有水平方向的信息联系,既有同等层级之间的联系,也

| 理解电子政务 |

有不同层级之间的联系。从信息流转的角度来看,这就形成了一个密集的信息网络,网络中每一个信息节点都可以看作是信息的汇聚中心。

其次,金字塔型的组织结构将趋向扁平化。信息技术的发展打破了广度与深度之间的原有平衡,这样便有可能在更多的受众量中传递更加丰富的信息。因此,可能出现的情况是,管理幅度和管理层级之间原有的平衡也因此发生改变,即在组织中同一层级上的信息节点数会增加,上级节点可以同时与更多的下级节点交换信息,而组织的中间层的节点会减少。

案例6-1

北京市东城区网格化城市管理模式①

长期以来,我国城市管理部门既有管理职能,也有监督职能,"管办不分"、"监管不分"等弊端日渐暴露,成为制约城市管理现代化的突出瓶颈,具体表现为发现问题多少没人管,发现问题快慢没人管,处理问题是否及时没人管,问题处理到什么程度没人管。针对这些问题,北京市东城区利用计算机、互联网、地理信息系统和无线通信等技术,设计了一种全新的城市管理模式——万米单元网格城市管理新模式。

新模式在城市管理中运用网格地图的思想,以一万平方米为基本单位,将东城区所辖区域25.38平方公里划分成1652个网格单元,将56种,168 339个(棵、座、根)、35 319延米的物化的城市管理对象(比如道路、桥梁、水、电、气、热、公园、古树、门牌、广告牌匾等)作为"城市部件"进行编码,并按照地里坐标定位到万米单元网格地图上;由城市管理监

图6-2 城管通拍摄乱涂乱画问题

督员利用以手机为原型开发的,集电话、短信群发、信息提示、图片采集、表单填写、位置确定、录音上报、地图浏览等功能于一体的"城管通"(如图6-2所示),

---

① 摘自陈平:《北京市东城区万米单元网格化城市管理新模式》,载王长胜等:《中国电子政务发展报告(No.3)》,社会科学文献出版社2006年版,第238—254页。

实现城市管理问题的第一时间、第一现场的快速采集,并传送给监督中心;成立"城市管理监督中心"和"城市综合管理委员会",前者负责城市管理工作的监督与评估,后者则负责协调市政、公用、国土、房产、环保、市容、环卫等27个专业,十个街道的主管部门,统一指挥处理相关问题。网格化城市管理流程,如图6-3所示。

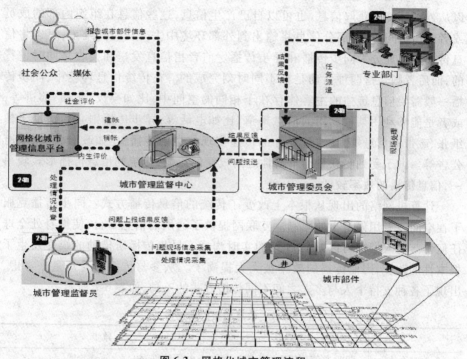

图 6-3 网格化城市管理流程

过去一个城市管理问题要经过十几个环节才能反映上来,比如要经社区居委会、街道城建科、街道办事处主管主任、主任、专业部门基层队长、专业部门正副科长、专业部门正副局长、市政管委正副科长、市政管委正副主任、主管区长、常务副区长、区长等环节,而新模式则只需要七个环节,即信息收集、案卷建立、任务派遣、任务处理、处理反馈、核实结案、综合评价,减少了中间环节和管理层级,实现了管理组织的扁平化,使城市管理问题的反映有了"直通车"。项目实施后,城市管理问题发现率和处理率均达90%以上(过去是30%),任务派遣准确率达到了98%,问题处理率为93.78%,结案率达到93.71%;处理时间由原来平均7天提高到现在的12.1小时;平均每月处置问题2 000件左右(过去是500至600件),人员从原来十几个人共同管理2—5平方公里,变为1个人管理

18万平方米;资金建设投资为1680万元,五年后可逐步减少城市管理专业人员1000人左右,年均节约城市管理经费4400万元。

信息传播方式的变革

如前所述,组织的运转在一定程度上可以看作是一个信息过程。组织既可以从外部环境中获取信息,也可以自己产生信息,这些信息在组织内部的成员或者部门之间传播,部分信息将输出到外部环境中去。从时间维度,可以将信息传播简单地分为同步传播和异步传播。前者指信息发送和接收是同时进行的,而后者则是指两种活动是在不同时刻完成的。在传统信息环境中,同步传播一般需要信息传播的主客体存在于相同的空间中,比如会议、座谈、演讲等,或者是能够利用某种专用的信息渠道,比如电话等;异步传播则必须借助于像纸张、磁带等信息媒介,通过媒介的传递实现信息的传播,比如政府公文、政府公告等。由于受到受众量与丰富性之间权衡的影响,传统的信息传播形式较单一,信息传播的效率较低。

计算机网络的出现从根本上改变了传统的信息传播方式。同步传播克服了在空间或专用渠道上的限制。互联网提供了通用的信息平台,使得身处全球任何角落的人们都可以"面对面"的实时沟通。异步传播所借助的媒介发生了根本性的改变,因而传播的效率被大大提高了。从参与传播的受众量来考虑,出现了各种支持个人与多人之间不同传播方式的工具,如表6-1所示。

表6-1 信息传播的新途径

	同步	异步
个人对个人	即时通信(MSN、QQ等)	电子邮件、短信
个人对多人	远程培训	网页、群发电子邮件、博客
多人对个人	在线咨询	网上留言
多人对多人	远程视频会议、群聊天	电子布告栏(BBS)、SNS网络社区

上表中的各种类型之间没有严格的界限。事实上,这些通信工具并无本质的差别。无论是以文本、图片、音频还是视频的符号,所有的信息被简化为1和0的序列,并利用相互连接且通用的网络平台实现传播。虽然在技术的实现细节上各有不同,但是实际上这些工具的关键差别是如何界定信息访问的权限。电子邮件是最早的互联网应用软件之一,谁能收到电子邮件,是由邮件的发送者决定的。即时通信工具同样如此,选择"单向联系"还是"群聊",取决于工具背后双方或多方的意愿。即时通信工具与电子邮件在形式上的差别之一在于

支持实时性,但是这种实时性是以双方同时联入网络为前提的,而目前即时通信工具大多数也能够支持离线信息。网页、BBS等在某种意义上同样可以看作是一种无特定发送对象的电子邮件。

信息访问权不仅可以用来区分上述通信工具,实际上也界定了各种不同组织的边界。哪些信息是只能在组织内部传播的,哪些信息是可以向组织外部输出的,这不仅是因为安全的需要,也是组织存在的标志。

案例6-2 >>>

内网与外网

2002年,中共中央办公厅 国务院办公厅转发《国家信息化领导小组关于我国电子政务建设指导意见》的通知(中办发〔2002〕17号),通知指出,"为适应业务发展和安全保密的要求,有效遏制重复建设,要加快建设和整合统一的网络平台。电子政务网络由政务内网和政务外网构成,两网之间物理隔离,政务外网与互联网之间逻辑隔离。政务内网主要是副省级以上政务部门的办公网,与副省级以下政务部门的办公网物理隔离。政务外网是政府的业务专网,主要运行政务部门面向社会的专业性服务业务和为需在内网上运行的业务"。

单就工具层面而言,组织内外的沟通方式并没有太大的差别,即使这些差别存在,也在不断地减少。其原因其一在于,政府部门不断地向私人部门学习各种新的沟通方式,以提高自身的工作效率,比如建立部门内部的即时通信工具,或者建设"社会网络服务"(SNS)社区等;其二,以公共服务为导向的政府部门需要按照社会的要求来组织内部的业务流程,外部沟通模式可能被延伸到内部管理中;其三,工作人员对信息技术的使用习惯会影响部门内部的技术选择;其四,如前所述,技术本身具有同构性。

沟通方式还存在正式的和非正式的区别。一些特定的信息系统用于支持政府部门内部的文件往来,以及对外部的政策发布等正式信息的传播,比如公文流转系统、网站发布系统等。另一些通用的信息工具则用来支持非真实的信息沟通,比如即时通信工具、电子布告栏、博客等。越来越多的政府部门或者官员个人利用博客或者讨论区的方式实现与社会的互动。

不过,新的沟通方式也会给组织带来一些问题。首先是组织面临合法性的尴尬。纸质的文件可以通过盖章、签名等方式来保证信息的合法性,那么电子信息的传播如何来保证呢?这是组织必须要解决的问题。虽然电子签名等技术手段在一定程度上能够解决信息不会被篡改,发送信息者不能抵赖等技术问题,但对于组织,尤其是政府来说,由于风险始终存在,决策者的选择必须是十分谨慎的。

其次,信息的集中化带来的对信息的控制,虽然可以提高组织的管理能力,降低代理成本,但是也可能造成组织内部的紧张气氛,这不利于组织内部的和谐文化建设。虽然信息控制的内容是严格限定的,但人们会怀疑这些规则背后是否还有其他的隐性安排。

再次,网络化可能会造成组织机密的泄露,尤其是在组织内部网络与互联网之间仅采取逻辑隔离时,这种可能性会更高;而目前无线网络的兴起更加剧了此类不安全性,因为即使采取与互联网物理隔离的措施,仍然有可能通过无线传播泄露机密。虽然技术界开发出各种信息安全的技术,但是一旦出现机密泄露,会给组织带来严重的问题,这也是不少政府机构不愿意联入互联网的主要原因之一。

最后,虚假信息因为制造和传播信息的成本降低而可能增加,信息的可靠性可能会降低,这不仅会提高对信息真伪的鉴别成本,也会阻碍组织对内部和外部需求做出及时的反应。

信息集中化

进一步来看,在新技术的作用下,与其说组织中的信息在更多的信息节点之间网络化的共享,不如说原先分散在各个信息节点的信息与这些节点"分裂"开来,实现了信息的集中管理。

从组织信息系统的基本架构来看,在传统信息技术的条件下,信息是附着于组织成员(或者部门)的,信息过程或者说信息的生产与传播都是依靠组织成员来实现的,因此能否实现共享,取决于组织成员的主动性。无论采用什么样的组织结构抑或信息结构,组织中事实上的信息分布是分散化的。在引入现代信息技术后,尤其是数据库技术在组织中得以运用后,这种传统的分散化的信息架构发生了根本性的改变,因为信息不再附着于组织成员,而是被集中存储和管理起来。由于组织成员的所有业务都将基于这样的数据库平台来实现,因此大量的信息将在这些库中积累下来。从信息过程的角度来看,组织成员所需要完成的工作就是从数据库中获取信息,或者是将信息提交给数据库。在业务处理过程中,信息或者数据会暂时存留在组织成员的本地计算机上,当业务存在交叉时,信息也在不同成员或业务之间实现交换。但实质上,信息或数据最终仍然被提交到数据库中,其物理地址并不会因为在组织成员之间传播而发生改变。因此,所谓信息的"共享",无论是在什么样的组织架构中,不是由组织成员所推动的,而是基于这种集中式结构所强制实施的。换言之,与其说信息在组织成员之间传播,不如说组织成员因为信息库而被连接了起来。

信息的集中化对于组织来说存在两个层面的意义。第一个层面,正如上所述,组织信息系统的结构与过程发生了重构,信息可以更加方便的共享,这样使得每一个组织成员或者部门都有可能拥有与过去相比更为全面的信息。从决策优化的角度来看,这样有利于组织将更多的决策权下放给基层,提高决策的效率和质量。然而,在实际的组织过程中,组织成员或部门的信息权限是有限的,这不仅受制于组织内部的制度安排,而且也受限于软件系统中对信息权限的设定。虽然软件系统的设定标准仍然来源于具体的制度,但是由于软件系统在使用过程中具有制度执行的"刚性",违反制度的行为将可能无法继续使用系统。正如美国学者简·芳汀所说:"职员的权力尽管(可能)被扩大,但他们所拥有的潜在选择范围,经常受制于软件,……内嵌在软件中的规则微妙但却清晰地界定了每项独立任务的不同方面。"[1]正因此,组织成员的自由裁量权在一定程度上被限制起来。这种限制并不是通过对组织与组织成员之间的"契约"的细化来实现的,也不完全是对成员行动结果的绩效评估,而是对行动过程的直接控制。这种控制绝不是意味着自由裁量权的消失,其实质是因为信息成本的大幅度降低增强了对组织成员行动的监督能力。从委托—代理的角度来看,虽然代理人仍然不可避免地拥有自有裁量的空间,但是其对委托人利益的偏离将因为这种监督能力的提高而减少。

如果说,分散在各个节点的信息意味着组织中潜在的权力分布,那么信息集中化的第二个层面意义在于,组织中实质的权力结构将发生变化。与前面所说的分权化所对应的,这里指的是组织将可能进一步的集权化,组织中各个层次的委托人都可以对其代理人的行动过程实现更强的控制。控制不仅可以表现为上述将业务流程与内容固化在软件设计之中,对于那些无法实现软件化的业务活动,即使是形式上的监控也会对代理人的行动产生实质的影响。比如,通过摄像头可以实时跟踪代理人的业务过程,虽然并不意味着每时每刻都有

---

[1] 简·芳汀:《构建虚拟政府——信息技术与制度创新》,中国人民大学出版社2004年版,第45—49页。

特定的摄像头监控者存在,但对于代理人来说,任何时刻都有可能存在这样的监控者。这同样是一种非对称信息,信息的拥有者是委托人。当然,代理人可能会通过各种手段,反对信息集中化的实现,比如反对信息系统的建设或者不愿意向信息系统提交信息。也正因此,有人指出,在组织中引入信息系统并不仅仅是一个技术问题,从某种意义上,它是"现代组织中最为政治化的问题"[①]。

案例6-3

国库统一收付制度

中国政府部门对国库资金的使用,过去采取的是以预算单位设立多重存款账户为基础的分级分散收付制度。财政收入项目由征收部门通过设立过度存款账户收缴,收入退库比较随意;财政支出通过财政部门和用款单位各自开设的存款账户层层拨付,预算单位的大量预算资金无法纳入财政预算统一管理。传统管理模式的弊端表现在:重复和分散设置账户,财政收支信息反馈迟缓,资金运行效率和使用效益低;财政监督弱化,截留、挤占、挪用财政资金等问题时有发生,诱发腐败现象;难以实现科学管理。

2001年,中共十五届六中全会对此提出,要推行和完善国库集中收付制度;九届人大四次会议也明确提出:"改革国库制度,建立以国库单一账户体系为基础的现代国库集中收付制度"。国库集中收付制度即对所有的政府性收入,包括预算内收入和纳入预算内管理的预算外收入实行集中收缴和支付的管理制度,国际上称为国库单一账户制度。该项制度的主要内容包括:(1)由财政统一设立国库单一账户体系,所有财政资金全都在国库单一账户体系中运作,各单位不再另设银行账户;(2)财政收入通过国库单一账户体系直接缴入国库,不再通过其他中间环节,财政支出按预算通过国库单一账户体系由财政直接支付或授权预算单位支付到商品或劳务供应者;(3)建立高效的预算执行机构、科学的信息管理系统和完善的监督检查机制。国库集中支付系统的结构与流程,如图6-4所示。

---

① Molta, D., "The power of knowledge and information", *Network Computing*, 1999, 33(1): 23—24.

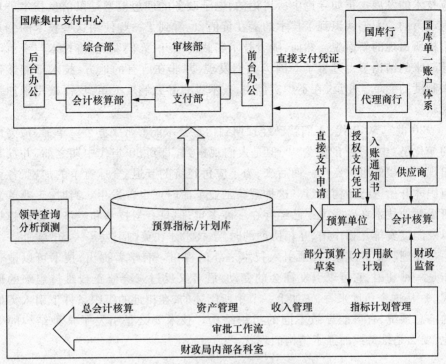

图6-4 国库集中支付系统结构与流程

§6.2 组织对技术的选择

信息技术与制度安排

信息技术与组织中的制度安排之间相互影响,互为因果。制度可以使得信息技术在组织中得以执行,信息技术可以促成组织和制度的变革。但是对于组织安排和制度安排而言,它们具有自身内在的逻辑和偏好,这种逻辑体现在组织的日常运作、官僚政治、规范准则、文化信仰以及社会网络中。[①]

早期的技术决定论者在连接技术和制度这两个变量时采用了简单直接的因果关系,他们将技术被看作是制造变革的工具,认为信息技术将自动作用于个人、制度以及社会安排,信息技术可以预见和改造组织和制度,使之更好地适

---

① 简·芳汀:《构建虚拟政府——信息技术与制度创新》,中国人民大学出版社2004年版,第11页。

应技术的发展。正如导论中所讨论的,电子政务的理想模型是以信息技术进步为动力的。人们认识到了技术的潜在价值,也看到了一些使用这些技术的公共机构所出现的新面貌。然而,随着技术实践的展开,人们发现,将技术与变革等同起来的结论下得过早了。因为人们发现,并非在所有的地方,技术都能够带来制度的变革。相反,在不少实例中,技术没有导致制度变革,反而被用来加强现状。

20世纪50年代,人们就已经预期到信息技术能够带来办公室革命,最突出的变化是"中间层"的消失。[1] 但是人们观察到,直到80年代中期之前,并没有出现所期望的组织变化。而后来,为了应付经济的衰退,全球竞争的加剧,各种组织才开始进行结构重组。这种现象工业革命时期也曾发生。当时,工业革命所需要的技术在一些国家已经存在了许多年,但只有当技术和经济的必然趋势以及制度安排互相作用、互相协助的时候,技术才在英国引发了一场"革命"[2]。

要理解上述现象,必须引入技术之外的视角。有学者提出,技术可以被看作是一种动因,它可以引发社会的变动,后者又反过来会修正或维持组织的形式。[3] 从这个角度来看,正如上一节中所阐述的,在相近的组织条件下引入类似的信息系统,有可能导致不同的组织结构。技术要么是引发了某种结构的变化,要么是维持或加强了结构的现状。

被执行的技术

美国学者简·芳汀从制度主义的视角提出了称作"技术执行"(Technology Enactment)的分析框架。[4] 在她看来,组织和制度内在的逻辑和偏好使得信息技术对政府产生的效果是不可预知的,在很大程度上受到组织的、政治的和制度的逻辑决定,因此与其说信息技术是被决策者所采纳或应用,还不如说是被决策者所执行,换言之,制度和组织使得信息技术得以执行。这个分析框架所关注的焦点是那些能够影响组织感知、设计和实施技术的各种因素的来源和类型等,或者说,内嵌于认知、文化、社会以及制度结构的政府行动者的特性,是怎

---

[1] Harold J. Leavitt, Thomas L. Whisler, "Management in the 1980s", *Harvard Business Review*, 1958, 36(6): 41—48.

[2] Fernand Braudel, *The Structure of Everyday Life: The Limits of the Possible*, vol. 1 of Civilization and Capitalism: 15th—18th Century, New York: Harper and Row, 1981. 转引自简·芳汀:《构建虚拟政府——信息技术与制度创新》,中国人民大学出版社2004年版,第12页。

[3] Stephen R. Barley, "The Alignment of Technology and Structure through Roles and Networks", *Administrative Science Quarterly*, 1990, 35(1): 61—103.

[4] 简·芳汀:《构建虚拟政府——信息技术与制度创新》,中国人民大学出版社2004年版。

样影响对因特网和相关信息技术的设计、感知和使用的。①

芳汀区分了所谓"客观的技术"(Objected Technology)和"被执行的技术"(Enacted Technology)。前者是指包括计算机、互联网、各种软硬件等,而后者则是指用户对技术的理解以及技术在用户情境中的使用。她认为,技术的物质性代表的仅是一种潜在的能力,只有当智力结构开始使用它时,技术才会对个人和组织产生实际的作用。② 而文化背景、职业训练、政治观点、组织背景及其日常过程等都会影响个人或社会群体接收和感知环境变化的过程。正因此,类似的组织可能以不同的方式来使用同样的信息系统,换言之,那些从纯粹技术角度总结出来的信息系统的客观特征和那些在实际的使用中所表现出来的特征有着巨大的差别。

图6-5描述了"技术执行"分析框架的基本逻辑。在这个框架中,各种正式的规则和非正式的规则,比如人类认知、文化、社会网络等塑造了人们的感性认识、兴趣和行为。个体以自己设计和使用的基于网络的信息和传播系统的方式,来执行现有的执行规则和网络关系,然而这些无意得到的执行后果偶尔会导致结构微妙的调整以适应新技术的发展。这种无意的、微妙的调整的积累可能引发更加剧烈的结构和权力的转移,但实际的结果在执行框架里是无法测定的。③

信息技术的采购

在信息资源管理中,常常存在一个基本的假设,即一个组织的信息系统应该与组织的目标相联系,这要求组织的高层管理者必须明确,所购买的信息技术应达到什么样的目标和功能。④ 然而早期的研究表明,高层管理者容易犯所谓的"技术糊涂"病。有人指出,"高层管理者绝不会允许交通部门购买昂贵的小轿车生产线,但是,他们通常却允许信息领域内同样性质的采购"⑤。

信息技术的"神秘化"容易导致巨额成本投入的合理性并不能得到充分的论证。在电子政务发展的早期,政府官员购买信息技术的相关决策往往是在技

---

① 简·芳汀:《构建虚拟政府——信息技术与制度创新》,中国人民大学出版社2004年版,第111—113页。
② 同上书,第104页。
③ 同上书,第105页。
④ 布鲁斯·罗切莱奥:《政治、责任与政府信息系统》,载戴维·加森:《公共部门信息技术:政策与管理》,清华大学出版社2005年版,第23页。
⑤ 同上书,第23—24页。

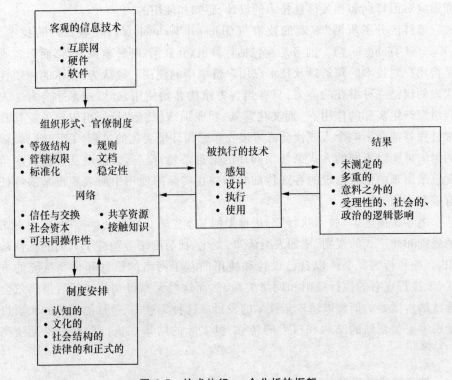

图 6-5 技术执行:一个分析的框架

图片来源:简·芳汀:《构建虚拟政府——信息技术与制度创新》,中国人民大学出版社 2004 年版,第 106 页。

术人员,甚至是在企业的判断和推荐基础上做出的,很难对正确的需求做出评估,因此会出现在技术上一味追求"高、大、全"的现象。巨大的成本投入远远超过了实际的需要,大量技术资源被闲置、浪费。而另一方面,由软件技术的系统错误或者缺陷所引发的不确定性,常常会增加信息技术购买的风险,如果系统实施失败,可能会招致组织内部或外部的不满意。

另一个重要的问题是,信息技术是由组织内部的直接用户来采购,还是由特定部门统一采购。统一采购的优点,首先在于可以限制直接用户的自由裁量权,规避在交易中可能发生的腐败、寻租等问题,其次也可以保证一致的信息技术标准,这有利于实现信息交换、共享与集中。而其缺点在于,使技术采购缺乏灵活性,往往导致效率低下。为了保证采购的公开、透明而设置的一系列程序规则,可能会大幅地延长采购时间和提高采购成本。有研究者曾经调查了美国联邦政府在信息技术采购中的实际情况,发现过于严格的采购约束会带来明显的低效率。① 比如,如果要采购并非价格最低的投标者的商品,就必须要给出客观的证据以说明该投标者的商品质量更好。曾经出现过这样的情况,一份采购合同的签订需要花一至两年时间,这导致在最终用户拿到技术时,该技术产品因为已经不是主流产品,其市场价格已经大幅下降,但采购仍然需要按照原先的价格来进行。由于采购者自身并不是最终用户,他们实际上对真实的需求并没有最直接的估计,也不对供货商的售后服务负责,这可能导致供货商降低对最终用户的售后服务质量。克尔曼提出应该扩大最终用户在采购中的决定权,因为这可以明显缩短采购的时间,提高服务水平。事实上,通过约束订货者的决定权并不能有效地防止贪污、腐败,采购中存在的这些问题与采购过程的不公开、不透明有着密切的关系。只要是存在着这种信息不对称,无论是集权还是分权,都可能带来不正当的行为。

如何选择技术供应商,可能受到多个方面的影响。首先,购买成本固然重要,但更合理的判断依据是性能价格比,或者质量价格比。成本往往是既定的,但是性能或者质量却要在该技术产品被使用了一段时间后才能显现出来。但在实际购买中,很少出现在系统实施后再分期付款的现象。另一个十分普遍的问题是,虽然最初投资时,政府部门所需支付的成本较低,但是在需要升级系统时,比如从单机版系统升级为网络版系统,由于软件产品在使用上存在锁定性,这些部门常常必须支付比原先大得多的成本。

其次,采购者本人的偏好会影响选择的结果。无论基于采购者个人的经验、背景、喜好等,还是存在某种个人的私利,采购者可能会更倾向于某一类或者某一种产品。比如,最终用户往往因为缺乏专业的知识,需要采购者推荐意见,在符合最终用户要求的不同产品中,采购者可能会只选择其中几款产品,而不是所有的产品。

再次,采购结果还可能受到来自组织外部条件的影响,比如上级部门对采购所制定的规则,或者是社会舆论的影响等。典型的例子是在进口产品和国产产品之间的选择。虽然从工作效率的角度来看,进口产品可能更为适合,然而政治上可能要求采购国产产品。

---

① Kelman,S., *Procurement and Public Management*, Washington, D.C.: The AEI Press, 1990.

公共服务篇

第七章 门户系统

本章摘要

本章在一般意义上讨论互联网中的门户系统。门户系统的一般架构包括网络层、数据层、业务逻辑层以及表现层。网络层涉及局域网、互联网、移动通信等。数据层负责所有数据资源的管理。业务逻辑层是一组规则,规定了人们在处理业务时所应受到的正式的或者非正式的约束。表现层为用户提供了访问门户系统的接口。

关键术语

门户　局域网　互联网　移动通信　数据库　业务逻辑

§7.1 门户系统的一般架构

门户

在互联网领域中,常常会提及"门户"这个概念。"门户"(Portal),又称为"网络门户"(Web Portal),原意是"入口"或"大门"。

在互联网初创时期就已经有"门户"的概念,比如中华网、新浪网、搜狐网曾经被称作是中国互联网的门户。通俗地理解,网络门户就是互联网用户上网浏览的起始"地点"。这些门户网站上通常会提供各种检索方式,以帮助用户找到他们所需要的或者感兴趣的网站链接。用户经由这道"门"就可以进入到丰富多彩的网络虚拟世界中去了。

随着互联网的迅速发展，尤其是搜索引擎技术的出现，上网浏览的方法变得越来越简单化、多样化。上述通用型的互联网门户实际上也就失去了原来的意义，但是专业型的门户反而随着信息化在各行各业的深入而发展起来，比如企业门户、政府门户等。这些专业型的门户通常是指集成了企业、政府这些组织内部各种软件应用服务的网络站点，它们可以提供统一的访问接口、统一的样式或用户界面，通用的业务功能等，用户只要通过这个站点，就可以通达组织所提供的所有内容和服务。因此，门户就是组织与外部的虚拟接口。本章对门户的讨论，正是基于这样一种认知，而不涉及那些特定的技术范式。

组织在规划和建设自己的信息系统时，可以对门户系统与各种业务系统集中规划，统一开发，这其实是一个综合的业务系统，门户是这个综合系统的用户访问接口。比如，一个企业要开发自己的"企业资源计划"（ERP）系统，将企业内部各个部门、各个环节整合起来；由于涉及不同的业务，对于不同的部门或管理人员，甚至客户来说，需要使用其中不同的业务处理功能（或子系统）；只要登录企业的网络门户，客户都可以按照自己的业务需求来访问不同的业务功能。不过，对于一个大型的组织来说，比如政府或者跨国企业，一种可能的情况是，各个下属部门早先已经建立了自己的业务系统，这时作为各种业务系统聚集平台的门户，实质上可以看作是一个"链接库"。这些链接指向了各种业务系统，包括它们的首页或提供特定业务功能的网页。通过适当设计这些链接的访问地点和次序，门户可以"指引"用户更方便，更快速地访问他们需要的业务功能。

各个下属部门的系统往往也是这些部门的门户系统，同样提供了对这个部门各项业务功能的统一的访问入口。因此，所谓"门户"是有层级的，上一级门户系统所指向的可能只是下一级的门户系统，而非具体的业务功能。比如，中央政府门户网站将提供通向各个省级政府的门户网站链接，或者工商银行总行的门户网站将指向各地分行的门户网站等。

门户系统的架构

通常认为，一个软件系统按照什么样的计算结构来开发，是技术人员所需考虑的事情，与管理人员无关。事实上，这种认识是许多软件系统开发失败的主要原因之一。管理人员有必要了解关于系统架构的常识，这样有助于他们与技术人员进行更好的沟通，表达他们真实的想法，更重要的是有助于提高软件系统的质量和可扩展性。比如，在某些政府系统购买过程中，管理人员没有参与或不了解系统设计过程,导致使用一段时间后无法在低成本条件下实现升级。因此在讨论政府门户网站的设计模式之前,有必要先从技术实现的角度来了解政府门户网站的框架结构。

通常,为了更加清晰地划分软件系统的职责,可以对开发过程中的不同关注点进行逻辑分割,也就是将系统中涉及的各种任务,包括检索数据、存储数据、基于数据执行业务规则、显示数据等,分割为不同的模块,每个模块之间通过公开的或者事先定义好的数据接口传递数据。这种分割的意义,一方面是能够更加清晰地描述软件系统的体系架构,另一方面也有助于系统的维护与更新,因为只要模块之间的通信接口不变,某一个模块内的更新不会影响其他模块的工作。

最常见的划分是将系统分为数据层(Data Layer)、业务逻辑层(Business-logic Layer)和表现层(Presentation Layer)。

- 数据层的职责是存储、修改、传递、检索业务过程中所涉及的数据。
- 业务逻辑层,或称业务层、应用层,职责是实现系统的业务功能,以支持业务过程中的各种活动。
- 表现层,或称接入层,职责是处理所有用户输入和数据显示等问题,用户通过表现层来使用系统中的各种业务功能,访问系统数据。
- 此外,基于网络的软件系统需要借助于物理网络实现通信。如果将物理网络也囊括进来,则在数据层上又增加一个层次,即网络层(Network Tier),职责是负责物理网络通信。

门户系统可以从以上四个层面来划分,如图 7-1 所示。网络层负责解决物理网路的通信问题,政府门户网站要实现上网,就必须借助某种网络渠道,无论是局域网还是广域网,有线网络还是无线网络,一般由网络工程师负责实施和维护。

数据层,也称资源层,负责门户网站所有数据资源的统一存储、更新、维护,将各种类型的资源通过数据库管理系统存储起来,这些数据可能来源于不同的渠道,比如业务系统、公文系统、邮件系统等,格式上则可以包括文本数据、音像多媒体数据等各种格式。

业务层又可以划分出通用业务层,其职责是实现各种业务功能共享的,或者说通用的一部分系统任务,比如数据转换、统一认证、工作流管理等。业务层主要完成门户系统的具体业务功能,比如提供资源共享、交流互动、网上服务以及信息发布等功能。

表现层则为用户访问门户系统提供了各种访问方式,比如可以通过浏览器、手机、即时通信、电子邮件等访问门户系统。

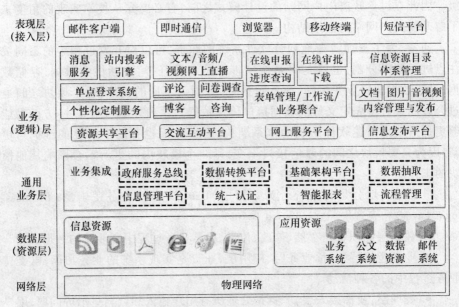

图 7-1　门户网站系统的一般结构

　　分层结构将门户系统划分为不同的功能模块，这些功能模块可能都被部署在同一台计算机上，更多的情况是分别部署在不同的计算机上，其中典型的两种模式是：客户端/服务器（Client/Server，简称 C/S）结构模式和浏览器/服务器（Browser/Server，简称 B/S）结构模式。

　　如图 7-2 所示，服务器通常存储网络系统的数据，客户端是用户访问网络系统所使用的计算机。客户机/服务器模式（C/S）需要客户端上安装专门的应用程序，用于连接和操作数据库服务器中的数据。客户端应用程序可以完成所有的业务功能，而数据库服务器只需要完成数据管理工作，其实质就是将表现层和业务逻辑层部署在客户端上，而数据层则部署在数据库服务器上。这种模式的优点是计算速度较快、可实现的业务功能完备，但是由于需要在客户机上安装特定的客户端软件，不便于系统的维护和升级。由于客户端上能够实现的功能比较丰富，这种模式也被称为胖客户端模式。

　　浏览器/服务器模式（B/S），又称为瘦客户端模式，客户端只需要安装浏览器软件，无须专门开发客户端应用程序，这也即是瘦客户端中"瘦"的含义。浏览器所能实现功能有限，因此大部分业务功能是在服务器端完成的，浏览器通常只是用来提交、浏览、查询业务数据或控制业务活动过程，其实质即是将表现

第七章 门户系统

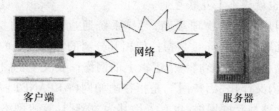

图 7-2　网络系统中的客户端和服务器

层部署在客户端,而将业务逻辑层分离部署在服务器端。这种模式的好处是,可以采用通用的客户端浏览器,所有的维护和升级任务都在服务器端完成即可。其缺点是技术上受浏览器制约,在客户端可以实现的功能相对 C/S 模式来说较弱。不过随着技术的发展,目前 B/S 模式所能支持的功能越来越丰富。

§7.2　网　　络

互联网

在不同的人眼里,网络具有不同的形态。对于普通用户来说,网络就是上网,是丰富多彩的页面,收发电子邮件、电子讨论区、写博客、聊天工具。对于企业家而言,网络是创造利润的新动力,网络就是财富。对于网络工程师来说,网络是一组机器和传输介质的硬件组合,构建在这些组合上的软件系统,以及实现网络功能的各种技术。而在研究者的眼里,网络虚拟社会是一种新的社会组织形态。在前面的章节中,已经从信息革命的角度讨论了网络的意义,这里回到网络的客观形态。

简单来说,网络可以看作是两台或两台以上的计算机相互连接,在网络软件的支持下,以实现网络中的资源共享和信息交换。其基本特征就是计算机互联和资源共享与交换。资源,可以是硬件设备资源,但更多地体现为信息资源。

- 计算机互联形成网络必然具备以下三个要素:第一,两台或两台以上的计算机;第二,用于连接计算机的传输介质,比如双绞线、同轴电缆或光缆等有形介质,或者激光、红外线、微波等无形介质;第三,计算机之间进行信息交换所必须遵守的标准,或称作"协议"(Protocol),它是事先约定好的有关数据格式以及传输时序等方面的一组规则。所谓协议,或称网络协议,是通信双方为了实现计算机之间能够相互通信而设计的一种约定或通话规则。如果计算机都是用不同的信息传输规则,那么就像使用不同语言或文字的人们之间无法沟通一样,计算机网络也就谈不上互联互通。

网络层是门户系统的物理基础,门户系统通过互联网向社会提供公共服务。广义上的互联网(internet)是指任何相互分离的实体网络的集合,这些网络利用通用的协议相互连接形成一个逻辑上的网络。狭义上的,也就是一般意义上的互联网,国内又译作"因特网",是指在阿帕网(ARPANET)基础上发展出的世界上最大的全球性互联网络,也有人称其为"国际计算机网络"。

互联网始于1969年。其雏形是在美国军方阿帕网(美国国防部研究计划署)的基础上,将美国加利福尼亚大学洛杉矶分校、斯坦福大学、加利福尼亚大学和犹他州大学的四台主要的计算机连接起来形成的网络。其后,麻省理工学院、哈佛大学等越来越多的大学、研究机构、政府部门和公司也加入进来。1983年,美国国防部将阿帕网分为军网(MILNET)和民网(ARPANET),这标志了Internet的诞生。1986年,美国国家科学基金会(NSF)开始将美国各大学和科研机构的计算中心连接到分布在不同地区的五个超级计算机上,形成美国国家科学基金网(NSFNET)。1990年,ARPANET完全被NSFNET取代。此后,Internet被迅速推广到世界各地,形成由主干网、骨干网、用户接入层三个层次构成的网络互联体系。其中主干网主要由美国国家科学基金网、美国Sprint电信公司的Sprint Link、能源科学网ESNET、国家宇航科学网NASASI,以及分布在欧亚地区的其他主干网构成。骨干网是主干网在其他地区的延伸。比如,中国的公用计算机互联网(ChinaNet)就是互联网骨干网,是主干网Sprint Link在中国的延伸。用户接入层是用户接入互联网的接口。

互联网的特点是:(1)拥有全球唯一的网络逻辑地址(IP地址),所有连入互联网的计算机都需要被分配一个地址;(2)通过"传输控制协议"和"互联网协议"(TCP/IP)进行通信;(3)让公共用户或者私人用户享受现代计算机信息技术带来的高水平、全方位的服务。

以下列出了关于互联网的若干基本概念。

- Hypertext:超文本(Hypertext),是一种集成化的菜单系统,它将菜单集成于文本信息之中。在使用时,用户看到的是文字信息本身,但作为菜单选项的文字被特殊标记出来,这种标记被称为超级链接(Hyperlink)。用户在浏览文本信息的同时,可以随时点击超级链接,跳转到该链接所指向的新的文本信息窗口。超文本的最大特点便是"无序性"。

- HTML:超文本标记语言(HTML,Hyper Text Markup Language),主要用于网页的创建和制作,是一种在网页上显示文档结构,但不能描述实际表现形式的语言。它决定了浏览器显示信息和信息链接的方式。通常,用户浏览网页时,网站服务器将用 HTML 语言编写的页面(HTML 文件)传输至用户计算机,然后由本地(即用户计算机)的浏览器解释执行 HTML 文件,将内容按照特定的格式和风格显示。HTML 是国际通用的,标准化的语言规范,因此任何企业开发的浏览器等软件都可以按照这个同一标准对网页页面进行处理,用户无需关心实现的细节。

● HTTP:超文本传输协议(HTTP,Hyper Text Transfer Protocol),是超文本信息在万维网(WWW)上传输的规则。比如,http://www.gov.cn 表示"中国政府网"网站页面是基于 HTTP 协议传输的。

● Hypermedia:超媒体(Hypermedia)进一步扩展了超文本所链接的信息类型,用户不仅可以从一个文本跳转到另一个文本,而且还可以链接并显示一幅图片或一段动画,播放一段音频或视频等。通常所说的超文本也包括超媒体在内。

● WWW:World Wide Web,是以 HTML 和 HTTP 为基础,建立在网络服务器和用户计算机之间的,提供统一的用户界面,面向 Internet 服务的信息浏览系统。利用 WWW,用户可以搜寻到遍布世界各地的网络信息,也可就某些关心的问题展开交流。

● URL:资源定位器(URL,Uniform Resource Locators),用来定位 WWW 上各种信息资源所在的位置。它通常描述了浏览器检索资源所使用的协议、资源所在的计算机名称,以及资源路径和文件名称等。比如,用于描述互联网上某一张照片资源的 URL 地址是 http://www.sg.pku.edu.cn/news/edit/UploadFile/200835145750435.jpg。

● XML:HTML 标记大多用于呈现页面布局和外观,但是不能记录数据,而且这些标记是固定的,描述能力不够。鉴于此,出现了扩展标记语言(XML,eXtended Markup Language)。XML 可以看作是一种元语言(即描述语言的语言),它的特点包括:数据的内容与表现形式相分离;允许用户自己定义新的标记;可以利用"开关"控制显示 XML 文档的部分数据;XML 中包含的数据是独立于操作系统的,可以在各种不同的系统平台上使用。

● Intranet:又称内特网,是属于某个组织内部的,基于 TCP/IP 协议的网络,只有组织的成员和经过认证的用户可以访问 Intranet。从技术和形式上看,Intranet 和 Internet 是相似的。

● 虚拟主机:利用虚拟主机技术,可以把一台计算机分成许多"虚拟"的计算机主机,每一台虚拟主机都具有独立的域名,可以提供完整的服务器功能。虚拟主机之间相互独立,从外界看,它们和独立的主机没有任何区别。简言之,虚拟主机可以支持多个网站同时在一台计算机上运行,这样不仅可以节省购买硬件设备和租用网络专线的费用,也无需支付维护计算机等设备的费用。

• ISP:互联网服务提供商(Internet Service Provider),其业务范围包括网络接入服务、内容服务,还包括面向客户的维修维护服务等。严格地讲,如 IAP、ICP、ASP 等都属于 ISP。IAP,即互联网接入提供商(Internet Access Provider),指专门为用户提供互联网接入服务的机构或公司。ICP,互联网内容提供商(Internet Concept Provider),指专门为用户提供各类信息服务的机构或公司。ASP,又称 IASP,互联网应用服务提供商(Internet Application Service Provider),通过网站或者传统销售渠道向用户提供应用软件服务租用或租赁服务的机构或公司。

局域网

从业务架构的角度来看,局域网是将政府部门内部各种业务或者部门相互连接起来的网络平台。局域网与互联网之间可以用防火墙技术实现逻辑隔离,也可以没有任何介质连接,即物理隔离。如果是逻辑隔离,那么社会公众通过互联网向政府门户系统提交的各种申请等,可以直接传输到局域网中,在各个部门或科室之间共享;这些业务的处理进度以及最后的处理结果,也都可以通过门户系统传递给互联网上的用户。在实践中,门户系统常常在为互联网用户服务的同时,也为内部局域网用户提供服务,只需要给不同的用户赋予不同的登录权限,就可以为他们提供不同的服务内容。

20 世纪 70 年代末出现了计算机局域网(Local Area Network,LAN),在 80 年代获得了飞速发展和大范围的普及。局域网是指在某一区域内由多台计算机互相连接组成的一组计算机,通常是封闭型的,其范围一般在方圆几千米以内,比如在一座办公大楼、一个校园或一个企业内。局域网中的计算机数量可以是办公室内的两台计算机,也可以是一个政府部门内的上千台计算机。在局域网中,可以共享公共数据库中的信息资源和打印机、绘图机等外部设备,可以统一管理公共文件、发送电子邮件和传真通信等。

目前局域网中的计算机连接最常采用的是星型结构,如图 7-3 所示。在星型网络中,计算机、服务器、打印机等设备(节点)通过一个网络集中设备(中心节点),比如集线器、交换机等,连接在一起,各个节点呈星状分布。其基本特点如下:(1) 容易实现,即每个节点设备只需要配置一个网络连接设备(比如网卡)即可,不需要为新的两两连接增加连接设备;(2) 节点扩展方便,即节点扩展时只需要从集中设备中拉出一条网络连接线即可;(3) 维护容易,即一个节

第七章 门户系统

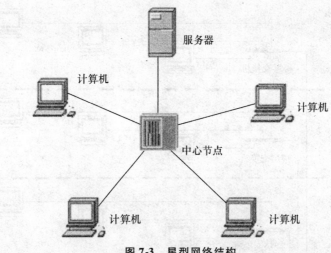

图 7-3 星型网络结构

点出现故障不会影响其他节点的连接。

网络集中设备与计算机连接的端口数量可能是有限的,但可以通过级联的方法来扩充,即将两台网络集中设备连接到一起。比如一台交换机有 8 个端口,最多只能连接 8 台计算机,如果增加同样的第二台交换机与第一台相连接,这样每台交换机会都有一个端口被占用,而可以用于连接计算机的端口数为 14 个。通过级联的方法,理论上可以将网络无限扩大。如图 7-4 所示,在一座办公楼中有一个核心交换机,与外部的网络节点相连接,比如信息中心;办公楼的各个楼层都拥有楼层交换机,该楼层的计算机设备都连接到这些交换机上;楼层交换机又分别连接到核心交换机上,这相当于所有的计算机都间接地连接到核心交换机上,从而与外部网络相连。

以下列出了局域网中的若干连接设备。

• 传输介质:连接计算机网络的有线或无线媒介,一般包括有线通信、光纤通信、无线通信和卫星通信等。目前较常用的有:双绞线、同轴电缆、光纤、无线电波(如图 7-5 所示)。

• 中继器(Repeater):延长网络距离的连接设备,具有信号放大和再生的功能,可以连接两个以上的网络段。信息在网络传输介质中传播时,会因距离太长而损耗能量,无法顺利达到指定地点,因此需要利用中继器进行延伸。

• 集线器(Hub):网络传输介质的中央节点,是信号转发的设备,可以使多个用户通过其端口相互连接。一般一个集线器上可以连接 8 个、16 个、24 个用户。每个端口相互独立,不会互相影响。局域网中某个节点发出的数据通过集

133

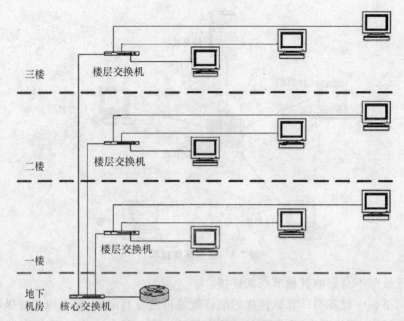

图 7-4　办公楼局域网网络结构

图 7-5　网络传输介质

线器后,会同时向网络中所有的节点发送。

- 交换机(Switching):交换机是一种在通信系统中完成信息交换功能的设备,在局域网中,某台计算机发出信息后,交换机会查找内存中的地址对照表,以确定目的地网卡接在哪个端口上,然后将数据直接传送到该端口,而不是像集线器一样广播。

- 路由器(Router):当不同网络下的计算机需要互相访问时,需要路由器为它们指定数据传送的路径,这个过程叫做路由选择。两台计算机之间往往不只有一条路径,路由器会根据网络拥塞情况、传输费用以及距离长短等自动选择最佳的路径。

- 网关(Gateway):协议的转换设备,辅助实现不同协议下的网络之间的数据交换,它使用户不用关心协议细节,任意访问各种网络下的计算机。网关也可以利用软件来实现。

无线局域网

无线局域网(Wireless Local Area Networks,WLAN)利用射频(Radio Frequency,RF)技术使用户不使用有形的网线就可以连接到网络中。无线局域网不是用来取代有线局域网的,而是用来弥补有线局域网的不足,以达到网络延伸之目的。对那些无固定工作场所的使用者,或者有线局域网架设受到环境限制时,无线局域网是一种不错的选择。

通常,使用无线局域网所需要的设备包括一块无线网卡和一个无线接入点(Access Point,AP)。无线接入点可以通过有形介质接入到局域网中,装载了无线网卡的计算机进入这个无线接入点的覆盖范围后,即可使用该无线网络。如图7-6所示,无线接入点之间也可以通过无线的方式连接形成级联。

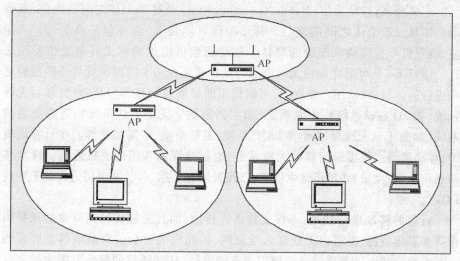

图7-6 无线局域网的网络拓扑结构

无线网络的起源可以追溯到第二次世界大战时期。20世纪70年代,美国研究人员创造了一个称为ALOHNET的无线网络,这是世界上最早的无线局域网络。1990年,美国电气及电子工程师学会(IEEE)启动了802.11项目,开始了无线局域网的标准化工作,其后相继诞生了IEEE 802.11a标准、802.11b标准、IEEE 802.11g标准以及最新一代的802.11n标准。

为了促进802.11无线技术的市场化,一批企业共同成立了一个非营利的"无线保真"(Wireless Fidelity,WiFi)联盟,简称WiFi联盟,该联盟提供对基于

802.11标准族的无线通信设备的认证。通常在无线接入点或无线网卡的包装上会看到WiFi的标志,通过认证的产品可以与其他同样通过Wi-Fi认证的无线局域网相兼容。中国的研究机构也推出了一项无线局域网标准,即"无线局域网鉴别和保密基础架构"(WLAN Authentication and Privacy Infrastructure,WAPI)协议。从理论上来说,WAPI比WiFi具有更高的安全性。最新的无线局域网标准时WiMAX,后起之秀:WiMAX来自英文World Interoperability for Microwave Access的缩写。由Intel公司组建WiMax Forum正式成立于2003年4月,它是802.16a的官方组织,主要从事产品推广和认证802.16a设备的兼容性和互用性,目前已有25家以上的通信设备企业加入。WiMax Forum的目标是促进WiMax的应用,WiMax可以说就是802.16体系的别称,也是未来的发展方向。

移动通信网络

广义而言,移动通信(Mobile Communication)是移动个体之间的通信,或移动个体与固定个体之间的通信。移动个体可以是人,也可以是汽车、火车、轮船、收音机等在移动状态中的物体。移动通信可以追溯到无线电通信发明之日。1897年,马可尼完成的无线电通信试验就是在一个固定位置与一艘拖船之间进行的。目前,从用户角度看,可以使用的移动通信技术包括:蜂窝移动无线系统(如3G移动通信)、无绳系统(如家庭用数字无绳电话系统)、近距离通信系统(如蓝牙)、无线局域网(WLAN)系统、卫星系统、广播系统等。在日常语境中,移动通信主要指蜂窝移动无线系统,也就是我们常用的手机通信。蜂窝移动通信从20世纪80年代诞生以来,已经发展到了第3代,并即将过渡到第4代(4G)。

目前的移动通信技术,不仅支持语音传输,而且能够传输高质量的视频图像等多媒体资源,并可以无线联入互联网,因此成为社会公众获取信息资源的一种重要途径。随着移动通信商用业务的发展,移动通信的覆盖范围也越来越广,人们可以随时随地通过移动终端,比如手机,连入互联网。

政府部门也越来越多地使用移动通信提供公共服务。比如,通过群发手机短信的方式向公众传递信息,政府工作人员在现场办公过程中也可以利用手机上网直接查询、接收或发送相关信息。一些政府部门的门户网站也专门提供移动通信版,从而方便用户摆脱网络接入的麻烦,随时随地都可以连接政府网站。

案例7-1

现代移动通信技术发展史[①]

现代移动通信技术的发展始于20世纪20年代,大致经历了五个发展阶段。

第一阶段从20世纪20—40年代,为早期发展阶段。在这期间开发出了专用移动通信系统,其代表是美国底特律市警察使用的车载无线电系统。这个阶段的特点是专用系统开发,工作频率较低。

第二阶段从40年代中期至60年代初期。在此期间,公用移动通信业务问世。1946年,根据美国联邦通信委员会(FCC)的计划,贝尔公司在圣路易斯城建立了世界上第一个公用汽车电话网,称为"城市系统"。随后,西德、法国、英国等相继研制了公用移动电话系统。这阶段的特点是从专用移动网向公用移动网过渡,接续方式为人工,网的容量较小。

第三阶段从60年代中期至70年代中期。在此期间,美国推出了改进型移动电话系统(IMTS),实现了无线频道自动选择,并能够自动接续到公用电话网。德国也推出了具有相同技术水平的B网。

第四阶段从70年代中期至80年代中期。1978年底,美国贝尔试验室研制成功先进移动电话系统(AMPS),建成了蜂窝状移动通信网,大大提高了系统容量。1983年,首次在芝加哥投入商用,到1985年3月约有10万移动用户。其他工业化国家也相继开发出蜂窝式公用移动通信网。蜂窝概念真正解决了公用移动通信系统要求容量大与频率资源有限的矛盾。这个阶段的移动通信技术被称为第一代移动通信(1G)。第一代蜂窝移动通信网是模拟系统,缺陷是,频谱利用率低,移动设备复杂,费用较贵,业务种类受限制以及通话易被窃听等。

第五阶段从80年代中期开始。这是数字移动通信系统发展和成熟时期。该阶段可以再分为2G、2.5G、3G、4G等。数字无线传输的频谱利用率高,可大大提高系统容量,提供语音、数据多种业务服务。80年代中期,欧洲推出了泛欧数字移动通信网(GSM)体系。随后,美国和日本也制定了各自的数字移动通信体制。这个阶段的技术被称为第二代移动通信(2G)。GSM具有较强的保密性

---

① 原文出自"比特网",http://news.chinabyte.com/498/1817498.shtml。

和抗干扰性,通话稳定,容量大,但是数据传输率较慢,仅为9.6Kbps。针对GSM通信出现的缺陷,2000年推出的GPRS技术利用分组交换代替GSM的电路交换,其传输速率可提升至56甚至114Kbps,可以访问互联网,参加视讯会议等。该技术是在GSM的基础上的一种过渡,因此被称作2.5代(2.5G)。

目前全球第三代(3G)移动通信有三大标准,分别是欧洲提出的WCDMA、美国提出的CDMA 2000和中国提出的TD-SCDMA。与之前的1G和2G相比,3G拥有更宽的带宽,其传输速度最低为384Kbps,最高为2Mbps,带宽可达5MHz以上。不仅能传输话音,还能传输数据,从而提供快捷、方便的无线应用。

第四代移动通信(4G)将满足第三代移动通信尚不能达到的在覆盖、质量、造价上支持的高速数据和高分辨率多媒体服务的需要,能够实现以100Mbps的速度下载。

§7.3 数据库与业务逻辑

数据库

利用计算机管理数据的历史可以追溯到计算机发展的最早阶段。当时的管理功能非常简单。数据被转换为二进制数字,然后"记录"在穿孔卡片上;计算机读取这些卡片,进行数据运算,运行结果可以被制成新的穿孔卡片。这样,数据管理其实就是对这些穿孔卡片的管理。其后,磁带、硬盘等存储设备相继出现,引发了数据管理的革命,表现在读写速度大幅度提高,而占用的物理空间大幅度减少。

随着计算机的应用范围日益广泛,市场上数据管理与共享的要求也越来越高。传统的文件系统已经不能满足人们的需要。在计算机软件开发的早期,数据与程序是不可分离的,这导致在系统运行过程中,较难实现数据的更新,而且会造成相同的数据在不同程序之间出现不一致的情况,维护十分困难,同时也会过多地占用存储空间。如图7-7(1)所示,不同的应用程序中可能会涉及相同的数据,有的应用程序是数据的"制造者",另一些应用程序只是数据的"使用者",一旦"制造者"中的数据发生改变,那么其他所有"使用者"都需要随之改变。这样,实现统一管理和数据共享的数据库管理系统便应运而生。

数据库管理系统,比如Oracle、SQL Server、MySQL、Access等,可以使用户方便地存储和使用数据,而无需了解数据本身是如何在计算机中存储和传输的。在日常使用中,也常常将数据库管理系统简称为数据库。如图7-7(2)所

第七章 门户系统

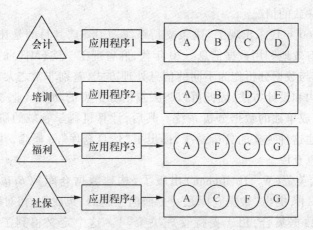

(1) 数据分散存储的应用软件

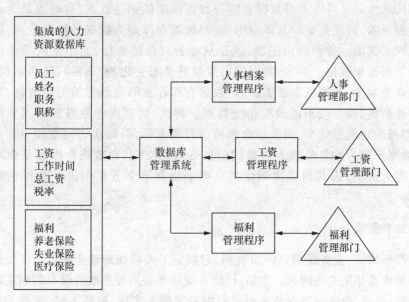

(2) 由数据库统一存储的应用软件

图 7-7 数据管理结构的变化

示,数据库将数据从应用程序中"剥离"开来单独、统一存储,这样应用程序不用考虑如何组织自己的数据,只需要按照统一的软件命令,从数据库中调用或者将数据存储到数据库中即可。无论应用程序如何变化,数据库不会因此而变化。同时,由于数据更新始终是在数据库中独自进行的,因此一般情况下不会引起数据不一致的情况。

20世纪60年代末出现了"决策支持系统"(DSS),其目的是让管理者在决策过程中更有效地利用数据信息。70年代,麻省理工学院(MIT)的研究人员提出,业务处理与数据分析作为不同的信息处理方式,差别非常之大,只能采用完全不同的架构和设计方法,因此可以将大量的分析型的功能从业务处理系统中剥离出来,形成单独的数据分析系统。其后,计算机科学领域的研究人员开始研究如何构建这种独立的分析系统,提出了"信息仓库"等概念,并构建了一些实验性的信息仓库。

1991年,英蒙(W. H. Inmon)出版了《构建数据仓库》(*Building the Data Warehouse*)一书,提出"数据仓库是一个面向主题的、集成的、相对稳定的、反映历史变化的数据集合,用于支持管理决策"[①]。这个定义得到了比较广泛的认可。

从这个定义可以看出数据仓库与数据库的区别。首先,数据库是为业务处理服务的,因此是面向具体应用的,而数据仓库是为数据分析服务的,因此是面向主题的。所谓面向主题,就是从业务对象的角度,而不是从某个应用的角度来汇集数据。其次,数据库内数据是动态变化的,通常只是当前值,只要有业务发生,数据就会被更新,而数据仓库存放的是静态的历史数据,只能添加新数据,而一般不能改变历史数据。再次,数据库中数据的访问频率较高,但每次访问量较少,而数据仓库的访问频率低,但每次访问量却很高。最后,数据库是为业务处理人员提供信息处理的支持,而数据仓库则是面向高层管理人员的,为其提供决策支持。本书将在第十五章中进一步讨论数据仓库。

业务逻辑

严格来讲,业务逻辑是一组规则,它规定了人们在处理业务时所应受到的正式的或者非正式的约束。比如,行政审批业务必须按照政府颁布的相关政策来执行,或者,业务应当在某个时间段内提交或者完成,逾期不候,这些是正式的规则。再比如,业务按照提交的时间顺序依次办理,或者,申办人应当排队等候,这些可以看作是非正式的规则。这些规则是软件系统中业务逻辑层实现的基础,是在分析阶段对软件系统的应用领域进行分析、总结出来的。换言之,这些规则是在系统之外形成的,而非系统的产物,它的存在先于软件的存在,并限

---

① W. H. 英蒙:《数据仓库》,机械工业出版社2003年版,第21页。

制了软件的行为。

显然,不同系统的业务逻辑也不一样。不同的领域,不同的部门,乃至相同的部门,都可能因为其中正式的或者非正式的规则不同,而出现不一样的业务逻辑。也正因此,一个成功的电子政务项目首先必须了解项目委托人的需求,也即委托人的业务逻辑。不过,在这些五花八门的业务逻辑中,也存在一些通用的功能,比如搜索引擎、单点登录、数字签名、用户管理、日志管理等。

- 搜索引擎

网络上的任何信息资源都拥有自己的 URL 网络地址,但是要让用户都能记住所有这些地址,甚至仅仅是最常用的一些地址,都是不可能做到的事情。如前所述,超文本链接可以为各种信息资源之间建立"跳跃式"的联系,但是如果每次都依靠人工手段来实现这种"跳跃",搜索的效率非常低,范围十分有限。

互联网发展早期的一些门户网站为用户提供了一种分类目录查询系统。他们精选互联网上的优秀网站,分别放置到不同的分类目录下,这些类别之下还会细化出小类别,并逐层分类下去。用户查询时,首先判断自己所想找的网站属于什么类别,通过对类别名称的逐层点击,最后将得到一个相似网站的地址列表。有人将这种基于目录的检索技术称为搜索引擎,实际上这些分类目录是由人工来整理和维护的,因此从严格意义上讲,它们并不是搜索引擎。

搜索引擎通常是指利用一些特定的算法,从网络中自动搜索信息,经过一定整理后,提供给用户进行查询的网络工具。利用搜索引擎可以搜索到网页、图片、各种格式的文件,甚至一些数据库中的数据。1990 年由加拿大研究者发明的 Archie 被认为是搜索引擎的鼻祖,这个网络工具可以用文件名在匿名的 FTP 网络上查找文件。不过这个工具和现在的搜索引擎工具仍有较大的差距。目前的搜索引擎通常会利用一个称作"蜘蛛"(Spider)的自动搜索机器人程序。这个程序会自动地根据网页中的超级链接"跳跃"到新网页上去,一传十,十传百,从少数几个网页开始,理论上可以遍历绝大部分网页。世界上第一个"蜘蛛"程序,是 MIT 研究人员所开发的,最初只是通过统计服务器数量来追踪互联网的发展规模,后来才发展为也能够捕获网址。

如果每次用户都需要遍历互联网,无疑要花费大量的时间,因此仅仅遍历是不够的,第二步工作要将遍历到的信息资源保存起来。不过,如果信息是随意地堆放在搜索引擎的数据库中,那么每次搜索都要把整个数据库检索一遍,同样需要耗费大量的时间。因此,这些被保存的信息资源还需要按照一定的规则来整理。这个过程称为"建立索引"。通过建立索引,搜索引擎可以不用检索所有保存的信息,就能迅速地找到所要的资源。

搜索引擎并不一定都面向全部的互联网。一些网站或业务系统拥有自己的搜索引擎,可以快速检索这个网站或系统内部的信息资源。比如,面向政府部门内部或者企业内部的搜索引擎。门户网站也常常拥有自己的搜索引擎,用户可以快速地在门户网站中定位所需的信息资源。面向互联网的搜索引擎可能每时每刻都会接收到大量用户几乎同时发出的搜索查询,而对于组织内部的搜索引擎来说,任务量会较少。无论是那种搜索引擎,当接收到用户的要求时,它首先将检查自己的索引,迅速找到用户需要的资料,并以网页链接的形式返回给用户。通常,还会为这些网页链接提供网页的摘要信息,以帮助用户判断该网页的内容。

- 数字签名

随着互联网的发展,网络上的交易活动也日益增多。随之而来的问题是,如何明确交易双方的身份,或者说如何让交易活动中的信息更加可靠,就成为不仅是技术上,也是制度上的问题。为了保障电子交易安全和电子政务、电子商务的发展,2005年4月1日,中国政府正式实施《电子签名法》。该法对数据电文、电子签名、认证等进行了详细规范的界定,并明确了相关法律责任。所谓数据电文,广义上是指以电子、光学、磁或者类似手段生成、发送、接收或者储存的信息。

研究人员已经发明了若干种实现电子签名的技术手段,比如以生物特征统计学为基础的识别标识;指纹、掌纹、声音印记或视网膜扫描的识别;让收件人能识别发件人身份的密码代号、密码或个人识别码;以及基于"公钥基础设施"(PKI)的数字签名(Digital Signature)。目前,数字签名是在电子商务、电子政务中应用最为普遍、技术最为成熟、可操作性也最强的一种电子签名方法,它通过使用某种数学算法对,对所需传输的电子信息进行变换,使得信息发送者和接受者都可以准确地判断如下事实,即(1)该项变换是否不可抵赖和不可伪造;(2)变换后,初始数据电文是否被改动过;(3)必须使用对信息发送者是唯一的信息,以防止双方的伪造与否认;(4)必须相对容易生成、识别和验证该数字签名;(5)伪造该数字签名在一般可承受的计算负载下具有不可行性,这既包括对一个已有的数字签名构造新的数据电文,也包括对一个给定的数据电文伪造一个数字签名。关于数字签名的具体内容将在下一章中继续讨论。

● 用户管理

哪些人会成为门户系统的访问用户？大体上可以分为两类，一类是门户的服务对象，比如政府门户的服务对象是社会公众，他们需要从门户系统中获取信息和服务，另一类则是门户系统的管理人员，这包括技术管理和业务管理两部分，比如，政府工作人员需要更新门户系统的内容，管理门户系统的功能，以及处理公众提出的服务请求等。

一般而言，门户呈现给不同用户的内容是不同的，最典型的情况是，服务对象一般不能访问门户系统的管理功能。即使都是服务对象，用户所代表的身份不同，或者使用门户系统的目的不同，所能浏览的页面也可能是不同的。比如，在政府门户系统中，服务对象可能是以公民个人的身份来访问门户系统的，所需办理的事情是个人业务，因此他所能浏览的可能都是与公民个人业务相关的页面；也可能是代表企业来访问的，办理的是与企业相关的业务，这样浏览页面可能仅仅与企业相关。对于门户系统的管理人员来说同样如此，管理不同业务的或者不同级别的工作人员所能浏览到的管理功能也可能是不一样的，这有助于分清各个部门或者各种职务岗位的责任。

用户管理的实质是对用户访问门户系统的权限的管理，其中的原则是，用户不得访问非授权内容或不得使用非授权功能。在增加新的用户时，门户系统必须首先对用户的权限进行设定。

一种典型的用户权限是匿名权限，即在没有登录的情况下就能够访问系统。匿名权限通常只能浏览到门户系统向互联网公开的内容。比如，用户连接政府门户网站后，就能浏览到政府动态、组织架构、办事流程等公开的信息资源，这实际上是赋予了用户匿名访问权限。

对于非匿名权限来说，通常通过"用户—角色—权限"体系来设定，如图7-8所示。假设访问门户系统的用户可以分为若干种"角色"，每一种角色都拥有一部分或者全部的页面访问或功能使用"权限"，不同"角色"的"权限"可以重叠，这样每增加一个新的"用户"，只需要将一个或若干个"角色"分配给该"用户"即可。这种设计的好处是，一方面，如果网站上需要设定的权限数量太多，比如每一个栏目，每一个频道都有独立的非匿名访问权限，每增加一个用户都需要对这些权限一一设定，那么显然速度慢、效率低；另一方面，角色实现了权限的聚集，同时又保证了权限配置的灵活性，因为一旦有要求改变用户权限，只需要对角色对应的权限集合进行调整即可，无需逐个修改拥有该权限的所有用户；同时，如果出现新的业务要求，还可以设置新的角色。比如，对于一些大企业来说，如果要求系统管理员为各个员工逐一分配系统权限的话，不仅耗时，而且很不方便。因此,系统中会提出"组"这样的角色,可以将权限一致的人员编入到同一"组"中,然后对该组进行权限分配。

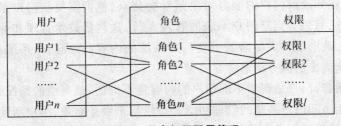

图7-8 用户权限配置管理

- 单点登录

进一步的需求是,如果业务系统必须通过非匿名的方式来访问,那么用户可以在门户系统中登录了自己的账号后,凭借这个已验证的身份,非匿名地访问所有其他业务系统,即所谓"单点登录"(Single Sign-On, SSO)。如果门户只是综合业务系统的一部分,所有的业务系统和门户系统实际上是一个系统,并不存在单点登录的问题。如果门户只是一个业务连接的平台,由于业务系统是各自开发的,用户虽然通过门户可以访问到各个业务系统,但每次都需要输入系统账号和密码。通过建立"单点登录",用户账号可以实现一次登录,多次使用,用户不再需要牢记各种账号和密码,也不需要在每次转换系统时都要输入账号和密码。同时,使用一套账号也更加便于账号的安全管理。

案例7-2

北京大学IAAA统一安全系统

北京大学IAAA系统是北京大学师生共同使用的一个网络账号管理系统。目前,北京大学的校园综合信息门户以及校园卡查询业务系统和图书馆业务系统等都使用这个账号管理系统进行统一的用户认证服务。用户登录校园综合信息门户系统后,便可以直接连入校园卡查询系统和图书馆业务系统,无需再次输入账号和密码(如图7-9所示)。

图 7-9 北京大学 IAAA 系统页面

- 日志管理

对于非授权访问或使用门户系统，用户管理是一种事前行为，它只能鉴别登录系统的身份是否符合授权规则，但对于登录系统后的用户行为无从约束。比如，若干用户都拥有对某个信息资源的修改权限，一旦修改后的结果出现种种问题，很难辨明修改人究竟是哪一个用户，也就难以找到责任人。

日志管理，就是对用户行为的管理。日志，记录了用户（通常为非匿名用户）在门户系统中所有操作行为的内容以及行为发生的详细时间。管理人员可以利用查询工具，查证特定时间、特定用户或者特定行为的日志记录，从而做到门户系统管理的可跟踪、可追查。一般而言，日志的管理权限属于数据库级的权限，也就是说，网站的管理人员，包括技术管理人员，在门户系统中都没有权限修改或删除这些日志记录，必须要由开发人员通过密码进入数据库管理系统后才能对日志进行修改或删除。

第八章 政府门户网站

本章摘要

政府门户系统在基本架构上与一般门户系统没有本质的区别。本章提出在设计政府门户网站时应强调4C原则,即以客户(用户)为中心、用户成本导向、增强用户便利性、与用户沟通。

关键术语

政府门户系统 4C原则 以客户为中心 用户成本导向 便利性 沟通

§8.1 政府门户网站的设计

政府门户

政府门户,即将政府可以通过互联网提供的各种公共服务,按照某种适当的方式整合起来,为公众提供统一的页面样式和访问入口,公众不必需要逐个部门"拜访",只需要登录一个入口,就可以获取到所有的业务服务。

如导论所述,政府门户和业务系统设计的理想状况是:公众一次性地将办理业务所需要的各种信息通过门户网站传递到政府的信息库中,政府各个部门将分别按照自己的需要从信息库中获取这些信息,这样各项业务可以并行处理,业务之间的衔接和次序由门户系统来实现协调和整合,最后所有业务处理完毕后,仍然通过门户网站来通知用户,或直接将处理结果告知用户。

不同层级的政府因主要职能不同,其门户系统也会有所差别。比如,国家级的门户主要以政务公开为主要内容,提供信息服务;省市级政府门户则可以以信息互动为主要内容,除了政务公开以外,还可以提供与公众交流,收集社会舆论信息等方面的功能;基层政府门户则要突出一站式的政务服务模式,以各个基层部门的业务系统为主要内容;具有行业性特点的业务垂直部门的门户,则以业务系统的网上服务为主要内容,凸显业务部门的应用服务等。

案例8-1

中国中央政府门户网站

中华人民共和国中央人民政府门户网站(简称"中国政府网")于2006年1月1日正式开通,网址是www.gov.cn,目前开通了中文简体版、中文繁体版和英文版。中国政府网首页如图8-1所示。中国政府网是中国电子政务建设的重要组成部分,是政府面向社会的窗口,是公众与政府互动的渠道,对于促进政务公开、推进依法行政、接受公众监督、改进行政管理、全面履行政府职能具有重要意义。

中国政府网,作为中央级的门户网站,主要功能是向社会提供信息服务,比如中国概况、国家机构、政府机构、法律法规、政府工作动态、公文公报、政府建设、新闻时事、人事任免等。除此之外,中国政府网通过主题服务的方式,为不同类别的用户提供个性化的信息服务。比如针对公民,网站提供了有关生育、户籍、就业、交通等18项内容,每项内容又提供办事指南、便民问答,以及省级地方政府对应部门的网页链接等栏目;在针对企业的主题服务中,还会提供在线查询、相关表格下载以及相关网上办理等业务。虽然根据不同层级部门的权属划分,这里也会提供表格下载、网上办理等业务,比如面向企业的工商主题下提供的重点联系企业信息网络报送系统、房地产企业数据直报等,但主题服务仍然以提供信息和资料为主。

| 理解电子政务 |

图 8-1　中国中央政府网首页页面

"4C"设计模式

政府门户系统是政府与社会之间的窗口,是政府为社会提供公共服务的平台,也是电子政务建设的重要组成部分。以公众为中心,以用户需求为导向来编排、集成政府门户网站上的内容,已经成为目前较为普遍的设计模式。借用营销学中的基本理念,可以将这种模式总结为四个关键词,即客户(Customer)、成本(Cost)、便利(Convenience)和沟通(Communication),简称为"4C"模式。

- 以客户(用户)为中心

对于政府门户网站来说,其用户,无论是社会公众个人还是企业,都可以看作是门户网站的客户。如导论中所述,以用户为中心是电子政务所强调的核心价值之一。政府门户网站可以根据网站用户的不同特点和需求,提供个性化的服务。"个性化"可以从静态和动态两个方面来考虑。静态的"个性化"是指,门户网站在对潜在访问用户进行分类的基础上,将网站内容按照不同的用户角色分别编排,并设计不同的访问路线,用户只需要按照自己所要办理的业务需求,选择不同的访问路线就能既方便,又快捷地找到相应的功能或网站链接。比如,将潜在用户分为公民、企业、游客三类,这三类用户所对应的功能或服务是不同的,面向公民用户的服务包括:户籍管理、婚姻生育、土地房产、劳动就业、工商税务、医疗卫生、社会保障、出境入境、丧葬管理等;面向企业用户的服务包括企业开业及变更、行业准营、年检、收费审核、财税、质量监督、劳动保障、房屋土地、公安司法等。再比如,根据用户使用文字的不同或访问设备的不同来设置不同的网页版本。由于这些内容都是在用户访问之前已经设计好的,不会因为用户的访问而改变,因此称之为静态的个性化(如图8-2所示)。

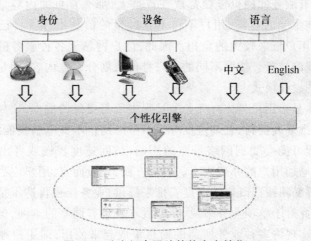

图8-2 政府门户网站的静态个性化

在一些电子政务较发达的国家和城市的政府门户网站上,还存在一种动态的个性化,即根据对用户当前需求来预测用户行为。换言之,用户进入网站后所能看到的页面内容,将根据用户的特征或过去的网站访问经历动态调整。也有研究将此称为"智能交互"[①]。比如,从公民出生起就被自动注册为门户网站的用户,这样门户系统可以根据用户的年龄,将用户在这个年龄段最有可能使用的服务放在最显眼的地方或者服务列表的最前面等。再比如,某用户过去申办过企业注册业务,系统可以根据这个企业的特性,在该用户再次访问时,可以向用户提示该企业目前最可能要办理的业务服务链接,或者把链接放在最醒目的地方。

---

① Accenture,"Leadership in Customer Service:New Expectations",*New Experiences*,2005:102.

- 用户成本导向

此成本非门户网站的建设成本,而是用户访问网站所需支付的成本。面向客户的门户网站设计的原则是最大限度地降低用户使用网站的成本。不考虑连接网络本身带来的费用以及相关政府服务所收取的税费,用户使用门户网站的成本包括检索成本、办理成本和学习成本。

检索成本是指用户在门户网站上寻找、搜索自己所需要的服务所需支付的成本。比如,关于某项服务的网页连接直接安放在网站首页上,那么用户一进入政府门户,就可以通过点击该链接进入该服务页面,而如果这个链接被置于二级或者三级页面上,那么用户就需要点击若干次链接后才能找到该服务。再比如,如果所有服务的网页链接都放在首页上,那么首页的内容量将超过用户迅速浏览所能承受的界限,用户不得不在过量的信息中寻找自己所需要的链接,这也会给用户带来较大的负担。因此,门户网站上各种服务链接的设计编排是一个权衡的结果。按照不同的用户身份来划分服务内容,即是一种降低用户检索成本的设计模式。

办理成本是指用户具体办理业务过程中所需支付的成本,比如用户需要提交申请、下载批复或资料、查询进度等。不考虑用户本身电脑技能的熟练程度,业务办理过程可能会受到网络带宽的影响,访问速度较慢或者出现访问错误等,这些都会增加用户的办理成本。另一方面,一般而言,用户应当提交的信息和业务流程等必须按照既定的制度安排来提供,业务流程再造不是本章所要讨论的内容,因此对于单项业务来说,办理成本较难有调整的空间,但是从多项业务来看,可以实现将多种业务所需的信息集成起来使用,即用户在一次业务中提交的信息可以供多次业务重复使用。

学习成本是指用户掌握关于业务办理的知识所需支付的成本。政府工作人员在设计业务功能时,往往是从自己的知识和经验出发的,常常默认用户也拥有与他们相同的知识体系。实际上,用户往往并不具备这些知识和经验,尤其对于一些细节问题不能正确地理解把握。在传统办公环境下,公众可以直接向业务办理人员咨询,但如果需要咨询的人数较多,基于广度和深度的权衡,效率便会下降。门户网站是政府部门与社会之间的虚拟接口,将业务两边的工作人员和公众分离开来,公众失去了面对面的咨询渠道,门户系统应当发挥其兼顾广度和深度的优势,为用户提供相关的知识,即"帮助系统"。实践中这一点常常被忽视,公众往往仍然需要依靠电话等传统手段,这也是一些政府网站不能有效使用的原因之一。

- 增强用户便利性

门户网站系统的设计要从用户的角度出发,为用户使用网站提供各种便利的条件。上述按用户身份分类,信息重复使用,业务知识的辅助等,都可以看作是便利性的表现。进一步的,应向用户给出明确的业务办理步骤,避免出现引起歧义的流程。最简单的方式是提供流程图;也可以从流程图出发,在流程图的每一个环节上给出指向相关业务活动或者相关文件资料的链接;如果已经实现网上"交易",那么应在软件逻辑中直接设计好活动过程,使用户必须先走完第一步才能看到第二步的内容。

此外,在功能设计上可以利用多元化的手段,满足一些特殊要求。比如,可以提供不同格式的文件以满足不同的阅读器,如.doc文件、.docx文件、.pdf文件、.wps文件等,还可以提供文本、音频乃至视频等不同的格式。再比如,提供多元化的访问途径,用户可以通过计算机、手机、信息亭、电子公告栏等各种方式获得网站提供的服务。此外,便利性还可以表现在为老人、残疾人、少数民族等群体提供针对其需要的信息服务。

- 与用户沟通

与用户沟通,接受用户的反馈,可以提高服务的质量。门户网站可以设立论坛、留言板、电子邮件等工具,为用户提供反馈的渠道。

对于政府门户网站来说,沟通包括两个层次。第一个层次是就网站服务本身的沟通。第一个方面,门户网站从初创到完善,不是一个一蹴而就的过程,一开始的设计往往体现的是设计者自身对用户需求的判断,不是真实的用户需求,而软件技术的特性决定了网站会经常出现各种错误、缺陷等。以用户为中心的设计理念要求门户网站设计应当经常了解用户的想法,不断地改进网站的布局和功能设计,并修正网页错误和缺陷。为了便于对这些反馈进行管理,系统可以按照某种标准对这些建议意见进行分类,比如按照各个栏目分类,或者按照错误的性质,是内容还是技术等。第二个方面,如前所述,在某些情况下,用户缺乏使用门户网站的相关知识,门户网站应对此提供帮助。

帮助可以通过静态和动态两种模式来提供。静态模式的"帮助"是指网站的设计者事先罗列出用户可能遇到的问题,并一一作答,用户通过检索工具来获得这些信息。这种模式的缺陷是缺乏针对性,设计者一开始给出的问题集合是有限的,不可能囊括所有的问题。

动态模式的"帮助"则是指用户可以通过电子论坛、电子邮件等直接向网站管理员提出问题,管理员也通过这些电子工具来回答。这种模式的缺陷是会加重管理员的负担,可能降低服务质量,比如用户得不到及时的回应。改进的方法是,可以提供对问题陈述的智能识别功能。比如,当用户提交了某个问题后,系统可以对用户的陈述进行分析,然后罗列出过去用户提出的类似问题,这些类似问题已经得到管理员的回答,它们可能与当前问题是一样的,但不同用户可能有不同的陈述,因此如果当前用户发现存在相同的问题时,直接浏览过去的回答即可。

第二个层次的沟通是指,门户网站为政府部门和公众之间创造了一个更加直接、高效的沟通平台。制定公共政策不是政府部门闭门造车,而是一个开放的过程,它需要从社会中获取信息,包括社会的要求和对政策的支持,而这些要求和支持可能来源于社会对过去政策实施结果的反馈或者评价。[①] 社会公众对政策的评价,是在任何社会的任何时候都会出现的,其原因可能是因为这部分公众与相应政策之间存在某种关系,比如受到影响,也可能仅出于兴趣。虽然这些评价往往是非正式的、缺少系统性、甚至可能是片面的,但反映了社会对公共政策的支持或反对态度。与那些由特定机构所做出的政策评价相比,社会的评价,就像市场对企业的评估,往往是最具综合性的评价。因此,与社会之间的沟通互动是现代政府管理的一项基本活动。在传统模式下,受制于信息传播在广度和深度方面的权衡,技术上存在局限。互联网为此提供了新的机会。社会公众对政府部门各项工作的建议、意见可以通过网络渠道传递,政府的执政理念、相关政策和解释等也可以通过网络渠道公开。

案例8-2　　　　　　　　　　　　　　　　　　　　>>>

宁波市政府门户网站

浙江省宁波市政府门户网站(以下简称宁波网)秉持以"用户为中心"的设计理念,按照"纽带、阵地、载体、窗口"的网站定位,以建设"服务型"政府门户网站为目标,在设计中有很多创新之举,别具特色。

在浏览器中输入 www.ningbo.gov.cn 后就进入宁波网的"封面",如图8-3所示。宁波网首页不仅美观大方,而且简洁明了。以蓝色的大海为背景,显示了宁波作为沿海开放城市的文化特色。除了网站标志(中国·宁波)外,网页上仅包含两项内容。一项内容从用户的性质,提供了"公民站"、"企业站"和"政

[①] David Easton, *The Political System: An Inquiry into the State of Political Science*, New York: Knopf, 1971: 129—134.

第八章 政府门户网站

府站"三个子网站的链接入口,另一项则是根据用户使用的文字,分别提供了简体中文、繁体中文、英文、法文、德文、朝鲜文和日文七个访问入口。用户可以根据自己的需要选择不同的访问入口。

图8-3 宁波网"封面"

以"公民站"为例(如图8-4所示),除了为宁波市民提供了简要的新闻动态外,"公民站"从市民办事的角度列出了各项服务栏目,比如生育、户籍、教育、文体、医疗、纳税、出入境等,点击这些栏目的链接,就可以进入相关网页,获取相关信息或者办理相关业务。针对一些特定人群,比如农民、外来务工、外国人、军人、老年人、残疾人和妇女儿童等,还提供了专门的信息服务通道。

进入"医疗卫生"服务栏目后,相关服务分为卫生保健、病人、医护人员三方面的内容,每一个方面又涉及若干项业务。各项业务的办事指南、下载表格、在线咨询、在线投诉、注意事项、相关政策以及机构职能等的网页链接被一一罗列出,一些可以由网络直接办理的业务则显示其可以"在线受理"(如图8-5所示)。

除了上述静态分类以外,宁波网还可以让用户根据个人信息需求与行为习惯自行定制信息。当用户登录网站以后,他的个性化界面分为两大部分:公共部分和私有部分,个性化服务系统将利用收集到的用户信息,为用户提供"信息推荐"、"热点信息"等服务,还可以分析用户曾经访问的网页内容,当用户再次登录,就可以推荐类似信息。系统还自动记录用户的操作,方便用户查询自己翻阅过的内容。"信息通"则是宁波政府门户网站推出的一个独立系统。"信息通"是一个小软件,通过它,用户可以不登录网站,就能了解到网站上的最新动

理解电子政务

图8-4 宁波网的"公民站"

态。"信息通"可以在桌面随意拖动,同时有多种外观供选。利用"信息通",用户可以进行信息分类和信息定制,只要连接在互联网上,客户端就会自动把用户需要的信息传送到桌面上,并实时滚动播出。"信息通"的功能设计充分体现了政府为民服务"从被动变主动"的服务理念。此外,针对弱势群体,宁波政府门户网还开发了"听网"栏目,采用以语音控制技术,实现语音识别、人机交流等,只要用户发出指令,便可以随时随地,尽情享受信息时代的更多精彩内容。网站为"听众"们提供了丰富的资源:新闻在线、生活财经、娱乐广场、健康常识等,用户还可以通过语音在线答题,甚至还能定制个人信息,系统可以朗读十几种语言。

第八章 政府门户网站

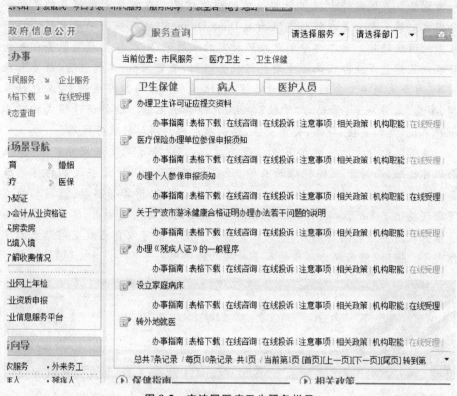

图 8-5 宁波网医疗卫生服务栏目

案例 8-3

美国联邦政府网站

2000年9月,美国政府开通所谓"第一政府"网站(www.firstgov.gov),可以看作是美国联邦政府的门户网(以下简称"美国网")。美国网的建设目标是加速政府对公民需要的反馈,减少中间工作环节,让美国的公众能够更快捷地了解联邦政府,同时提供联邦政府所提供的各项服务。比如,在网上购买政府债券、网上纳税等。

美国网按照潜在访问用户的类型分为四个子网站:公众、商业和非营利组织、政府雇员和来访者。首页即是面向公众的子网站,如图8-6所示。公众子网站又可以按照儿童、少年、父母、老人、军人、海外美国人等不同公众群体来进

理解电子政务

一步划分。美国网较少提供新闻性质的快速信息。在首页上最醒目的是两部分内容。第一部分是在线服务(Get It Done Online),这里罗列了最常用的政府服务的网址链接。第二部分则是按照特定的主题划分,提供与政府服务相关的常规政策信息或业务指南。主题包括社会福利、消费指引、工作教育、薪资和税收等,每个主题中又会划分出若干小主题,比如在工作与教育主题中,又包括雇佣、事业、工作地点、劳动力、学校、学生、教师等小主题。这种设计模式相对于用户来说,更加直接、简洁,突出重点,强调政府门户网站的服务性质。

美国网设计中的一些细节也值得关注。比如,除了英文版网站外,还提供西班牙语版,而对于一些特殊的业务,还将提供多达87种文字版本的信息服务。在美国网的最上方提供了电子邮件、电话、论坛、博客等链接,在网站的右下角还提供了Facebook、Youtube、Twitter等最新的网络沟通渠道,其目的都是为了增强政府部门的沟通能力,倾听社会心声。用户则可以自己改变网站上的字体大小,这可以照顾视力不佳的人士对网站的使用。

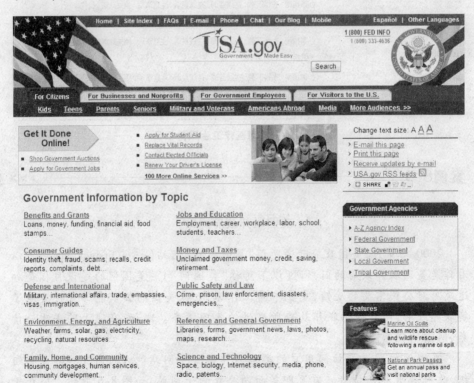

图8-6 美国联邦政府网站首页

全"生命周期"的"一站式"服务

导论中曾简要讨论了新加坡"电子公民"(e-Citizen)系统案例。该系统构建了一个能够为公众提供所谓"从生到死"或者"从摇篮到坟墓"的所有公共服务的服务链。"从生到死",指的是服务对象的"生命周期"。政府门户网站的服务对象不仅仅是公民个人,也包括企业或其他组织。这些组织和个人一样拥有从成立到消亡的"生命周期过程"。政府门户网站要以客户为中心,就要按照服务对象及应用主题聚合公共服务,提供覆盖服务对象全生命周期的"一站式"服务体系。

一个普通公民的生命周期中会经历的重要事件和阶段可以用图8-7来表示,可考虑设立的主题包括:生育、教育、兵役、就业、结婚、退休、殡葬;纳税、住房、社保、职业资格、知识产权;文化、医疗、交通、旅游、邮政通信、公用事业、证件办理;消费维权、社会治安、出入境、司法公证、民族、宗教等。一个典型的企业的生命周期,如图8-8所示,则包括企业的设立(变更)、经营和注销等阶段,可考虑设立的主题包括:企业准营、设立变更、年审年检和企业注销;知识产权、质量保证、安全防护、环保绿化、公安消防、交通运输、企业纳税;人力资源、商业市场、金融投资;资质认证、对外交流、建设改造、司法公证等。①

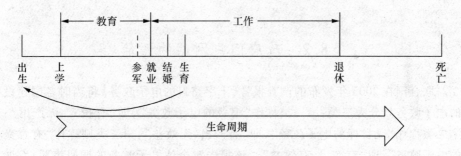

图8-7 公民服务的全"生命周期"

图片来源:赵建青、唐志:《政府门户网站与电子政务服务》,载王长胜等:《中国电子政务发展报告(No.4)》,社会科学文献出版社2007年版,第58页。

当然,按照"生命周期"来规划政府门户网站是一种理想的设计模式,在实

---

① 赵建青、唐志:《政府门户网站与电子政务服务》,载王长胜等:《中国电子政务发展报告(No.4)》,社会科学文献出版社2007年版,第58页。

践中不可能一蹴而就。尤其是,这种模式涉及政府各个部门之间的业务整合、数据共享,更不可能在短期内完成。在推进过程中,要以需求为导向,首先解决最关键、最迫切的问题,统一规划,以点带面,逐步推进。

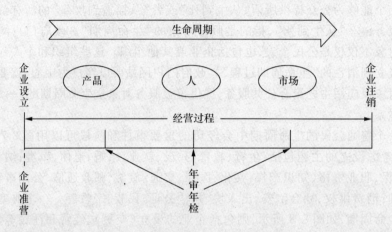

图 8-8　企业服务的全"生命周期"

图片来源:赵建青、唐志:《政府门户网站与电子政务服务》,载王长胜等:《中国电子政务发展报告(No.4)》,社会科学文献出版社 2007 年版,第 59 页。

§8.2　政府门户网站的评估

联合国在 2003 年发布的调查报告《十字路口的电子政务》将当时各国建设的电子政务划分为三类:第一类称作"浪费的电子政务",即"有投入,无产出";第二类称作"无目标的电子政务",即"有产出,无效益";第三类则称作"有意义的电子政务",即"有产出,有效益"。该报告对全球电子政务的调研表明,发展中国家的电子政务项目失败率达 60%—80%。[①] 这说明,仅仅从设计方案的角度来研究电子政务是远远不够的,再完美的方案不能得到有效的实施,或者与原定目标或实际的需求相去甚远,那么最终的意义仍然是有限的。对电子政务项目进行绩效评估,在一定程度上有助于改善这种状况。

人们在采取有意识的行动之后,总是倾向于获取关于该行动的反馈信息,这就是一种最基本的评估活动。电子政务项目实施后,其决策者或设计者要想

---

① UN,"E-Government at the crossroads", 2003, www.un.org.

知道该项目效果究竟如何,是否达到预期目标,就需要通过评估来获得这些信息。通过评估,人们才能判定一个电子政务项目是否达到了预期的目标,并由此决定该项目应该延续、调整还是终止;人们才能对该项目进行全面的考察和分析,总结得失,为以后的项目提供可供借鉴的经验教训。

项目的目标是评估的指南。评估通常通过设定并衡量一系列指标来完成,这些指标可以看作是对项目目标的细化。不同电子政务项目可能拥有不同的目标,这就决定了评估的具体指标也可能是不一样的。比如外交部的电子政务项目和工商局的电子政务项目的目标显然是不同的,这样在衡量这些不同部门的电子政务时要设计不同的评估指标。

但是,对于类似的项目,研究者仍然可以给出一些通用性的指标。这些指标不是某个特定项目目标的细化,其实质是一种设计规范,或者称之为模型。这些模型试图告诉人们,什么样的电子政务项目是一个"好"的项目。

与所有的项目评估类似,很难对这些模型给出"科学"的解释,它们反映了设计者们关于"好"的电子政务的主观判断。正因此,这些评估模型通常不会为所评估的电子政务项目设定明确的目标,或者说,其目标就是设计者大脑里所认为的那个"好"的电子政务。再进一步来看,由于这种"目标"的通用性,而且任何电子政务项目都不可能一蹴而就地达到这种目标,因此无论这些模型是基于定性的还是定量的分析,通常都会给出一个用于比较的分析框架,因为在"排名"中的序号或者结果的差异,比具体的分析结果往往更有意义。

这些模型具有明确的指向性。有些模型着重在微观细节上,提出各种具体的,更容易量化的设计指标,它们试图说明,电子政务项目应当充分体现这些设计的细节;另一些模型则关注宏观层面的变化,将电子政务放入更广阔的社会过程中进行评估,认为电子政务项目应当体现新的管理理念。对于政府部门而言,由于电子政务是一种新生的事物,并无太多可供借鉴的经验可循,因此上述模型给出了基本的行动指南,或者说行动的规则。根据这些模型,人们心里会在宏观到微观的不同层面上对"好"的电子政务建立一个大概的参照系。因此,对门户网站评估模型的讨论,同时也在讨论电子政务门户网站的具体设计方案。

然而,在我们讨论这些模型之前,必须提起注意的是,所有的评估模型都仅仅是一种参考,不能涵盖完整的电子政务。如果将这些模型本身看作是目标,那么电子政务的目标就被过多地简化了。

电子政务绩效评估模型大致可以分为五类:聚焦政府网站的绩效评估模

型、基础设施的技术指标模型、软硬件综合的指标体系、关注全社会的网络绩效和提出基本的评估准则。① 本章主要关注政府门户网站的评估。

布朗大学公共政策研究中心电子政务评估模型

布朗大学公共政策研究中心在2001至2007年期间每年发布一次政府门户网站绩效评估报告。其评估对象包括两个部分。一个部分是美国各州政府网站(全美评估),另一个部分则是全球近200个国家(及地区)的政府网站(全球评估)。全球评估选择这些国家(及地区)的中央政府若干关键部门的政府部门网站,包括各国的最高首脑机构、议会,以及健康、公共事业、税务、教育、内务、经济发展、自然资源、外交、对外投资、交通、军事、旅游、商业等部门,调查的网站数量达到2 000个左右。

布朗大学模型的主要关注点在于,这些网站是通过什么样的方式为公民提供信息和服务的。评估满分为100分,其中基本分为72分,用来衡量这些网站是否具备18项基本功能,每项功能4分,如表8-1所示。另外28分为在线服务分,衡量网站是否提供全部内容都通过网络来处理的电子服务,一项在线服务计算1分。

表8-1 布朗大学电子政务评估模型的基本功能表

信息发布	数据库	音频	视频	外文版本	没有广告
没有额外支付费用	没有用户付费	残疾人辅助	隐私政策	安全政策	交易中使用数字签名
通过信用卡支付	Email联系方式	公众评论	信息定制	网站个性化	个人数字辅助功能

资料来源:Darrell M. West, etc, *Global E-Government*, 2006, Center for Public Policy Brown University.

表8-2列出了2007年排名前十位的国家(地区)以及中国的情况。

通过对各国(及地区)政府网站的比较,评估报告会给出一系列政策建议,并提供示范样例,以供各国(及地区)政府网站参考。2006—2007年的建议如表8-3所示。②

---

① 张成福、唐钧:《电子政务绩效评估:模式比较与实质分析》,载《中国行政管理》,2004年第5期。
② Darrell M. West, etc., *Global E-Government*, 2006/2007, Center for Public Policy Brown University.

表 8-2　2007 年布朗大学电子政务评估排名前 10 位的国家（地区）及中国的情况

排名	国家（或地区）名	得分	排名	国家（或地区）名	得分
1	韩国	74.9	2	新加坡	54
3	中国台湾	51.1	4	美国	49.4
5	英国	44.3	6	加拿大	44.1
7	葡萄牙	43.8	8	澳大利亚	43.5
9	土耳其	43.5	10	德国	42.9
51	中国内地	33.7	52	阿联酋	33.6

表 8-3　2006—2007 年布朗大学电子政务评估的政策建议

2006 年		
从总体上改进网站	加快网页上载速度	避免弹出广告
链接必须完整	外文版本要完整	避免网页混乱不堪
隐私政策需要加强	网页语言简单明确	问题解答能不断更新
信息提供要明确	适合国民需要	注意病毒、黑客和垃圾邮件
网页要频繁更新		
2007 年		
提供访问帮助	按照使用率排序	及时通知最新的更新
按照角色分类	在线服务的菜单	标准化的模板，统一的导航
交互式的帮助	让用户产生兴趣	提供更多非本国语言的页面
修正错误链接	不要出卖域名	拥有一个安全且稳定的服务器
避免商业广告		

总的来说，布朗大学的评估模型的特点有如下几点。

第一，全球评估关注各国（及地区）最高政府机构的网站。这类网站在一定程度上可以反映一个国家（及地区）政府门户系统的整体发展水平，但是由于各个国家（及地区）的规模不等，政治体制也有较大的差别，政府的职能和提供的服务范围也各不相同。

第二，关注网站设计细节。对于诸如数据库、音频、视频、数字签名等技术细节的全球比较，可以给政府网站的决策者提供一种在微观层面的"全球"视野，它可以告知决策者哪些是广泛采用的技术或者可以采用的技术，但这些指标容易加强对电子政务技术化的印象，而忽视其在管理和服务理念上的创新。

埃森哲咨询公司电子政务评估模型

埃森哲（Accenture）咨询公司在 2000 年至 2005 年期间，每年选择 21—23 个具有代表性的国家（及地区），对它们的电子政务门户网站进行绩效评估，其考察样本涉及保健与人类服务、司法与公共安全、国家财政收入、教育、运输与车辆、管制与参与、采购、邮政等9个服务部门,近200多个政府在线服务项目。

如图8-9所示,埃森哲公司所开发的模型总称为"电子政务成熟度"模型。① 顾名思义,该模型用"成熟度"(Maturity)来表示电子政务门户系统的发展水平,并试图给出一组用于衡量各国电子政务发展程度的指标。这些指标包括两个方面,第一个方面称作"服务成熟度",用来衡量门户网站在线服务发展的水平,这在总指数中占70%。第二个方面称作"客户关系管理",用来衡量网站用户能否从政府网站上实现最好的价值,这在总指数中占30%。

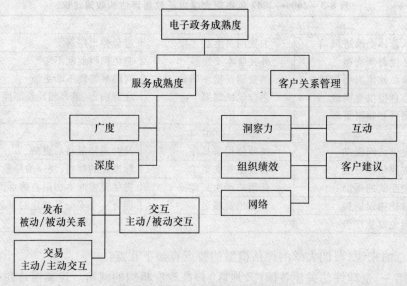

图8-9 埃森哲电子政务评估模型

"服务成熟度"包括广度和深度两个指标。广度即政府通过网络提供的服务种类。深度则指服务的完整程度,包括三个层次,第一是"发布",即除了政府利用网站发布信息外,用户和政府不能直接用电子方式交流;第二是"交互",即用户可以通过电子方式与政府交流;第三是"交易",就用户可以通过电子方式与政府交流,政府也能够通过电子方式回应。

"客户关系管理"则包括五个指标。

- "洞察力"(Insight),即当用户再次访问网站时,能否找到以前访问的记录?能否根据以前的记录提供个性化的服务?

---

① Accenture, *eGovernment Leadership-Realizing the Vision*, 2001.

- "互动",即通过一个"门户"能访问到的服务的程度(数量)。
- "组织绩效",即网站服务能否以用户为中心,而不是按照政府内部结构来组织。
- "客户建议",即网站能否根据客户的条件,识别所应提供的服务或自动给出建议。
- "网络",即网站提供的与非政府服务的连接程度,后者可以为用户提供增值服务。

2005年,也即最后一次电子政务评估中,模型将"顾客服务成熟度"(Customer Service Maturity)取代了"客户关系管理",并将比重提高到50%。新的指标类包括:[1]

- 以公众为中心的交互:通过了解其身份,预测他们所需要的服务,从而为公众提供个性化服务;
- 跨部门的服务:衡量政府服务的精细化,政府部门组织的透明化;
- 多渠道的服务供给:服务渠道被整合,以提供统一的客户信息和一致的客户经历;
- 主动的交流与培训:衡量政府向公民告知政府在线目前的能力,并提供培训的能力。

模型根据上述指标的实现程度,将电子政务网站的"成熟"历程划分为五个阶段。[2]

- 第一阶段为"在线阶段"。这时,网站能够实现在线信息发布,提供少数的服务,服务提供机构会投资建设一些基础的设施。
- 第二阶段为"基本能力阶段"。在这个阶段,决策者开始对电子政务的核心内容进行规划,建立安全的基础设施建设和认证体系,提供更广泛的在线内容,实现了一些比较容易的网上交易。
- 第三阶段称作为"可用服务阶段",这时已经开始建设基本的门户系统,尽可能多的提供在线服务,实现了一些复杂的在线交易系统,出现了跨部门的合作,开始关注公众所集中的焦点问题。
- 第四阶段称作"成熟服务阶段"。此时已建设了在线交易门户,更多的服务被聚集起来,并成立了诸如CIO的核心机构,建立了相关主体之间的权责关系,在部门内部和不同层级的部门之间展开了更多的合作。

---

[1] Accenture, *Leadership in Customer Service*: *New Expectations*, *New Experiences*, 2005.
[2] Accenture Consultant, *eGovernment Leadership*: *Engaging the Customer*, 2003.

- 第五阶段,即最后一个阶段,称作"服务变革阶段",这时的电子政务不再是单独的创新,而是面向服务的行政改革的一部分,提供完善的服务成为衡量电子政务成功的标志;各种不同的渠道(比如通过有线网络、无线网络、移动通信等多种渠道)将被集成起来;跨部门的合作将进一步演变为组织结构的重新设计。

图 8-10 是 2003 年报告中对当时所考察的 22 个国家(及地区)政府网站所处阶段的划分情况。

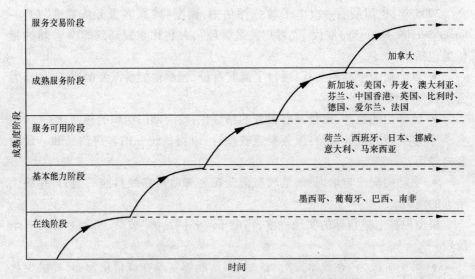

图 8-10　2003 年埃森哲电子政务评估的排名情况

图片来源:Accenture,*eGovernment Leadership*:*Engaging the Customer*,2003.

与布朗大学模型中强调技术细节所不同的是,埃森哲模型中的核心理念在于"用户导向",即以用户为中心提供在线服务。从简单的信息发布,到提供成熟的在线服务,技术在变化,内容在变化,过程在变化,组织在变化,但是满足用户的价值是贯穿其所有指标的不变的基本思想。要实现这种理念,单靠技术所提供的方案是不够的。该模型强调,电子政务的最高发展阶段已经不再是技术问题,而是公共机构在组织结构和业务过程方面的变革。公共机构应当抓住信息化的发展机遇,调整或改革原有的管理和服务模式,为社会提供更好的公共服务。也正基于此,在 2005 年以后,埃森哲咨询将政府客户关系研究的重点从原先仅限于电子政务,转移到更广泛的政府行政改革领域之中。

TSN 公司的评估模型

比埃森哲模型走得更远,TSN 公司的评估模型完全从公众的需求程度出发来考察政府网站。[①] 该模型的设计者在 2001 年至 2003 年分别在 30 个左右的国家中对大约 3 万名普通公众进行调查,其问卷内容包括六个部分,分别是(1)寻求信息:利用互联网从政府网站获得信息;(2)下载:利用互联网打印过政府表格,然后通过邮寄或传真(如税表,要求政府退税);(3)咨询:利用互联网表达观点或参加社区协商;(4)提供:利用互联网提供个人/家庭信息给政府;(5)交易:利用互联网来支付政府的服务或产品,通过使用信用卡或银行账户号码(如驾驶执照,回收箱,交通罚款);(6)非用户:没有使用互联网向政府获得或提供资料或办理业务。其问卷如下:

想向您讲述政府资讯及服务。这里的政府指地方、州和联邦
- 在过去十二个月内,你自己使用过互联网……
- 从政府网站获得信息?
- 利用互联网打印过的政府表格(如税表),然后邮寄或传真?
- 利用互联网提供个人/家庭信息向政府(如完成提出税表,申请服务,改变地址)?
- 利用互联网来支付政府的服务或产品(如驾驶执照,回收箱,交通罚款),涉及使用信用卡或你的银行账户?
- 利用互联网表达观点或参加社区协商?

没有这些?
- 想象一种情况下,你被要求提供一些个人资料(例如,你的信用卡号码,你的银行账户号码,你的工资)给一个政府部门或机构……
- 你会觉得利用互联网向政府提供这种个人资料是否安全?
- 非常安全的,安全,不安全,非常不安全,不知道?
- 在过去一个月,你是否使用过互联网?无论上网地点,私人或职业的原因,在工作单位或在家,浏览网页或收发电子邮件。
- 是的,不,不知道/拒绝/无响应。

联合国电子政务评估模型

联合国经济与社会事务部从 2003 年开始,对各成员国政府电子政务网站开展了系列评估。2010 年最新调查评估中提出"电子政务发展指数"(E-Gov-

---

[①] A. Dexter, V. Parr, *Government Online An international perspective*, 2003, TNS UK Ltd, 2003.

ernment Development Index,EGDI)。① 模型结构如图 8-11 所示。

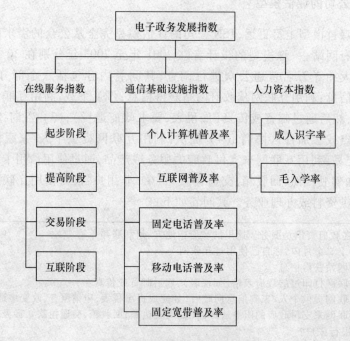

图 8-11 联合国电子政务评估模型

图片来源：Department of Economic and Social Affairs, United Nations, *E-Government Survey* 2010：*Leveraging e-government at a time of financial and economic crisis.*

"电子政务发展指数"由"在线服务指数"（Online service index）、"通信基础设施指数"（Telecommunication infrastructure index）和"人力资本指数"（Human capital index）三个方面的分指数构成，分别占 34%、33%、33%。

在线服务指数由数十个指标组成，这些指标对应到电子政务的四个发展阶段，如表 8-4 联合国电子政务评估模型"在线服务"指标举例所示。大部分指标

---

① Department of Economic and Social Affairs, United Nations, *E-Government Survey 2010*：*Leveraging e-government at a time of financial and economic crisis*, 2010。联合国电子政务评估早期采用"电子政务准备度"（Readiness）模型。"电子政务发展指数"模型是在"准备度"模型基础上，根据近年来技术进步和各国电子政务的发展，对原模型进行了适当的调整而成。参见 UN Department of Economic and Social Affairs (UNDESA) and the Civic Resource Group (CRG)，*UN Global E-government Survey 2003*, 2003。所有联合国电子政务调查报告均可在联合国经济和社会事务部公共行政项目的网页上下载，网址是 http://www.unpan.org/DPADM/EGovernment/UNEGovernmentSurveys/tabid/600/language/en-US/Default.aspx。

衡量某种特性存在与否,因此取值 0 或 1;少部分指标衡量某些功能的数量,比如下载表格数、在线服务数等。任何一个国家的在线服务指数是对该国所有指标得分总和进行标准化的结果,计算公式为:

$$该国在线服务指数 = \frac{该国所有指标得分总和 - 所有国家中最小得分}{所有国家中最大得分 - 所有国家中最小得分}$$

比如,在 2010 年调查结果中,中国所有指标得分为 116,所有国家中最小的分为 0 分,最大得分为 315 分,因此中国的在线服务指数为(116 - 0)/(315 - 0) = 0.3683。

表 8-4 联合国电子政务评估模型"在线服务"指标举例

阶段	功能	指标举例
起步信息服务阶段	政府网站上会提供关于公共政策、治理、法律、管制措施,以及相关的文档和各种类型的政府服务。网站会提供连接到各个部委的链接。公民可以方便地获取关于政府的最新的信息,并且能够连接到相关的文档资料。是否有新闻动态?	是否有常见问题(FAQ)? 是否有文档化的信息? 是否有网站地图? 中央政府网站是否有到其他部委的链接?
提高信息服务阶段	政府网站在政府和公众之间提供单向的或者简单双向的电子交流(e-Communication),比如,下载各种政府服务和应用的表格等。这些站点支持视频和音频,以及多语言版本。有限的电子服务可以让公众通过网络申请非电子的表格或个人信息,这些表格将被邮寄给他们	是否支持音频或视频? 是否有多语言版本? 是否支持简单信息聚合(Really Simple Syndication,RSS)?
交易服务阶段	政府网站为公众提供双向的电子交流途径,包括申请和接收各种政府政策、项目、管制措施等。用户必须通过某种形式的身份认证才能成功的完成上述活动。政府网站主要处理非财务性的一些交易,比如电子投票、下载和上传表格,申报税务或者申请各种证书、执照以及许可等。网站也会涉及财务性的交易,资金转移会利用安全的网络途径	是否支持 WAP/GPRS 访问? 是否支持手机短信? 是否持支持通过手机申请相关服务? 是否支持通过手机支付申请费或者罚款? 是否支持在线支付税款、注册,获得许可、认证、IC 卡、罚款等。 是否支持在线填表? 交易? 是否支持在线申请政府福利? 是否有收款回执?

(续表)

阶段	功能	指标举例
互联阶段	通过政府网站,政府和公众之间的交流途径发生了巨大的变化。政府通过Web2.0或者其他交互工具,积极地获取公众的信息或观点。电子服务(e-Service)和电子方案(e-Solution)将各个部委整合起来形成一个无缝隙的政府。信息、数据和知识从政府部门传递到被整合的各种应用中。政府的工作模式从以政府为中心转变为以公众为中心,各种电子服务围绕公众一生的各种事件展开,并被细分成各个组别以满足不同的需要。政府为公众更多地参与政治活动,参与决策提供了良好的环境	是否单点登录? 电子身份管理和鉴定? 一站式? 是否指出与最高政府机构的交流? 公众是否可以要求获得他们的个人信息? 用户可以对相关内容制作标签、排序? 用户可以提出政策建议? 网站可以支持个性化? 政府承诺会在决策中整合电子参与中提交的信息

通信基础设施指数包括五个指标,分别是每百人个人计算机拥有量、每百人中互联网网民数、每百人中固定电话拥有量、每百人中移动电话拥有量和每百人中固定宽带拥有量。每个指标得分按照上述方法标准化后,再加和,并求平均值,即为通信基础设施指数。

人力资本指数包括两个指标,分别是成人识字率、初等、中等和高等教育总毛入学率。同样,这两个指标得分首先需要标准化,然后加权求和,权重分别为0.6667和0.3333。

表8-5列出了联合国评估排名前十位的国家以及中国的情况。

表8-5 2010年联合国电子政务发展指数排名前10位的国家和中国的情况

名次	国家名	电子政务发展指数	在线服务指数	通信基础设施指数	人力资本指数
1	韩国	0.8785	0.34	0.2109	0.3277
2	美国	0.851	0.3184	0.2128	0.3198
3	加拿大	0.8448	0.3001	0.2244	0.3204
4	英国	0.8147	0.2634	0.2364	0.3149
5	荷兰	0.8097	0.231	0.253	0.3257
6	挪威	0.802	0.2504	0.2254	0.3262
7	丹麦	0.7872	0.2288	0.2306	0.3278
8	澳大利亚	0.7863	0.2601	0.1983	0.3278
9	西班牙	0.7516	0.2601	0.1683	0.3231
10	法国	0.751	0.2321	0.1965	0.3225
72	中国	0.47	0.1252	0.0631	0.2817

联合国电子政务发展指数模型的特点在于,不仅关注电子政务的系统建设,还将电子政务的实施环境,包括技术环境和人力环境,都纳入到评估模型中进行综合考察。显然,如果公众没有相应的技术资源,或者不具备使用这些技术的技能,或者只有少数人才能使用这些政府网站,那么电子政务网站的意义就大打折扣了。

新泽西州立大学电子政务评估模型

美国新泽西州立大学电子治理研究所暨公共生产力国家研究中心(The E-Governance Institute/ National Center for Public Productivity)和韩国成均馆大学全球电子政策电子政务研究所(Global e-Policy e-Government Institute)在2003年和2005年联合发布了名为《世界城市数字治理:对全球城市网站的评估》的两次评估报告。该项研究根据国际电信联盟(ITU)提供的数据,首先选择了全球100个互联网人口超过16万的国家(及地区),然后根据是否拥有政府网站,从这些国家(及地区)的最大城市中挑选出了81个城市作为评估对象。

评估的指标共包括五类,分别是:安全与隐私、可用性、内容、服务、公民参与。每类包括18至20个指标,每个小指标有两种计分方法,一种是四分法,即按照0、1、2、3计分,另一种是两分法,即按照0、1或0、3来计分。各项指标如表8-6所示:

表8-6 新泽西州立大学电子政务模型指标集

安全与隐私类指标,原始分为25,权重为20		
1—2. 隐私或安全陈述或政策	3—6. 数据收集	7. 个人信息使用许可
8. 不向第三方泄密	9. 查阅个人资料的能力	10. 管理措施
11. 加密技术的使用	12. 安全服务器	13. 使用 Cookies 等
14. 隐私政策的通知	15. 接受调查的联系方式	16. 有限范围公开信息
17. 获取非公开信息的途径	18. 使用数字签名	
可用性类指标,原始分为32,权重为20		
19—20. 主页、页面长度	21. 用户分类	22—23. 导航条
24. 网站地图	25—27. 字体颜色	30—31. 窗体设计
32—37. 检索工具	38. 网站更新	

（续表）

内容类指标,原始分为48,权重为20		
39. 当地政府机构基本信息	40. 外部链接	41. 联系方式
42. 公众备忘录	43. 城市法规	44. 城市宪章
45. 使命陈述	46. 预算信息	47—48. 文档、报告等
49. 地理信息系统	50. 应急管理	51—52. 残疾人辅助
53. 无线技术	54. 多种语言	55—56. 人力资源信息
57. 事件日历	58. 文档下载	
服务类指标,原始分为59,权重为20		
59—61. 支付设施	62. 行政许可申请	63. 在线跟踪系统
64. 执照申请	65. 电子采购	66. 财产评估
67. 可查询的数据库	68. 投诉	69—70. 民事申请公告板
71. 常见问题解答	72. 请求信息	73. 定制化城市主页
74. 在线获取私人信息	75. 票务购买	76—77. 站点管理员的回应
78. 违反行政法规的行为通报		
公民参与类指标,原始分为55,权重为20		
79—80. 评价或反馈	81—83. 时事通讯	84. 在线讨论区
85—87. 公共事件在线讨论坛	88—89. 电子会议	90—91. 在线调查
92. 同步视频	93—94. 公众满意度调查	95. 在线决策制定
96—98. 绩效评估、标准和基准		

资料来源：Marc Holzer, Seang-Tae Kim, "Digital Governance in Municipalities Worldwide (2005)—A Longitudinal Assessment of Municipal Websites Throughout the World", The E-Governance Institute National Center for Public Productivity Rutgers, the State University of New Jersey, Campus at Newark.

新泽西州立大学的电子政务评估模型的主要特点如下。

第一,评估对象是各国(及地区)的最大城市。选择城市作为研究对象,在一定程度上可以规避布朗大学模型中由于研究对象规模不等而引起的结果偏差,而选择最大的城市可以尽可能的缩小研究对象在外部条件方面的差别。其缺陷在于,这些最大城市往往是这些国家(及地区)最发达的地方,其电子政务和政府网站的发展水平不能反映其他城市的发展水平,更不能反映该国的整体发展水平。

第二,该模型从五个方面设计评估指标,从门户网站的设计到使用等诸多方面都有所涉及,涵盖面较大,能够比较全面地反映门户系统的绩效,但是由于指标多,涉及内容细,导致模型缺乏灵活性,技术上的细节容易限制系统设计方案的选择范围,这一点与布朗大学模型类似。此外,一些特殊指标,比如城市宪章等,并不是所有城市电子政务发展所必备的要素,只是反映了模型设计者自己的价值偏好和对电子政务的理解。

第三,该模型的一个突出特点是强调安全隐私。在五类指标中,安全隐私指标被置于首位,这充分说明该模型的设计者对安全隐私问题的重视程度。没有一个安全的信息环境,网站所提供的信息和服务都有可能被少数人篡改、利用,这样政府网站的意义便大大降低了。

表8-7列出了排名前十位的城市。

表 8-7　新泽西州立大学电子政务评估排名前十位的城市

排名	城市名称	所属国家
1	汉城	韩国
2	纽约	美国
3	上海	中国
4	香港	中国
5	悉尼	澳洲
6	新加坡	新加坡
7	东京	日本
8	苏黎世	瑞士
9	多伦多	加拿大
10	里加	拉脱维亚

北京大学中国地级市电子政务网站评估模型

与新泽西州立大学评估模型相类似,中国北京大学网络经济研究中心开发了一个用于评估中国地级市政府网站的指标模型,①如图8-12所示。

这个模型结合门户网站系统的一般要求和中国电子政务的发展实际,提出共十类,29个指标,涉及信息、服务、管理、互动、安全隐私等多个领域,其指标主要针对网页的具体内容而设计。在实际评估中,没有纳入网络安全和隐私性两类指标,以及残障辅助指标,原因是在当时中国地级市的网站中,能够具备这些指标要求的网站"实属凤毛麟角"。

中国软件评测中心政府网站绩效评估模型

中国软件评测中心在2008年开发了一组衡量中国电子政务网站的评估模

---

① 张维迎、刘鹤:《中国地级市电子政务研究报告》,经济科学出版社2003年版。

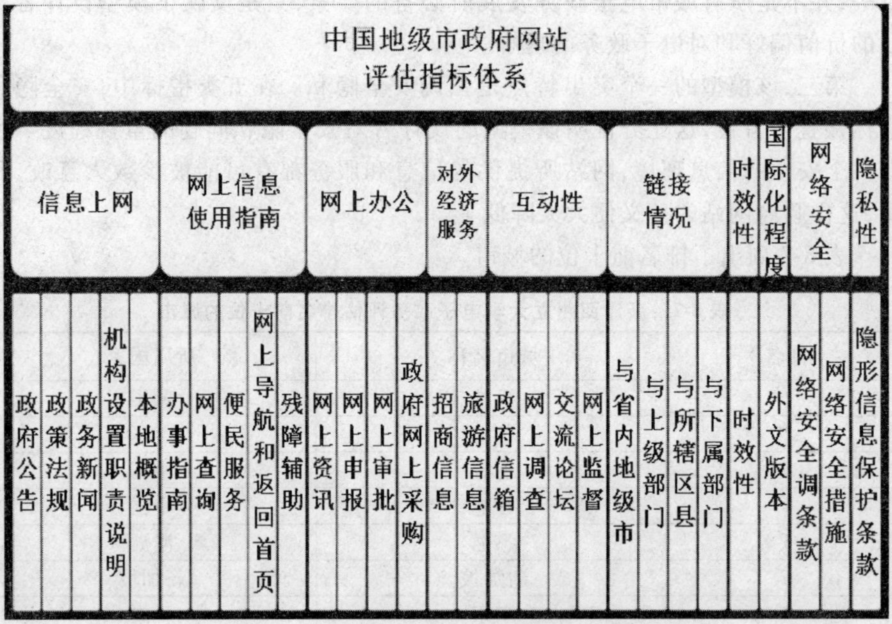

中国地级市政府网站评估指标体系

信息上网	网上信息使用指南	网上办公	对外经济服务	互动性	链接情况	时效性	国际化程度	网络安全	隐私性
政府公告 / 政策法规 / 政务新闻 / 机构设置职责说明 / 本地概览	办事指南 / 网上查询 / 便民服务 / 残障辅助 / 网上导航和返回首页	网上资讯 / 网上申报 / 网上审批 / 政府网上采购	招商信息 / 旅游信息	政府信箱 / 网上调查 / 交流论坛 / 网上监督	与省内地级市 / 与上级部门 / 与所辖区县 / 与下属部门	时效性	外文版本	网络安全调条款 / 网络安全措施	隐形信息保护条款

图 8-12 中国地级市电子政务网站评估模型
图片来源：张维迎、刘鹤：《中国地级市电子政务研究报告》，经济科学出版社 2003 年版。

型。这组模型包括三个模型，分别用于评估省级、地级和县级政府的网站设计与运行情况。三个模型中有关指标基本相同，只在一些个别指标上有所差别，比如县级评估模型增加了一项面向"三农"服务的指标，主要衡量服务农村建设、农业生产、农民增收的服务数量。

图 8-13 是三个模型中的地级政府网站评估模型。模型包括网站内容、网站性能及设计、网站安全、日常监测和用户调查等五大类指标。每类指标下面包括一级或两级指标。前三类指标主要涉及网站的基本功能和设计与技术细节，与前面的模型多有类似，这里不再赘述。后两类指标是该模型的特色。日常监测类指标将原先对政府网站的静态评估变为动态评估，即评估结果不再是一次性的结果，而是多次评估的综合结果，这样有助于衡量政府网站的使用和更新情况。这类指标在所有指标中所占权重为40%，这意味着能否持续不断地运营这些政府将对最后的评估结果产生至关重要的影响。用户调查类指标则从用户的角度来衡量网站的认知度和满意度，这有助于实现以公众为中心的原则来设计政府网站。

以上讨论的几种模型各具特色，它们分别从中央政府网站到地方政府网

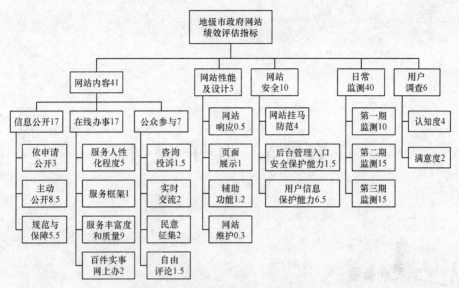

图 8-13 地级市政府网站绩效评估指标

站,从着重网站页面设计到强调安全隐私,再到关注用户满意度,从着眼于网站本身到综合考虑社会技术能力,从静态评估到动态评估。

如前所述,这些通用性的评估模型具有两个方面的局限性。第一个方面是,它们仅反映了模型设计者自己对评估对象的思考和判断。这些设计者通过模型来表达什么是"好"的电子政务网站。所以这些模型也可以看作是一种行动的指南。第二个方面,正因为它们是行动指南,它们给出的只能是一般性的指标,而不能用于衡量一个具体的电子政务项目的绩效水平,后者应当与具体项目的特定目标相联系。因此,这里的讨论并不是说要在实践中复制这些模型,而是从评估的角度来讨论政府网站建设中所应注意的问题。

第九章 电子民主

本章摘要

狭义的电子民主可以看做是支持公众参与的一系列技术服务。对技术与民主关系存在技术决定论、技术非决定论和技术选择论等不同观点。电子民主既可以看做是实现民主的新手段,也可以看做是新的民主形态。结合政治学、传播学和信息技术的视角,可以将电子民主划分为不同的模式。信息技术的不断更新推动了投票技术的发展。

关键术语

技术与民主 技术决定论 技术选择论 新媒体 民主模式 电子投票 互联网投票

§9.1 信息技术与民主

技术与民主

有人说,古希腊最大的露天剧场只能容纳一万多人,这就是技术对民主的限制。这种说法未免夸张,但是却说明了民主与技术之间存在着自然的关联。本杰明·巴伯在《强势民主》中曾谈到:"在亚里士多德时代,自治城邦的领土范围不超过一个人一天所走过的距离(以便于所有公民能够参加公民大会),……

在(美国建国初期的)西部,距离对于辛勤劳作的人来说,是个难以克服的问题,……蒸汽机、铁路、电灯、内燃机以及最具决定性的电话于19世纪最后几十年在美国得到普及。在一系列的技术创新中,人的生活空间不断缩小,把一个广大的领土变成为一种单一政治文化体。今天,技术共同体的边界在全球范围不断扩张。跨国公司和国际银行的电子通讯系统将分布在全世界的几百万工人有效地联系起来,这要比19世纪郊区市民们亲密的结合更有效率。"①

关于技术与民主之间的关系可以分为三种观点,技术决定论、技术非决定论和技术选择论。② 技术决定论认为,技术会决定民主的走向。不过技术究竟是推进民主,还是阻碍民主,人们始终存有争议。乐观主义者认为科学技术是推动民主变革的至关重要的调节器,因为沟通是民主的关键,电子技术和数字通讯的普及将一劳永逸地解决规模的问题,使得直接民主和协商民主成为可能③,并发展出更为广泛性的民主商谈的工具。④ 进一步地,国家主义面临新的信息科技时将会分崩离析,新的信息科技将会松动权力网络并使权力分散化,事实上将打破单向结构、垂直监控的集权逻辑。⑤

悲观主义者则将技术近乎看做是"洪水猛兽"。虽然技术的直接对象是自然世界,但是当这些技术与人类的生活更为密切地联结起来,最终结果可能是,社会本身也无从选择地被纳入到技术体系中去。而一旦谁能够控制技术,在某种程度上,谁就可能拥有了控制社会的能力。有学者曾提出:"当代科学技术取代了传统的政治恐怖手段而成为一种新型的统治或控制形式,它们操纵了社会的政治、经济和文化的各个方面,……统治者的意志和命令被内化为一种社会及个人的心理。……技术社会是一个政治系统,它已经在按技术的思想和结构运转。"⑥当代技术和科学取得了统治地位,成了理解一切问题的关键;而由于技术问题不能通过公众的讨论,这时就需要一种新的政治,一种技术统治的意志。⑦ 有人提出所谓"敌托邦"(也称"反乌托邦"、"恶托邦"等),担心技术会破坏社会政治生活,增强国家的垄断能力。⑧

---

① 本杰明·巴伯:《强势民主》,吉林人民出版社2006年版,第287—288页。
② 陶文昭:《论电子民主的两种取向》,载《理论与改革》,2009年第3期。
③ 本杰明·巴伯:《强势民主》,吉林人民出版社2006年版,第3—6页。
④ 同上书,第317页。
⑤ 曼纽尔·卡斯特:《认同的力量》,社会科学文献出版社2003年版,第345—346页。
⑥ 陈振明:《法兰克福学派与科学技术哲学》,中国人民大学出版社1992年版,第124页。
⑦ 同上书,第129页。
⑧ Anthony Wilhelm, *Democracy in the Digital Age*, New York:Rout-ledge, 2000: 15. 转引自陶文昭:《论电子民主的两种取向》,载《理论与改革》,2009年第3期。

对于技术决定论的观点,存在各种不同的批评。一方面的观点认为,技术与民主之间是因果难分的关系,不能说一定是谁决定了谁。这种观点可以称之为技术的非决定论。其一,科学技术与民主政治是两种不同的事物。科学技术的研究对象是客观实体,目的是揭示事物的真实属性;民主政治是要建立一种社会秩序和政治制度,实现对人的管理和统治。科学技术与民主政治分别属于不同的领域。这种区别表明二者的生成与发展有着各自的原因,它们之间不可能存在必然的因果联系。其二,技术并非社会历史变革的唯一决定因素。在民主政治进程中,技术的作用只是一个方面,而不是全部,甚至也不是主要方面。其三,技术与民主还是相互作用的。技术具有推动社会历史进步的重要作用,但是技术的出现、普及乃至其影响力的发挥,又取决于社会政治经济等方面的需要。①

另一方面的观点则认为,技术只是人类认识世界、改造世界的工具,技术是中立的,技术所带来的人类社会政治经济方面的变化,取决于技术的拥有者在特定的环境下,如何选择和使用这些技术为他们自身服务,而和技术本身无关。② 因此,不能纯粹从技术决定论的观点来研究技术。现代信息技术既有可能被运用在用于监视、控制社会的国家工具之上,比如公共安全、税收、人口调查等,但是也有可能被运用在人民对政府运行的监督上,例如从公共数据库获得信息,与人民代表在网络上展开互动,观看政治活动的实况转播等。"科技力量会加深根植于原有社会结构和制度的趋势:一个压制型社会运用新的科技力量会更加压制,而民主参与型社会借助科技力量将政治权力分散化,并增加社会的开放性和代表性。因此,新信息科技力量对权力和国家的直接影响是一个错综复杂的经验事实。"③社会哲学家刘易斯·芒福德则提出,心灵决定技术,健康的好的心灵形态就导致健康的好的技术,恶劣的心灵形态就导致恶劣的技术。他把技术分成两类,一类技术是他所赞赏的,简单的、家庭作业的、民主的(Democratic)、多元的(Polytechnics)、生活化的、综合的;另一类技术则是他不喜欢的大工业的、专制的(Authoritarian)、巨大的、复杂的、一元的(Monotechnics)、权力指向的。他将后一种技术称之为"巨技术"(Megatechnics)或者"巨机器"(Megamachine)。巨技术的目标是权力和控制,其表现是制造整齐划一的秩序。芒福德认为,现代巨机器主要体现在极权主义政治结构、官僚管理体制和军事

---

① 陶文昭:《论电子民主的两种取向》,载《理论与改革》,2009年第3期。
② 徐治立:《科技政治空间的张力》,中国社会科学出版社2006年版,第18页。
③ 曼纽尔·卡斯特:《认同的力量》,社会科学文献出版社2003年版,第346页。

工业体系之中。美国国防部所在的五角大楼、巨大的登月火箭、核武器,都是芒福德所谓的"巨机器"的典型。由于始终强调心灵对技术的优先性,技术服务于心灵的需要,甚至巨技术也是服务于某种不健康的心灵需要,因此芒福德始终对技术时代抱有乐观主义的态度。①

信息技术与民主

沿着历史发展的路径不难发现,信息技术的确促进了民主的发展。思想家托马斯·卡莱尔(Thomas Carlyle)曾指出,出现了"书写",民主便不可避免。②书写带来了印刷。近代印刷术的广泛使用带来了书刊的普及,并推动了公共教育的发展,这使得读书识字不再为社会上层少数人的特权,"廉价的印刷读物有助于提高识字率,读书识字则可能激发一个人的好奇心,道理很简单:一些原本没想到过的事情引起了人们的关注"③。传播学家施拉姆曾指出:书籍和报刊同18世纪欧洲启蒙运动是联系在一起的;当人们对权利分配普遍感到不满时,先是报纸,后来是电子媒介使普通平民有可能了解政治和参与政府。④

印刷术开辟了一个讨论的时代,促进了各种思想在社会中的传播,提高了社会公众的思考能力,进而削弱了社会上层通过知识垄断实现对社会的控制,在西方推动了文艺复兴、宗教改革和科学革命。哈贝马斯在讨论西方世界当时兴起的"公共领域"时曾经谈到:"在阅读日报或周刊、月刊评论的私人当中,形成一个松散但开放和弹性的交往网络。通过私人社团和常常是学术协会、阅读小组、共济会、宗教社团这种机构的核心,他们自发地聚集在一起。……在话题方面也越来越无所不包:聚焦点由艺术和文艺转到了政治。"⑤报纸成为印刷机制造的"最新奇"的产品,随着报纸开始发展出提供新闻和娱乐的功能,便成为印刷机影响社会和政治变革的主要催化剂。⑥

如果说印刷术使得公众成为读者,电视使得公众成了观众,"静电复制"使得公众成了出版者,那么数字化使公众成了广播员。⑦信息技术降低了通信成本,从而有助于更广泛和有效率的表达与沟通。同时,就信息技术自身发展而

---

① 吴国盛:《芒福德的技术哲学》,载《北京大学学报(哲学社会科学版)》,2007年第6期。
② Thomas Carlyle, Michael Kenneth Goldberg, Joel J. Brattin, Mark Engel, *On heroes, hero-worship & the heroic in history*, California: University of California Press, 1993: 141.
③ 埃德温·埃默里:《美国新闻史》,中国人民大学出版社2004年版,第5页。
④ 施拉姆,波特:《传播学概论》,新华出版社1984年版,第18页。
⑤ 尤尔根·哈贝马斯:《关于公共领域问题的答问》,载《社会学研究》,1999年第3期。
⑥ 埃德温·埃默里:《美国新闻史》,中国人民大学出版社2004年版,第5页。
⑦ 托马斯·弗里德曼:《"凌志汽车"和"橄榄树"的视角》,东方出版社2006年版,第34页。

言,也反映了民主化的趋势。互联网的基础技术便体现了多元化的本质。与以固定电话为代表的电路交换式的传统通信方式不同,互联网上的信息发送者与信息接收者按照分组协议的模式传递信息,即信息被分成若干个分组后,可以经由许多不同的通信路径传递,其中一条线路因故断塞,信息分组就会绕开这条路径,而选择其他路径继续前进。

互联网在两层意义上对传统的信息网络进行了改造。一是将实体空间中的网络变为虚拟空间中的网络,二是将无形的,即无真实连接的网络变为有形的,即有真实连接的网络。人们通常只关注到第一层意义上的,从实物到虚拟的演变。众所周知,这种演变提高了信息流通的效率,降低了沟通的成本,由此而自然容易产生对人类社会进步的乐观主义情绪。

然而,有人指出,"传统信息传播主要依赖于纸张、印刷,这种传播媒介尽管也可以由国家所控制和管理,但是国家无法彻底垄断印刷技术的使用,因为印刷技术的掌握比较简单,私人和社会团体可以在国家控制之外私自印制宣传品;而在广播电视时代,短波收音技术可以打破无线电技术封锁,卫星电视接收技术可以使视频信息传到具有接收设备的用户中;由于网络技术具有高度的技术复杂性和高度公共性,所以网络技术只能依赖国家公共信息技术系统而存在和发展,国家对网络技术具有最终控制权"[①]。

上述这段话阐明了互联网传播与传统传播技术在信息渠道的控制上所存在的巨大差别,不过这种差别并非来自于技术上的复杂性。互联网技术并不一定比广播电视技术更为复杂,其特殊性实际上在于,通信模式从无形的网络转变为有形的网络。无线局域网、移动通信网同样实现了无形的信息传播,然而这种"无形"仅仅体现在接入用户终端的"最后一米"。如果不考虑这个"最后一米",事实上,所有连入互联网的计算机之间都可以找到一条有形的路径。而这种"有形"的背后包含了两个方面的意义:第一,只有"有形"地连入,才能分享网络中的信息;第二,"有形"的媒介更加便于管理。虽然的确存在着与互联网物理隔离的,可以不受外部控制的局域网,但其所能影响的范围是有限的。因此,谁垄断了网络便成为其中的问题关键。

新媒体

进一步延伸讨论的是媒体对于民主的作用。如前所述,印刷术出现后,媒体成为社会公众获取公共信息的重要来源。媒体曾经被认为是西方宪政民主

---

① 陶文昭:《论电子民主的两种取向》,载《理论与改革》,2009年第3期。

的重要基石,是实现公民的知情权、表达权和参与权的重要途径。人们基本上是通过媒体,尤其是电视来接收公共信息,形成政治意见,参与政治生活的,各种政治意见、主张利用媒体作为其沟通、影响与说服的基本工具。如此一来,只要媒体相对自主于政治权力,政治主体往往需要遵守媒体的规则、技术、利益。当视听媒体关联上公共事务,它便成为最基本的思想喂养者。[1]

然而,也有人指出,西方媒体在商业化逻辑的运作下,沦为"企业盈利压力、政治谎言和公众低级趣味的共同作用下难以理解的混乱产物"[2]。商业媒体在一定程度上控制了信息传播渠道,公众所能够获得的往往是被商业媒体过滤了的信息。同时,单向流动的信息造成了"向相互隔绝的不同私人听众发表意见"的形式,便有可能"破坏推动那些必须学会共同生活与管理公共事务的具有冲突利益的陌生人之间进行辩论的民主要求"[3]。而"唯利是图的媒体对于民主的意义是消极的"[4]。互联网这种新媒体渠道的作用同样并不乐观。"互联网是一个民主媒介的观点……似乎很难成立。……媒介系统特别是数字通讯加剧了更广泛的政治经济反民主的趋势。"[5]因为网络"市场化和商业化","对于民主和公共事业而言,网络所具有的相当大的潜力已经在实践中大打折扣。网络生活的主导形式既不是公共生活的也不是民主生活的,而是商业性的。……甚至连那种在私人商业社区购物中所具有的最少量的公共特征在支持私人消费世界的过程中消失得无影无踪"[6]。

媒体既可以为"善"服务,也可以为"恶"服务。[7] 也有学者指出,无论是"媒体将其政治选择强加在公共意见上",还是"公共意见多半是信息的被动接受者,很容易被操控"的观点,都是过于简化的,甚而谬误的。[8] 事实上,即使是在西方国家,媒体的作为并非完全基于商业化的冲动,"第四种权力"仍然在发挥作用。媒体在揭露社会问题,反映民众心声,沟通政民关系等方面对民主的促进作用不可忽视。

借助于互联网兴起的新媒体正在深刻地影响着人类社会,也影响甚至改变着社会公众参与政治生活的机会和途径。由互联网衍生出来许多关于民主的

---

[1] 曼纽尔·卡斯特:《认同的力量》,社会科学文献出版社2003年版,第246页。
[2] W. 兰斯·班尼特:《新闻政治的幻想》,当代中国出版社2005年版,第12页。
[3] 本杰明·巴伯:《强势民主》,吉林人民出版社2006年版,第7页。
[4] 罗伯特·麦克切斯尼:《富媒体穷民主》,新华出版社2004年版,第86页。
[5] 同上书,第236—237页。
[6] 本杰明·巴伯:《强势民主》,吉林人民出版社2006年版,第7页。
[7] 转引自陶文昭:《论电子民主的两种取向》,载《理论与改革》,2009年第3期。
[8] 曼纽尔·卡斯特:《认同的力量》,社会科学文献出版社2003年版,第359—360页。

话题。积极的话题包括：

第一，互联网具有逻辑上的"无中心"节点和信息共享的基本特征，这些特征作为一种价值观向实体社会的各个领域渗透；

第二，互联网提供了一个跨越时间和空间的，实现政务公开，公民参政议政和政民互动等各种政治活动的平台，重现了"广场政治"，拓展了民主内涵；

第三，互联网在逻辑上将越来越多的社会公众"点对点"地连接起来，增进了公众的沟通效率，促进了思想的传播和社会的开放；

第四，互联网的"长尾效应"和个人媒体的兴起促进了信息资源的供应主体从单一化走向多元化，内容从大众化走向个性化，随之而来的是公众与公共信息之间的关系从被动化走向主动化，公共话语权从精英垄断走向"草根"共享。

消极的话题则包括：

第一，互联网在物理上仍然是按照层级化的"级联"方式连接的，因此中心节点仍然存在，而且能够对互联网形成"终极"的控制，政治"把关"人的作用虽然受到了一定的削弱，但依然在公共话语中扮演重要的角色；

第二，信息共享与个人隐私之间存在着日益严重的边界冲突，一些个人或者商业机构利用技术漏洞或者网民对相应知识的缺乏来获取私有信息并以此牟利，政府可能以国家安全的需要监控或者使用私人的信息，这些导致公众不得不对互联网保持距离；

第三，虚假信息，造谣滋事、网络诈骗等网络事件严重削弱了互联网的信任基础，进而损害了互联网作为公共舆论平台的基石；

第四，互联网上出现所谓"民粹主义"思潮，网民采取群起而攻之或非理性恶搞的方式，比如人肉搜索，将怀疑和批评的矛头集中指向某些个体或机构，进而指向知识、权力和财富的权威，而互联网的平等性、聚集性等为民粹主义思潮提供了技术支持。[1]

案例9-1

互联网在美国政治中的作用[2]

美国政治中有一条铁律：能以最快的速度吸收并采用最新技术的政党将统

---

[1] 陶文昭：《互联网上的民粹主义思潮》，载《探索与争鸣》，2009年第3期。
[2] 托马斯·弗里德曼：《世界是平的》，湖南科学技术出版社2006年版，第91页。

领政治。弗兰克林·罗斯福因为广播和壁炉旁聊天而支配政治,约翰·肯尼迪以电视辩论著称,……共和党成员主要借助无线电广播,布什总统的高级助手卡尔·罗夫则在邮件和计算机数据库方面处于领先地位。下一个具有技术性的政治模型将围绕社区力量和个人上传展开。在这个模型中,政府官员将不再只是试图听取众人意见或向众人发号施令。相反,他/她将成为连接众人的中心,他们协同工作,创建公众拥护者的网络来发现问题,解决问题并支持那些做得很好的候选人。……一个被选举出来的官员自己不能解决 800 万人的问题,但由 800 万人口连成的网络能解决一个城市的问题。与官僚机构相比,他们能更好更快地发现问题,提供解决问题的方案。在 21 世纪,能够站在时代前沿的党派将成为多数党。

2002 年的一项调查显示,大约 1 400 万美国家庭主妇曾经通过电子邮件和政府官员进行交流。840 万主妇通过 Internet 向政府发出改变现状的请愿。大约三分之一的美国家庭妇女认为,如果能够通过 Internet 在家里投票,她们将非常乐意去参加选举,无论是州一级的,还是联邦一级的。这种倾向在中青年家庭妇女中更明显,在 18—24 岁妇女中占 40%,在 25—34 岁妇女中占 47%,在 35—44 岁妇女中占 41%。2000 年的一个调查显示,51% 的公众认为在线投票可以促使地方政府更好的工作;61% 的人认为,通过互联网和政府打交道是一项非常有效的地方政府改革。

2008 年 1—4 月,奥巴马用于在线广告的总费用达 347 万美元,其中 82% 投放于 Google 推广。据统计,自奥巴马竞选总统以来,约 130 万人为他捐款,其中有 80% 捐款来自网上,迄今累计筹款 2.33 亿美元,金额之高为参加今年总统选举的所有竞选人之最。相比之下,希拉里 3 月筹款额仅为 2 000 万美元,只是奥巴马的一半。200 多年前,美国大选,林肯只能坐着马车巡回演讲;七八十年前,为了获得胜利,罗斯福已可以拿着广播喇叭进行宣传;到了肯尼迪时代,在电视上面对万千观众发表演说成为常态。如今,2008 年美国大选,不管是奥巴马、希拉里、麦凯恩,都争先恐后开设个人网站,宣传政治纲领、播放竞选广告,发布即时动态,同时也收集民意民声。①

---

① 《"黑小子"奥巴马:一切都有可能!》,百度人物,http://renwu.baidu.com/0804/index.html。

案例9-2

信息技术"无孔不入"

"9·11"事件后,美国政府打着反恐的旗号,授权情报系统侵入公民的邮件通讯,并通过技术手段全面监控和强制删除网络中威胁美国国家利益的信息。根据美国《爱国者法案》,警察机关有权搜索电话、电子邮件通讯、医疗、财务和其他种类的记录;加强了警察和移民管理单位拘留、驱逐被怀疑与恐怖主义有关的外籍人士的权力。该法案延伸了恐怖主义的定义,扩大了警察机关可管辖的范围。

2008年7月9日,美国参议院通过的新版窃听法案,给予参与窃听项目的电信公司法律豁免权,同时允许美国政府以反恐为由在未经法庭批准的情况下,可以对通信一方在美国境外的国际通讯进行窃听。据统计,美国联邦调查局在2002至2006年间,通过邮件、便条和电话等渠道,窃取数千份美国公民的通讯记录。

2009年9月,美国设立了负责互联网安全的监管部门,更加重了美国公民对政府会以维护互联网安全为由对私人系统进行干涉和监管的忧虑。美国一位政府官员在2009年4月接受《纽约时报》采访时承认,美国国家安全局近月来拦截和监听美国公民电子邮件和电话的行为已超越美国国会2008年设下的限制范围。除此之外,他们还秘密监听别国政治人物、国际组织官员、知名记者等的电话。美国军方也参与实施监控。据美国有线新闻网报道,总部设在弗吉尼亚州的美国军方网络风险评估机构,负责监控官方和非官方的个人博客、官方文件、私人联系信息、武器照片、军营入口以及其他"可能威胁国家安全"的网站。[①]

§9.2 电子民主的模式

电子民主的界定

"计算机正在改变着我们的政府和选举政治,它不仅改变着政党引导选举

[①] 中国国务院新闻办公室:《2009年美国的人权纪录》,新华网(授权发布),http://news.xinhuanet.com/world/2010-03/12/content_13158507.htm。

的方式,改变着我们关注选举的方式,而且还改变着我们选举出的代表为我们所作的选择,以及公务员们为实现这些选择与我们打交道的方式。"①

以计算机为核心的现代信息技术的发展促成了"电子民主"(Electronic Democracy)的诞生。与"电子民主"类似的概念包括"远程民主"(Teledemocracy)、"数字民主"(Digital Democracy)、"虚拟民主"(virtual democracy)等。早在1981年,美国一位学者贝克尔在《未来学家》杂志上发表了题为《远程民主:还权于民》的文章,提出利用"电子"的手段实现直接民主,促进公众参与对国家的管理。②

无论在理论上,还是在实践中,"电子民主"都是一个新鲜事物,因此对它并没有一个统一的界定。可以说,有多少对民主的界定,大概就有多少对电子民主的界定。一些国内外学者的界定如下:

● 电子民主是指公众在网络上从事沟通交流或者就相关公共事宜向政府投诉等活动,这些活动使公众可以影响公共政策的制定和执行。③

● 利用信息技术,(1)为公众提供政策过程、公共服务以及做出选择的信息和知识;(2)通过各种手段促使公民从被动的信息获取转变为积极的政治参与。④

● 在新的技术环境条件下,增强公众参与地位和提高参与质量的手段。⑤

联合国经济与社会事务部(DESA)从2003年开始,对各成员国的电子政务发展水平进行了系列评估。除了上一讲中关于政府网站系统的评估外,还包括对电子民主发展情况的评估,即"电子参与"(e-Participation)评估。⑥ 该评估认为"电子参与"应包括三个方面内容,即电子信息(E-Information)、电子协商(E-Consultation)和电子决策(E-Decision-making)。电子信息指政府如何利用互联

---

① 刘文富:《网络政治——网络社会与国家治理》,商务印书馆2002年版,第14页。
② Becker, T. L., "Teledemocracy: Bringing power back to the people", *Futurist*, 1981, 15(6):6—9. 转引自 S. Coleman, J. A. Taylor, W. Van de Donk, "Parliament in the Age of the Internet", *Parliamentary Affairs*, 1999, 52: 365—370.
③ John Clayton Thomas, Gregory Streib, "E-democracy, E-commerce, and E-research: Examining the Electronic Ties Between Citizens and Governments", *Administration & Society*, 2005, 37(3): 259.
④ Michiel Backus, "E-governance and developing countries: Introduction and examples", *International Institute of Communication and Development*, 2001(3).
⑤ 王浦劬、杨凤春:《电子治理:电子政务发展的新趋向》,载《中国行政管理》,2005年第1期。
⑥ UN Department of Economic and Social Affairs (UNDESA) and the Civic Resource Group (CRG), "UN Global E-government Survey 2003", Department of Economic and Social Affairs, United Nations, "E-Government Survey 2010: Leveraging e-government at a time of financial and economic crisis", 2010. http://www.unpan.org/DPADM/EGovernment/UNEGovernmentSurveys/tabid/600/language/en-US/Default.aspx.

网工具来促进向公众公开信息;电子协商指政府如何为政策利益相关者提供协商的机制和工具;电子决策指政府如何在制定公共决策时授权公众参与和考虑公众意见的程度,并就特定议题的结果向公众提供信息反馈。

综合来看,可以从两个方面来理解电子民主。首先,电子民主可以理解为一个民主工具的集合。利用包括电子、计算机、互联网、信息安全等技术,可以开发出各种民主工具,比如信息发布、在线交流、民意调查、电子申诉、电子咨询、电子选举、电子投票、电子计票等。借助这些工具,公众可以更及时地了解政府政策制定过程的最新信息,更公开地表达自己的政治主张,更直接地向政府部门反馈信息和提供经验,足不出户地选出自己的政治代表和满意的政策方案等。这些工具的共同价值在于可以降低民主过程的成本,提高公众参与、协商与自主管理的能力。

其次,电子民主可以理解为一种民主形态。电子民主并不是一个独立的民主形态,而是现代信息技术与民主新的结合形态。① 进一步来看,这种新形态又可以划分为两个层次。第一个层次的特征是,原有民主过程中信息处理的效率得到了提高。比如用互联网、移动通信发布信息,代替了张贴纸质公告或者出版宣传书籍;公众可以利用互联网向政府工作人员咨询相关业务,代替了直接前往相关部门咨询;政府可以通过电子手段调查公众对公共政策的意见、建议,代替了召开相关会议;利用电子投票器或者读卡器投票、计票,代替了人工计投票等。第二个层次是出现了新的民主过程,其中最突出的即是互联网提供了一个直接的对话机制。对话不仅建立在政府与公众之间,也建立在公众相互之间,从而使公众能够直接参与政治和政策制定过程。比如,政府官员通过公共网络聊天室与公众直接对话;通过电子论坛、博客、微博客等互联网工具,公众可以就政治和政策问题展开广泛地讨论,政府部门也可以利用这些工具与公众实现互动。

电子民主的发展历程

在西方国家,以信息技术来推动民主发展的想法并不是在网络时代才出现,而是在二战结束与电脑的问世之后逐步发展起来的。可以分为三个发展阶段。②

---

① 郭小安:《网络民主的概念界定及辨析》,载《天津行政学院学报》,2009年第3期。
② 本节内容引自阙天舒:《中西式电子民主的发展:一种现实性比较研究》,载《学术论坛》,2010年第2期。

第一阶段起始于20世纪50年代,其标志是维纳(Norbert Wiener)控制论的兴起。在这个时期,计算机技术和自动化系统开始被应用。控制论认为,决策过程体现了一种反馈控制的循环过程,在这个过程中,组织系统将根据周围环境的变化进行调整并作出回应。计算机因而被视为一种新的手段,它能够处理大量的信息,从而可以得出更合理的结论。正如赫伯特·西蒙所指出的,这种控制工具能够消除人的感情,克服决策制定者的有限理性。批评者认为,这种方法把政治过于简单化了,政治过程不应被视为一个"黑箱"。还有批评认为,政治权力和政治意愿之间不应被混淆。尽管如此,计算机的使用确实大大提高了政府管理的效率。

第二个阶段是介于20世纪70年代和80年代之间,在这期间的技术特征是有线电视网络和个人计算机出现并普及。由于技术和政治上所发生的种种变化,出现了一些远程民主的手段。比如,通过电视对公共听证会、辩论和公民讨论进行转播,而且能够通过电话回拨的方式与观众产生互动,因此电视开始成为选区中的一种新的联系方式和参与形式。不过,电子民主在第二阶段的发展出现了一些问题。比如,电视网络和计算机不足,媒介的商业化等。因此,它未能实现扩大政治上的公共空间的目标。但是这个阶段推动了以信息和通讯技术来发展民主的潜力,从而为电子民主在第三阶段的发展搭建了舞台。

第三阶段则从20世纪90年代开始发展至今。20世纪90年代,互联网的出现使得整个传播媒介变得成本更加低廉、使用更加方便、速度更加迅捷。同时,出现了一种新的观念,即信息自由、网络空间的政治独立以及虚拟公民等。互联网不仅成为解决民主问题的一种新的工具,而且也构建了一种不同寻常的政治模式,它不再发生于民族国家的疆域之内,而是在一个开放的、去领土化的和无等级的空间中运作。在这个阶段,电子民主有两个主要的趋势。一个是所谓"虚拟社区",即"在互联网中的社会集结"。在虚拟社区中,公众可以长时间地进行公共讨论,并且编织出一张张的个人关系网络。另一种趋势是,权力不再以物质属性为基础,而是立足于信息与知识的交换,此时为公众服务的政府鼓励人们彼此之间的沟通,公民具有直接参与决策的能力。

基于传播学的分类模式

传播学中根据信息在不同信息主体之间的流动方向,界定了四种"信息交流模式"(Information Traffic Patterns):训示(Allocution)、对话(Conversation)、咨询（Consultation）和登记（Registration）。①

- 训示

训示是指，信息能够从一个中心，同时传递给四周许多的接收者。对应的传播情境包括演讲、教堂礼拜或音乐会，以及无线广播等。在这些类似的情境中，分散在各地的数量庞大的个体能够同时接收到中心传来的信号。训示是一种典型的、针对许多人的单向传播，"反馈"机会非常少，而且传播的时间和地点是由传播者或中心所决定的。

- 对话

对话是指，无需某个中心节点，个体能够直接和其他个体进行互动，并且个体能够自行选择传播的伙伴、时间、地点以及主题。这种模式中最典型的情景是个人的信件交流，包括电子邮件。如前所述，在以电子"对话"中，中心仍然可能是存在的，但在传播过程中并不承担主动的角色。在对话过程中，各方之间都是平等的。原则上，参加者可以超过两方。不过在某些情况下，由于参与规模的扩大，导致出现训示和谈话模式相结合的情况。

- 咨询

咨询是指，位于四周的个体在信息中心，比如资料库、图书馆、参考书、计算机磁盘，乃至报刊之中寻找并获取信息。咨询的时间、空间以及主题都由处于四周的接受者而非中心所决定。

- 登记

登记是指，中心要求并接受来自周边个体的信息。这种模式可以看作是协商模式的翻转。通常是指某个系统要求周边个体提供相关信息，或者是对周边个体实施监控。中心普遍比周围的个体具有更多的控制力，可以决定时间、空间和主题，可以没有经过个体同意或了解，就直接进行信息的累积。由于计算机化及通信技术的发展，登记的可能性已经被广泛地扩展。

信息技术将政治系统中的不同行动者连接起来，使得信息可以在这些行动者之间流动，形成互动关系。不同的信息交流模式，也就意味着不同的政治过程。按照上述四种模式，可以将电子民主工具划分为四类。②

---

① 麦奎尔：《大众传播理论》，清华大学出版社2006年版，第109—110页。原书中将Consultation翻译为"协商"，将Registration翻译为"登录"。根据这两种模式的实际含义，笔者认为翻译为"咨询"和"登记"更为准确。

② Jan van Dijk, "Models of Democracy and Concepts of Communication", In Hacker, Kenneth L., Jan van Dijk, *Digital Democracy: Issues of Theory and Practice*, London: Sage, 2000.

(1) 训示工具。

在传统民主过程中,"训示"是通过处于支配中心地位的政府和新闻广播界的大众媒体来实现的。在电子民主中,则通过计算机和网络将政府信息传递给公众。使用的工具包括计算机化的电子竞选(Computerized Election Campaigns)、计算机化的信息竞赛(Computerized Information Campaigns)[1]、计算机化的公民服务和信息中心(Computerized Civic Service and Information Centers)等。

案例9-3

澳大利亚选举委员会在选举中组织"信息运动"[2]

为了增进公众理解和参与选举活动,澳大利亚选举委员会(Australia Electoral Commission,AEC)的一项职责就是组织"公共信息运动"(Information Campaign)。这个运动提供的主要信息是:

- 如何,何时以及何地登记和投票
- 投票人可以获得的帮助和服务
- 如何正确地填完选票

AEC 会使用许多策略与投票人交流,包括电视广告、出版物、电话询问服务以及互联网。自 1996 年以来,互联网在这些"信息运动"中发挥了重要作用,尤其是 1999 年的全民投票。AEC 的网站 www.aec.gov.au 上会提供各种关于投票的信息,并在整个投票过程中保持更新。这些信息包括虚拟计数器、多达 15 种语言的宣传册、澳大利亚宪法、选举时间表、监票人手册和其他投票出版物、电视和无线电广告的视频音频、选前民意调查、海外投票公告、各选区的投票点位置等。1999 年选举中,将近 17 万用户访问了 AEC 的网站,浏览近 51 万次网页。

---

[1] 信息选战(Information Campaigns)是指,在竞选活动中,不同的政治派别相互竞争地讲自己的领导人、关心的议题以及他们对这些议题的立场等宣传给选民。从这个角度来看,竞选也可以看作是某种特殊的信息竞赛。参见 Richard Nadeau, Neil Nevitte, ELisabeth Gidengil, Andre Blais, "Election Campaigns as Information Campaigns: Who Learns What and Does it Matter?" *Political Communication*, 25:229—248, 2008. 在其他一些场合,将与选举相关的各种信息通知给选民,也被称作是 Information Campaign,参见案例,这时译成"信息运动"相对而言更为合适。

[2] 改编自 Australian Electoral Commission, http://www.aec.gov.au/。

(2) 咨询工具。

在传统民主过程中,主要的咨询对象是各种文件、书籍、杂志或者其他印刷品,以及来自各种政治机构、代表和官员们的口头表达。在电子民主中,更多的新媒体加入进来,最重要的就是各种基于计算机的公共信息系统。比如各种电子资料库、文件系统,最典型地莫过于互联网。

(3) 登记工具。

登记工具是政府获取信息的基本来源,比如人口信息、房地产信息、投票信息等。在传统民主过程中,登记通常是利用各种印刷品,比如表格、问卷、选票、文档或者直接的观察等。在电子民主中,信息技术将使得登记的功能更为强大。具体工具包括政府登记系统、计算机辅助的公民调查、电子民意调查、电子投票、电子选举等。

(4) 对话工具。

在传统民主过程中,对话主要指建立在公众、代表和政府官员之间及之中的各种政治的或公共的会议等。在电子民主中,可以通过BBS、讨论区、电子邮件和远程会议、电子市政厅、群体决策支持系统等工具,跨国时间和空间的限制,实现对话过程。

基于民主理论的分类模式

扬·范迪克(Jan van Dijk)在戴维·赫尔德(David Held)划分民主模式的基础上,①将目前已经出现的电子民主技术或方案分为六种模式,分别是立法主义民主、竞争型民主、平民民主、多元主义民主、参与型民主以及自由意志主义民主。②

上述六种电子民主模式可以用两个维度的变量来区分,即基本目标和基本方法。如图9-1 电子民主的六种模式所示。基本目标包括意见形成和决策制定两种。对于政治系统来说,这两种目标分别对应到信息的输入和输出。基本方法则包括代议制民主和直接民主两种。现实中的民主模式可能是这些模式的综合产物,会落在这个两维分析空间的某个位置上。此外,迪克还指出,政治战略(Political Strategy)也会影响信息技术在民主过程中的应用,信息技术既可以用来加强,也可以削弱原有的制度模式。合法型和竞争型电子民主属于第一种

---

① 戴维·赫尔德:《民主的模式》,中央编译出版社2004年版。
② Jan van Dijk, "Models of Democracy and Concepts of Communication", In Hacker, Kenneth L., Jan van Dijk, *Digital Democracy: Issues of Theory and Practice*, London: Sage, 2000.

战略，其他四种类型则属于第二种战略。接下来简要讨论这六组模型。①

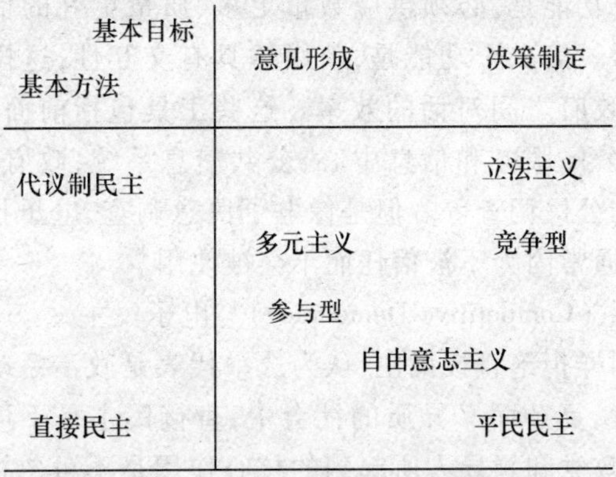

基本方法 \ 基本目标	意见形成	决策制定
代议制民主		立法主义
	多元主义	竞争型
	参与型	
		自由意志主义
直接民主		平民民主

图 9-1　电子民主的六种模式

- 立法主义民主(Legalist Democracy)与电子民主

之所以称为立法主义，是因为这种模式认为宪法和法律是民主的基础，其基本原则是三权分立制衡和少数服从多数。除非涉及同样被宪法所规定的个人基本权利，这些原则被认为是普适性的。该模式通常主张采用代议制民主，而不主张采用直接民主，更反对平民主义。政治系统的核心是通过民选代表，裁判各种不同的利益和各种复杂的社会问题。追求小而精的政府，政治机构和公共行政的权利被限制在最小但有效的范围内。

在立法主义模式中，使用信息技术支持政治系统运行需要满足这样的基本假设，即信息技术可以解决这种模式中最关键的问题——信息短缺。缺乏信息，被认为是政治系统不能妥善地处理来自系统内部和外部环境的各种复杂性问题的关键原因。同时，在政府与公民之间，也被认为因为缺乏必要的信息，存在着在理解与沟通上的鸿沟。最后，在权力制衡系统中，行政部门相对于立法机构的权力过大，也被解释为立法机构的信息不足。理论上，如果信息资源能够被平等地供应给所有机构和人员，那么问题就可以被解决。因此，信息技术，在一定程度上可以消除信息短缺现象，并加强现有政治系统，从而能够更加有效率的管理信息。同时，信息技术也被应用于增强政治系统的透明度，实现信息公开等。

---

① 关于这六种模式的内容，未经特殊注释，皆改编自 Jan van Dijk, "Models of Democracy and Concepts of Communication", In Hacker, Kenneth L., Jan van Dijk, *Digital Democracy: Issues of Theory and Practice*, London: Sage, 2000, 不再标明引用出处。

从工具层面来看,在这个模式的民主过程中,所选择的信息技术应当实现两个功能。第一个功能是,必须供应数量更多、质量更好的信息给政治系统中各种不同的行动者。第二个功能是,新媒体具有交互性,这样可以提高代表与公众之间,代表与政府之间对话的效率。这些工具包括前面曾经提到的,计算机化的信息竞选,公民服务和信息中心,公共信息系统,政府部门的登记系统,以及计算机辅助的公民调查等。但是像电子民意调查、电子投票或者在公民之间的电子辩论等,通常因为不被信任而不会被使用。

- 竞争型民主(Competitive Democracy)与电子民主

竞争型民主同样拒绝直接民主,认为选举代表是政治系统中最重要的环节之一。在规模巨大,复杂而又异质的社会中,直接民主是不可能实现的。拥有权威的官僚机构、政党和领导人所起到的核心作用是不可忽视的。政治被看作是在政党及领导人之间为了选举而展开的一场持续的竞争,以选举出最好的领导人和代表。只有这样,才能应对政治系统中的复杂问题。也因此,赫尔德将这种模式称之为竞争型精英主义,强调领导人和专家应当被信任,并负责国家机器的运行。

在这个模式中,所选择的信息技术主要表现在以下两个方面。首先,信息技术被应用在竞选活动,尤其是信息竞赛之中。互联网、交互式电视等技术的发展,提供了在政党和政治领导人与选民之间更为直接的沟通渠道,从而可以有选择地对不同的潜在投票人提供差异化的政治信息。而政党和政治领导人的支持者也可以通过各种公开的信息系统和网络,更全面和有效地了解到他们的领导人的观点、所考虑的议题,以及对这些议题的立场。其次,信息技术为政府和行政机构提供了"登记"工具。选民的信息将被登记到大型的数据库中;选举进程也可以被信息机器记录下来,可以在一定程度上提高对选举活动的管理水平和政治透明度;电子投票、计票则可以极大地提高选举的效率。

- 平民民主(Plebiscitary Democracy)与电子民主

平民民主模式主张在政治领导人和公民之间设计和使用一条直接的交流渠道。这些渠道不是用来加强现有领导人、政治家和行政机构的权威,而是为了放大公民的声音,这是该模式的中心原则。该模式的理念基础是将直接民主作为一种决策的途径。根据其观点,政治系统的决策应当尽可能少的通过代表,而是要尽可能多的通过公众,由公众投票来决定。这种模式出现在古希腊的"广场政治"中,也出现在中世纪末期的意大利城市国家中,并受到诸如托马斯·杰弗逊等近代政治人物的支持。

20世纪60年代以后,信息技术的发展和新的交互式媒体的出现,激励了平民民主模式的复兴。所谓"远程民主"也正是在这样的背景下被提出来。在美国一些地方实验中,无论是传统媒体,还是新媒体,都充任了打开地方政府和公众之间沟通渠道的职责,这些被认为能够消除那些阻碍在规模庞大且多元化的社会中组织直接民主的消极因素。

在这个模式中,信息技术的作用点是,构建用来组织投票和征集公众意见的"登记"系统。比如远程民意调查、远程投票和远程选举,通过交互式的有线电视、互联网等建立更有兼具针对性和广泛性的交流。电子市政厅(Electronic Town Hall),远程会议等"对话"工具则将可以消除上述工具可能使个体原子化的风险。另外,"咨询"类的工具也不能被忽视。

- 多元主义民主(Pluralist Democracy)与电子民主

多元主义民主模式将注意力放在公民社会中处于政府、代表和个体公众之间的中介组织、社团方面。在一定程度上,多元主义可以看作是直接民主和代议制民主的一种结合。所谓的代表,不仅包括那些每过一段时期选举出来的专业政治家,也包括各种中介组织里的代表。按照该模式的观点,政治系统包括许多权力中心,政治是一个使各种利益相和谐的过程,政府只是各种利益集团相互竞争与妥协的舞台。政治系统与其说存在着立法主义和竞争型模式中所倡导的中心,不如说是存在一个政治网络。在这个网络里,公共政策的制定可能并不取决于绝对的多数派,而是由各种少数派组成的暂时的联盟。因此,在这个模式中,对民主的诉求更倾向于如何形成意见,而非最后的决策。

信息技术和新媒体在两个方面的特征有助于加强多元主义民主。第一,多样化的沟通渠道和独立的媒体能够提供多元化的政治信息和广泛的政治讨论。每一种组织或社团都可以利用这些渠道宣传自己的观点。第二,与广播式的网络相比,新技术对交互式的支持也更适合于这种网络形态的政治关系。因此,信息技术的作用点在于,加强各种组织内部和组织之间的交流。一般的工具包括公共信息系统、"登记"系统、用于组织内部的计算机辅助调查等,而最受欢迎的工具则是各种"对话"系统,比如电子邮件、讨论区、远程会议和对复杂问题的决策支持系统等。

- 参与型民主(Participatory Democracy)与电子民主

参与型民主在某些方面接近于多元主义民主,它也是代议制民主和直接民主的结合。它与多元主义民主的最大区别是将关注点从组织转移到了公众,对公民权的支持是其核心目标,强调公民权的发展,主张利用集体讨论和教育的方法来实现一种"整体"的意愿。这种整体意愿不是个体意愿的简单加和,而是作为一个"集体"来实施统治,因此需要通过公共会议和立法会议等来产生。

这种模式主张,政治权力的中心应当与公众更加接近,应当对公众的问题负有责任,而不仅仅是提出问题。该模式反对偏向于个人主义的竞争型民主和平民民主的观点,后者常常担心出现某种所谓中心的控制。也反对诸如民意调查这样的工具,认为这种调查是一种贫乏的和被动的政治参与类型,往往被那些简化了的以及已经预先设定的问题所引导。因此更倾向于集体讨论和教育的背景下形成集体的意见。

信息技术在这种模式中的作用点是如何使公众知情以及如何激励公民。各种信息系统在设计和使用时应当注意,应缩小"信息鸿沟",而不是任由信息技术的发展以至扩大这个鸿沟。因此,应当尽可能地提高这些系统的可达性和用户方便性。第二种技术的选择是在线讨论。这有助于形成共同的观点、促进学习以及培养主动参与的精神。具体的工具包括在公共计算机网络上的讨论区、远程会议系统和电子市政厅等。在这个过程中要注意的两个前提。一个是不能仅仅是社会的和智力的精英才会参与这些讨论。另一个是这些讨论工具应当具有可用性。

- 自由意志主义民主(Libertarian Democracy)与电子民主[①]

在赫尔德的民主模式中没有提及自由意志主义。迪克则认为在互联网虚拟社区,尤其是在所谓"互联网的开拓者"(Pioneers of the Internet)那里,这个模式是十分显著的。许多观察者都注意到,这些互联网的开拓者们所秉持的观念与西方国家在20世纪60—70年代时出现激进社会运动十分相似。他们认为,在利用信息技术联系起来的各种组织,尤其是在互联网中应当实行自治。其中最极端的观点认为,那些不能满足公众要求的当代政治制度应当被废弃,而以一种所谓"互联网民主"和自由市场经济的结合物作为替代。

对于这种模式,信息技术的作用点在于,首先,公众必须具有良好的知情权,这可以借助于先进的和公平使用的公共信息系统,尤其是互联网。其次,公众必须能够通过各种远程的对话系统,比如新闻和讨论组、聊天室、电子邮件等讨论这些信息。再次,他们必须有能力发表自己的观点,或者在远程民意调查(Telepolling)和远程选举中投出他们的选票。从这里也可以看出,这种模式既重视意见的形成,也重视决策的制定过程。

[①] 中文译本中对Libertarian有多种译法,比如自由主义、自由意志主义、唯自由论等。由于许多在某些问题上观点大相径庭的思想流派都将自己命名为"自由主义",因此笔者在这里使用"自由意志主义"译法。

基于公共政策的分类模式

奥因斯坦(Øystein Sø)根据"由公民还是政府来设置议程"和"公民是否显性地参与政策制定过程"两个维度将民主过程划分为四种类型:党派民主(Partisan Democracy)、直接民主(Direct Democracy)、自由民主(Liberal Democracy)和协商民主(Deliberative Democracy),[①]如表9-1所示。

表9-1 奥因斯坦对电子民主的分类模式

	公民隐性地参与政策制定过程	公民显性地参与政策制定过程
公民设置议程	党派民主	直接民主
政府设置议程	自由民主	协商民主

党派民主:公众自底向上地表达意见,但与现有的政府或政治的决策过程之间没有明显的联系。也就是说,公众设置了公共讨论的议程,但不是决策制定的议程。信息技术的作用点是,确保各种可选择的意见表达不被那些政治精英们所阻隔。电子民主的工具包括:电子论坛、聊天系统、信息门户、新闻组或用户网小组、基于邮件的讨论、网络博客等。

直接民主:公众直接参与到政策制定过程中。公众可以通过网络影响(通常是地方的)政策制定。公众不仅设置公共讨论的议程,也设置决策制定的议程。信息技术的关键作用点是,支持决策制定者之间的协调、合作。电子民主的工具包括:开放的论坛、议题设置、背景资料、电子投票等。

自由民主:政府为参与政治活动和相关讨论的公众提供服务。政府支持公众具有知情权,也希望公众能够与政府沟通。公众与决策制定活动没有显性的联系。信息技术的作用点是,提高政府与公众之间信息交换的数量和质量。电子民主的工具包括:电子论坛、对话系统、政府主页、电子辩论、信息门户、咨询、网络博客等。

协商民主:公众可以参与公共决策的制定过程,并了解到他们的意见将在特定的事务中被采纳。信息技术的作用点是提高公众的参与能力以及如何计入到决策制定过程中。电子民主的工具包括:电子论坛(基于特定问题)和电子简报、对话系统、邀请公众递交建议、(电子)公民投票、政府主页、在线会议、网上调查表、公众提问、实时聊天和组对组聊天、封闭的论坛、专家小组、正式咨询

[①] Øystein Sø, "A Process for Identifying Objectives and Technological Forms in E-Democracy Initiatives", Americas Conference on Information Systems (AMCIS), Proceedings, 2006.

报告、对相关讨论的反馈等。

§9.3 电子投票与互联网投票

电子投票

从技术的角度来看,电子民主的具体形式及其软件系统可以分为信息扩散型和信息收敛型两类。

信息扩散型的电子民主的特点是,政治信息的流动方向是扩散化的,是在社会中的广泛传播,信息的内容通常是公开的,比如通过互联网实现信息公开、公共政策问题的讨论、公众对政治机构的公开意见、建议及评论等。可以采用的技术包括门户网站、群组邮件、留言板、论坛、信息推送、博客、短信息、社会网络服务(SNS)等。

信息收敛型的电子民主的特点是,政治信息的流动方向具有收敛或集中化的趋势,信息主要向某个处于中心的机构或个人流动,而且信息内容常常具有隐私性。比如基于互联网的民意测验、代表与选民及政府与代表之间的电子沟通、电子选举等。可以采用的技术包括电子投票、电子邮件等。

尽管作用和意义不同,上述电子民主的形式大部分都是采用了目前普遍使用的互联网工具。这些工具在其他章节中已经有较多讨论,本章不再赘述,仅讨论电子投票。

从国家大选,地方选举,到社区里的选举,乃至到企业、学生班级的选举,都可能会利用电子投票技术。从广义上看,只要是在投票过程中使用到了电子设备或电子系统,都可以看作是一种"电子投票"。随着计算机的普及,在目前的各种投票活动中都会或多或少的使用到计算机,比如最普通的情况是用计算机来设计选票。

回顾历史,投票技术从最早的纸质投票(Paper Ballots),发展到机械杠杆投票(Mechanical Lever Machines)、光学识别(Optical Recognition)投票、直接记录电子(Direct Recording Electronic,DRE)投票,以及互联网投票。从下面的案例中不难发现,投票技术的进步与信息技术的发展有着密切的关系,信息技术的不断更新推动了投票技术的发展。

第九章 电子民主

案例9-4 >>>

投票技术的发展史[①]

纸质投票系统

纸质投票系统使用官方同一的选票,选票上写有候选人名字或议题名称。选民在选票上选择出自己的支持者或者支持的议题,然后用指定的符号在候选人或议题旁边做出标记,最后投到密封的投票箱里。这种纸质投票系统首次出现时在1856年的澳大利亚维多利亚州,因此也被称作"澳大利亚式投票(Australian ballot)"。

机械杠杆投票机

如图9-2所示,在机械杠杆投票机的正面有一组按矩阵排列的杠杆,每个候选人或者议题都被分配一个特定的杠杆。投票人投票时,操作其中一个杠杆以启动机器,这时"隐私"窗帘也会自动关闭。投票人按照自己的意向拉下特定候选人或者议题的杠杆,然后退出投票机,这时"隐私"窗帘会自动打开,杠杆也会自动返回到原来的位置。每一次杠杆返回时,在机器内部与杠杆连接的齿轮会转十分之一转。这个齿轮的转动又会引起与它衔接的其他齿轮的转动。如果这些齿轮分别代表个、十、百、千位,那么就可以根据齿轮的转动来计算得票数。更巧妙的是,这些装置之间是互锁的,以保证投票人无法多选。这个仪器最早是在1892年美国纽约的洛克波特(Lockport)得以使用,四年后在纽约罗彻斯特市则得到了大规模的推广。

打孔卡

如图9-3所示,打孔卡采用卡片和一个小型装置记录投票结果。一种方式是,将候选人名单或议题清单的编号打印在一个单独的小册子上,而卡片上则由一串数字标识可以打孔的位置。另一种方式则是直接将候选人名字或议题名称写在卡片上。投票人只需要利用专门的工具在名字或名称处打孔,然后将选票投进票箱,或者投入到一个计算机制表器中识别。最早应用打孔卡的选举是在1964年美国佐治亚州的初选。

光学识别投票系统

选票卡上每一个候选人或议题的名称旁边都会印有一个空心的图形(举

---

① 摘自Mary Bellis,"The History of Voting Machines",http://inventors.about.com/library/weekly/aa111300b.htm。

| 理解电子政务 |

图 9-2　机械杠杆投票机

图片来源：http://americanhistory.si.edu/vote/index.html。

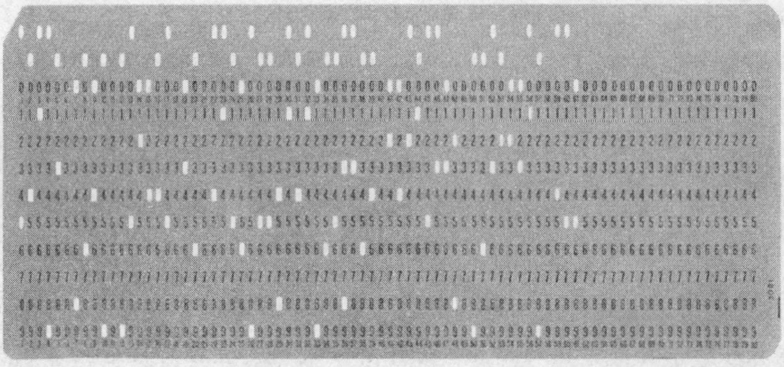

图 9-3　打孔卡

图片来源：https://importexport.s3.amazonaws.com/punchcard-EBCDIC.JPG。

行、圆形、椭圆）。投票人按照自己的选择将这个空心图形涂黑填满，然后投递到密封箱或者输入给一个计算机化的仪器中即可。该仪器利用光学原理读取卡片上最黑色的区域来记录投票结果。

直接记录电子投票系统

如图 9-4 所示，这个系统类似于银行使用的 ATM 机。投票人能够看到的是一个电子触摸屏。屏幕上会显示候选人名单或议题清单,投票人只需要按机器上的按钮或者直接按屏幕上的触摸式按键就可以完成投票。投票结果会记录在存储器中。实际上,DRE 系统在硬件上就是一台计算机。有些 DRE 系统还采用刷卡装置,投票人在投票前必须先激活机器。很多 DRE 设备还可以将投票记录打印成纸质文件。

图 9-4 直接记录电子投票系统

图片来源:http://americanhistory.si.edu/vote/future.html、http://usablesecurity.com/2005/11/14/voting-systems-part-1/。

案例9-5

巴西 2002 大选[①]

2002 年,巴西大选采用电子投票。参加投票的选民人数高达 1.15 亿人。巴西全国共设 33.5 万个投票站,为选民安装了 40 多万个电子投票箱。投票上午 8 点开始,原定下午 5 点结束。因全国有 4 000 多个电子投票箱出现故障需要更换,以及有些选民不会使用电子投票箱,不少地方不得不延长投票结束时间。全部过程直到晚 9 点才结束。

选民们经过简单的身份确认后,来到一个电子投票箱后面,不到一分钟就

---

① 主要摘自李小玉:《假票箱案困扰巴西大选》,载《京华时报》,2002 年 10 月 9 日。

| 理解电子政务 |

能结束投票。电子投票箱就像商店里的收款机,其右上方有十位阿拉伯数字按键,数字下面是"弃权"、"修改"和"确认"键,颜色分别为白色、红色和绿色。左面是显示屏,选民将候选人的号码输进后,屏幕上即显示出候选人照片、所属党派、选举号码和候选人的名称,选民经检查无误后,按下"确认"键即结束投票,选票就进入了电脑系统。据观察,不少选民最多只要几十秒就结束了投票。

使用电子投票箱除了节省选民的时间外,一个最大的优点是统计结果快。据报道,70%的选票最快可在投票结束后4小时内揭晓,90%的选票在当天夜里12点以前统计结束,大选最终结果最迟可在投票的第二天正式公布,而传统投票的结果最快也需4天时间才能统计出来。

当然,这种电子投票也存在一定的问题。首先,电子投票方式耗资要比普通投票方式高得多。据报道,36万个电子投票箱的制作、运输、安装和工作人员培训耗资达4.13亿雷亚尔(约合1.2亿美元)。此外,在这次大选中,现场负责协助投票的工作人员多达200万人,他们的劳务费也是一笔不小的开支。其次,电子投票的操作过程仍不够简便。由于是全国大选,每位选民必须从全部候选人中选出一名总统候选人、一名联邦议员、一名州议员、两名参议员、一名州长,然后将6位候选人的编号逐次输入电子投票箱内,就算是完全掌握使用技巧的选民,要完成这一程序也要按上22次键。这对于文化水平较低或年老的选民来说,过程比普通投票选举的方式要复杂得多,更何况巴西还有多达十分之一的文盲选民。尽管媒体在一周前就反复讲授电子投票箱的使用技巧,仍有不少人在投票箱前不知所措。第三,尽管电子投票被认为是透明度最高的现代化投票方式,但也不能完全杜绝投票中的舞弊行为。巴西警方在一个多月中已经查获多起假票箱案件,其中最多一次就查获了60多个。这些假票箱的内部程序已被人事先做了手脚,无论选民按哪些数字,输进去的将永远是他们事前设计好的候选人的选号和姓名。巴西最高选举法院技术部主任卡马朗曾说,"我们不能指望靠电子投票箱就能一次性将过去大选中的腐败和投机行为彻底清除"。还有专家指出,纸质选票更适合于验证,而取消纸质选票,意味着必须高度信赖选举软件。然而软件安全本身具有风险,而巴西选举机构并不允许对软件程序代码进行审计。[①]

在2006年大选中,技术条件得到了进一步的改善。同时,无论是工作人员还是选民,由于具备了前一次选举中的经验,投票的效率进一步得到提高。计票方面,投票于下午5时结束,当晚即可统计出90%以上的选票,基本确定了获

---

① 维基百科,http://en.wikipedia.org/wiki/Brazil_election。

胜的候选人。

2008年巴西大选中，巴西最高选举法院的技术和信息局开始在一些城市试点使用带有指纹识别系统的投票箱。[①]

案例9-6 >>>

大选技术的尴尬[②]

2000年，美国总统大选，从选民登记到最后的选票统计方式都出现了误差。据估计，当年的选举中，大约400万到600万的选票没有纳入统计结果或投进票箱，占整个选民的2%以上。

当时受到责难的问题主要有三点。首先，选民登记数据库出现错误，使得150万至300万选民没有登记上，仅佛罗里达州，就有8万登记选民因计算机算法程序问题而被电脑删除。其次，由于投票系统的设计故障，大约150万至200万选民的选票失效，如佛州棕榈滩县的"蝶式选票"。这种选票的设计为：在选票的中线处由上到下列有一行孔印，候选人的名字交叉分列在孔印的两边，选民在投票时，要在与自己选择的候选人相对应的孔印处打孔，但只能选举一人。这种选票形式使大约2万选民选错了候选人，或者同时选择了多个候选人。再次，有100万已登记的选民抱怨因投票点队伍太长，使得他们在选举结束时还没有来得及投票，从而影响了最后结果。

美国统计局表示，2000年大选中的失误，很大程度上归咎于投票系统的故障。选举结束后，很多官员主张放弃杠杆机和穿孔卡等旧的选举系统，启用新的系统。"直接记录电子投票系统"等电子投票系统随即浮出水面。

互联网投票系统

由于互联网具有的显著地位，电子投票常常被认为就是基于互联网的投票。从上面投票技术发展史来看，互联网投票只是电子投票中的一种特殊情况。简言之，互联网投票就是投票人在计算机上直接选择候选人或者候选议题，投票结果通过互联网收集起来，直接在计算机中完成计票。

[①] 新华网，http://news.xinhuanet.com/newscenter/2007-10/21/content_6917218.htm。
[②] 摘自聂翠蓉：《电子选举来临 美国大选首次启用电子投票系统》，载《科技日报》，http://www.southcn.com/tech/news/200411040270.htm。

互联网投票可以分为两类：如果投票人是从选举官员或者投票工作人员控制和监督的平台上投票，被称之为投票站互联网投票，如果投票者在没有任何监督的情况下从远程位置投票，称之为远程互联网投票。[①] 加州互联网投票特别任务组则将这种分类进一步细化为四种模式。[②]

模式1：让投票人在投票地点通过互联网投票。这个阶段要求投票人像往常一样在家庭所在地投票。投票站的选举工组人员可以根据传统方法确认投票人的身份。投票人使用连接到互联网的计算机化的设备来投票。这种方法使用互联网将投出的选票发送给选举官员。

模式2：与模式1相同，只是允许投票人在任何投票站投票，而不仅在家庭所在地投票。

模式3：从分布式计算机或者投票亭进行远程互联网投票。投票人可以使用选举办公机构在全国范围内建立的远程投票点投票。这个模式无法使用传统方法验证投票人的身份，而是实用特殊的技术鉴别手段，比如数字签名。

模式4：从任何可以连入互联网的地方进行远程投票。投票人可以从任何连接到互联网的计算机终端上投票，前提是要确保这些平台的安全。

互联网投票系统，除了必须连入互联网外，通常应当包括两个基本组成要素。[③]

- 投票终端平台。投票终端平台包括支持投票的硬件设备和软件。硬件设备可能是位于政府控制的投票亭、投票人的计算机或者移动电话内的投票终端等。投票软件既可能是特殊开发的投票软件，也可以是通用的软件，比如 Web 浏览器，或者是两者的组合，比如 Web 浏览器上的投票插件。

- 电子选票服务器。电子选票服务器被部署在互联网上，接收来自投票人的电子选票，并进行统计。电子选票服务器可能由普通计算机来充任，但必须划定其明确的服务界限，比如只开设特定的网络访问端口，拥有防火墙、入侵检测系统以及物理上的防护措施等。

利用互联网实现投票具有明显的优点。第一，降低投票成本。投票成本主要集中在以下几个方面：选票制作和印刷成本、分发搜集（对于投票人来说可能

[①] Andreu Riera, Jordi Sanchez, Laia Torras:《因特网投票：在选举过程中应用技术》，载 Ake Gronlund:《电子政府：设计、应用和管理》，清华大学出版社 2006 年版，第 69 页。

[②] California Internet Voting Task Force, A Report on the Feasibility of Internet voting, 2000, http://www.ss.ca.gov/executive/ivote.

[③] Andreu Riera, Jordi Sanchez, Laia Torras:《因特网投票：在选举过程中应用技术》，载 Ake Gronlund:《电子政府：设计、应用和管理》，清华大学出版社 2006 年版，第 69 页。

是获取和递交)选票的成本、统计计票的成本等。互联网在这几个方面显然具有明显的优势。

第二,提高计票效率。一个方面是,计票的速度得到了极大地提高,原先需要几天甚至几个月的时间来统计,利用计算机后可能只需要一天甚至半天就可以完成。另一个方面是计票的准确性也得到大幅提高。人工计票难免会造成统计错误,实现完全的计算机化后,这种错误的发生率可以降到最低。

第三,提高投票人方便性。投票人可以在指定期限内,在任何时间,任何能够连接到互联网的地方,都可以完成投票。

互联网投票虽然改变了原有的投票模式,提高了效率,增强了透明度,但是也会带来新的问题。其中最重要的批评认为,互联网投票在技术安全上存在不可避免的风险,这将在下一节讨论。除此之外,互联网投票系统应保证可靠性、可用性和灵活性的特点。

- 可靠性:系统运行稳定,一方面是保证系统能够稳定运行,能够接受短期内的大量访问,另一方面是保证系统从硬件和软件两个层面上都不会被非法入侵。
- 可用性:系统与投票人之间的界面好。系统应当按照投票人的一般想法来设计,而不是从投票管理者甚至技术开发者的角度来设计;应当提供方便的、不需要任何技术基础的手段和简要的使用说明,帮助投票人能够迅速地学会和使用系统。
- 灵活性:系统能够具有容错的能力,一旦发生意外,可以迅速地自动应对。

第十章　互联网安全与信任

本章摘要

本章以互联网投票系统可能面临的风险为例，对互联网信息安全进行了概要性的讨论。身份鉴别是建立互联网信任的技术条件，也是在互联网上开展各种活动的基础。电子签名是目前比较可行的鉴别技术之一，尤其是数字签名和认证技术目前已经比较成熟。本章介绍了数字签名和认证技术的基本原理。

关键术语

信息安全　电子签名　数字签名　认证　公钥基础设施（PKI）

§10.1　互联网技术安全缺陷

无论对于政府、企业而言，基于互联网的服务面临严重的信息安全风险，这已经成为众所周知的事实。这些风险中包含了非人为的、不可控的或者非意图的风险，但存在人为意图的安全威胁大量存在。我们有必要概要性地了解这些安全威胁，只有了解了，才有可能做出应对。因此，本节将以互联网投票为例，讨论互联网上可能存在的安全威胁。

需要说明的是，这里谈及的安全威胁主要指由信息技术的软硬件所可能产生的安全威胁，而不包括由信息内容导致的威胁，后者主要指非法信息所可能导致的安全问题。

互联网投票面临的威胁

与传统投票一样,互联网投票同样会遭遇到安全威胁。除了在传统投票中也会出现的一些情况外,互联网投票还会增加新的安全问题。当然,存在风险,并不意味着不能使用互联网作为投票工具,而是需要考虑更加周全,设计更加细致。前提是必须对各种可能的风险有所认识。

与远程的互联网投票相比,在投票站通过网络投票相对安全。其原因可能包括以下几点。第一,仍然可以利用传统的方法来鉴别投票人的身份。第二,组织者可以更直接、更方便地保护投票系统,包括硬件和软件的安全,至少能够防范直接的物理攻击。第三,在条件允许的情况下,可以为投票建立单独的物理网络,与互联网物理隔离,这样可以减少从互联网上对投票的威胁。

对互联网投票可能造成的安全威胁可以归纳为两个方面。第一个方面是来自外部的对投票系统的"攻击"或者非法"使用"行为,第二个方面则是来自内部的非法"使用"活动。所谓外部、内部,是指将选举的组织机构或者投票系统的供应机构看作是与投票活动有直接关系的"内部",而其他机构或个人看作是"外部"。

来自外部的安全威胁

来自外部的安全威胁可以分为对投票系统硬件设施的攻击和对投票系统软件的攻击两个方面。

首先,对硬件的攻击指对投票系统所使用的物理硬件的直接攻击行为。这些物理硬件包括电子选票服务器、投票终端平台计算机、互联网上的通信设备、这些机器所在的建筑以及管理人员。电子选票服务器通常部署在指定的机构内部,通常会有专人值守,但并不排除也会受到外部的攻击,尤其是在社区等基层选举中有可能会出现某些极端情况。投票终端平台计算机受到物理攻击的情况较多发生在选举活动较为频繁的国家或地区,为了提高选举效率,这些国家或地区常常会在大街上设置有专门的投票站点,比如投票亭等,这些站点由于无人值守,可能会成为攻击的目标。互联网上的通信设备包括交换机、路由器、域名解析服务器、互联网络主节点服务器等,情况与上述类似。

其次,对软件的攻击是指对投票系统所使用的系统软件和互联网络的攻击行为。从信息传输的角度,这些攻击行为也包括三个方面,即负责投票的投票终端平台系统、负责接收和统计的电子选票服务器,以及负责选票传输的互联网。

(1) 在远程互联网投票中,投票终端平台将被安装于投票人在任何地点所使用的,能够连接入互联网的个人计算机、移动终端等信息机器上。从目前的技术发展来看,大部分这样的信息机器都面临着严重的信息安全威胁,其问题表现在从操作系统、通信服务软件到一般应用软件,都可能存在大量的系统漏洞,为外部攻击造就可乘之机。

最通常的攻击办法是利用病毒、蠕虫或木马等。无论是病毒、蠕虫还是木马,都是由一些怀有恶意或恶作剧想法的程序员开发的软件程序,通常能够在很短的时间内在互联网内蔓延。比如一种叫做"红色代码"(Code Red)的病毒,每隔 37 分钟就能多感染一倍的计算机;"监狱"(Slammer)每隔 8.5 秒就能多复制一倍的数量,在 10 分钟之内就已经感染了 90% 的没有防护的服务器;"冲击波"(Blaster)则在其所针对的系统漏洞公布 27 天之后,就导致全世界的网络几乎瘫痪。

病毒、木马等可能会潜伏到投票开始后才发作。它们可能会自动篡改选票,或者记下投票人的选择。这里涉及的另一个问题是,如何保证实现真实的无记名投票,这在下一节中讨论。有人提出,选举组织者可以向投票人提供刻有"干净"的操作系统和投票系统的光盘。也有人提出利用移动电话可以降低病毒威胁。[①] 实际上这些方法可能不仅会带来很大的成本,并导致给投票人带来不便,而且对于在互联网上生存的病毒来说,其收效甚微。

(2) 软件攻击还可能针对电子选票服务器。虽然物理上对服务器的攻击通常比较困难,但软件上的攻击却会十分频繁,而且易于得手。攻击服务器的手段与攻击终端平台的手段类似,而且更具有实效。因为终端平台只不过提供一张选票,而通过篡改服务器则可以得到任意希望的选举结果。除了修改结果外,还可能获取到投票人的投票记录。如果只是试图阻碍选举,还可能采用"拒绝服务攻击"(Denial-of-Service, DoS)的方式来阻止投票人在网络上投票。

对付这种对服务器的攻击主要有两种基本的方法。首先,设计特殊的投票服务协议,从技术基础上防范上述攻击。其次,则是通过更为严格的管理来提供服务器的安全。比如,服务器应当供投票专用,不能开启与投票无关的其他网络服务,而且严格限制对服务器的访问;安装防火墙系统、入侵检测系统、监视系统和日志记录工具等。[②]

---

① Aviel D. Rubin, "Security considerations for remote electronic voting", *Communications of the ACM*, 2002, 45(12).

② Andreu Riera, Jordi Sanchez, Laia Torras:《因特网投票:在选举过程中应用技术》,载 Ake Gronlund. 电子政府:设计、应用和管理》,清华大学出版社 2006 年版,第 69 页。

第十章 互联网安全与信任

案例10-1

互联网上的主要威胁手段

1. 病毒

病毒是最早出现的攻击类型,而且仍然是互联网上最大的安全威胁之一。病毒的主要特点是通常为表现为被动传播,即主要是因为用户的不谨慎操作而触发传染。比如在使用移动存储器时,比如移动硬盘、U盘等,未能先对存储器进行杀毒,致使存储器上的病毒被拷贝到所使用的计算机中;网络上的某些供下载的文件,甚至网页本身就带有病毒,用户在下载文件或者浏览网页时就可能将病毒下载到自己的计算机中;邮件,尤其是垃圾邮件中的附件带有病毒,或者邮件中的链接直接指向了某个带病毒的网站等,也会导致感染病毒。

解决病毒问题的最好办法是使用杀毒软件并保持更新。不过杀毒软件并不能解决所有问题。首先,计算机病毒是人造品,因此杀毒软件不可能在病毒被发现前就能提出应对的措施;其次,当前病毒制造技术呈现复杂化,一些病毒在"传染"过程中会自动变形。因此最主要的防病毒方法仍然是要用户在使用计算机和网络时保证良好的使用习惯。

2. 蠕虫

蠕虫是一种通过网络自我复制并主动传播的恶意代码,主要是利用操作系统和应用程序的漏洞主动进行攻击。主动性,是蠕虫与病毒的最大区别。蠕虫的基本策略是"扫描—攻击—复制"。即首先在互联网上扫描可能有系统漏洞计算机,如果收到成功信息后,就得到一个可以传播的对象。其次是攻击该传播对象的漏洞,并获得该计算机的管理权限,利用这些权限,便可以在该计算机上"为所欲为"。再次,利用获得的权限将蠕虫程序复制到新的计算机中,这时该计算机就成为一个新的蠕虫宿主,并开始攻击其他计算机。蠕虫传播后,大量蠕虫的同时扫描,会造成网络拥塞,甚至网络瘫痪。

对于非专业人士而言,解决蠕虫的办法是安装防火墙,并及时更新系统和应用程序补丁。

3. 木马

这个概念来源于著名的"特洛伊"木马,即在网络计算机中安装恶意代码,使得安装者可以利用其他终端远程控制该计算机。木马将导致计算机中的信息被非法收集和使用,比如各种账号、密码、私人文件等,都可以被木马安装者轻而易举地获得。木马与病毒的最大区别在于通常不会自我复制。木马的隐蔽性更强,比如可以隐藏在图片中。木马的传播途径和病毒类似,比如通过网络下载或者垃圾信件等传播。

4. 拒绝服务攻击(Denial-of-Service,DoS)

这是一种针对网站进行的"压力式"攻击。通过某些手段,比如通过木马控制数量庞大的个人计算机,对所针对的网站进行同时访问。超负荷的访问便会导致网站无法被用户正常访问。

(3) 在远程互联网投票中,选票需要经由互联网或者其他网络,从投票终端平台传输到电子选票服务器。如果采用的是与互联网物理隔离的专门网络,虽然不排除对该网络的物理攻击,但是对网络的软件攻击通常会较少。在互联网传输选票,安全问题就会严重很多。比如,外部攻击者可能会在网络上截取信息发送者发送的信息包,然后将自己的信息包传递给信息接收者;可能会对发送者的信息包进行修改;也可能"偷听"到信息包中的相关内容。因此,这里要考虑三个最基本的安全问题,即信息传输的机密性、真实性和完整性。机密性是指传递的内容不会被发送者和接收者之外的第三方所获知。真实性是指实际的信息发送者和信息内容中所宣称的信息发送者是一致的,即不是被第三方冒名发送的。完整性则是指接收者获得的信息与发送者发送的信息内容一致,即信息内容未曾被第三方篡改过。目前比较可行的办法是使用"公钥加密"和"数字签名"技术,这将在后面进一步讨论。

来自内部的安全威胁

内部的威胁来源于那些拥有对投票机器和软件合法设计、开发和管理权限的人,包括投票的组织管理者,系统供应商、开发商,以及程序员。他们的合法权限并非针对投票涉及的所有环节,但至少在某一个环节上。这些权限所带来的安全隐患可能比外部的威胁更大。

有些安全问题并非是相关人员故意或恶意造成的。比如,投票系统可能是由多个供应商提供的。每家供应商都独自开发自己的软件。但是当这些不同的系统需要连接在一起时,便可能危害整个系统的网络安全性。[①] 类似的安全隐患可以通过整体规划和统一设计来解决。

来自内部的恶意攻击必须得到投票组织者的高度重视。这些攻击往往比

---

① Bonsor, Kevin, Jonathan Strickland, "How E-voting Works", HowStuffWorks.com. http://people.howstuffworks.com/e-voting.htm.

外部攻击更具有隐蔽性。一种可能的情况是组织机构内部的计算机管理员或者其他管理人员。他们可以拥有服务器的最高使用权限,因此可以完全控制服务器内部的文件和数据。一般的计算机系统很难防范这种问题。一些硬件上的技术,比如设计专用的硬件模块在一定程度上可以减少发生这种威胁的可能性。另外,分布式信任的安全方法可以防止单个不诚实的内部人员获得某些特权。①

第二种可能的威胁来自于系统供应商以及系统开发程序员。和传统的投票技术,比如与机械杠杆或者纸质投票相比,互联网投票缺乏透明性。② 因为投票系统是通过计算机软件程序来实现的,投票流程和细节都被写入在程序代码之中,非技术人员很难了解到在代码中除了标准的投票程序外,是否还定义了其他的流程。这些额外的程序可能仅仅是程序员的幽默之作,比如"复活节彩蛋"③;但也可能是恶意留下的"后门"程序。"后门"的作用与木马类似,但区别在于木马是独立于投票系统软件的,因此可以通过一些防木马的软件规避,而软件中自带的"后门"则属于投票系统软件的一部分,因此通过外部的工具很难检测到。一旦设置了"后门"程序,软件可能在某个特定的时间停止运作,或者是自动地将关于投票的数据传递给"后门"的拥有者,或者是为他们提供管理员权限,从而可以在投票过程中控制投票结果。对于这类威胁的可能的解决办法是,公开软件源代码,这样可以接受任何人的公开地检查。然而究竟由谁来执行检查?对源代码的检查需要专业人士,并需要支付较多的时间成本。另外,公开源代码还可能暴露出系统的漏洞,并被一些人利用。

如果是非匿名投票,那么除了在服务器数据库里记录投票结果以外,可以给每一个投票人生成一个纸质文件,这样以便于以后查对。但是如果是匿名投票,理论上意味着计算机里不应记录任何与投票人及其投票终端计算机的任何信息,这样也就无法通过追查投票人来检查投票结果。进一步的问题是,如何确保这种匿名是真实有效的?投票人的记录是否被"偷偷地"记录在数据库中。这同样需要对程序源代码的检查。

---

① Andreu Riera, Jordi Sanchez, Laia Torras:《因特网投票:在选举过程中应用技术》,载 Ake Gronlund:《电子政府:设计、应用和管理》,清华大学出版社 2006 年版,第 69 页。

② Alexznder, K., "Ten things I want people to know about voting technology", Democracy online project's national task fouce, Washington, D. C.: National Press Club, 2001.

③ 复活节彩蛋是软件工程师有意隐藏在软件中供大家寻找的一些有趣的效果。它是无恶意的,不会影响软件的使用。它不会主动出现,也不会在软件的任何地方标明。

§10.2 互联网中的信任

互联网中的身份鉴别

信任是社会良性运转的基础,对于互联网构建的虚拟社会亦然。从社会学的角度来看,信任是对风险的认可,也就是说信任通常是在存在风险的条件下出现的,一旦给予了对方信任,意味着信任主体认为风险在可控制的范围内。[①]降低风险的手段是获取到更多准确的信息。因此,信任常常更容易发生在熟人之间,或者熟人的熟人之间,因为熟人之间存在更多的交往机会,从而能够提供更多的信息。在完全的陌生人之间存在两种机制。一种是提供某种凭证,比如身份证明,资质证明等。身份证明或者资质证明应当是由权威机构颁发的,并可以通过某种机制或者工具进行验证。在传统投票过程中,身份证确认是最通常采用的确认投票人身份的方法。当然也有可能是其他的资格或资质证明,比如房产证、户口簿等。在鉴别身份时,无论身份证持有人是否出现,身份证本身必须交由管理者亲自核实。正如在第六章中所讨论的,空间临近性有利于提高信息传播的可靠性。另一种则是利用签名。签名表示一种明确的责任划分,签名者应对所签内容负责。签名在一定程度上意味着风险的降低,因此有利于增进信任的建立。

在匿名的互联网虚拟空间中,如何保证信用也能够建立起来?在互联网初创阶段,网络上提供的大多是技术、娱乐和休闲服务,可能出现的风险较小。随着互联网的普及,尤其是与真实世界之间的关系越来越密切,电子商务、电子政务等得到了广泛的使用;而另一方面,网络欺诈、网络攻击事件也越来越多。这时,如何建立互联网上的信任机制就成为一项十分重要的任务。在互联网投票中,尤其是远程互联网投票中,需要更为实用而可靠的鉴别方法,以便在不同的空间之间完成信用信息的交换。

总的来看,互联网上的鉴别方法主要基于三种可能:对方知道的某些事情、对方拥有的某些东西,或者对方本身拥有的某些东西。[②] 在网络上最常用的"账号"、"口令",属于第一种情况。口令的设置可以比通常的情况更为复杂,比如设置口令组,或者设置动态口令等。第二种情况的例子有硬件令牌,比如智能

[①] 詹姆斯·科尔曼:《社会理论的基础》,社会科学文献出版社2008年版,第91—94页。
[②] Andreu Riera, Jordi Sanchez, Laia Torras:《因特网投票:在选举过程中应用技术》,载 Ake Gronlund:《电子政府:设计、应用和管理》,清华大学出版社2006年版,第69页。

（IC）卡或者是可以连接到计算机上的小型硬件。电子银行提供的 U 盾属于这个类型。第三种情况则包括一些生物学方面的方法，比如对指纹、掌纹、视网膜、虹膜、声音的识别等。

电子签名

2005 年 4 月 1 日，中国正式实施《电子签名法》。该法对数据电文、电子签名、认证等进行了详细规范的界定，并明确了相关法律责任，对于确立电子签名法律效力，规范电子签名行为，维护有关各方合法权益，保障电子交易安全和电子政务、电子商务的发展有着重要的意义。

按照《电子签名法》中的界定，"电子签名"是指，数据电文中以电子形式所含、所附用于识别签名人身份，并表明签名人认可其中内容的数据。所谓"数据电文"，则是指以电子、光学、磁或者类似手段生成、发送、接收或者储存的信息。数据电文不得仅因为其是以电子、光学、磁或者类似手段生成、发送、接收或者储存的而被拒绝作为证据使用。审查数据电文作为证据的真实性，或者说，电子签名的功能设计，主要考虑以下因素：

- 生成、储存或者传递数据电文方法的可靠性；
- 保持内容完整性方法的可靠性；
- 用以鉴别发件人方法的可靠性；

要理解电子签名，首先要理解传统的手写签名，也就是通常在纸质文件上的签名。传统手写签名有两大功能，即标识签名人的身份和标识签名人对文件内容的认可。这两大功能是通过以下特点来实现的。第一，签名与被签的媒介（通常是纸质文件）在物理上不可分割；第二，签名人不能否认自己的签名；第三，签名不能被伪造；第四，签名容易被验证。当然，传统签名并非是绝对可靠的，因为签名很容易被伪造。因此通常还需要其他技术和制度的保障。比如在签名之外，还要使用公章；而对公章的有效管理需要一套制度来保障。

不难理解，即使不考虑这些缺点，在计算机和互联网的世界里，手写签名和盖章在电子文件上都是无法进行的。因为图像编辑软件可以近乎天衣无缝地"拼贴"出各种各样的签名和公章。因此，"电子签名"中的"签名"，只是一种形象的说法。虽然人们也可以将其外在表现形式设计成类似于手写签名或公章，但实质上，它只是一种能够实现传统手写签名功能的技术。一种可靠的电子签名应当保证：

- 电子签名制作数据用于电子签名时，属于电子签名人专有；
- 签署时电子签名制作数据仅由电子签名人控制；

- 签署后对电子签名的任何改动能够被发现；
- 签署后对数据电文内容和形式的任何改动能够被发现。

电子签名包括所有利用电子手段实现"签名"的技术，比如上一节中讨论的互联网三种鉴别方法中的案例都可以看作是电子签名。从目前来看，在电子商务、电子政务中应用最普遍、技术最成熟、可操作性最强的电子签名方法是基于公钥基础设施（Public Key Infrastructure，PKI）的"数字签名"，以至于在某些场合，电子签名和数字签名被看作是同一种技术。

简单来说，"数字签名"就是利用特殊的算法对要签名的数据电文进行某种数学变换，以实现以下功能：第一，签名必须使用对信息发送者是唯一的信息，以保证这种变换是不可抵赖，而且不可伪造的；第二，数字签名应当易于生成、识别和验证，以保证数字签名的可用性；第三，伪造某个特定的数字签名，在计算复杂性意义上具有不可行性。所谓计算复杂性上的不可行性，简单来说，就是理论上是可以通过数学计算来实现的，但是在当事人，乃至在人类可以承受的时间内无法通过计算机来实现；第四，数据电文是完整的，即可以证明数据电文未被修改过。

数字签名

公钥（Public Key）加密

要理解数字签名，需要首先了解两项基本的技术。一个是加密和"公钥"加密技术，另一个是如何保证数据的完整性。

为了保证数据电文传输的安全性，通常需要对数据电文进行加密和解密。通常，对数据电文的加密和解密操作都是在一组所谓"密钥"（Key）的控制下进行的，分别称为加密密钥（Encryption Key）和解密密钥（Decryption Key）。

如果将加密和解密看作是数据电文与密文之间的一种转换，那么所谓密钥就是实现这个转换的参数，即：已知信息 m，通过一组含有参数 k 的变换 T 得到密文 c，则有 $c = T(m, k)$，其中参数 k 就是加密密钥，T 是加密函数，函数计算的过程就是加密。同样，若有 $m = T'(c, k')$，则 k' 是解密密钥，T' 是解密函数，函数计算的过程就是解密。

如果加密密钥和解密密钥相同，即 $k = k'$，或者从一个密钥易于推出另一个密钥，这种加密算法称作对称密钥算法。如果两者不相同，而且从其中一个密钥推出另一个密钥在计算复杂性上不可行，这种算法称之为非对称密钥算法。

对称密钥算法历史悠久，运算速度快、密钥简单。但是在使用中存在关键缺陷。对于利用对称密钥算法的加密过程来说，密钥的保密是至关重要的。如果信息发送者和接收者之间事先已经达成了关于密钥的默契,比如双方都拥有一个统一的密码簿,那么信息传输相对来说是安全的。但是,如果信息传递的双方都是陌生人,不可能存在这样的"密码簿",那么信息发送者首先必须通过一个安全的信道将加密密钥告知接收者,以便于后者推算出解密密钥来解密。一旦密码的破解者在信道中获取了加密密钥,根据这种算法的特点,他也将很容易地推算出解密密钥。那么如何保证信道安全呢?就需要对密钥信息本身进行加密,但是这个加密过程同样需要在发送者和接收者之间进行沟通,就又会涉及安全的问题。

非对称密钥的最大特点就是,加密与解密由不同的密钥完成,即 $k \neq k'$。进一步的,第一,实际上存在两个密钥,其中任何一个都可以用作加密,而另一个用作解密;第二,如果已知加密算法,从加密密钥求解得到解密密钥在计算复杂性上是不可行的。在使用非对称密钥算法时,需要对外公开其中一个密钥,而对另一个密钥严格保密。对外公开的密钥叫做公开密钥,简称公钥;保密的密钥称作私人密钥(Private Key),简称私钥。使用该算法的信息主体,无论是信息发送者还是接收者,拥有这样一对密钥后,便可以将公钥对外公开。其他信息主体可以利用该公钥对信息进行加密,由于私钥是"私有"的,也不会通过网络传递,因此能够对这个加密信息进行解密的只能是拥有这对密钥的信息主体自身。因此可以说,解密者是唯一的。同样,该信息主体可以利用自己的私钥对信息进行加密,由于公钥是公开的,所有人都可以解密该密文,但是加密者是唯一的。

非对称密钥算法的优点是十分显著的。信息主体只需要保管私钥,而私钥无需通过网络交换,这样可以在相当长的时间内保持不变;而且通常使用的非对称密钥的数据规模十分庞大,因此破解密钥十分困难,但这样也会导致运算速度比较慢。

通常的加密过程是对称密钥和非对称密钥的结合。首先利用非对称密钥,保证通信双方可以在一个安全的信道中交换对称密钥,然后再利用对称密钥对信息进行加密。这样既保证数据传输的隐秘性,又保证传输的效率。

案例10-2 >>>

RSA 算法

1977年,美国麻省理工学院(MIT)的 Ron Rivest、Adi Shamirh 和 LenAdleman 开发了 RSA 公钥加密算法。R、S、A 分别来自他们名字的首字母。RSA 算法是一个经典的非对称密钥算法,其基本原理如下。

假设存在两个不等的质数 p 和 q,令 $n = p \times q, t = (p-1) \times (q-1)$;取任何一个数 e,满足 $e < t$,并且 e 与 t 互质,可以找到 d,使得 $(d \times e) \bmod t = 1$(mod 表示取模)。再假设有消息(已加密的或未加密的)为 M(计算机中所有的消息都可以转换为二进制数据),且 $M < n$。令 $c = M^d \bmod n, m = c^e \bmod n$,可以证明 $n = M$。p、q、e 就是这个密钥算法中的私钥,d 和 n 是公钥。

如果 M 是密文,c 是数据原文,那么只要能够获得公钥 d 和 n,用 d 和 n 能够解开 M 得到 c,那么就能证明加密者一定是拥有私钥 e 的人。

如果 M 是数据原文,c 是密文,对于信息发送者和接收者之外的第三方来说,要想破解 c,就必须要得到 e,而为了得到 e,唯一有效的办法就是对 n 做质因数分解,得到 p 和 q。为了防止这种分解,最有效的方法就是将 p 和 q 设为非常大的质数,使因数分解在计算复杂性上是不可行的。表 10-1 列出了在 n 取不同位数时,因式分解所需运算的次数和时间。目前已经有人证明,小于 1 024 位(二进制)的 n 是不安全的。

表 10-1　RSA 算法质因数分解所用时间表

整数 n 的十进制位数	因子分解的运算次数	所需计算时间(每微秒一次)
50	1.4x10^10	3.9 小时
75	9.0x10^12	104 天
100	2.3x10^15	74 年
200	1.2x10^23	3.8x10^9 年
300	1.5x10^29	4.0x10^15 年
500	1.3x10^39	4.2x10^25 年

数据完整性(Data Integrity)

完整性不是静态的,绝对的,而是一个动态的,相对的概念。它与完全性不同。完全性是指数据的内容或者结构是否完备,比如要求按照时间序列进行统计,但其中缺少某些年份的数据,那么这组数据是不完全的。而数据具有完整性,是指在对数据的某种操作中,比如传递、存储、读取等,数据始终保持一致。对数据完整性的检查,就是要确保数据在上述操作过程中未被修改,比如在通信过程中,信息发送方发送的数据和信息接收方接收的数据是一致的。

保证传输中数据的完整性十分重要。仅以电子投票为例。投票人在投票终端平台上投出的选票,如果在网络传输中被第三方获取后,有可能被修改成其他选择,如果电子选票服务器不能判断出这种选票已经被修改过,那么将得到错误的统计结果。

一种易行的保证完整性的方法是,在信息发送前和接收后,对该文件的信息进行某种数学运算,如果两次运算得到的结果相等,则可以说明信息没有被改变;如果不等,则说明信息已经可能被第三方改变了。从计算机运算的角度来看,可以设计一种数学函数对消息进行计算,并将计算结果连同消息一起发送给接收方;接收方也用该函数对消息进行重新计算,验证前后结果是否一致。这个函数应当满足一个基本条件,即任何两个不同的输入值不可能产生两个相同的输出。这样,一个被修改的消息,或者说选票,在发送方和接收方那里不可能有同样的函数值。这种运算的结果被称作"消息完整性编码"(Message Integrity Code,MIC)。

散列函数,又称作哈希(Hash)函数,提供了这样一种计算过程:输入一个长度不固定的字符串,会返回一串固定长度的字符串(称作哈希值)。字符串,也就是函数值,被称为"信息摘要(数字指纹)"。该函数保证,信息摘要中的任何一位或多位的变化都将导致哈希值的变化,即保证以下三项条件:

- 对任意给定的 x,$H(x)$ 的计算具有可行性,无论是用软件还是硬件实现;
- 对任意给定的 x 和 y,找到满足 $H(y)=H(x)$,但 $y\neq x$,具有计算不可行性;
- 对任意给定的 h,找到 x 满足 $H(x)=h$ 具有计算不可行性;

对于上述第三条,只能依靠逐个搜寻来破解,但有人估计,搜索时间需要 1 025 年之久。

数字签名

利用公钥加密和数据完整性技术,就可以实现数字签名。其一般流程如下:

- 对要传输的信息内容(原文),利用散列函数生成信息摘要;
- 利用私钥对信息摘要进行加密,这就形成了"数字签名";
- "数字签名"和原文被封装在一起,传输给信息接收方;
- 接收方也对原文利用散列函数生成信息摘要;
- 接收方利用发送方的公钥对"数字签名"进行解密,得到发送方生成的信息摘要;
- 比较发送方的信息摘要和接收方的信息摘要是否一致。如果一致,说明原信息内容在传输过程中未被改动,否则说明已被改动。

从上述流程可以看出,第一,因为使用信息发送者的公钥能够解密,所以一定是使用了发送者的私钥进行加密的,根据公钥来伪造这种私钥是不可行的,因此信息发送者不可抵赖,具有唯一性。这是对信息发送者或者签名者责任的确认。第二,由于发送前生成的信息摘要和接收后生成的信息摘要完全一致,说明原文在传输过程中未被修改过。这是对信息发送者或者签名者权利的保护。

当然,上述只是对公开信息的"数字签名",原文是任何人都可以获知的。还有一种情况是,信息本身也需要加密,比如电子投票。这是就需要用接收方,比如选举组织者的电子投票服务器的公钥对投票进行加密,这样只有电子投票服务器在收到选票后可以利用其私钥解密,获取投票内容。

数字证书与 CA 中心

上述一般流程并非完全可靠。观察下面两个甲和乙之间的通信过程。在第一个通信过程中,乙向甲提供了自己的公钥和签名,以证明自己确实是乙。但是在第二个通信过程中,第三方丙仍然可以冒充乙与甲通信。因为甲最终获得的公钥和签名都是丙的,所以甲无法判断对方不是乙。这里出现问题的关键是,虽然公钥是公开的,但是甲仍然无法获知他所能得到的公钥究竟属于谁。

甲→乙:你好

乙→甲:嗨,我是乙,(乙的公钥)

甲→乙:请证明(要求签名)

乙→甲:甲,我是乙{摘要[甲,我是乙](用乙的私钥加密)}

甲→丙:你好

丙→乙:你好

乙→丙:嗨,我是乙,(乙的公钥)

丙→甲:嗨,我是乙,(丙的公钥)

甲→丙:请证明(要求签名)

丙→甲:甲,我是乙{摘要[甲,我是乙](用丙的私钥加密)}

在实体世界中,为了证明一个人的身份或者是否具备某种能力,通常需要由某种权威机构提供某种证件或者某种资质证书。比如,公安机关提供身份证以证明公民身份,学校提供毕业证书以证明毕业生的求学经历。为了检验某人的真实身份,可以到相关的机构去查证。同样,在互联网上也需要一个权威机构或者所谓"第三方信任机构"来发放类似的证书,以证明网络主体的身份。这种证书被称作"数字证书"(Digital Certificate),颁发数字证书的机构被称作"CA 认证中心"(Certification Authority),简称 CA 中心,其职责是专门提供网络身份认证服务,负责签发、管理和检验数字证书。

再观察下面两个通信过程。乙向甲提供了自己的证书,甲将向颁发该证书的 CA 中心征询,该证书是否是真实有效的,也即能否证明对方是乙。如果丙试图冒充乙,那么甲将从 CA 中心得知,他所得到的证书不是乙的,因此会中断与对方的通信。

  甲→乙:你好

  乙→甲:嗨,我是乙,乙的证书

  甲→乙:请证明(要求签名)

  乙→甲:甲,我是乙{摘要[甲,我是乙](用乙的私钥加密)}

  甲→丙:你好

  丙→乙:你好

  乙→丙:嗨,我是乙,乙的证书(乙的公钥)

  丙→甲:嗨,我是乙,丙的证书(丙的公钥)

  甲→丙:缺少 CA 中心签名或签名对象不是乙

数字证书通常包含三个部分:乙的基本信息,乙的公钥,还有 CA 中心的签名。CA 中心的签名是为了证明该证书中的信息是可靠。但这带来的问题是,要验证一份证书是真是假,就还需要用 CA 中心的公钥来验证 CA 中心的签名。这意味着 CA 中心自身也需要一份证书来证明它自己是可靠的。不难理解,这种情况会形成一条所谓的"证书链",下一级的 CA 中心都需要由上一级 CA 中心来证明,那么这条证书链在哪里终结呢?这时就需要存在一个"根证书"。根证书的签发者是它本身,其可信度是由颁发它的机构在现实世界中的权威性来保障的,比如政府。为了促进信息化的发展,政府部门有责任牵头建设和实施"公钥基础设施"(PKI),而实施 PKI 的核心就是建设 CA 中心。

案例 10-3

中国电子认证服务

截至 2010 年 11 月 30 日,有效电子认证证书持有量合计 14 743 939 张,本月增加 614 131 张,环比增长 4.34%。其中机构证书 7 227 999 张,本月增加 219 952 张,环比增长 3.14%。个人证书 7 505 760 张,本月增加 394 139 张,环比增长 5.54%。设备证书 10 180 张,本月增加 40 张,环比增长 0.39%(如表 10-2

所示)。①

表 10-2　2010 年 11 月份电子认证证书数量统计表

证书类型	持有量(张)	本月新增数量(张)	环比增长率
机构证书	7 227 999	219 952	3.14%
个人证书	7 505 760	394 139	5.54%
设备证书	10 180	40	0.39%
合计	14 743 939	614 131	4.34%

---

① 中国工业和信息化部:《2010 年 11 月份电子认证服务业统计数据》,中国工业和信息化部网页,http://www.miit.gov.cn/n11293472/n11293832/n11294132/n12858462/13535925.html。

信息系统篇

第十一章 管理信息系统

本章摘要

本章在一般意义上讨论管理信息系统。现代信息技术在各类组织,尤其是企业中的应用经历了逐步演变的过程,其关键是要解决组织在管理中的瓶颈问题。从操作控制、管理控制到战略规划,组织中不同层次的管理者对信息的需求和处理信息的方法各有不同,也就需要不同类型管理信息系统的支持。各种管理信息系统之间不是互相替代,而是相互支持的关系。

关键术语

管理信息系统 管理信息 操作控制 管理控制 战略规划 事务处理系统 决策支持系统 协同办公系统

§11.1 管理中的信息与技术

管理活动中的信息

要建立管理信息系统,需要对组织管理中所涉及的信息及其特征有充分的理解。可以从三个角度来考察这些信息。

首先,从宏观的角度来考察信息在组织中的流动。组织中的信息向四个方向流动:向上、向下、水平和向外,如图 11-1 所示。向上流动的信息从基层传递给上层决策者,中间通过各个管理层次,通常描述了基于日常事务处理的组织当前状态。向下流动的信息则从最高层传递给基层,通常是组织的战略、目标和指令等。水平流动的信息则是在职能部门、业务科室以及个人之间传递。向外流动的信息则是在组织与组织服务的对象,比如社会公众、企业之间交流。①

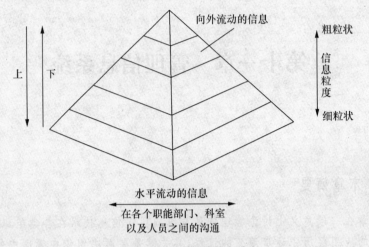

图 11-1 组织内部的信息流向

图片来源:斯蒂芬·哈格、梅芙·卡明斯、唐纳德·麦卡布雷:《信息时代的管理信息系统》,机械工业出版社 2004 年版,第 8 页。

其次,从中观的角度来考察组织中各个管理层次的信息特征。一种经典的划分是将组织中的管理活动分为三个层次,战略规划(Strategic Planning)、管理控制(Management Control)和操作控制(Operational Control)。②

● 战略规划是指对组织的目标,这些目标的变化,实现目标所需的资源,以及控制这些资源的获取、使用和分配的决策过程。③ 战略规划关注于为组织选择适当的目标,以及实现这些目标所需要采取的手段和开展的活动,为此必须能够对组织的未来及其环境做出合理的预测。这个层次通常只涉及组织中处于高层的一小部分人,处于金字塔的顶端。他们的决策通常是不可重复的,而是需要不断的创新。

---

① 斯蒂芬·哈格、梅芙·卡明斯、唐纳德·麦卡布雷:《信息时代的管理信息系统》,机械工业出版社 2004 年版,第 7—8 页。
② Anthony, R. N., *Planning and Control Sysfoms: A Framework for Analysis*, Boston: Harvard Umvorsity Graduate School of Business Administration, 1965:24—69.
③ 同上书,第 24 页。

- 管理控制是指为了实现组织目标,确保各种资源可以被获得并且被有效使用的过程。[1] 按照 Anthony 的观点,管理控制主要涉及人与人之间的交流,必须在战略规划过程所确定的目标和政策的背景下进行,其主要目标是确保效率和效益。
- 操作控制则是指确保特定任务被有效执行的过程。[2] 操作控制与管理控制之间最大的区别在于,操作控制更关注于特定的任务,而管理控制关注于人。

在实际管理活动中,上述层次的边界并不是严格的,但是这种划分有助于分析信息系统在组织中的应用,因为这三类活动在信息需求和利用方面表现出明显的差别。战略规划涉及比较宽泛的组织的目标,更加关注组织的未来和周围环境。因此从某种角度上说,战略规划所需要获取的信息主要是通过组织外部的信息源来获得,具有较大的范围和多样性,准确性往往不高,而且对信息的需求也不是频繁发生的。操作控制中所需要的信息,则正好与战略规划阶段完全相反。由于在操作控制中是任务导向,因此需要相对比较窄的,被良好定义的信息。这些信息的需求十分详细,主要来源于组织内部,使用比较频繁,对准确性要求也比较高。管理控制所需要的信息则介于上述两类信息之间。[3] 表 11-1 列出了这三类信息属性的特点。[4]

表 11-1　三类信息属性的特点

信息属性	操作控制	管理控制	战略规划
信息来源	以内部为主	←→	大量来自外部
加工方法	固定性强	←→	高度不确定性
使用寿命	较短		较长
精确程度	要求较高	←→	要求不高
使用频率	经常、频繁		很低
时间跨度	现实数据		历史和预测数据
保密程度	较低		较高
影响范围	有限	←→	很宽

再次,从微观的角度来考察组织中信息的粒度和内容。信息粒度是指信息详尽性的程度。该程度涵盖了由粗到细的粒度。粗粒度信息是指高度概

---

[1] Anthony, R. N., *Planning and Control Sysfoms: A Framework for Analysis*, Boston: Harvard Umvorsity Graduate School of Business Administration, 1965: 27.

[2] 同上书,第 69 页。

[3] Gorry, G. Anthony, Morton, Michael S. Scott, "A Framework for Management Information Systems", *Sloan Management Review*, 1971, 13(1): 55.

[4] 赵萍:《管理信息系统案例教程》,北京大学出版社 2003 年版,第 8 页。

括的信息,而细粒度信息则是非常具体的信息。① 如图 11-1 组织内部的信息流向所示,随着组织层级从上到下,信息粒度也从粗变细。比如,在政府管理活动中,高层领导需要把握全局,所需要的信息通常是一般的,概括的,整体的,而到了基层,需要办理具体业务,涉及的信息则往往是特殊的、具体的、局部的。另一个考察对象是信息描述的内容。信息有可能是内部的或外部的,客观的或者主观的,也可能是兼而有之的。内部信息主要描述组织中特定业务的内容,外部信息则描述了组织周围的环境。客观信息通常会定量的描述了已经被人们所知的事物,主观信息则试图描述当前还不为人所知的事物。②

现代信息技术的应用

无论对于公共部门,还是私人部门,信息技术革命无疑带来了组织管理的深刻变革。现代信息技术在强化管理功能、完善管理手段等方面具有突出的意义,同时也为管理组织的改造提供了技术准备。

现代信息技术进入组织管理活动,经历了一个循序渐进的过程(如图 11-2 所示)。虽然在理论上,研究者已经意识到,新的技术对于各种组织管理的全面推动作用,但是在实践中,信息技术与管理活动的深度结合不可能一蹴而就,而是必须与管理实践中的具体问题相结合,首先要解决组织管理活动中的信息瓶颈问题。如第六章所讨论的,组织作为一种广义上的信息系统,其管理活动可以看作是一种信息过程。在这个过程中,每一个环节的信息效率,包括获取信息、处理信息、传递信息的效率等,也都将影响整体的组织效率。因此在实践中,组织直接关注的是如何提高这些环节中效率最低的那个环节。

上述历程可以分为三个阶段。第一个阶段是在 20 世纪 50 年代中期到 70 年代初期,被称为"电子数据处理"(Electronic Data Processing,EDP)阶段。在这个阶段,组织管理中的信息瓶颈在于基层的业务管理。组织管理引入计算机的主要目标是提高具体业务工作的工作效率。这些具体业务工作具有涉及数据量大,工序重复性强、操作方法相对简单等特点。

这个阶段又可以分为两个时期。第一个时期是从 20 世纪 50 年代中期到 60 年代中期,这时计算机主要是完成单项数据处理,其作用点主要是利用其快速运算的能力,模仿和代替人工劳动,尤其是完成一系列数学运算任务。1954

---

① 斯蒂芬·哈格、梅芙·卡明斯、唐纳德·麦卡布雷:《信息时代的管理信息系统》,机械工业出版社 2004 年版,第 8 页。

② 同上。

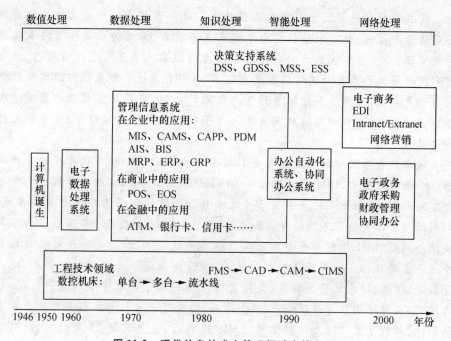

图 11-2 现代信息技术在管理领域中的应用

图片来源:姜旭平、姚爱群:《信息系统开发方法》,清华大学出版社 2004 年版,第 38 页。

年,计算机首次应用于商业数据处理,用于薪水审核、客户定单文件、存货分析等业务。第二个时期是从 60 年代中期到 70 年代初期,这时出现了大容量直接存取的外存储器,一台计算机可以连接多个终端一起工作,可以对有关业务数据进行综合处理。计算机被创造性地用于管理报告和分析,从而出现了以信息报告系统为代表的新的信息系统。

案例 11-1

电子数据处理系统的典型代表[①]

这个时期典型的信息系统包括数据更新系统、状态报告系统等。

数据更新系统的典型代表是美国航空公司的 SABRE 预约订票系统。当时

---

① 摘自姜旭平、姚爱群:《信息系统开发方法》,清华大学出版社 2004 年版,第 25 页。

该公司在世界各地有上千个飞机票预售点。每个预售点按一定比例分配着该公司近千个航班,数万个座位。由于彼此互不联系,常常造成某些售票点的票十分紧张,而另一些售票点的票却售不出去的现象。为了改变这种状态,该公司利用计算机和已有的通信设备建立起了SABRE系统。该系统可以实现数据的自动更新、自动调节和分配个预售点之间的余缺,查询旅客航班的变动情况等。系统建成后,该公司航班满员率一下子就在同行中遥遥领先,带来巨大经济效益。

  状态报告系统中的典型代表是IBM公司在20世纪60年代开发的生产状态报告系统。当时,IBM公司推出了IBM360商用计算机。该计算机有1.5万个不同的部件,每个部件又有若干个元器件。IBM的联营工厂遍布美国各地,不同的订货需要使用不同的部件和元件,生产、装配、安装都十分复杂。为了解决这个问题,IBM开发了一个生产状态报告系统(CMIS)。该系统对公司内各个生产点的数据实行高度集中化的统一处理,建立了一个公用的数据库,统一了数据、报告、报告记录的格式,使得管理人员时刻了解本企业的生产状况、库存情况,及时地调节与组织生产、减少库存,排除了由于信息不畅而给生产带来的影响,加快了生产速度。据估算,CMIS建成后,原来需要15周的工作,只需要3周就可以完成。

  第二个阶段是在70年代初,这个阶段被称为"管理信息系统"(MIS)阶段。通过第一个阶段的发展,基层业务工作的信息效率得到了很大的提高,这样在业务中便积累了大量的数据。这时,人们便提出计算机系统能够进一步按照组织内部不同管理者的要求,实现控制、监测、报告等多种功能。比如,在上文案例中提到的SABRE系统,有人指出,在完成数据更新、统计、查询等功能的基础上应当增加预测和控制功能,比方说,以历史同期机票预定速度规律和现有订票速度来预测可能会出现的问题等。对于CMIS,也提出了利用状态信息研究各种生产经营的发展趋势、计划对生产经营过程的控制和调节作用、最佳的资源分配办法等。为了反映系统功能重点的改变,即从数据处理转变成管理支持,开始使用"管理信息系统"这个术语。①

  这个时期的信息系统的最大特点在于,数据管理从应用系统中被剥离出来,形成独立的数据库管理系统,这样多项任务可以围绕数据库被组织起来,提供集成的、统一的数据服务。在引入计算机之前,业务数据文件附属于特定的

---

① 戈登·B.戴维斯:《布莱克韦尔管理信息系统百科辞典》,对外经济贸易大学出版社2001年版,第140页。

业务职能，比如，人事文件是人事部门处理的，会计应收款项记录是财务部门处理的等。数据库管理系统和数据库将组织从数据使用的功能性约束中解放出来；数据被定义为组织的资源而被集中管理，为整个组织服务。因此，这个阶段的计算机对管理活动的支持能力得到了进一步的增强，在为基层业务提供服务的基础上，可以实现对这些数据的动态收集、监测，并且可以生成中层，乃至高层管理人员决策所需要的各种报表，以便他们随时掌握组织的业务动态。

案例11-2

用于企业管理的管理信息系统[①]

由于管理是一个涉及面非常宽泛的领域，自20世纪70年代以来，信息技术进入到不同的管理领域，又产生出了众多不同的发展分支。在一般企业管理中，有强调计算机辅助管理的计算机辅助管理系统(Computer Aided Management System, CAMS)，有强调信息技术在各行各业中应用的通用资源规划平台(General Recourses Planning, GRP)；在企业生产管理中，有强调计算机辅助生产过程的计算机辅助生产过程系统(Computer Aided Production Processing, CAPP)，强调计算机在辅助制造中应用的计算机辅助生产系统(Computer Aided Manufacture System, CAMS)，强调信息技术用于产品数据管理应用的产品数据管理系统(Products Data Management System, PDM)、强调信息技术在辅助物料需求计划管理应用的物料需求计划系统(Material Requirement Planning, MRP)、强调信息技术在整个企业各个方面管理中应用的企业资源规划系统(Enterprise Resources Planning, ERP)；在会计和财务管理中，有强调在会计中应用的会计信息系统(Accounting Information System, AIS)、强调信息技术在财务、金融分析中应用的财务信息系统(Financial Information System, FIS)、强调信息技术在一般企业经营管理中应用的经营信息系统(Business Information System, BIS)；在商业企业管理中，有强调信息技术在商业零售业中应用的销售点(Point of Sales, POS)系统，强调商业后台管理的电子订货系统(Electronic Ordering System, EOS)；在银行和金融企业管理中，有强调信息技术在银行存、取款业务中应用的自动柜员机系统(Automation Tailor Machine, ATM)等。

---

① 摘自姜旭平、姚爱群：《信息系统开发方法》，清华大学出版社2004年版，第25页。

第三个阶段是到 20 世纪 70 年代以后。这个阶段起步于人们对在管理活动中引入计算机系统的反思,因为人们发现,成本巨大的计算机系统并没有如人们所期望的那样大幅度地提高组织管理工作的效率。第二个阶段被人们津津乐道的自动报表等功能对管理的支持力度十分有限,尤其是对高层管理部门。这和高层管理者的工作内容有关。因为高层管理往往具有战略性,面临的问题比较复杂,具有高度的不确定性,没有经验可循。计算机可以将来自各个环节的基础信息汇总后报告给管理者,但是对这些数据的分析仍然需要决策者自己来进行。这时人们提出,信息技术在管理中应用的新的方向是提供决策支持。简单来说,计算机支持决策的主要方法是在计算机中建立一系列决策模型,这些模型应用到基础数据中后,虽然不能代替决策者做决策,但是可以协助决策者发现和分析问题,探索,甚至评价潜在的解决方案。因此这个阶段被称作"决策支持系统"(Decision Support System)阶段。其后,为了群体合作能力,又出现了"群体决策支持系统"(Group Decision Support System);为了提高决策的能力,出现了"执行支持系统"(Execute Support Systems),为了提高企业之间的合作能力,又出现了"企业间信息系统"(Inter-organizational Information Systems)等。这些系统将在后面讨论。

§11.2 管理信息系统的一般模式

管理信息系统的界定

1961 年,人们提出了"管理信息系统"一词。当时,计算机在企业业务数据处理方面发展迅速,人们随即提出了利用计算机系统全面辅助企业管理,这样就产生了管理信息系统的概念。如何准确的界定或定义管理信息系统,存在不同的见解。在上文的讨论中,管理信息系统是一种在特定历史阶段出现的,用于支持组织管理活动,提供控制、监测、报告等功能的信息系统,这是狭义层面的"管理信息系统"。从广义上来看,组织中用于支持管理活动的信息系统都可以称作是管理信息系统。进一步的,管理信息系统(MIS),信息系统(IS)和信息管理(IM)可以看作是同义词,它们既指使用信息技术来提供信息和通信服务的组织系统,又指计划、开发和管理系统的功能。[①] 而作为研究领域的管理信息

[①] 戈登·B. 戴维斯:《布莱克韦尔管理信息系统百科辞典》,对外经济贸易大学出版社 2001 年版,第 136—137 页。

第十一章 管理信息系统

系统学科是管理科学的一个重要分支,它以组织中的信息系统开发与应用研究为主要对象。

为了更好地理解管理信息系统的功能与目标,下面给出若干关于"管理信息系统"的定义。

1970年,瓦尔特·肯尼万(Walter T. Kennevan)给当时刚刚出现的管理信息系统的定义是,以口头或书面的形式,在适当的时间向管理者、职员及外界人员提供过去的、现在的,预测未来的有关企业内部及其环境的信息,以帮助他们进行决策。[1]

管理信息系统学科创始人戈登·戴维斯(Gordon B Davis)认为,管理信息系统是利用计算机软硬件、手工作业,管理和决策工具以及数据库提供信息,以支持组织中的运行、管理和决策功能的人—机系统。[2]

国内学者朴顺玉和陈禹指出,组织之中的信息流是对其他流(如物流、能流、资金流、事物流等)进行控制的根据,不同的信息流用于控制不同的业务活动。如果几个信息流联系组织在一起,服务于同类管理和控制目的,就形成信息流的网,成为信息系统。[3]

薛华成则认为,管理信息系统是一个以人为主导,利用计算机硬件、软件、网络通信设备及其他办公设备,进行信息的收集、传输、加工、储存、更新和维护,以战略竞优、提高效益和效率为目的,支持高层决策、中层控制、基层运作的集成化的人机系统。[4]

戈登·戴维斯主编的《布莱克韦尔管理信息系统百科辞典》中,从信息系统和组织功能两个角度,详细地阐述了对管理信息系统的理解。首先,从信息系统的角度看,管理信息系统是组织内部系统,它为满足组织需要而提供信息和通信服务。该系统由信息技术基础设施和应用软件系统组成,它能够提供信息处理通信能力,还能支持特定的信息资源和服务。基础设施是核心技术系统、数据库和信息管理人员。基础设施为各种应用系统提供公共功能和服务。应用软件系统为了组织的特定功能或目的发布信息资源,并提供服务。管理信息系统的目标是满足信息和通信要求,提高效率,帮助组织制定策略,全方位地改进操作和管理过程。其次,从组织功能的角度来看,管理信息系统的组织功能

---

[1] Keenevan, W., "MIS Universe", *Data Management*, 1970(9): 62—64.
[2] Davis, Gordon B., *Management Information Systems: Conceptual Foundations. Structure and Development*, New York: McGraw Hill Ltd. 1974: 5—7.
[3] 朴顺玉、陈禹:《管理信息系统》,中国人民大学出版社1995年版。
[4] 薛华成:《管理信息系统》,清华大学出版社1999年版,第4页。

是制定、开发、实施、操作和维护组织信息技术基础设施和应用软件系统。它通过个人和部门为开发和操作信息系统提供支持和咨询服务。为了达到这些目的,组织需要雇佣、培训和管理有专业知识和技能的员工。组织在计划、开发、信息管理以及使用通信基础设施和应用软件的过程中需要专门知识。[1]

综合上述观点,并结合本书的讨论,管理信息系统可以看作是一个以用户为主导,以增强组织战略竞争能力,提高效益和效率为目的,利用现代信息技术改进或重组组织内部的信息过程,优化组织中的决策与管理模式的人机系统。

这里要注意三点。第一,建设管理信息系统的目的是为了实现组织内部各种资源的集成化管理,对因此而产生的各类信息进行综合处理,辅助管理者的决策。所谓集成化,是指系统内部的各种资源设备统一规划,以确保资源的最大利用率。[2]

第二,要理解计算机在组织管理中的作用,首先必须认识到,虽然我们已经认识到信息是一种资源,可以给组织带来可观的效益,但是正如前文所讨论的,任何一个组织的实质都是一个信息系统,并非说在组织中只要引入了信息技术,就一定能够提高其信息效益。一个有着良好设计的信息系统的组织会比那些没有这种系统的组织更具有竞争力。

第三,人机系统意味着,即使管理信息系统被架构在最先进的计算机设备和技术的基础上,计算机仍然不是管理信息系统的必要条件。管理活动中的一些任务适合于让机器来完成,比如为决策、计划以及控制操作提供信息,而另一些任务则可能更适合于由人来完成。[3]尽管计算机在数据处理技术方面远远超过人类的能力,但对于管理者来说,绝不能高估或者扭曲计算机的职责,而忽视人的因素。在实际中,把什么样的信息交给计算机处理?什么工作交给管理人员,力求充分发挥任何及其各自的特长,才是管理和处理信息的目标。

管理信息系统的结构

管理信息系统的结构由基础结构和应用系统结构两部分构成,如图11-3所示。其中,基础结构的基本目标是为信息获取和信息处理提供公共的功能,由

---

[1] 戈登·B. 戴维斯:《布莱克韦尔管理信息系统百科辞典》,对外经济贸易大学出版社2001年版,第138页。
[2] 姜旭平、姚爱群:《信息系统开发方法》,清华大学出版社2004年版,第47页。
[3] Versha Mehta, *Management Information System*, New Delhi: Anmol Publications, 1998: 1—2.

第十一章　管理信息系统

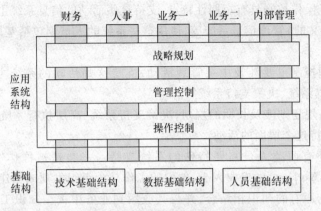

图 11-3　管理信息系统的结构示意图

技术、数据和人员构成。①

* 技术的基础结构包括计算机、通信硬件、系统软件和通用软件系统。计算机硬件包括计算机和相应的存储、输入和输出设备。通信硬件包括内部网的通信流控制设备和外部网络供应商。在可操作的计算机硬件系统中,由系统软件提供应用程序所需的通用功能。通用软件不提供特殊功能,而是为应用软件提供基础功能。例如,数据库管理系统管理数据库,同时为不同的应用程序和用户提供访问和检索功能。

* 数据库构成数据基础结构,为一个或多个组织或部门所需的数据或功能提供数据存储支持。根据组织活动的不同,组织会设计多个数据库。数据库规划以及相应的数据库管理系统实现了为应用系统提供数据的能力。数据库管理系统负责管理数据的输入,数据的存取,数据的组织,数据的输出,使数据为多种用途服务。具有集中统一规划的数据库是管理信息系统成熟的重要标志。

* 信息系统人员构成了人员基础结构。它包含了建立和维护技术和数据库设施所需的所有人才,同时还包括提供用户支持、开发、部署、操作和维护活动的人员。这些人员可以通过管理信息系统的功能或职能部门进行划分。例如,管理信息系统中的技术支持人员,或组织中不同职能部门的信息管理人员等。

按照上文对管理活动的划分,通常将管理信息系统的应用系统结构划分为战略规划层、管理控制层和操作控制层。由于三个层次的活动涉及的信息具有不同的性质,因此需要有不同的技术手段或信息系统来支持这些管理活动。

---

① 戈登·B.戴维斯:《布莱克韦尔管理信息系统百科辞典》,对外经济贸易大学出版社 2001 年版,第 140—142 页。

- 由于操作控制具有短期性特点,支持这些活动的信息系统主要是事务处理系统,(狭义的)管理信息系统等,使用这些系统的人员则包括基层的管理者、职员等。
- 管理控制主要涉及中层管理活动,支持这些活动的系统主要是(狭义的)管理信息系统、决策支持系统等。
- 战略规划则涉及长期的规划,决策支持系统、高层执行系统等在一定程度上可以支持这个层面的活动。

此外,还有两类人员需要特殊的系统支持。一类是被称作"知识员工"(Knowledge Workers)的专业人士,他们的工作是为组织发现或创建新的信息和知识,使之与原有的知识相结合,并将其应用到业务中去。知识工作系统可以为他们提供支持。另一类人员被称为"数据工作者"(Data Workers),比如,办公室文员、用文字处理软件工作的秘书、电子文件管理员等。数据工作者可以在办公自动化系统的支持下工作,涉及的功能包括文件管理、电子邮件等。[①] 这些系统将在下一节以及后面的章节中讨论。

需要提出的是,正如上述三层模型对管理活动的划分不是严格的,按照上述三层模型来划分管理信息系统同样并不存在明确的分界线。

首先,事实上,任何一个层次上的管理活动所涉及的信息,都可能既包括那些不确定性较高,重复性较低,粗粒度的信息,也包括那些不确定性较低、重复性较高、细粒度的信息,因此可能都会需要上述不同的信息系统的支持。

安东尼和斯科特在提出了管理活动的三层模型后曾指出,应当增加决策问题的结构维度。[②] 在任何一个层次的管理活动中都会既涉及高度结构化的问题,也会涉及非结构化的问题。事务处理系统、(狭义的)管理信息系统等更适合于解决结构化较高的问题;决策支持系统等则适合于解决半结构化的问题;而对于完全非结构化的问题,事实上目前的信息技术所能提供的支持十分有限。当然,他们也提出,绝大多数操作控制层面的问题是结构化的,而绝大部分战略规划层面的问题是非结构化或者半结构化的。下一章将继续讨论决策问题的结构化。

其次,随着技术的发展,原先处于上一层次的管理活动,可能会转移到下一层次中来。这里实际上取决于管理者所能获得的信息的质量。如果说原先在上层管理活动中的信息的不确定性、不可重复性等特征可能是由于技术匮乏所导致的,

---

① 埃夫拉伊姆·图尔班等:《管理信息技术》,中国人民大学出版社2009年版,第49—50页。
② Gorry, G. Anthony, Morton, Michael S. Scott, "A Framework for Management Information Systems", *Sloan Management Review*, 1971, 13(1): 55.

那么新的技术可能会弥补这些方面的缺陷,从而可能改变原来分界线的位置。①

管理信息系统的分类

(广义的)管理信息系统一般被分为七类:事务处理系统(TPS)、(狭义)管理信息系统(MIS)、办公自动化系统(OAS)、知识工作系统(KMS)、决策支持系统(DSS)、执行支持系统(ESS)和组织间信息系统(IOIS)(如表 11-2 所示)。

表 11-2 广义管理信息系统的分类

类型	输入	处理过程	输出	典型用户
TPS	事务数据、事件	分类、存储、排序、合并、插入、修改等	详细的报告、处理过程的数据	业务操作人员、管理人员
OAS	通知、文件	文字处理、文档管理、调度安排、通信联系、存储等	文档、计划、备忘录、管理报告	办公室职员
MIS	处理过程的事务数据、面向管理的数据、程序化的模型、简单的模型	报告的生成、数据管理、简单的建模、统计、查询	总结和报告、例行的决策	中层管理人员
KWS	事务数据	图形处理、数据分析、信息检索	模型、政策建议	技术专家、业务专家
DSS	一些处理过的数据、大量的面向管理的数据、专用的决策模型	交互式的查询响应、管理科学和运筹学建模、仿真等	特殊报告、决策方案、管理查询的相应	专家、管理人员
ESS	各种处理过的事务数据、外部数据、内部数据	信息获取、个性化分析、交互式操作、仿真	当前状况、发展的趋势、管理查询的相应	高层管理人员
IOIS	各种处理过的事务数据	报告生成、数据管理、简单建模、统计、查询	总结和报告	组织间的协调管理人员

资料来源:倪庆萍:《管理信息系统原理》,清华大学出版社、北京交通大学出版社 2006 年版,第 9—10 页。

---

① Gorry, G. Anthony, Morton, Michael S. Scott, "A Framework for Management Information Systems", *Sloan Management Review*, 1971, 13(1): 55.

事务处理系统(Transaction Processing System, TPS)

事务处理系统主要处理的是组织操作层的、重复的、变化较小的各种事务。比如在企业中,诸如订单录入、存货控制、工资计算、应收或应付账款处理等基本业务活动,通常都需要完成一系列相对标准化的信息收集、编辑、修改、操作、存储、打印等具体任务,这些任务可以利用事务处理系统来实现。比如商场中使用的"销售点终端"系统就是一种典型的事务处理系统。现在的POS系统,可以直接读入粘贴在商品上的条形码,然后从数据库中获取到商品信息,比如商品名、单价、销售数量、销售店铺等,然后根据商品购买量计算应收账款,并更新数据库中的库存和销售数据,这些数据将通知进货和仓库管理部门及时的调整商品存量。

事务处理系统的主要意义是提高了各种信息或数据的可用性,可以对信息或数据进行操作和转化,但一般不做预测、规划、调节和控制等管理活动。其特征包括:能够迅速有效的处理大量的数据输入输出;能够进行严格的数据编辑,以保证数据的正确性和时效性;可以通过审计已保证所有输入数据、处理、程序和输出是完整、准确和有效的;能够提供有关安全处理的防护能力;可以支持多人工作。

随着管理信息系统的发展,除了会计系统等专业系统外,目前在政府部门中使用的纯粹的事务处理系统并不多见,但是许多业务管理信息系统,比如审批管理系统等,是由事务处理系统发展而来的,其基本业务是在相关事务处理的基础上增加了进一步信息分析的功能。从这个角度上,事务处理系统常常被看作是管理信息系统的信息来源。

值得一提的是,许多组织中的事务处理系统已经成为支持组织业务进行的基本手段,一旦如发生故障便可能会导致业务中断等严重的后果。比如北京某医院的计算机收费系统在上班时间发生了故障,无法受理病人的划价、收费业务,而医院的许多诊断和治疗要求先交费,所以计算机系统瘫痪直接导致了医疗过程中断。最后,医院不得不手工开具临时收费单以保证治疗。[①]

管理信息系统(Management Information System, MIS)

如前所述,管理信息系统可以从广义和狭义两个层面来理解。广义层面的管理信息系统可以认为是各种支持组织管理与运行的信息系统的集合,而狭义层面的管理信息系统是这些信息其中的一种。上文中提到的管理信息系统,通常是从广义层面来说的,而这里则是指狭义层面的管理信息系统。

---

① 赵萍:《管理信息系统案例教程》,北京大学出版社2003年版,第51页。

管理信息系统可以看作是一种能够向组织管理者提供信息分析报告，帮助管理者了解组织日常业务的信息系统，它主要服务于组织的中层管理层，其直接目标是提高整个组织中信息资源的使用效率和使用质量，而其最终目标是帮助管理者更有效地实施管理，达到组织的预期目标。管理信息系统的特征即是，能够有效运用系统中的数据、信息，提供各种报告和计划，并向人们提示潜在的问题，但一般不能提供明确的解决问题的方案。

早期管理信息系统的一般结构如图 11-4 管理信息系统的一般结构所示。数据库是惯例信息系统的核心。如前所述，事务处理系统在事务处理过程中所产生的全部信息都将被保存到数据库里。当然，事务处理系统并不是管理信息系统中信息的唯一来源。来自其他管理信息系统的信息，以及人工直接采集的信息都是其信息来源。分析引擎将根据用户的要求，对数据库中的信息进行汇总、运算，将新的结果提交给报表制作器，后者将按照不同的格式和要求制作出电子报表，然后通过 B/S 或者 C/S 的方式，将报表递送给相应的管理者。

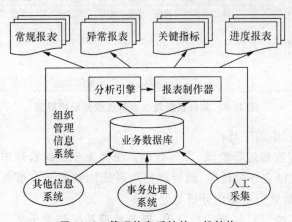

图 11-4　管理信息系统的一般结构

在管理信息系统的发展早期，系统的输出以数据报表为主，缺乏更直观、更有效的信息表现方法，这与当时计算机软硬件技术相对落后有关。随着软硬件技术的进步，尤其是在出现了视窗系统后，计算机的信息表现能力越来越强，与用户的交流接口更加"友好"，管理信息系统的输出结果也因此变得更加多样化（如图 11-5 所示）。图形化的界面可以提供更加直观的计算汇总结果。

管理信息系统与事务处理系统的区别表现在：

第一，在系统开发阶段，事务处理系统强调用技术手段处理数据问题，而管理信息系统则强调完全根据管理需求和业务具体情况来开发系统，技术手段只

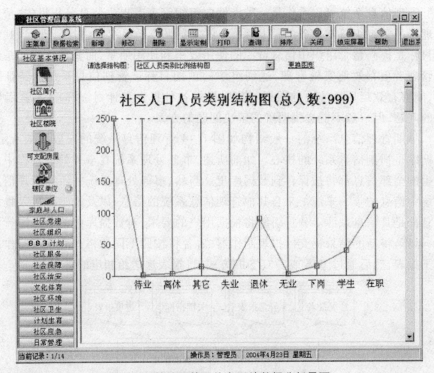

图 11-5 某社区管理信息系统数据分析界面

是系统开发过程中的工具;

第二,在实施和运行阶段,事务处理系统侧重于组织管理中的基层数据处理问题,例如记录业务过程等,而管理信息系统则侧重于在事务处理系统的基础上对业务过程进行定量化分析与处理;

第三,在系统运行结果的处理上,事务处理系统侧重于用报表形式反映或统计业务活动的详细情况,而管理信息系统则侧重于用统计报表、图形和量化计算结果来综合分析管理过程中存在的问题。[1]

办公自动化系统(Office Automation,OA)

与管理信息系统一样,对"办公自动化"也存在不同的理解。广义上的办公自动化系统是指,借助技术手段,将人的部分业务转交给各种设备来完成,并由这些设备和办公人员共同完成办公业务。在这层意义上,事务处理系统、管理信息系统等都可以看作是办公自动化系统。而狭义的办公自动化系统是指为

---

[1] 姜旭平、姚爱群:《信息系统开发方法》,清华大学出版社 2004 年版,第 53 页。

日常办公服务的软硬件集成系统,比如各种办公设备、文字处理软件等。

在20世纪70年代以前,已经出现了诸如电话、传真等用来辅助办公业务的信息机器。70年代末,个人计算机的出现推动了办公自动化的发展。80年代,软件方面出现了专门的办公应用软件,比如微软的Office套件等,硬件方面则出现了办公局域网,打印机、复印机等设备得到了大范围的使用。90年代后,多媒体技术和网络技术的提高进一步扩展了办公自动化系统的支持范围,为各种组织的办公提供了前无仅有的新环境。

办公自动化系统的发展可以分为四个时期。第一个时期可以称之为"单机时期",其特征是利用电子设备辅助单人的办公业务,计算机、复印机等信息设备之间没有直接的连接。与传统办公模式一样,单机时代的自动化办公仍然是以"人"为核心,各种信息设备是通过人的使用而实现共同工作。信息的制作和传递媒介仍然以纸介质为主。

第二个时期可以称之为"局域网时期"。局域网和数据库的出现促使办公自动化从个人走向群体,从科室走向部门,从分散走向集中,从辅助走向主导。一方面,信息系统通过物理媒介直接连接了起来,另一方面,原先分布在各台计算机中的数据集中到统一的数据库中。办公业务的核心实际上从以人为中心转变为以信息机器和数据库为核心。这个阶段提出了"无纸化"的概念。

第三个时期可以称之为"互联网时期"。互联网的出现促使办公自动化走出组织的内部。办公自动化系统与互联网连接起来,电子邮件、即时通信、远程视频会议等技术,一方面使得外部的业务对象可以借助互联网与组织沟通,另一方面组织成员在任何时刻、任何地点都可以接入系统完成办公业务。

第四个时期可以称之为"协同时期"。协同办公是在网络化办公的基础上发展起来的。各个人员、各类机器、各种业务不仅通过协同办公系统连接了起来,而且相互之间还存着定制化的关联关系。目前,协同办公系统已经在众多的政府部门和企业中得以应用。

协同办公系统(Collaboration System)

所谓"协同办公"是20世纪90年代末期兴起的管理思想。事实上,协同是组织的内在要求。无论何时,任何组织都强调内部各部门、各成员之间的分工协同,在人员与人员之间、业务与业务之间、部门与部门之间都存在着协同关系;也只有通过协同合作,才能实现组织的目标。换言之,协同是组织的本质。

回到第五章的讨论,信息传播受制于广度与深度的权衡。在传统信息技术条件下,深度的信息交流有赖于邻近空间或者专用的信息渠道。协同需要在各方之间建立合作关系,就需要能够保障各方之间深度交流的信息渠道。要注意的是,深度不是指通常所说的信息内容本身的"深度",而是指带宽、交互性、针对性、安全性等因素,也即是说这里所考察的不仅包括复杂的、特殊的信息,也包括简单的、重复性的信息。在传统的办公环境中,协同主要是在邻近空间中或者通过口口相传的方式来实现的,这使得协同或者受限于空间的和规模的限制,或者缺乏效率。因此,所谓"协同办公"并非是一种新的办公模式,而是如第五章中所述,利用信息系统突破原有的渠道限制,从而提高组织内部的协作效率和协作范围,创建一个紧密结合、共同运作、动态调整的环境体系。

日常办公业务可以被分为各个业务环节,业务环节之间有着千丝万缕的关系,传统办公软件只关注其中部分环节,不能实现业务统筹,因而不得不在多个系统之间切换以保证实现同步。协同办公系统中的"协同"首先表现在,各种业务中所涉及的分散的、不规则的信息被整合成一张"信息网",每个信息节点之间依靠若干种业务逻辑关系进行关联。其次,各种业务被纳入一个统一的平台,通过实现业务流程的标准化,以工作流程打通各个部门的运作环节,使得上下游的业务之间能够平滑连接,上游环节可以"启动"下游环节。再次,系统将组织内外各种资源整合在统一的平台上进行管理,并提供单一的和个性化的访问入口。

知识工作系统(Knowledge Work Systems,KWS)

早期观点认为,在组织的中层管理和操作层之间存在一个知识工作层,由组织中各种业务专家,或者称之为知识工作者组成,包括研究人员、设计研发人员、工程师、医生、律师等。与其他生产活动和管理活动不同,知识工作层的工作主要是产生新的信息和知识,并确保新的知识被更合适地应用在组织的不同活动中。由于人们起初主要关注的是企业管理信息系统,因此知识工作层更多地对应到企业内部的设计、研发、专业事务(如法律)以及文字处理等部门,这些部门常常需要使用具有图形处理、数据分析、文档管理等功能,支持这些活动的信息系统主要包括计算机图形工作站,计算机辅助设计(CAD)系统等。因此,知识工作系统主要辅助那些专业技术人员,帮助他们进行知识和技术开发,以及本专业领域内附有创造性的工作。随着知识经济时代的到来,在20世纪90年代末,尤其是进入21世纪后,知识对于管理绩效的价值被更多地挖掘出来,人们提出了"知识管理系统"(Knowledge Management System,KMS)的概念,其理念已经大大超出了知识工作系统的范畴。知识管理系统将在第十七章和第十八章中讨论。

决策支持系统(Decision Support System,DSS)

如果说事务处理系统、管理信息系统主要面向组织中具有常规性、重复性的中下层管理问题,那么决策支持系统则主要服务于组织管理层,用来支持那些具有特殊性、易于变化的中上层管理或决策问题。事务处理系统以提高信息加工速度和效率为目标,管理信息系统以提高管理效率为目标,决策支持系统则以提高决策效果为目标,其主要关注于如何提高或改进决策的质量,也就是帮助管理者做出正确的决策。

必须强调的是,支持管理者的决策,绝不意味着可以代替管理者做决策。通常,决策支持系统可以提供若干种分析方案,这些方案将成为管理者决策的依据,最后仍然是由管理者做出决定。下一章将专门讨论决策支持系统。

执行支持系统(Executive Support Systems,ESS)

执行支持系统,又称"执行信息系统"(Executive Information System,EIS),是为组织战略决策层提供服务的信息系统,可以看作是一种特殊的决策支持系统。[1] 这个系统的主要特征在于,为组织的高层管理人员建立一个通用的信息应用平台,借助功能强大的数据通信能力和综合性的信息检索和处理能力,提供面向随机性、非规范性、非结构化信息需求和决策问题的支持手段。[2] 在技术上,执行支持系统强调更强的信息汇总和"向下挖掘"(Drill-Down)的能力,结合来自组织内部与外部的各种数据来源,协助高层管理者监控组织的绩效,预测未来的趋势。所谓"向下挖掘",是指能够从由组织上层汇总的信息一直往下"钻"到底层的详细数据。

早期观点认为,执行支持系统应当能够为那些不熟悉计算机的高层管理者提供更便捷、更友好的服务,因此强调其应当具有先进的图形处理功能,以提供更加直观的信息。如上文所述,随着计算机软硬件技术的发展,图形处理已经成为各种信息系统的一项基本功能,庞大的数据库可以集中支持海量的数据资源、计算机,尤其是个人计算机的计算速度显著增加,执行支持系统与管理信息系统、决策支持系统之间的差距逐渐缩小。为了更好地为组织的高层管理服务,研究视角开始转向"智能业务系统"(Intellectual Business System),试图利用人工智能技术来提高管理决策的质量。

不同管理信息系统之间的关系

我们已知,在不同的管理层次上所面临的决策问题及其管理方式都有显著

---

[1] Power, D. J., *Decision Support Systems: Concepts and Resources for Managers*, Greenwood/Quorum, 2002:4.
[2] 倪庆萍:《管理信息系统原理》,清华大学出版社、北京交通大学出版社 2006 年版,第 11 页。

的差别,在信息需求以及信息技术所能支持的范围也有所不同。因此,上述不同类型的计算机信息系统之间存在显著的层次关系,用来服务于不同层次的管理和决策问题。除此之外,对于不同管理信息系统之间的关系还存在以下观点。[①]

进化观点

进化观点认为,客观事物的某种变化每隔一段时间就会周期性地发生,而不管这些已经变化的客观事物之间是否已经建立了联系。因此从这种角度来看,计算机信息系统类型的发展过程也是一种进化过程。

这种进化过程具有如下特点:

- 不同的计算机信息系统的出现在时间上有明显的先后次序关系。从20世纪50年代的事务处理系统,60年代的办公自动化,70年代的管理信息系统,80年代决策支持系统,一直到90年代的企业间的信息系统。
- 不同类型的计算机信息系统都使用了共同的软、硬件技术,且各期间有不断的发展。
- 虽然这些计算机信息系统的类型不同,但是它们的基本功能是一致的,即接受数据的输入、处理这些数据,最终产生有意义的结果。

进化观点存在如下问题:

- 后期出现的信息系统的许多特征并不是早期的系统进化而来的;
- 后期的信息系统不都能取代早期的信息系统。如管理信息系统可能取代事务处理系统,但是决策支持系统最终很难取代事务处理系统和办公自动化系统。

权变观点

权变观点认为在计算机信息系统的发展过程中,根据分析和解决问题的需要,可以将某些阶段看作是进化的,将另外一些阶段看作是层次的,如图11-6所示。

权变观点认为,首先,不同类型的计算机信息系统的应用范围是相互交叉的,交叉的程度和方式在不同的企业中是不同的;其次,在一定的时间周期上,每种系统提供服务的范围也可以发生变化。例如,在某种类型的新系统引进之前,旧系统的服务范围将不断扩大;一旦新系统引进,旧系统的服务范围将不再增加。

信息流观点

组织中的各类信息系统并不是独立工作的,它们相互之间存在一种依赖关

---

① 本节内容引自倪庆萍:《管理信息系统原理》,清华大学出版社、北京交通大学出版社2006年版,第12—14页。

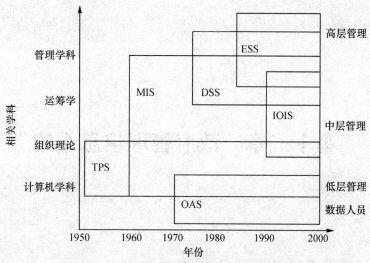

图 11-6 各种管理信息系统出现时间关系图

系,例如事务处理系统是其他信息系统的主要数据源。当然,在大多数组织中,这些不同类型的信息系统之间的关系是宽松的,各类系统之间基本关系如图 11-7 所示。事务处理系统可以直接为办公自动化系统和知识工作系统、管理信息系统和决策支持系统提供所需要的信息。管理信息系统和决策支持系统所需要的信息可以来自办公自动化系统、知识工作系统和事务处理系统;企业间信息系统需要的信息主要来自管理信息系统,执行支持系统需要的信息主要来自管理信息系统和决策支持系统等。

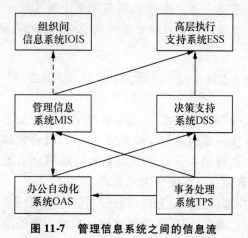

图 11-7 管理信息系统之间的信息流

第十二章 政府管理信息系统

本章摘要

政府管理信息系统可以分为支持政府部门内部业务应用的系统、支持政府外部业务受理应用的系统以及支持跨部门整合的系统等。本章分别讨论了上述不同类别的管理信息系统中的典型系统。

关键术语

政府管理信息系统　公文流转系统　地理信息系统　审批管理系统　网上登记系统　网上直报系统　社保管理系统　应急联动系统　并联审批系统

§12.1 政府管理信息系统的分类

在系统基本架构和实施技术上,政府管理信息系统与上文中讨论的一般管理信息系统并无本质的差别。从一般意义上来看,政府管理信息系统是用于支持政府部门进行公共管理和提供公共服务的管理信息系统。按照第一讲中的讨论,我们将政府管理信息系统分为三类。

第一,支持政府部门内部业务应用的管理信息系统。

与企业管理信息系统一样,政府管理信息系统一开始主要是为政府部门内部管理的操作控制服务的,比如最早出现的会计电算化系统、办公自动化系统等,主要满足部门内部的日常行政办公需要。随着技术的进步,这些系统逐步从单机版发展网络版,从简单的文字编辑发展到综合的信息资源管理,从仅能够传输文本信息发展到支持多媒体的应用。这些引人注目的变化引起了政府办公模式的革命。内部管理信息系统的基本结构与上节中一般意义的管理信息系统类似,其功能主要是为内部业务的信息处理、汇总、流转、存储、输入输出提供系统化的支持,具体而言则与各个部门的业务相关,需要按照各种业务的具体内容和流程来设计。本节将讨论两种较具通用性的内部管理信息系统,第一是公文流转系统,其负责在不同的政府部门和人员之间流转电子公文并完成相关审批;第二是地理信息系统(Geographical Information System,GIS)在政府部门中的应用。

第二,支持政府外部业务受理应用的管理信息系统。

业务受理主要指政府部门接受企业或公众的登记、申报、申请、申领、支付等事项。通过支持外部业务受理应用的管理信息系统,企业和公众可以直接通过信息系统,尤其是互联网系统提交自己的各种信息或业务请求,这些信息会自动进入政府部门内部的管理信息系统中,工作人员在对受理业务处理完毕后,可以通过非电子的方式,也可以通过电子方式将处理结果、反馈意见或其他相关信息通知申请人。随着电子政务的不断发展,越来越多的政府受理业务可以完全通过电子化的方式来实现。在第八章中已经讨论了政府如何通过互联网门户网站与公众进行交流,并接受公众的申请。本节将主要讨论两种通用型的业务受理系统,第一种是审批管理信息系统,第二是登记管理信息系统等。

第三,支持跨部门整合应用的管理信息系统。

面对日益复杂的社会问题,单个部门的行动往往捉襟见肘,跨部门的协同与合作已经成为一种常态。前面两类系统越来越难以支持部门间的这种业务协同,因此需要能够实现跨部门业务整合的管理信息系统。这类系统又可以根据所整合的部门类别分为支持纵向整合应用的管理信息系统和支持横向整合应用的管理信息系统。[①] 前者是指同一项业务内容在不同层次政府部门的信息共享和决策协同;后者则是指一项业务涉及的相关内容在不同政府部门之间的信息共享和决策协同。从系统架构和业务功能上来看,纵向管理信息系统实际上与部门内部的管理信息系统类似,而横向管理信息系统则需要将不同部门的业务功能整合到一个平台上,提供统一的功能和业务流程。本节将讨论的系统

---

① 王浣尘:《信息技术与电子政务——信息时代的电子政府》,清华大学出版社 2004 年版,第146—206 页。

包括信息直报系统、社会保障管理信息系统、应急管理系统、电子口岸系统。

§12.2 支持政府部门内部业务应用的管理信息系统

公文流转系统

在传统管理模式中,公文以纸质材料实现流转,流转与审批的时间较长,而且不便于监督公文的办理,经常出现延误的情况,办事效率不高。公文流转系统的目标即实现公文流转与审批的电子化。

公文流转的处理程序主要包括收文和发文两个方面。收文处理是指对来自外部的公文在本部门内部进行流转与管理的过程。收文处理程序一般包括公文的传递、签收、登记、分发、拟办、批办、承办、催办、查办、立卷、归档等,对于需要办复的文件和需要向外转发的文件,从拟稿起进入发文处理程序。发文处理则是指从拟稿开始直至形成公文的一系列过程。一般包括拟稿、审核、审批、签发、会签、校对、登记、立卷、归档等。

公文流转系统的理想情况是实现"无纸化"公文管理,即实现完全电子化的公文流转与审批。这个目标有赖于以下条件的实现。第一,电子签名合法化,国家必须制定完善的电子签名相关法律法规,对涉及的责权利关系做出明确规定;第二,电子化的工作方式为各级公务员,尤其是高层管理者所接受,而且公务员能够达到掌握电子化模式的能力要求;第三,公文流转系统中的流程设计能够满足业务需求。

在实际工作中,由于不具备上述条件,尤其是前两个条件,通常要求在电子公文流转与审批系统的任何环节都可以输出纸质文件,同时往往还采取所谓"双驱动"的方式。所谓"双驱动"是指,公文的拥有者和控制者都可以对公文进行控制。处理公文的领导是公文的拥有者,专门负责处理公文,并在有关领导和部门之间传递公文的办事人员是公文的控制者。如果某公文在网上传给某领导时,如果该领导无法实现计算机办公,而是需要打印出来在纸质文件上进行批示,那么就由办事人员操作电子公文继续传递给下一个领导处。这样,电子方式和纸质方式相互配合,可以避免重复登记,方便查询和统计,并可辅助进行对纸质文件的管理,信息上行和下达的效率较之纯纸质方式大大提高。①

---

① 王浣尘:《信息技术与电子政务——信息时代的电子政府》,清华大学出版社2004年版,第48—51页。

第十二章 政府管理信息系统

案例12-1

图 12-1 和图 12-2 分别描绘了某区政府公文收发的流程。

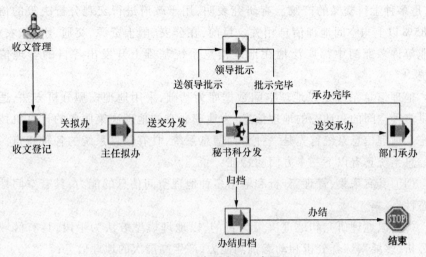

图 12-1 收文流程示意图

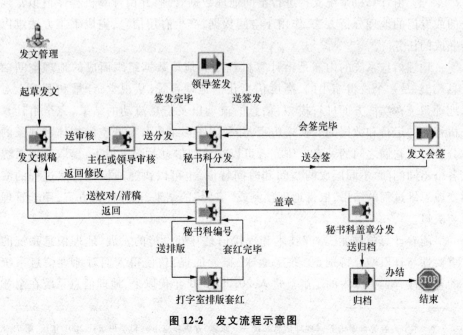

图 12-2 发文流程示意图

地理信息系统

地理信息系统(GIS)是20世纪60年代后迅速发展起来的地理学研究技术,是多种学科交叉的产物。有研究表明,用于政府进行宏观分析决策的信息中85%以上与空间地理信息相关。目前,在公安、国土资源、交通、水利、农业、林业等许多部门中都广泛地在地理信息系统基础上开发出各自的管理信息系统。[①]

地理信息系统是以地理空间数据库为基础,采用地理模型分析方法,适时提供多种空间的和动态的地理信息,为地理研究和地理决策服务的计算机技术系统。地理信息系统首先是一种管理信息系统,具有信息系统的各种特点。地理信息系具有以下三个方面的特征:

(1)具有采集、管理、分析和输出多种地理空间信息的能力,具有空间性和动态性;

(2)以地理研究和地理决策为目的,以地理模型方法为手段,具有区域空间分析、多要素综合分析和动态预测能力,产生高层次的地理信息;

(3)由计算机系统支持进行空间地理数据管理,并由计算机程序模拟常规的或专门的地理分析方法,作用于空间数据,产生有用信息,完成手工方法难以完成的任务。

地理信息系统的内涵是由计算机程序和地理数据组织而成的地理空间信息模型,是一个逻辑缩小的、高度信息化的地理系统,从视觉、计量和逻辑上对地理系统在功能方面进行模拟,信息的流动以及信息流动的结果,完全由计算机程序的运行和数据的变换来仿真,并利用图形来充分反映空间物体和现象的分布以及它们之间的关系。研究者可以在地理信息系统支持下,提取地理系统各个不同侧面、不同层次的空间和时间特征,也可以快速地模拟自然过程的演变或思维过程的结果,取得地理预测或"实验"的结果,选择优化方案,用于管理与决策。

随着计算机技术、空间技术和现代信息基础设施的发展,地理信息系统的重要性与日俱增。特别是"数字地球"概念的提出,使得人们对地理信息系统的重要性有了更深入的了解。进入20世纪90年代以来,地理信息系统在全球

[①] 本节内容摘自邬伦等:《地理信息系统——原理、方法和应用》,科学出版社2001年版,第7—8页。

得到了空前迅速的发展,广泛应用于各个领域,产生了巨大的经济效益和社会效益。

案例12-2

3S 技术

地理信息系统与遥感(Remote Sensing,RS)技术、全球定位系统(Global Positioning System,GPS)并称为"3S"技术。目前,这些技术已经被应用在城市规划、市政管理、国土资源、灾害与危机管理、农林管理、公共事业服务等领域。

遥感(RS),遥远的感知,是指从远距离、高空以至外层空间的平台上,利用可见光、红外、微波等探测仪器,通过摄影或扫描等方式,对电磁波辐射的能量的感应、传输和处理,从而识别地面物体的性质和运动状态的技术系统。按电磁辐射的性质,遥感可以分为主动遥感(如雷达等)和被动遥感(如摄影等),如图12-3所示。通过遥感卫星可以拍摄到河流受污的动态情况。

图 12-3　遥感技术获取的河流受污动态情况

全球定位系统(GPS)是一个中距离圆型轨道卫星定位系统,它利用空间卫星技术,可以为地球表面绝大部分地区提供准确的定位和高精度的时间基准。全球定位系统的作用领域包括精确定时、工程施工、勘探测绘、交通工具和武器导航、车辆和人员定位等。全球定位系统最初是20世纪70年代由美国军方合研制的空间卫星导航定位系统,其主要目的是为军方提供实时、全天候和全球性的导航服务,并用于情报收集、核爆监测和应急通讯等一些军事目的。经过20余年的研究实验,耗资300亿美元,部署了24颗卫星,全球覆盖率高达98%。后来,其他国家也开始建设自己的卫星定位系统,比如俄罗斯开发了GLONASS系统、欧洲开发了"伽利略"计划、中国建设了北斗导航系统等。

案例12-3

国土资源规划地理信息系统

国土资源包括土地资源、矿产资源、海洋资源、水资源等重要资源,对国土资源的合理规划和管理是实现社会可持续发展的重要基础。国土资源管理信息系统以地理信息系统为开发平台,实现地籍管理中图形数据(如地籍图、宗地图、土地利用现状图、规划图等)与属性数据(如宗地名称、单位性质、用地类别、基准地价等)的有机联系,具备图数互访功能,图形变更(图形分割、合并、调整等)与属性信息更新可以实现同步进行。该系统同国土部门土地管理的工作流程相适应,实现地籍数据的空间性、时间性和社会属性的完美结合和数据的多级安全保护机制,可以由系统完成土地管理工作中的所有登记发证、地籍调查、查询、统计分析、土地统计台账建立等工作。借助于地理信息系统,可以更有效率地完成土地利用的现状动态监测、城市地价评估、土地利用结构对非点源污染的影响、城市土地利用扩展、用地管理等工作。1999年,国土资源部首次大批量应用高分辨率卫星数据,成功地对全国66个50万人口以上城市1999年度土地利用变化情况进行了监测(如图12-4所示)。

第十二章 政府管理信息系统

图 12-4　土地利用监测城市的分布图

案例 12-4　>>>

在税收征管中应用地理信息系统[①]

在税务机关的税收征管中一直存在着两大难题,即漏征漏管户清理及税源监控。漏征漏管户主要以两种形态存在。一种是主观上的漏征漏管户,即明知是一种税收违法行为,仍然有意逃避税务机关管理而达到偷逃税目的的行为;另一种是客观上的漏征漏管户,即由于法制观念不强,加上税务机关税法宣传、监督没能及时到位,无形中已构成偷逃国家税款的一种行为。造成税源不清的主要原因是:纳税人为了少缴税,在税务人员对其进行纳税检查时,故意隐瞒纳税资料,进而隐蔽税源;或者是纳税人在进行纳税申报时,没有将体现税源情况

---

① 摘自张春华:《应用税务地理信息系统搬开征管中的"绊脚石"》,载《辽宁财税》,2003 年第 4 期。

的附表一并申报,从而隐蔽税源等。

税务地理信息系统是将地理信息技术应用于税务行业,将纳税人经营地点地图化,在"电子地图"中明确标示出纳税人经营地点、所属区域属地、所属税率区域,并把纳税人的地理信息与原有税收征管软件的纳税信息链接起来,保障税收工作中与地理信息有关的征管业务得到强化与支持,从而解决"漏征漏管"、"地址不明"、"职责不清"、"税源模糊"、"应收尽收"、"税负公平"、"异常判断"以及"异地登记"、"拉抢税源"等诸多税收难题;是服务于税务行业"属地化"管理纳税人征管模式、实现对纳税人经营地点监控管理的计算机系统。

§12.3 支持政府外部业务受理应用的管理信息系统

审批管理信息系统

行政审批(也叫行政许可)是指行政审批机关根据自然人、法人或者其他组织依法提出的申请,经依法审查,准予其从事特定活动,认可其资格资质,确认特定民事关系或者是特定民事权利能力和行为。有关行政审批的条件、申请的程序和监督管理规则构成了行政审批制度。行政审批制度是国家干预市场经济行为的一种手段。行政审批必须公开、透明。在电子政务的实施过程中,构建"网上审批系统"是电子政务体系的有机组成部分,是政府对外办公的窗口。[①]

网上审批系统是指通过网络平台技术和设计构架,集成办公自动化系统,建立政府与企业及社会公众之间网上办事的通道,实现网上行政咨询、查询、申请、审批等业务功能。通过网上审批系统,企业和个人能够随时和随地了解网上审批程序,提交项目审批申请和所需材料,查看审批状态及结果,或通过互联网与政府办事人员进行必要的信息沟通。项目申请人员填报、提交相关材料后,该项目申请将自动进入政府审批环节,按照预先设定的工作流程和条件,送至政府各相关部门和办事人员,由政府办事人员在线进行审批处理。政府各级业务领导,可以在网上查询了解企业办事的申请情况、统计数据和各部门的工作情况、办事效率。构建网上审批系统的思路是在统一标准的前提下,将现行工作流程简化、优化后转移到一个信息平台上,并按照"以公众为中心"的原则实现"一网式"的流程整合、"一表式"的数据共享。

---

① 本节内容摘自王浣尘:《信息技术与电子政务——信息时代的电子政府》,清华大学出版社2004年版,第71—73页。

网上登记信息系统

登记注册与行政审批是两种不同性质的行政行为。行政登记是主管机关依照当事人申请,对当事人之间的民事法律关系状态加以记载,予以认可和证明的一种行政行为。行政登记的功能,在于推定了其所登记的民事法律关系的合法性,借登记簿的记载,起公示作用。如婚姻登记、户口登记、房屋产权登记、企业法人登记、资源(土地、矿产等)开发利用登记、税务登记、出入境登记、进出口货物登记、社团登记等。行政登记是政府部门较为广泛的业务。在传统方式下,要完成一项登记业务,需要当事人到许多部门,填写繁杂的表格,其中很多内容是重复的。[①]

网上登记是主管机关利用管理信息系统,依照当事人通过网络提交的申请资料,对当事人之间的民事法律关系状态加以记载,予以认可和证明的一种行政行为。社会公众可以通过网络查阅主管机关登记簿的记载,了解相应的权利状况。

以网上企业年检为例。企业每年通过互联网向工商部门提交数据材料。工商机关在网上审查提交材料,审查合格后,企业再到工商局缴纳年检费用,并办理手续。这样,对企业来说只需要往工商机关跑一趟,对工商机关来说,可以直接将企业有关数据转入年检数据库中,既减少了工作人员手工录入的工作量,又避免了手工录入的失误,增加了统计数据的可靠性,降低了监管成本,提高了执法效率。另外,通过网上年检,可以逐步建立健全企业网络化档案。

§12.4 支持跨部门整合应用的管理信息系统

信息网上直报系统

信息网上直报,是指将信息采集点采集的信息通过网络报送相关政府部门汇总的过程。网上直报实现了基层信息采集模式由逐级上报、层层汇总的传统方式向网络环境下在线采集方式的转变。网上直报的意义在于,一是可以减少中间环节,增强汇总信息的抗干扰能力;二是可以通过基层人员信息录入环节的审核,提高源头信息质量;三是可以减轻各级部门催报、录入、审核、查询等方面的工作压力,提高行政办事效率;四是可以加强上级部门与基层信息采集点

---

① 本节内容摘自王浣尘:《信息技术与电子政务——信息时代的电子政府》,清华大学出版社2004年版,第75—78页。

的联系和沟通。

从系统架构上来看，信息网上直报系统可以看作是将支持部门内部业务的管理信息系统，通过互联网或专网，纵向扩展到分布在不同地理空间的上下级政府部门之间，其范围可以是一个地区，一个省，也可以是全国。基层部门或信息采集点主要负责将业务数据填报录入到系统中，系统将自动实现信息的传递、汇总、存储。上级政府部门则可以直接利用汇总数据制定决策方案。

以中国国家传染病和死亡网络直报系统为例。该系统将医疗机构的传染病报告管理流程和各级疾病预防控制机构传染病报告信息管理流程结合起来，实现了基于互联网的传染病信息直报系统（如图 12-5 所示）。通过该系统，传染病信息可以更加及时、准确地向国家疾病预防控制中心汇总。

（1）医疗机构传染病报告管理流程图

（2）各级疾病预防控制机构传染病报告信息管理流程

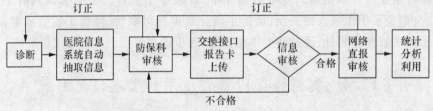

（3）网络直报系统与医院信息系统连接模式下传染病报告信息管理流程

图 12-5　医院信息网络直报系统流程图

案例12-5

突发公共卫生事件应急指挥系统

突发公共卫生事件的事件控制和救治工作涉及应急队伍组织、现场流行病学调查、传染源隔离、医疗救护、现场处置、监督监察、监测检验、卫生防护、现场抢救、现场隔离与控制、转运救治、物资调拨、病因调查、保护易感人群、宣传教育等综合处理工作，需要众多部门在统一高效的指挥下，协同采取应对措施。

建立突发公共卫生事件应急指挥系统是在危机下有效控制疾病蔓延与减少损失的关键,该系统要求能对事件处理全过程进行跟踪和处理,对危机事件做出最快、最有效的反应。

系统的核心是数据中心。从各个地区汇总来的各种监测信息存储在数据中心内,形成一个超大规模的信息库。这个库是其他应用系统运行的基础,也是完成对突发公共卫生事件的监控、分析、预测、决策的信息依据。在数据中心的基础上,可以实现疫情信息汇总、预警准备、突发事件管理、预案管理、方案管理、指挥调度、评估管理总结、统计分析、地理信息系统展示、综合查询等功能。

社会保障管理信息系统

社会保障管理信息系统是一个整合了与社会公民办理个人社会事务相关的信息系统。其范围不仅涵盖社会保障领域,还包括其他许多政府为市民服务的内容,涉及劳动保障、公安、民政、医疗保障、公积金管理等许多部门,需要将这些部门信息系统和业务数据库连接起来形成统一的数据和管理平台。[①]

社会保障管理信息系统与社会公众的交互接口是社会保障卡。社会保障卡是一种集成电路(IC)卡,可以应用于就业服务、婚姻登记、职业技能培训和鉴定、劳动合同管理、工资收入管理、养老保险、失业保险、医疗保险、工伤保险、生育保险及劳动与社会保险争议等许多方面。其主要功能是:识别持卡者在劳动保障各项业务中的合法身份,并作为办理劳动保障业务的电子凭证;替代手工完成信息录入,增强数据真实性和准确性,提高工作效率;在信息网络建设不完善的情况下,辅助网络实现劳动保障业务有关信息的收集和交换,完成信息识别;在网络完善后,完成必要的信息交换,减少网络传输量,并充分利用 IC 卡的信息识别和安全认证功能提高系统安全性;实现劳动保障业务的电子化办公和社会化运行,增强劳动保障部门的管理力度,增强劳动保障业务的透明度;实现劳动保障系统各项业务的信息共享和交换,并与其他政府部门间的相关信息进行交换。社会保障卡可以成为公民生活、工作不可或缺的通行证。社会保障卡系统包括发卡子系统和应用子系统,其信息交换流程如图 12-6 所示。

---

① 本节内容摘自王浣尘:《信息技术与电子政务——信息时代的电子政府》,清华大学出版社 2004 年版,第 89—92 页。

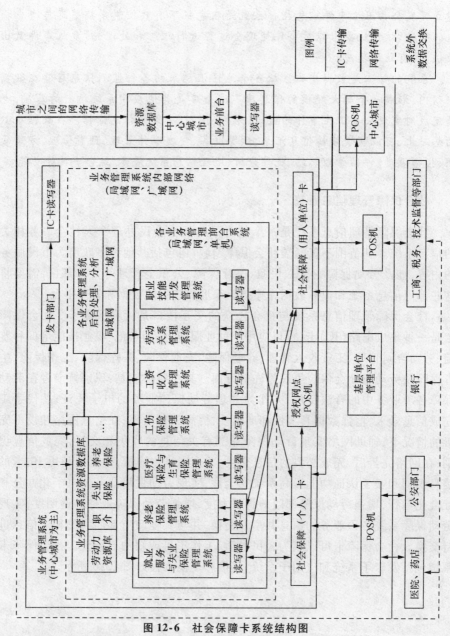

图 12-6 社会保障卡系统结构图

图片来源：王浣尘：《信息技术与电子政务——信息时代的电子政府》，清华大学出版社 2004 年版，第 90 页。

案例12-6

某省社会保障管理信息系统

社会保障管理信息系统是一项大型复杂的计算机网络系统,涉及各级社会保险经办机构、各级社会保险管理机构、各级劳动服务部门、各级民政部门、各级财政部门、各级税务征收部门、各级银行发放部门,关系到所有参保单位和参保人员,以及定点医院、定点药店等。

某省社会保障管理信息系统由宏观决策系统和业务管理系统两部分组成。其中,宏观决策系统的主要功能包括:(1) 对统计性数据进行采集、整理、分析和发布的统计信息管理系统;(2) 对基金管理状况进行监控的基金监测系统;(3) 利用已有的统计性数据、监测数据和政策参数,对政策进行敏感性分析、对基金支撑能力进行中长期预测的决策支持系统。业务管理系统的主要功能包括:(1) 税务征缴业务,(2) 社保经办机构业务,(3) 民政低保业务,(4) 财政基金平衡监督,(5) 劳动和社会保障服务监督业务等。宏观决策系统与业务管理系统之间通过资源数据库进行信息交换。

这些业务由九个子系统、五个子数据库实现。子系统包括:宏观决策子系统、社会保险经办业务管理子系统、社会保险劳动机关业务管理子系统、劳动力市场业务管理子系统、财政社会保障业务管理子系统、民政低保业务管理子系统、税务征收社会保险费业务管理子系统、系统维护子系统、综合查询子系统。子数据库分别是:政策法规信息库、基本信息库(包括社会保险经办机构信息、参保单位信息、参保人员信息、下岗再就业人员信息、地保待遇享受人员信息、医疗特殊人员信息、遗属信息等)、业务信息库(包括参保单位的登记和申报信息、缴费核定信息、费用征集信息、人员变动信息、个人账户信息、待遇审核信息、待遇发放信息等)、基金管理信息(包括基金收入信息、基金支出信息、基金结余信息等)、考核指标信息(包括覆盖面信息、收缴率信息、发放率信息、账户信息等)。

以其中社会保险经办业务管理子系统为例。该子系统的主要功能如下:

- 宏观决策分析:包括基金预警与监控管理、统计分析与报表分析、决策分析等功能。
- 五险合一公共业务管理:以养老保险为核心,集医疗、失业、工伤、生育四险为一体的五险合一公共业务管理,包括登记、申报、变更、基金核定、基金征集。
- 养老保险待遇管理:包括养老保险的待遇审理、待遇复核、待遇支付、离退休职工待遇调整、离退休人员和遗属人员的变更管理以及养老保险在职职工个人账户管理和离退休职工个人账户管理等。

- 医疗保险待遇管理：包括医疗保险基本信息维护、待遇审核管理、费用结算管理、个人账户管理、医保卡管理、定点医疗机构和药店信息管理等。
- 失业保险待遇管理：包括失业人员的接收处理、待遇审理、基金拨付处理、失业人员日常管理、下岗职工管理等。
- 工伤保险待遇管理：包括工伤鉴定、工商保险待遇审理、基金拨付处理、职工工伤变动处理、工亡直亲基本信息管理等。
- 生育保险待遇管理：包括待遇审核处理、基金拨付处理等。
- 综合审核、审批管理。
- 财务管理：包括基金财务管理、办公经费管理、账务处理、财务预算、财务分析、领导查询、报表管理等。
- 定点医疗机构管理：包括门诊管理、住院管理、医疗保险审批管理等。
- 定点零售药店管理：包括处方管理、自动划价、费用结算、汇总查询等。

应急联动系统

应急联动系统是将公安、交警、火警、急救等原来各自独立的政府紧急救助系统，集成为跨部门、跨警种的统一接警、统一处警，由政府统一联动指挥调度的体系和信息平台。通过集成的信息网络和通讯系统将公安、交警、消防、急救等一系列相关单位的反应行动统一起来，从而达到快速和完善的城市应急服务的联合行动。

应急联动系统是一个典型的跨部门横向整合的信息系统。它主要针对传统应急管理模式中出现的问题，给出了信息技术方案。比如，第一，不同部门之间无法共享信息，应急功能不能统一调动，从而可能延误应急时机；第二，分布在不同部门的相关资源无法得到共享，导致重复投资建设，同时又可能无法充分满足应急需求等。

图 12-7 和图 12-8 分别是应急联动系统的要素示意图和流程图。其基本流程是：报警→接警→处警→执行与反馈→监控与记录→报表与统计。可以通过电话、摄像头等方式实现统一报警。电话被直接送至接警区工作人员的信息系统，系统可以自动识别对方的地理位置，工作人员将迅速对该报警进行记录。根据事件记录，处警区的工作人员将查询数据库和地理信息系统，向相关的处警单位发出具体的联动指令。在重大紧急事件发生时，将启动电子预案，由上

级统一指挥。各联动单位根据调度指令到达现场救援,并保持与指挥中心的互动反馈。指挥大厅的电视屏幕根据需要显示事件处置的全过程。

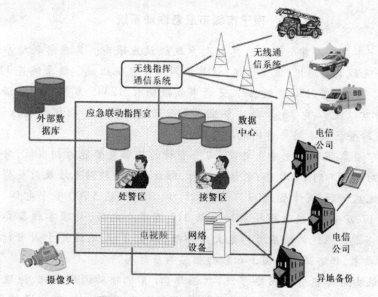

图 12-7 应急联动系统的要素示意图

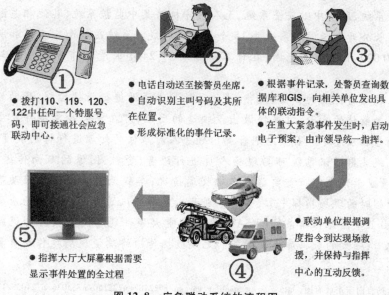

图 12-8 应急联动系统的流程图

案例12-7

南宁市城市应急联动系统

南宁市是我国首个城市应急联动系统级试点城市。其应急联动系统由有线通讯、无线集群通讯、卫星通讯、计算机网络等系统组成。该系统将110报警服务台、119火警、120急救、122交通事故报警台、12345市长公开电话、防洪、防震、防空以及水、电、气等公共事业应急救助纳入统一的指挥调度系统,实现跨部门、跨警区及不同警种的统一指挥。①

南宁应急联动系统建立之前,四个警种的接警处警能力相当低,每天接听报警求助电话不到1 000个;电话难拨打,群众所需的救助无法及时获得。应急联动系统启动后,统计至2003年11月1日,日平均达5 700多个电话,每月平均超过17万个,共接听报警求助电话317万多个电话,处理各种各类事件达22.8万多起。系统的响应时间也大为缩短,只需2秒,远远高于国内行业标准10秒的要求,但略高于美国1.6秒的相应响应时间。

系统由计算机骨干网络系统、数据库、计算机辅助调度系统、地理信息系统、无线调度通信系统、无线移动数据传输系统及应用软件、有线通信系统、车辆定位系统、图像监控及大屏幕显示系统、语音记录子系统、卫星现场图像实时传送子系统、联动中心安全系统、无人值守机房集中监控系统、其他相关配套系统和市长公开电话网络系统共15个子系统构成。系统覆盖南宁市区和所辖两县共10 029平方公里范围,在计算机辅助下,24小时受理市民的报警与求助电话。

系统可对现场的公安、交警、消防和救护等资源进行指挥控制,帮助处警调度员选择最佳的资源,对事件做出最快速的反应;可在重大紧急事件发生期间由市领导在应急中心召集政府各部门领导人对事件的处理进行特别调度指挥;通过无线集群通讯系统可与现场人员进行语音、资料、图像的双向传送;可观察、记录或干预南宁市重要路口车辆交通情况;车载无线集群通信移动基站可以作为临时的现场指挥中心,并为个别无线集群通讯的盲区提供现场应急指挥通讯,由卫星图像传输系统(VSAT)将紧急重大事件现场图像实时传送到应急联动中心;强大的数据库查询功能和无线数据传输终端使现场操作人员和中心

---

① 摘自南宁市政府网,http://www.nanning.gov.cn/n722103/n722150/n723036/n724028/1748293.html。

指挥调度人员既可在联动中心又可在执行任务的车辆中调用各种资料信息;车辆自动定位系统(全球卫星定位系统GPS)具有在电子地图上直接查看公安、交警、消防、急救等执行任务车辆精确位置的能力;在接警和处警时,与报警、处警事件相关的全部语音及资料信息都被记录存储,供未来检索查询。

网上并联审批

上文已经讨论了单个部门的审批管理信息系统。随着电子政务的深入建设,多部门审批业务横向整合,实现网上并联审批已经成为当前行政审批信息化的趋势。网上并联审批是指用户直接在网上窗口提交申请和相关的基本信息资料,由主受理单位负责向各个相关的审批单位提交子申请,各个前置审批部门在本业务审批流程内对各自的子申请进行审批,主受理单位汇集这些审批结果后,再完成最后的审批工作。主受理单位的工作包括通知前置审批、协调处理及自身审批工作。其基本要求是:共商受理,抄告相关,并联审批,限时完成。[①]

通过网上并联审批,申请人只需通过"一站式"、"一表式"、"一网式"提交申请资料,相关部门就可共同受理、审批,且审批结果互相通知,资源共享;申请人可以通过移动电话短信息、电子邮件、互联网络、自助终端等多种手段查询审批进度;根据需要,各部门可以调整审批流程,达到流程重组和优化的目的;开放式系统接口提供与各级业务部门现有系统的接口,提供与上级主管部门系统的接口;网上并联审批系统还可提供统计数据,支持绩效评估和报表自动生成。

对于企业和公众而言,可以通过应用平台获得全面、准确的办事要求,免去企业和公众多次提交资料的麻烦,同时由于公开事务处理时间、过程及结果,企业和公众不必多次往返于政府各个办事部门之间,缩短了冗长的办事程序。对于政府职能部门而言,通过政府网上并联审批系统,一方面可以规范政府职能部门的各项工作流程,提高办事效能及服务质量,增加政府行政的透明度;另一方面可以积累相关数据,为政府职能部门绩效考核体系提供确实而有效的评估依据。

---

① 本节内容摘自王浣尘:《信息技术与电子政务——信息时代的电子政府》,清华大学出版社2004年版,第74页。

案例12-8

北京市网上审批工程

按照"需求主导、应用优先、先行试点、逐步展开"工程建设思路,北京市先后进行了两期网上审批工程建设,全市几十个委办局的数百项审批服务业务实现上网办理。

该审批系统的整体框架可以用十六个概括,即"两级平台、两级调度,统一申报、协同办公"。两级平台是指市级和区县级平台。市级平台主要联通市属政府部门,包括互联网上的在线服务平台和政府专网上的协同办公平台。区县平台负责联通区属政府部门,是区域性平台。两级平台内部通过专网连通,按照业务调度规则实现信息交换和资源共享。两级平台支撑全市许可、审批、服务业务网上运行,形成了"外网申报,专网交换,内网办理"的网上业务处理模式。在线服务平台是政府面向社会提供许可、审批、服务的门户,具有表单下载、在线填报、结果反馈等功能,实现了"一口申报、多口使用,一次申报、多次使用",成为社会公众和企业方便快捷的办事通道。协同办公平台是在线服务平台运行的内部支撑,相当于网上虚拟政府处理平台,对通过在线服务平台受理的办事请求,进行分发、处理,提供统一的用户认证,建立了政府资源目录体系,实现了政府部门间互联互通与资源共享。

网上审批工程建设紧密结合业务需求,联合市编办等部门,对市政府具有审批职能的49个委办局、近700项审批服务业务进行了全面的分析、整理。从方便公众网上办事的角度,对所有审批服务业务进行了属性分类,汇总整理了申报表单。同时,对各委办局拟上网业务进行了集中筛选和审核,确定了业务量较大、流程清晰、适于上网的审批服务业务282项,并组织推进互联业务试点,研究和探讨协同办理模式、审查责任、互信机制、办理流程、技术实现方案等。

决策支持篇

第十三章 组织中的决策

本章摘要

决策可分为结构化决策、半结构化决策和非结构化决策,它们在所有管理层次上都会出现。结构化决策问题往往只需要管理信息系统就能够解决。决策支持系统主要面向半结构化的决策问题,主要作用在于为决策者提供仅凭个人或群体的能力无法实现的信息分析工作。决策过程可以分为情报、设计和选择三个阶段。决策的主体则包括个人、多人和群体等。

关键术语

结构化问题 半结构化问题 决策过程 多人决策 群体决策

§13.1 决策及决策过程

政府决策是建立在数据资料、知识、经验和创新基础上的综合的理性分析过程,既涉及结构化问题,也涉及非结构化的问题。电子政务应为上述过程提供有效的工具支持。电子政务系统应当能够实现对大量业务数据的高效采集、汇编、整理、分析、展示,从中"挖掘"出有价值的信息和知识;模拟不同的决策方案,以供决策者优化、选择;能够充分利用专家知识资源,提高决策者之间以及与参与决策的主体之间的交流效率。

决策的分类

世界上有无数个决策,却没有两种完全相同的决策。任何人在每天的生活和工作中都会需要做出许许多多的决策。一些是简单的决策,比如穿什么、吃什么,乘坐什么交通工具等,一些决策却比较复杂,比如决策学习什么样的专业,从事什么工作等。在政府管理活动中,有些决策是常规性的,比如工作人员根据政策要求,对公众提交的审批申请做出批复,或者做出某项人事安排等;也有些决策是非常规的,比如在出现突发紧急情况时做出的救援决策等。进一步来看,制定公共政策就是一个公共决策的过程。

决策,可以看作是个人或者群体为了达到某种目的,而进行的有意识的、有选择的行动,通常可以表现为分析、比较若干种方案,并从中选择出最优的方案。

决策可以分成不同的类型类。按照结果确定性和决策者偏好,可以将决策划分为计算型策略(Computational Strategy)、判断型策略(Judgmental Strategy)妥协型策略(Compromise Strategy)、灵感型策略(Inspirational Strategy)。[1] 按照决策行为活动的不同,可以分为企业家式决策(Entrepreneurial Decisions)、适应式决策(Adaptive Decisions)、计划式决策(Planning Decisions)。[2] 决策按照决策问题是否重复出现,分为常规决策和非常规决策;按照决策目标分为单目标决策和多目标决策;按照决策者的范围分为个人决策和集体决策;按照决策所使用的信息的性质分为定性决策、定量决策、模糊决策等。

赫伯特·西蒙早在20世纪60年代对决策问题展开了系统的研究。他从计算机行业借来"程序"(Program)一词,从决策问题的性质入手,区分了两种决策类型:"程序化决策"和"非程序化决策"。如他所言,一方面,决策可以程序化到呈现出重复和例行状态,可以程序化到制定出一套处理这些决策的固定程序,以致每当它出现时,不需再重复处理它们;另一方面,决策也可以非程序化到使它们表现为新颖、无结构,具有不寻常影响的程度,这类问题在过去尚未发生过,或者因为其确切的性质和结构捉摸不定或很为复杂,或者因为其十分重要而需要用现裁现做的方式加以处理。这两种决策是如同光谱一样的一个连

---

[1] 詹姆斯·汤普森:《行动中的组织:行政理论的社会科学基础》,上海人民出版社2007年版,第156—157页。

[2] Mintzberg, Henry, "Strategy-Making in Three Modes", *California Management Review*, 1973, 16(2): 44—53.

续统一体的两端,沿着这个光谱式的统一体可以找到不同灰色梯度的各种决策。① 所谓程序,实际上即是指一系列的规则,非程序也即不存在一种特定的规则。区分这两种决策的主要方法是看在决策时主要采用什么样的技术,如表13-1所示。

表 13-1　决策的分类

决策类型	决策技术	
	传统式	现代式
程序化的:常规性、反复性决策,组织为处理上述决策而研制的特定过程	1. 习惯 2. 事务性常规工作:标准操作规程 3. 组织结构:次目标系统;明确规定的信息通道	1. 运筹学、数学分析、模型、计算机模拟 2. 电子数据处理
非程序化的:结构不良的,新的政策性决策;用一般解决过程处理的	1. 判断、知觉和创造 2. 概测法 3. 管理者的遴选和培训	探索式问题解决技术:1. 提高决策制定者的潜力 2. 计算机程序的辅助

资料来源:赫伯特·西蒙:《管理决策新科学》,中国社会科学出版社1982年版,第41—57页。

安东尼(Gorry Anthony)和莫顿(Scott Morton)认为所谓"程序化"与计算机联系过于紧密。从管理决策的角度出发,可以将上述两种决策分别称作为"结构化决策"(Structured Decision)与"非结构化决策"(Unstructured Decision),而处于这两种决策之间的决策称之为"半结构化决策"(Semi-Structured Decision)。②

如图13-1所示,决策问题的结构化程度是由很多因素决定的。在日常生活中,反复要做的一些决策是结构化的决策。人事部门经常要做出工资评定、定岗定编、人员考勤等方面的决策;业务审批部门每天都要在职能范围内,按照既定的政策要求,对申报事项进行审批等。这些决策都是重复进行的,往往会有一系列明确的标准、规则等,因而是相对结构化的决策。而人事部门在面试应聘者时,尤其是针对比较特殊的岗位,比如政府的高级雇员,这时所做的决策就可能是非结构化的。虽然业务部门能够提供一定的录用标准,但这种录用标准通常只是一种决策参考,决策仍然可能取决于人事部门的工作人员在现场的

---

① 赫伯特·西蒙:《管理决策新科学》,中国社会科学出版社1982年版,第39页。
② G. Gorry, Anthony Morton, Michael S. Scott, "A Framework for Management Information Systems", *Sloan Management Review*, 1971, 13(1): 55.

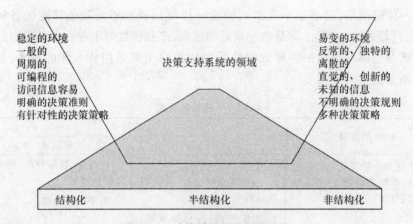

图 13-1　决策的结构化及其特征

图片来源：George M. Marakas：《21世纪的决策支持系统》，朱岩、肖勇波译，清华大学出版社2002年版。

判断,这时这个决策就是半结构化的决策。

第十二章中曾经将组织中的管理活动分为三个层次,战略规划、管理控制和操作控制。安东尼和莫顿从问题的结构和管理活动的层次这两个维度上,列举了组织决策中的相关类型(如图13-2所示),并首次提出了"决策支持系统"的概念。[①]

显然,结构化问题和非结构化问题在所有管理层次上都会出现。在操作层面,早期的库存控制与管理是一种高度结构化的工作,因此在20世纪70年代,发达国家的很多企业都把库存管理的任务交给计算机完成。计算机系统几乎不需要用户做分析和判断,在一致性、成本和可靠性等方面都要超过任何管理人员。而在证券交易中,虽然许多数据,比如收益、市场状况等都是可以在达成合理价格之前核算出来的,但是要做到完全的自动化是很困难的,因为其中必然还包括中个人的主观估计。当然,计算机的应用可以通过对客观数据的分析为个人决策提供有价值的信息和不同的解决方案。非结构化问题没有客观的数据和规律来支持决策,个人的经验和主观判断将极大地影响决策结果。杂志封面如何确定,几乎没有任何的分析技术,而很有可能是取决于杂志编辑个人的想法。

在管理层面,对于一些企业来说,由于资源有限,如何在不同的生产产品中最优地分配资源就成为难题。运筹学中有一系列的方法和技术支持这种问题

[①] G. Gorry, Anthony Morton, Michael S. Scott, "A Framework for Management Information Systems", *Sloan Management Review*, 1971, 13(1): 55.

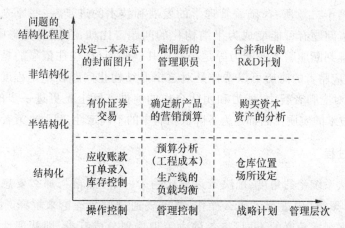

图 13-2 基于问题结构化和管理活动层次的决策分类

图片来源：Gorry, Anthony. Morton, Scott, "A Framework for Management Information Systems", *Sloan Management Review*, 1971, 13(1): 55.

的解决。而企业需要决定未来的营销预算时，计算机只能根据以往的预算记录来预测未来的趋势，从而帮助管理者确定营销费用、投入的方式以及时间等。前面曾经讨论过的雇佣新员工的决策则是一种典型的非结构化的管理。

在战略层面，某些战略的制定，比如仓库位置等，会受到客观经济规律或自然条件的制约，决策者的偏好就无法摆脱这个范围。而在资本市场，以某种价格收购一家企业，可以根据它对每个股份红利的影响和两家企业将来的发展来考虑其效果。虽然这其中存在大量的不可控因素，但是诸如市场情况等有价值的信息的提供，可以为决策者提供一部分决策的依据。而如何确立研发计划便很难用确定的数量来分析了。

虽然文献中主要讨论的是企业管理决策问题，但毋庸置疑的是，对于任何组织而言，上述划分都是适用的。在政府管理决策中，既涉及基层的具体业务操作，也涉及高层的战略部署，既包括大量的、常规性的、"按部就班"化的结构化决策，也包括众多无经验可循，无惯例可依的非结构化决策。

通过上述分析不难看出，如果一个问题是高度结构化的，那么它其实算不上一个决策问题。对于结构化问题，往往只需要管理信息系统就能够解决。管理信息系统将提供标准化的信息和业务管理功能。而完全非结构化的决策问题主要依赖于人的推理或直觉，现有的信息技术所能发挥的作用实际上也十分有限。我们所讨论的决策支持系统，主要面向的是半结构化的决策问题，它的主要作用就在于为决策者提供仅凭个人或群体的能力无法实现的信息分析工作。

正如第十二章所言,随着管理学的发展和技术的进步,一些原先属于非结构化的决策问题有可能变成为半结构化的问题。比如,在人事招聘中,招聘者事实上很难判断应聘者的能力等是否胜任其应聘岗位,往往依靠的是直觉和现场的感知;应聘者的简历可以看作是对这个非结构化问题在一定程度上的结构化,而各种对应聘者智力、能力和团队合作的测试实际上是更进一步的结构化。这些新的技术的实质目的都是为了降低招聘中的不确定性,辅助决策者的决策。

决策过程

如果从系统论的角度,把决策过程比喻为一个"黑箱",那么要想了解决策者到底在"黑箱"中进行了什么操作,就需要通过决策理论来解释。肯(Keen)和莫顿根据观察角度的不同,将各种决策理论划分成五类,即从理性管理者的角度,从过程导向的角度,从组织过程的角度,从政治的角度和从个体间差异的角度,如表13-2所示。[①]

表13-2 决策理论的分类

从理性管理者的角度	传统概念和决策制定
	理性假设、信息完备、个人决策者
	偏好成本—收益分析
	需要对决策变量进行分析定义
	需要精确的、有针对性的选择标准
从过程导向的角度	注重有效地利用有限的知识和技能
	强调用搜索法寻找"足够满意"的解决办法
	计算机帮助改进现有的解决方法,而不是寻找最优的解决方法
从组织过程的角度	试图理解作为标准运作过程的结果的决策
	计算机设计的目标是确定需要支持或改进哪些过程
	强调对组织角色的识别
	注重交流的渠道和联系
从政治的角度	制定决策的过程被看作是业务单元间讨价还价的过程
	假设权力和影响力决定了任何决策的结果
	计算机的目标更注重对决策过程的支持,而不是对决策本身的支持
从个体间差异的角度	注重个人解决问题的行为
	计算机目标视决策类型、决策背景和未来用户的性格而定

---

① Keen, P. G., M. S. Scott Morton, *Decision Support Systems: An Organizational Perspective*, Reading, MA: Addison-Wesley, 1978. 转引自 George M. Marakas:《21世纪的决策支持系统》,清华大学出版社2002年版,第50页。

赫伯特·西蒙认为,决策过程可以划分为四个阶段,即找出制定决策的理由,找到可能的行动方案,在诸行动方案中进行选择,对已进行的决策进行评价。① 他将这四个阶段分别称为"情报"阶段、"设计"阶段、"选择"阶段和"审查"阶段。虽然这个阶段模型非常简单,但是时至今日,仍然是大多数管理决策模型的基础。虽然在一般意义上,上述阶段是呈先后关系的,但是实际的决策过程要复杂得多。首先,对过去决策的审查评价结果也可以看作是新一轮决策所需要的情报,这样四个阶段实际上就形成了一个决策的循环。其次,每个阶段本身也是一个复杂的决策过程,任何阶段都可能产生出一系列的次要问题,这些次要问题的决策又需要经历上述四个阶段。再次,每个阶段的完成都有可能需要重新回到前面的阶段,比如在设计阶段可能会发现新的情报或者需要新的情报等。

严格地来讲,决策者在不同的设计方案中做出了选择,即意味着做出了决策,而审查阶段实际上是一种决策后评价。因此,一般对决策过程的讨论,仅指上述前三个阶段(如图13-3所示)。马拉克斯(Marakas)对这三个阶段做了较为详细的讨论,以下直接引用他的叙述。②

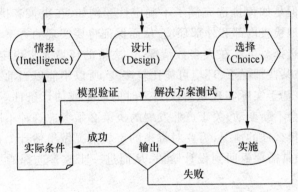

图13-3　西蒙决策过程模型

- 情报

在情报阶段,决策者需要仔细地搜寻所需要的各种信息和知识。搜寻的过程并不一定是周期性的。这些信息要么是表明了问题的存在,要么是在设计阶段时所需要的。所谓问题,通常是指现状与所期望的状态之间的差别。

---

① 赫伯特·西蒙:《管理决策新科学》,中国社会科学出版社1982年版,第33—37页。
② George M. Marakas:《21世纪的决策支持系统》,清华大学出版社2002年版,第31—34页。西蒙最初的模型并不包含实现阶段。

找到问题只是"情报"阶段的结果。解决问题还需要找出问题的解决者是否"拥有"该问题。所谓"拥有",是指问题在问题解决者所能够解决的范围之内。问题可能被找出来,但却可能不归问题解决者所拥有。如果决策者不能解决这个问题,那么就不拥有这个问题,也就不会触发决策过程的下一个阶段。比如税率和利率,决策者可能会认为进口或出口税率过高,但是这并不是他能够直接控制的问题,因此对他而言就无所谓决策与否。不过,这个"问题"仍然可以成为解决他所"拥有"的其他问题时必须考虑的约束或外部因素。

- 设计

一旦识别出了问题,决策者就可以开始下一步的设计和分析各种备选方案。备选方案是解决问题的潜在解决方法。决策者必须挖掘出大量的关于问题的潜在解决方法,并且将它们压缩成可行的子集。此外,还必须仔细地分析每一种潜在的解决方法,比较它们的期望输出、成本、成功的概率,以及决策者认为的其他关键指标。

- 选择

在"选择"阶段,决策者将从"设计"阶段提出并分析的可行解决方案中选择一个方案。但是如何挑选充满了不确定性。例如,在决策者挑选方案之前,他必须再一次地检查内部和外部环境,从而保证将要实现的方案仍然是在当前约束下的最佳选择。虽然在大多数情况下,决策的环境非常稳定,符合决策者的期望,但是在某些情况下,环境可能比较多变,所以不能以当前条件为基础进行选择,而应该基于实际实现该解决方案时的期望或估计条件。比如,某些工业产品的价格会不断变动,关于产业发展的决策必须考虑这种不断变动的环境在将来会处于什么样的情况,需要对将来的市场情况做出估计。在这种易变的环境条件下,通常需要返回到设计阶段,从而进一步改善选择的策略和定义的可行方案集。

还需要考虑的是,决策是要找到一个"最优"的解决方案,还是一个"可接受"的方案就足够了?最优的方案一般能够提供最大的价值和最好的输出,也可以体现为成本最小、目标完成程度最高,以及性价比最高等。如果不考虑结果的结构,最优方案将是"所有可能的方案中最佳的一个"。但问题是我们如何知道所有可能的方案?最优化在经济学和管理科学领域中往往被认为是一种完全理性的选择。换言之,最优的方案将带来最大化的效用,决策过程是一个从所有备选方案中选取一个最优化方案(实现决策者价值最大化的决策方案)的过程。

显然,虽然最优策略很具有吸引力,但是往往不具备可行性,或者即使可行,也会带来高昂的成本。首先,组织管理活动中的大量决策问题是定性问题,无法实现量化。比如对于城市规划来说,决策就具有复杂、定性的特点。诚然,诸如土地成本、劳动力成本、交通运输问题、必要资源的可利用性以及税收等定量问题也会影响最终的决策,但总体上的选择仍然很难通过定量的技术来解决。

其次,人们不可能搜寻到所有可行的备选方案。这也是当初西蒙质疑完全理性和最优化的主要原因。在西蒙看来,由于人类在认知上存在局限,不可能实现完全的理性,换言之,人的理性是有限的。人们无法搜索到所有的信息,也不能完全地认识到所有的方案。

因此,一种更实际的理论是,人们会找到一种满意的或者说可以接受的解决方案,一旦找到该方案,就会停止搜索其他方案。

人的认知水平会受到许多方面因素的影响。比如,美国普林斯顿大学的心理学家乔治·米勒(George Miller)在其著名论文《非凡的数字 7±2》中指出,人的记忆有一定的限度,每次只能处理5—9条信息。[1] 不同的决策者,其认知水平往往还会受到诸如智力水平、信念、信息技术、风险偏好以及年龄等方面因素的影响。[2]

人们在决策时常常遵循的是"经验法则",即根据过去的经验来判断新问题的性质和解决办法。这样的方法被称作"启发式"(Heuristics)方法,即通过反复的尝试来获得一个令人满意的方法,其优势在于搜索的成本比较低。不过也有学者指出,启发式方法容易造成决策者的偏见。主要表现在以下四个方面:可获得性偏差(Availability Bias)、固定和调整偏差(Anchoring and Adjustment Bias)、代表性偏差(Representativeness Bias)和动机偏差(Motivational Bias)。[3] 可获得性偏差是指决策者无法准确地评估某个具体事件发生的概率,通常只是根据经验来判断可能发生的概率。固定与调整偏差是指,决策者试图通过先给出一个初步的估计,然后进行上下调整来获得最终的判断,但事实上这种调整并没有发生。代表性偏差是指,决策者试图根据某个事物或人与某一类事物或一群人之间的相似性来给出该事物或人属于某类事物或某群人的概率,但这种

---

[1] Miller, G. A., "The Magical Number Seven, Plus or Minus Two: Some Limits on Our Capability for Processing Information", *Psychology Review*, 1956, 63(2): 81—97.

[2] Harrison, E. F., *The Managerial Decision-Making Process*, Boston: Houghton Mifflin Company, 1981.

[3] Tversky, A., D. Kahneman, "Judgment under Uncertainty: Heuristics and Biases", *Science*, 1985: 124—1131.

划分会出现误差。动机偏差则是指,决策者可能为了得到某种特定的结果,有意使对问题结果估计的概率不能正确地反映他的真实信念,比如决策者可能降低预期概率以使自己获得更好的评价。

§13.2 决 策 者

决策者的类型

决策者就是决策过程的参与者。决策者的不同类型决定了决策支持系统的类型。一般包括如下几类决策者,如图13-4所示。[①]

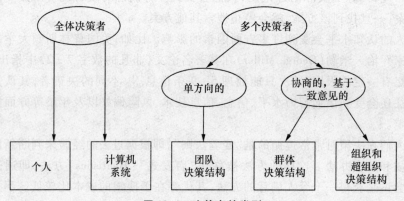

图13-4 决策者的类型

1. 个体决策者

个体决策者,顾名思义,就是在决策过程当中独一无二的决策者。这类用户本质上来说,在决策过程中单独工作,换言之,对信息的分析以及最终决策的生成都完全掌握在他们的手中。由于个体决策者是一个具有独特性格的个体,其决策的风格可能与如下因素有关:知识、技能、经验、个性、认知风格以及个人在决策过程中的偏好。所有这些特点除了直接影响决策者最终决策以及在决策过程中需要什么样的支持外,相互之间还有交互的作用。这也是为什么决策支持系统通常被设计得非常复杂的一个原因。

为达到真正的有效,专门给个体问题解决者使用的决策支持系统在设计时

---

① 本节引自 George M. Marakas:《21世纪的决策支持系统》,清华大学出版社2002年版,第31—34页。

一定要考虑决策者本身独特的特点和要求。如果有多个个体使用同一个决策支持系统,那么这个决策支持系统一定要设计成能反映每个人的独特之处和要求的系统。这个问题的组合特性应该是显而易见的。设计一个个体使用的决策支持系统系统是一项复杂而困难的活动。

2. 多人决策者

这类决策者是由多个个体组成的,多个个体相互作用、共同做出决策,每个人在某个详细的决策中都占有一定的分量,最后达成意见一致及共同的约定。这类决策者中的每个成员都可以有自己独特的动机或目标,也可以从不同的角度进行决策。此外,每个成员还可以使用同一个决策支持系统,也可以使用不同的系统来支持他在决策过程中的贡献。

多个决策者还经常出现这样的情形:多个决策者对做某个决策的职权不等,但他们中间没有任何一个有单独决策的权力。在这种背景下,多人决策者并不需要用正式的方式或公开讨论的方式见面。相反,交流的制度化及组织内部不同的职权等级决定了参与各方之间的相互作用,就是以这样的方式最终达成"决策"并开始实施。

3. 群体决策者

与多人决策者相比,群体决策者以成员之间存在一个正式的组织结构为特征,在这个结构中,群体中的每个成员都对决策结果有类似的既定影响,并且在构成上有相同的发言权。群体决策者在整个决策过程中都是在正式的环境下工作,参加例会,在决策过程每个部分都有正式的日程安排和议事程序,经常还会有决策最终完成的期限。群体决策者最普通的例子是组织的委员会与评审委员会。依据群体多数人意见做出决策时,每个参与者都要参加,但是任何一个参与者都没有特权。

4. 团队决策者

团队决策者可以被看成是:个体与群体类型的组合。在一个组织中,尽管做决策的特权掌握在某个人的手中,但是他还有一些为共同目标工作的助手的支持。在团队中,决策支持可以表现为经由核心决策者授权的若干个助手的信息收集;另外,支持也可以来自于一个或多个 DSS,系统可以由核心决策者与其助手组成任意组合的团队使用。在这样的情况下,团队产生或"制造"了最后的决策,但决策是正式的,而且,做决策的特权是落在个体决策者身上的。群体决策与团队决策之间一个最独特的差别是决策的类型。群体决策的结果通常是协商的结果,这是因为外部力量经常首先决定了群体形成的必要,而且,在这样的情况下,群体面临的选择经常是有争议的。因此,群体决策者倾向于寻找那些能达到最初的目标、又能让所有相关方都能接受的折衷方案。而在团队决策中,决策通常实质上是单方的。尽管可以说有很多人影响最后决策的形式,但只有一个决策者有特权和责任做出一方的决策。因此可以说,这类决策通常拥有许多与个体决策相似的特征。

5. 组织决策者

组织层次的决策者是那些被授予特权、代表组织整体负责决策的人。这些决策及决策过程的特点很大程度上与个体、团队和群体决策者类似。既然这样,为什么还要分出一个组织层的决策者类型呢?原因之一是,组织决策者所需要的信息的广度和深度不同。另一个区分团体或群体与组织层次的原因在于,组织决策者所做出的决策通常需要得到整个组织的支持才能成功地实施。如果没有大部分下属的支持,组织的决策者,一般来说,没有大范围实施决策结果所需的资源。于是,这些决策者就有不同于个体、群体以及团队的特定的决策支持的需求,因此应该单独归为一类。

群体决策和多人决策

决策不仅仅在群体决策涉及个人。无论是在政府管理还是企业管理中,很多决策都需要靠群体(Group)来制定,因此提出了"群体决策"的概念。不过有学者认为,"群体"这个词在使用上会出现歧义,因此建议用"多人参与的决策制定者"(multi-participant decision maker, MDM)来取代"群体决策制定者"(Group Decision Maker, GDM)。[①] 马拉卡斯将多人参与的决策定义为"一种集合体的行为,这种集合体由两个或两个以上的个体组成,并且其性质由集合体的公共属性和组成成员的个体属性共同决定"[②]。根据这个定义,马拉卡斯对多人决策进行了详细的分类,如图13-5所示。

每一种多人决策的类型在决策者和参与者之间的相互联系和相互作用上都有特定的结构,如图13-6所示。其中,群体式决策是协作式的,其中有多个决策者,他们之间能够完全交互。而团队式决策和委员会式决策是非协作式的,其中只有一个决策者。团队式决策中除了决策者外,其他参与者之间没有交互;而委员会式决策中的其他参与者之间可以充分交互。

在决策时应当采用什么样的决策结构,应当考虑下列因素:(1)决策质量

[①] Holsapple. C. W., "Decision Support in Multiparticipant Decision Making", *Journal of Computer Information Systems* (summer), 1991: 37—45

[②] Marakas. G. M., J. T. Wu, "A Taxonomy of Multiparticipant Decision Structures", University of Maryland Working Paper Series in Information Systems, 1997.

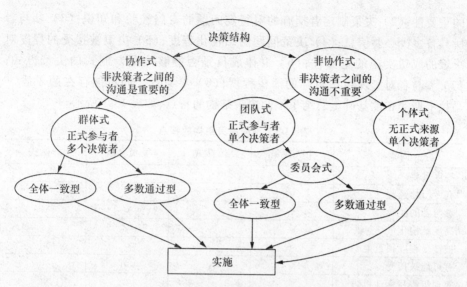

图 13-5 多人参与决策的层次划分

图片来源：Marakas. G. M., J. T. Wu, 1997, "A Taxonomy of Multiparticipant Decision Structures", University of Maryland Working Paper Series in Information Systems.

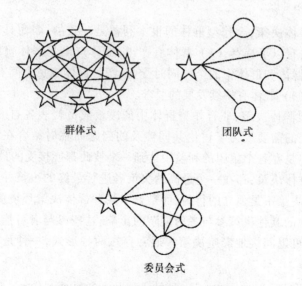

图 13-6 多人参与决策的基本结构

图片来源：George M. Marakas：《21 世纪的决策支持系统》，清华大学出版社 2002 年版，第 9—18 页。

的重要性;(2)决策制定者拥有的对特定问题的专门经验和知识;(3)参与者所具备多少必要信息;(4)决策问题的结构化程度;(5)决策被接受的程度对决策的成功实施的重要性;(6)群体成员是否能够接受专制式的决策方式;(7)参与者对实现组织目标的渴望程度;(8)参与者之间可能存在的矛盾。①马拉卡斯等在此基础上总结了不同决策结构的特点,如表13-3所示。②

表13-3 不同决策结构的特点

因素	个人决策	团队式	委员会式	群体式
高度重要		√	√	
有专门的经验	√			√
参与者的经验		√		√
高度结构化	√	√		
被接受程度很重要			√	√
有可能被接受	√			
实现组织目标动机强				√
存在潜在矛盾			√	

国内学者则将群体决策分为合作型群体决策、非合作型群体决策和影响型群体决策。③

合作型群体决策:合作型群体的根本利益是一致的,因而具有统一的总体目标。通常具有以下特点:(1)群体有产出,群体产出是群体赖以存在的利益基础,应该使群体和群体中的个体同时受益;(2)群体成员之间有相互的交流、支持的要求;(3)群体有持续发展的要求。

非合作型群体决策:非合作型群体中的决策成员代表各自的集团利益,是基于某种共同的需要或为了讨论共同涉及的问题而临时结合在一起群体。其决策结果只能是在各个集团的利益中达到一个彼此都能接受的最佳平衡。

影响型群体决策:存在一个最高的决策者进行最终的决策并对决策行为负责,但是他的决策不是孤立的行为,而是处于某种群体决策环境中,因为他的决策收到包围他的其他决策参与者的复杂的影响;这些参与者可能并不是真正的决策者,但是可以间接地影响决策。通常存在两种形式,一种是在群体环境中

---

① Vroom, V. H., P. W. Yetton, "Leadership Behavior on Standardized Cases", Technical Report No. 3. Yale University New Haven. Conn Dept. of Administrative Sciences: Yale University Press, 1973.
② Marakas. G. M., J. T. Wu, "A Taxonomy of Multiparticipant Decision Structures", University of Maryland Working Paper Series in Information Systems, 1997.
③ 张玉峰等:《决策支持系统》,武汉大学出版社2004年版,第356—358页。

对某个问题委托某个主决策成员全权负责,另一种形式是将一个问题委托给多个决策成员并行处理。

相对于个人决策,多人决策具有明显的优势,但同时也存在一些缺陷。表13-4 对多人决策的优点和缺陷的各种形式进行了总结。①

表 13-4　多人参与决策的优点和缺陷

优点	相比于个人,集体的知识更丰富 能够解决那些只有相互协作否则无法解决的问题 成员间的沟通和交互有利于新的知识和信息的产生 通过相互学习,决策参与者的个人表现都能得到提高 相对于个人决策结构,这种方法得到的结果价值更大
缺陷	由于多人参与的决策群体的规模,个人的相对谈话时间减少 会阻碍观点的产生 会导致信息迅速过剩 参与者无法记住其他所有人的贡献 迫使参与者服从的压力会增大 会增加参与者做评价时相互理解的程度,降低了意见的独立性 容忍了那些懒惰的不积极参与的人的存在 增加了思维惯性或者"小组思维"的现象,降低了意见的独立性和价值 增加了决策问题间的协调行为 允许对问题进行部分分析

---

① Nunamaker, J, F., Jr., A. R. Dennis, J. S. Valacich, D. R. Vogel, J. F. George, "Group Support Systems Reserach: Experience from the Lab and the Field", In *Group Decision Support Systems: New Perspectives*, edited by L. Jessup and J. Valacich, New York: Macmillan, 1993.

第十四章 决策支持系统

本章摘要

决策支持系统用于支持决策者的决策,而不是代替决策者决策。与传统决策相比,决策支持系统具有明显的优势,但也存在缺陷。决策支持系统通常包括数据库系统、模型库系统、知识库系统和人机交互界面。群体决策支持系统为群体决策所需要的通信和协作提供支持。

关键术语

决策支持系统　模型库系统　知识库系统　群体决策支持系统

§14.1 决策支持系统

决策支持系统的定义

1970年,里特尔(Little)在论文《模型与管理者:决策运算的概念》中指出,管理科学模型的最大问题在于管理者很少使用它们,并提出要设计"决策运算"

(decision calculus),即一套可以对数据进行处理,以此辅助决策者决策的程序。① 随后,在1971年,安东尼和莫顿在他们的经典文献《一个管理信息系统的框架》中,首次正式地提出了"决策支持系统"这个概念。②

与其他信息系统类似,目前对决策支持系统的定义也是五花八门。事实上,决策支持系统并没有标准的模式或标准的规范,从广义的角度来看,凡是能达到决策支持这一目标的所有技术都可以用于构造决策支持系统。③ 我们这里并不给出明确的定义,仅总结决策支持系统的共同特征如下。④

共同特征之一:问题的结构

如上节中所讨论的,如果决策目标比较简单,没有明显的冲突,可选的行动方案数量较少或者界定比较明确,决策所带来的影响是确定性的,那么称这类决策是高度结构化的。与之相反,对于高度非结构化的决策,决策目标之间往往是相互冲突的,可供决策者选择的行动方案较难加以区分,某个行动方案可能带来的影响具有高度的不确定性。决策支持系统的作用就是在决策的"结构化"部分为决策者提供支持,从而减轻决策者的负荷,使之能够将精力放在问题非结构化的部分。处理决策的非结构化部分的过程可以看成是人的处理过程,因为目前的技术尚且不能有效地模拟这种过程。

共同特征之二:决策的结果

所谓决策的结果,即决策达到其目标的程度,是决策过程中最基本的元素之一。上一节讨论了究竟决策是什么,为什么在制定决策时,需要一定的技术来支持。决策支持系统必须考虑计算机系统在支持决策目标的实现中所扮演的角色。

共同特征之三:管理控制

决策支持系统是面向决策者的,即决策支持系统的输入、输出、起源和归宿都是决策者。系统的最终职责取决于决策者。决策是所有组织在任何时点上分配和组织资源的手段,它是实现组织的战略目标的管理活动中的主要方法之一。无论把决策认为是一个选择、行动过程,还是一种战略,它都表现为一种活动,这个活动以从多个备选方案中选择一个最佳方案而告终。最终选择的控制

---

① J. D. Little, "Models and Managers: The Concept of a Decision Calculus", *Management Science*, 1970, 16(8): B466—85.

② Gorry, G. Anthony Morton, Michael S. Scott, "A Framework for Management Information Systems", *Sloan Management Review*, 1971, 13(1): 55.

③ 高洪深:《决策支持系统(DSS):理论·方法·案例(第三版)》,清华大学出版社2005年版,第28页。

④ George M. Marakas:《21世纪的决策支持系统》,清华大学出版社2002年版,第3—4页。

取决于决策者。为了达到目的,决策支持系统应该能够对选择过程提供支持,而最后的选择应该由对决策结果直接负责的决策者来制定。

还有学者认为,除上述特点外,决策支持系统还应当强调支持的概念,即力求扩展决策者做出科学决策的能力,而不是取而代之;强调交互式的处理方式,通过大量、反复、经常性的人—机会话方式,将计算机系统无法处理的因素(如人的偏好、主观判断能力、经验、价值观念等)输入计算机,并以此来规定和影响决策的过程。[1]

表 14-1 列举了决策支持系统的优势与局限性。[2] 在信息处理的效率、决策创新、提高竞争优势等方面,决策支持系统都具有一定的优势。同时,决策支持系统仅拥有其设计者所给定的知识和工具集所限定的决策支持"技能",其活动必然受到其设计的限制。

表 14-1　决策支持系统的优势与局限性

优势	• 扩展决策者处理信息和知识的能力 • 扩展决策者解决大规模的,耗时的,复杂的问题的能力 • 缩短制定决策的时间 • 鼓励决策者的钻研与探索 • 增强决策过程/结果的可靠性 • 通过模拟,展现考虑问题空间/决策内容的新方法 • 生成新的证据,以支持决策或者证实现有的假设 • 创建战略或者竞争优势
局限性	• 决策支持系统尚不能包含明确的人类制定决策的潜能,比如创造力、想象力、直觉等 • 决策支持系统的能力受到所运行的计算机系统、设计方案以及它所拥有的知识的限制 • 语言和命令界面还不够成熟,尚不能处理自然语言方式的用户指令和查询 • 决策支持系统一般是根据具体的应用来进行设计的,因此在不同决策问题上,缺乏通用性。

决策支持系统的结构

从系统的结构上,决策支持系统可以主要分为四大部件,分别是数据库管

---

[1] 姜旭平、姚爱群:《信息系统开发方法》,清华大学出版社 2004 年版,第 77 页。
[2] George M. Marakas:《21 世纪的决策支持系统》,清华大学出版社 2002 年版,第 5 页。

理系统、模型库管理系统、知识库管理系统和人机交互界面(如图14-1所示)。①

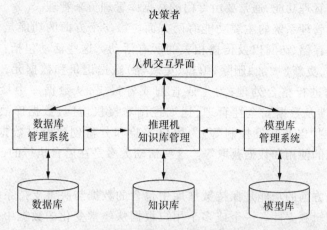

图14-1 决策支持系统的结构

图片来源:张玉峰等:《决策支持系统》,武汉大学出版社2004年版,第101页。

1. 数据库系统

数据库是数据的集合。为了便于检索,以一定的方式加以组织和存储。数据库的结构应该与组织的需求相一致,应该能够允许多用户的访问,或者在适当的时候,被用户的多个应用程序同时使用。

决策支持系统的数据库中的数据可以包括内部数据和外部数据。内部数据一般来源于组织在事务管理系统或管理信息系统。比如企业登记数据、居民业务申办数据、工资和人事数据等都属于内部数据源,分布于数据库中的一个或多个文件中。外部数据的范围则非常广泛,可以包括相关行业的特定数据、经济调研数据、人口普查数据或者各种公共管理案例等。

不管数据来源于何处,决策支持系统的数据库中的数据都被组织成统一的结构,称作记录(record)。每条记录又由若干个数据元(Data Element)或者域(Field)组成。数据元是数据库逻辑层次结构中最小的数据单元,它通常指明了某一个实例(Instance)的相关信息。比如,在一个关于人事的数据文件中,诸如姓名、年龄、性别、职务、职称、联系方式等都是数据元,可以存储在一个数据记录中。

数据库管理系统(Database Management System, DBMS)是对数据库文件进

---

① "决策支持系统的结构"一节内容主要引自 George M. Marakas:《21世纪的决策支持系统》,清华大学出版社2002年版,第9—18页。具体内容有删改。后文不再给出引用出处。

行管理的软件系统。现代的数据库管理系统,比如 Oracle、SQL server 等,拥有强大的数据管理功能,通常要由专门的数据库管理员来管理。

数据库管理系统的主要功能有两方面。第一个方面的功能是协调与数据库中信息的存储、访问以及传播相关的所有活动。这些活动包括:在发生数据交易的同时,更新(增加、删除、编辑、更改等)数据记录和数据元;从不同的数据源对数据进行整合处理;为生成查询或者报表,从数据库中检索数据等。此外,还会涉及数据安全性管理,比如控制非授权访问、数据库故障恢复、数据完整性维护以及并发控制等、为用户实验和分析创建临时数据库、跟踪决策支持系统的使用和数据获取等。这些活动大多是在后台执行的,并不为系统用户所见。

第二个方面的功能是保持数据库中包含的数据与决策支持系统的各种应用之间的逻辑独立性。一个或多个用户根据从经常变化的数据中提取的信息来制定决策。数据库管理系统必须管理数据库中数据的物理组织和结构,以及与之相关的文件,而不束缚系统应用或者用户的数据在逻辑上的排列。相同的数据在一种环境下以一种形式表现,在另一个环境下则可能以完全不同的形式表现。此外,找到新的数据源之后,数据库管理系统可以对这些分散的数据源进行统合的管理,使数据库整体上呈现统一的结构。通过维护这种独立性,数据库可以被广泛地使用,比如,一个数据库既可以被管理信息系统使用,也可以被决策支持系统使用,或者可以被多个决策支持系统使用。

决策支持系统和管理信息系统的数据库之间的区别表现在,首先两者工作目标不一样,决策支持系统主要目的是支持决策,因此对综合性数据或者经过预处理后的数据比较重视,而管理信息系统通常支持日常事务的处理,所以注意对原始资料的收集、整理和组织。一般而言,决策支持系统的数据库要比管理信息系统的庞大、复杂的多。

2. 模型库系统

模型(Model)是为了便于研究问题从而更好地理解问题,对某些活动或者全过程的一种简化。模型的一个非常重要的特点是,它是对现实的一种简化形式,用于尽可能接近的模仿实际过程或者活动,但是它往往没有现实那么具体。在很多情况下,人们都能够确定过程或者活动的很多特性。此外,在某些特定条件下,我们可以对活动的性质或者结果进行预测,而不需要进行实际的实验,或者再现事实来研究。通过研究模型,而不是活动本身可以降低成本、节省精力和时间。没有模型,决策支持系统的作用会受到较大的限制。上一节中已经详细讨论了若干种决策模型。

模型库，与数据库的概念比较类似，用于存放各种不同的统计、财务以及其他一些定量模型和定性模型。目前，理论上可以利用的模型已达100多个，根据功能和用途可分为若干模型群。

（1）预测模型群：
- 定性模型：德尔菲法、主观概率预测法、交叉影响巨阵法等；
- 定量模型：回归预测、平滑预测、马尔柯夫链预测等；
- 回归预测：一元回归、多元线性回归、非线性回归等；
- 平滑预测：平均预测法、指数预测法等。

（2）系统结构模型群：系统结构模型、层次分析模型、投入产出模型、系统动力学模型等。

（3）数量经济模型群：计量经济模型等。

（4）优化模型群：线性规划、非线性规划、动态规划、目标规划和最优控制等。

（5）不确定模型群：模糊数学模型、灰色模型、随机模型等。

（6）系统综合模型群：大系统理论等。

上述决策模型中既包括定量分析模型、也包括定性分析模型。定量分析模型涉及统计学、运筹学、经济学等多个学科和专业。对这些模型的讨论已经超出了本书的范围。此处不再赘述。[①]

模型库并不追求模型本身的完美和复杂，也不认为模型可以解决一切决策问题，目标是在决策者需要的时候按要求构造模型。所构造的模型不一定很复杂，但一定要符合实际，建模时特别注意推理能力和决策者的干预。

决策支持系统通过模型库管理系统管理模型。它同样具有两个方面的职责。第一个方面是，执行和整合决策支持系统的模型。在执行模型的时候，经常要求用户采用一定的语法或者命令来启动执行过程。模型库管理系统则生成所需要的命令结构，为决策支持系统定位模型。同时，数据或者参数的格式化需求由模型库管理系统的子系统来处理。最后，在使用决策支持系统时，经常要将多个模型整合成一个复杂的模型。模型库管理系统通过提供模型之间的链接，控制模型执行的次序来帮助整合过程。

第二个方面的职责是，根据用户偏好建模。模型库管理系统收集、组织和整合系统用户的偏好、判断和直接到模型中。决策者和决策环境的偏好都会经常发生变化，而且往往互相冲突。因此，模型库管理系统必须提供一种机制，合

---

① 相关内容可参阅统计学、运筹学、计量经济学、管理决策等方面的书籍。

并各个用户或者问题环境的偏好到分析过程中,这样输出不仅包含定量的或者随机的结果,而且具有定性的条件和约束。

在一些文献中,除了数据库、模型库和知识库外,认为决策支持系统还包含方法库。所谓方法,是指在决策支持系统应用过程中所使用的各种基于数学模型的算法程序。比如有人指出,方法库可以包含以下方法:

(1) 基本数学方法:初等函数算法、插值算法、拟合法、平滑法、外推法等;

(2) 数据结构方法:排序算法、分类算法、最小生成树算法、最短路径算法等;

(3) 统计方法:回归分析法、方差分析法、二元相关分析、因子分析、判别分析等;

(4) 优化方法:线性规划、整数规划、动态规划等;

(5) 预测方法:时间序列法等;

(6) 计划方法:计划评审法、矩阵运算法等;

(7) 专业领域方法:金融方法等。

本书则认为,模型库和方法库的区别其实并不大,一方面,这些方法实际上也属于模型,另一方面,模型可以看作是在各种基本方法的基础上构建起来的。因此,本书把方法库看作是模型库的组成部分。

3. 知识库系统

知识库是存储决策知识系统的知识的地方。在第十五章,我们会详细地讨论知识的定义,这里仅从信息科学的角度来理解知识,认为知识包括规则、启发式的经验、边界、约束、先前结果以及其他的以程序的形式编入决策支持系统,或者通过重复使用获取的"知识"。

知识库中包含的信息与数据库和模型库中包含的信息不同。数据库和模型库存储了范围非常广泛的元素,数据库通常不限于某一个特定的问题领域,模型库中包含的模型也不受到所要求解问题的限制。相反,知识库则往往是与特定问题相关的,知识库中的知识仅仅是在一个比较狭窄的问题求解范围内有用。

从信息科学的角度来看,知识库中的知识可以简单地分为两类:事实和假说。事实是指在给定时间内为真的表述,而假说是指人们认为在事实之间存在的规则或者关系。

假定存在一个简单的知识库,其中包含很多专家认为在评估借款人信用程度时的重要指标:

(1) 信用历史的年数(数字事实);

(2) 信用历史的质量(序列事实,可选值包括完美、非常好、好、不好、差);
(3) 借款人的工作描述(范畴事实);
(4) 工作的时间(数字事实);
(5) 借款人的总收入(数字事实);
(6) 借款人的总负债(数字事实);
(7) 借款人希望贷款的数额(数字事实)。除了事实之外,知识库中还包括这些事实之间的关系,或者说,这些事实之间彼此联系的方式。比如:

规则 1
如果信用历史小于 1 年,并且
　　信用历史的质量不好,或者
　　信用历史的质量差,或者
　　工作时间小于 1 年,或者
　　总收入小于总负债
则,信用风险高。

规则 2
如果信用历史小于 1 年,并且
　　信用历史的质量并非不好,或者
　　信用历史的质量并非差,并且
　　总收入小于总负债,并且
　　工作时间大于 3 年,并且
　　总收入大于 5 万元,并且
　　总借贷小于 2 万 5 千元
则,信用风险低,可借贷。

规则描述的不是针对某个人,而是针对的事实之间的一般关系。一条规则可以陈述的是事实 1 和事实 2 之间的关系,而另一条规则陈述的是事实 3 与事实 4 之间的关系。这些规则可以以任何方式、按照任何次序组合,来实现一个决策结果。

决策支持系统知识库中的知识通常来源于领域专家。知识工程师(Knowledge Engineer,KE)会采访各个领域的专家,收集知识库所需的信息。要与专家进行交互,充分获取专家某方面的知识以及知识之间的关系。

除了在知识库中存储上述事实和规则之外,知识库还需要提供"推理机"处理这些规则(如图 14-2 所示)。所谓推理(Reasoning),是指在现有的或者以前推到出来的信息的基础上推导新的信息的过程。在决策和解决问题时都少

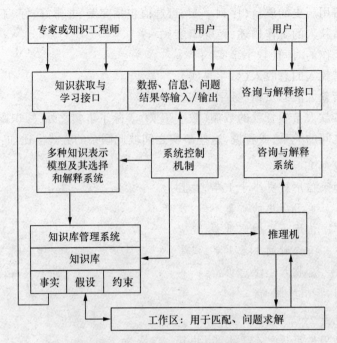

图 14-2 决策支持系统的知识库系统

图片来源:张玉峰等:《决策支持系统》,武汉大学出版社 2004 年版,第 119 页。

不了推理,没有推理的决策实际上不能算作真正意义上的决策。当然,如前所述,决策问题越结构化,需要的推理越少。在最简单的推理中,推理的依据是事实,虽然人们并没有亲自对信息进行明确的验证。

在决策支持系统的知识库中,推理过程是对规则的选择和运用的过程。推理有多种类型,可以分为演绎推理和归纳推理。演绎推理是指,由一组前提必然地推导出某个结论的过程。归纳推理是指,以某个命题为前提,推论出与其有归纳关系的其他命题的过程,结论中断定的是前提中未包含的内容。

推理还可以分为逻辑推理与似然推理。逻辑推理所处理的事实与结论直接之间存在确定性的因果关系,又称作确定性推理。似然推理则又称为不确定性推理,因为它所处理的事实与结论之间存在着某种不确定的因果关系。

4. 人机交互界面

人机交互界面又称用户界面、人机接口等,是决策支持系统不可缺少的重要组成部分,它使得用户无需了解软件系统的程序细节,就可以方便地访问和调用决策支持系统内的各项功能。通常来说,由于用户与开发者之间的沟通有限,人机界面越通用,则对用户使用系统的培训就越少。正如在微软的视窗系统(Windows)上运行的各种应用系统,在文件存储、新建、读取、视图、帮助等功能上都是一样的。

早期的人工交互界面主要采用命令行方式来构造,而最理想的人机界面则是可以采用自然语言直接支持人机沟通。人机界面把用户与数据库、模型库、知识库和方法库联系起来。在决策过程中,决策者要对各个库进行操作和控制。一方面,人将向系统提供信息和提出任务要求;另一方面,系统向人提供解答方案和各种辅助决策的信息,也可能向人索取为完成任务所需要的补充信息。此外,界面还应满足下列要求:[①]

(1) 交互为决策者提供进一步理解决策问题的过程。由于高层次管理决策的结构化特点,决策问题是错综复杂的。决策者往往在一开始不能全面深入地了解决策问题的每个方面,决策支持的出发点只能是利用交互的人机合作过程,通过试探性的和启发性的问题求解方法来帮助决策者逐步假设和调整对问题结构的认识。从本质上说,非结构化问题的求解和结构化的过程实际上是一种人机交互的启发式过程。

(2) 交互使决策者在使用系统时感觉自己在操作计算机,借助于计算机系统提供的一些信息进行决策,而不是计算机代替决策者做出决策。决策者一方面不会盲目承担决策带来的风险;另一方面也不能失去决策参与感和主角感。

(3) 交互提供决策支持系统适应新的决策问题即环境的手段,通过交互,决策者可以构造新的决策问题,增加新的模型及与模型有关的概念、数据和知识,以适应新的环境变化的要求。

(4) 交互为决策者提供控制的权力。决策问题既要考虑客观因素,又要考虑人文因素的影响,需要根据决策者的个人决策风格、偏好、随机制约因素等做出决策。

(5) 交互接口的有效性直接影响决策支持系统的有效性。决策支持系统面对的用户是管理人员,而不是计算机专业人员,用户接口不友好,管理人员面对计算机不知道如何操作,失去了往日拥有的在专业领域内的权威性,易产生不愿意使用计算机的消极心理。

---

① 高洪深:《决策支持系统(DSS):理论·方法·案例(第三版)》,清华大学出版社 2005 年版,第40—41 页。

案例14-1

在宏观经济超短期预测中的应用[①]

对工业月产值进行预测是向有关政府部门及时提供日常工业生产情况,进行宏观分析和控制的重要内容。中国对工业月产值的预测是从1984年开始,当时使用的是四个模型,从等产值、等增长率、时间序列、灰色系统四个方面利用国家统计局的二次旬报,对工业月产值进行预测。测算完毕,再由专家就各自掌握的材料和以往的经验对这四个不同的结果进行人工调整,估计各种随机因素对测算过程可能产生的影响,并估计出一个参考值。然而这个结果不能满足有关部门的要求。其原因是:第一,由于宏观经济问题的复杂性和不确定性,用少数几个模型,从某几个方面来推算总产值存在困难,导致模型测算准确性不高;第二,专家们由于掌握的资料和经验不同,难以形成相对统一的参考意见。

三个方面的措施被试图用来解决上述问题。第一,增加预测模型。新的模型包括(1)由点到面,由局部到全局的推算模型,比如从若干对国民经济有重大影响的重点产品推算,从各省市工业月产值预测值推算等;(2)简单外推,从已有数据中推算出本月度工业日产值,然后由日产值推算月产值;(3)用传统方法推算,即从计划角度出发,考察各项计划指标的完成情况,然后根据以往的经验来估算。第二,处理随机因素影响的结果,即将原有专家调整会议中各种影响的模糊集合,转化成为一个半结构化的 $N \times M$ 维空间问题,以确保各种影响因素集合的完备性、专家意见的独立性和最终讨论意见的一致性。第三,汇总专家意见,研制出一个既能充分反映决策者要求,又能全面反映实际情况的支持决策方式。

首先,在确定了各种模型和方法之后,采用结构化的模型,用加权求和的方法求得总预测值。这些模型包括:等产值模型、等增长率模型、数量化模型、时间序列模型、日产值推算模型、以各省级区域为基准的推算模型、以各重点产品(比如发电量、钢铁、原油等)为基准的推算模型等。

其次,为了确保测算结果的准确性,及时地处理一些随机的影响因素,作为上述模型推算的补充,对预测结果进行专家调整。由于这类问题是非结构化的,范围边界是模糊的,各种影响因素的出现也不确定,因此要统一处理,必须先确定一个可能出现的影响因素的集合,包括政策因素、市场变化因素、非生产

[①] 本案例摘自姜旭平、姚爱群:《信息系统开发方法》,清华大学出版社2004年版,第86—93页。为节省篇幅,对原文有较大删改。

天数的占用、进出口关系、季节波动等。让专家在各自的计算机终端上对这些问题给出主观评分,系统会综合评分结果进行矩阵运算,得出全体专家对某个因素影响预测结果的共同看法和某个专家对所有影响因素最终对预测结果产生的总看法。

再次,采用决策支持系统中处理半结构化决策问题的方法,给出了一份综合的决策支持报告,如表14-2所示。专家们可以从这份报告上随意地了解到其他人的看法以及可能会出现的各种后果,以支持专家们在人工调整会议上有的放矢地进行讨论,并最终做出抉择。

表14-2 决策支持系统的输出报告

决策支持报告　　　　　　　　　　　　　　　　　　　年　月　日

总测算值:　　　　＊＊＊
日产量推算值:　　＊＊＊
常规方法推算值:　＊＊＊
模型计算值:　　　＊＊＊　　　　总值:　　＊＊＊
　　　等产量模型:　＊＊＊　　　等增长率模型:　＊＊＊
　　　时序模型:　　＊＊＊　　　数量化模型:　　＊＊＊

各省市预测结果推算值:

总值	北京	上海	天津	江苏	辽宁	湖南	广东	……
＊＊＊	＊＊＊	＊＊＊	＊＊＊	＊＊＊	＊＊＊	＊＊＊	＊＊＊	＊＊＊

重点产品推算值:

总值	发电量	钢铁	煤炭	石油	运输	……
＊＊＊	＊＊＊	＊＊＊	＊＊＊	＊＊＊	＊＊＊	＊＊＊

专家评估值:

专家1	专家2	专家3	专家4	专家5	专家6	专家7	……
＊＊＊	＊＊＊	＊＊＊	＊＊＊	＊＊＊	＊＊＊	＊＊＊	＊＊＊

专家共同认为某因素对预测值的影响为:

影响因素1	影响因素2	影响因素3	影响因素4	……
＊＊＊	＊＊＊	＊＊＊	＊＊＊	＊＊＊

系统建成后,用过去的数据进行检验,发现总预测值部分的精度大大提高,在处理不确定性随机影响因素的支持决策部分也收到了极为明显的效果。主要表现在:(1)避免了"屈服"或"顺从"现象,保证了专家评估的独立性;(2)避免了答非所问的可能性,沟通了表达和理解之间的信息流通渠道;(3)将原来完全凭经验,靠讨论解决的定型化分析方法,转变为由定量化分析方法支持下的分析讨论,大大提高结论的精确度。

案例 14-2

中国省级环境决策支持系统①

中国环境科学研究院地理信息系统重点实验室承担了中国省级通用环境决策支持系统(以下简称 DSS)的开发任务,其目标是为省级环境保护管理决策部门提供实用的和基本的基于地理信息系统和模型方法的环境回顾分析、现状评价、影响预测和环境规划等方面的决策支持软件,并提供基本空间数据管理、模型管理和对公共数据库调用的框架,为各省开发自己较复杂的特殊应用提供一个开放环境。

DSS 系统的最终用户是省级环境保护部门的环境保护与经济发展的综合决策人员,他们是省级环保局的领导者,如局长、副局长和有关职能处的负责人等。这些人所关心的问题不局限于某一个侧面,而是具有综合性特点,例如,环境问题与经济发展的关系,污染源和环境质量的关系,污染物排放、环境质量与国家和地方有关法规和标准的比较,区域性宏观污染控制策略,等等。他们具有丰富的环境管理经验,是 DSS 系统的最直接用户。DSS 系统的另一类直接用户是专职或兼职系统管理员。他们负责信息系统的日常维护管理,包括基础数据的录入、修改、更新、系统和数据备份等工作。通过他们对计算机和 DSS 软件的操作,为决策人员提供所需的数据、信息和决策支持。

省级环境 DSS 应该能够支持省级环境保护部门有关决策的全过程,包括诊断预警、决策问题分析、决策问题求解和决策方案的实施管理等。在对省级环保局的环境管理工作和所涉及的环境决策问题的调研分析的基础上,DSS 系统拥有如下五个功能:

● 历年统计和监测资料分析。利用各省环境统计和监测数据,从不同空间范围角度(省、城市,或任一区域等)进行行业资源消耗和排污情况分析,重点污染源、重点污染城市或重点污染行业识别,环境质量变化趋势分析,以及污染治理资金与效果分析等。

● 环境现状评价。包括环境质量现状评价和工业污染源现状评价。基于公共数据库中的环境质量数据和污染源数据,从不同的空间范围角度(省、城市、流域,或任一区域等),应用模型方法对环境现状作总的观察分析。

● 环境影响评价。提供两种类型的环境影响评价的初步的"快速评估"模式,即使用较简单通用的水质模拟模型和大气质量扩散模型进行建设项目环境

---

① 摘自徐贞元、孙启宏等:《中国省级环境决策支持系统的系统分析》,载《环境科学研究》,1997年第5期,摘录时有较大删减。

影响初步评价和区域环境影响初步评价。

● 污染物削减分配决策支持。应用情景分析方法和线性规划模型,从宏观层次对全省及所选区域范围内不同行业和不同城市的环境污染物削减进行优化计算,并对优化结果进行环境评价和经济分析,以提供决策支持。

● 环境与经济持续发展决策支持。应用情景分析和优化规划相结合的方法,来分析全省和所选区域的经济发展速度、工业布局、产业结构改变与调整对环境造成的影响,以及为防止环境污染和破坏所采取的措施。

DSS 系统的数据层包括空间数据库和属性数据库。DSS 系统的核心空间数据包括 1:100 万全国电子地形图产品和环境专题图。DSS 专题数据库是整个数据层的重要组成部分,充分体现了基于模型的特点,它包括 DSS 常用标准、代码相关数据和 DSS 模型方法相关数据。DSS 专题数据库还有效地与 DSS 模型库结合起来,为 DSS 用户提供友好的服务。其设计增加了模型方法的透明性,用户无需过多考虑所用模型的数学描述或手动组织复杂的输入数据文件,而只需从环境角度出发,根据系统提供的用户界面动态输入含义明确的数据参数,选取感兴趣的情景方案,专题库管理系统将自动为模型计算组织和提供数据和参数,将计算结果返回到有关功能模块,按用户控制做进一步分析,并最终提供直观的图文报告。

DSS 系统是一个通用空间决策支持系统,所提供的五个功能都是基于各种模型:从简单的趋势分析模型、环境质量评价模型,到相对复杂的水汽质量扩散模拟模型、污染物削减分配的大规模优化模型等。由于 DSS 系统将在全国 27 个省环境信息中心安装和应用,因此所提供的各种模型力求具有较强的实用性、通用性和宏观性。

DSS 系统所应用的模型分为六类,即趋势分析模型、相关分析模型、排序模型、评价识别模型、环境质量模拟模型和优化决策模型。以上模型分别应用于决策支持全过程中的各个阶段,包括诊断预警、情景制定、方法选取、问题分析、问题求解和评价比较等。DSS 系统还充分利用了 ARC/INFO 提供的各种空间操作和空间分析模型。

DSS 系统的模型库由基础模型库和用户模型库组成。基础模型库中的模型由 DSS 系统本身所提供,供全国 27 个省的用户直接使用(或作为 DSS 系统的缺省模型),用户不能对它们进行删改。由于各省对所用模型需求和可利用的数据支持程度不同,DSS 系统希望能为用户提供一个开放的环境,使他们可向用户模型库增添感兴趣的模型。

DSS 系统用户接口为用户提供友好的图形界面和菜单驱动。通过用户接口,用户可进行各种选择(如功能、空间信息、模型、情景方案等)、输入(数据、参数等)和项目执行等决策支持操作。内部接口包括 DSS 各功能模块之间的接口,以及各功能模块与 DSS 数据层(空间数据库和专题数据库)之间的接口。

§14.2 群体决策支持系统

"群体决策支持系统"(Group Decision Support System)就是用来支持群体决策的计算机软硬件集成系统,是指多个决策人在共同的决策环境下,彼此间进行通信和协作,依赖一定的决策方法,产生和评估决策方案,并最终形成决策的过程。[1]

在上一节中已经讨论了群体决策的优点和缺陷。如果将这些优点看作是群体决策的收益,将缺陷看作是其损失,那么引入决策支持技术的目标就是要使得上述利润最大化、损失最小化。有学者提出了群体决策支持系统的四种类型:(1) 过程支持;(2) 过程构造;(3) 任务支持;(4) 任务构造。[2]

- 过程支持(Process Support):提供各种机制,以推动决策者或参与者之间的交互作用,促进他们之间的知识的分享。

- 过程构造(Process Structure):为决策者或参与者提供各种各样的沟通机制,包括沟通的形式、时间、甚至内容等。其最典型的意义在于能够增进多人参与决策中的协调效率。

- 任务支持(Task Support):提供各种机制,以获取、选择或者组织与决策任务相关的信息和知识。其意义在于增强了决策群体对知识的访问,促进参与者之间的协作,减少由于对任务本身或者相关的必要知识的分析的失误而造成的损失。

- 任务构造(Task Structure):提供各种技术,帮助决策者或参与者对与任务和问题相关的知识进行过滤、综合、分析等。其意义同样在于,减少了信息分析中的损失,同时增加了多人参与决策过程的收益。

另有学者给出了更加具体的划分。他们基于群体的行为特征,将群体决策活动分为三个层次,分别是减少沟通障碍、减少不确定性和控制决策过程(如表14-3 所示)。[3]

---

[1] 张玉峰等:《决策支持系统》,武汉大学出版社 2004 年版,第 354 页。
[2] Nunamaker, J, F., Jr., A. R. Dennis, J. S. Valacich, D. R. Vogel, J. F. George, "Group Support Systems Reserach: Experience from the Lab and the Field", In *Group Decision Support Systems: New Perspectives*, edited by L. Jessup, J. Valacich, New York: Macmillan, 1993.
[3] DeSantis, G., Gallupe R. B., "A Foundation for the Study of Group Decision Support Systems", *Management Science*, 1987, 33(5): 589—609. 转引自 George M. Marakas:《21 世纪的决策支持系统》,清华大学出版社 2002 年版,第 127—128 页。

- 减少沟通障碍的群体决策支持系统主要用来促进决策参与者之间的沟通，推动和促进信息的传递，减除群体决策群体内的交流障碍。
- 减少不确定性主要用来减少决策群体行为的不确定性。上述过程构造方法和任务构造方法可以归入这一类。与上一个层次相比，这个层次增加了一些分析的功能。
- 控制决策过程包含了前两个层次的特点，并且把过程构造的方法扩展到参与者间交互作用的控制。在这个层次的系统中，决策群体的行为比前两个层次更严密精确。

表14-3 多人参与决策支持技术的分类之一

多人参与决策支持技术的层次	决策参与者的需求	系统特征
1. 减少沟通障碍	• 电子信息传递 • 计算机网络 • 大型的公共显示屏幕 • 匿名地发表意见 • 主动发表看法 • 概要和图标 • 对方案分级排序 • 议程模板 • 流程的连续显示	• 决策参与者之间的信息传递 • 回忆进行期间对数据文件的访问 • 组在参与者作出贡献的因素的减轻 • 控制搭便车现象 • 观点和投票的组织和分析 • 偏好的量化 • 议程安排 • 协调时间
2. 减少不确定性	• 自动化制订计划的方法 • 决策表、决策树 • 线性规划和最优化方法 • 统计学工具和方法 • 主观概率方法 • 多人参与决策群体的协调方法	• 构造问题，安排问题解决的进程 • 不确定分析 • 分析资源的分配问题 • 数据分析 • 偏好分析 • 对问题的商讨的组织和引导
3. 控制决策过程	• 自动化的决策过程和机制 •能自动对各种方法和步骤提出建议 • 规则系列的构造和推理机制	• 正式规范决策过程的强制执行 • 决策过程中的选择更加清晰明确 • 对所有的消息进行组织和过滤以保证组织的原则得以实施 • 协商过程的控制规则的发展

资料来源：DeSantis, G, Gallupe R. B., "A Foundation for the Study of Group Decision Support Systems", *Management Science*, 1987, 33, (5): 589—609.

克雷默和金(Kraemer and King)则基于技术的视角提出了另一种分类方法,①如表14-4所示。

表14-4 多人参与决策支持技术的分类之二

类型	硬件	软件	特点
电子化的会议室	计算机控制的大屏幕多媒体会议室	能够存储和取出实现准备好的展示材料的软件	同时同地实时交流,需要多媒体技术的支持
远程电话会议	计算机控制的在多个地点之间进行视听传播的会议室	控制音频视频数据的数字化传送的软件	同时异地
群体网络	若干办公室通过计算机网络连接起来	既可以在计算机上进行实时会议,又可以不同步地进行音频视频数据的传递	同时或不同时—异地的交流
信息中心	大型屏幕和视频放映设备,个人计算机上有视频显示终端	具备数据库管理、统计分析、图表生成、文字处理等功能的软件	同时同地的交流,需要专家建模,需要专门软件。具备数据库管理、统计分析、图表生成、文字处理等功能的软件
合作研究室	具有电子显示中心和联网的计算机会议室	支持信息交流和协作互动的软件	同时或不同时—同地的交流。支持信息交流和协作互动
决策室系统	大屏幕视频放映设备和联网的计算机的会议室	支持头脑风暴、主体阐释、投票、建模、决策分析、协作交流、数据交换的软件	同时或非同时—同地的互动。支持电子化的头脑风暴、投票、建模、决策分析等

资料来源:Kraemer, K. F., King. J. L., "Computer-based Systems for Cooperative Work and Group Decision Making", *ACM Computing Surveys*, 1988(20):2.

---

① Kraemer, K. F., King. J. L., "Computer-based Systems for Cooperative Work and Group Decision Making", *ACM Computing Surveys*, 1988, 20(2). 转引自 George M. Marakas:《21 世纪的决策支持系统》,清华大学出版社 2002 年版,第 128—129 页。

第十五章　支持决策的软件技术

本章摘要

本章介绍了决策支持系统可能采用的数据仓库技术、数据挖掘技术和数据可视化技术。

关键术语

数据仓库　数据挖掘　数据可视化

作为一种广义的管理信息系统,决策支持系统同样需要利用计算机软硬件集成技术、网络通信等通用技术。除此之外,上一节中讨论的各种类型的决策支持系统还可能利用到数据仓库、数据挖掘、可视化等技术。

§15.1　数据仓库技术

在很多场合,技术专家直接把数据仓库称作"决策支持系统"[①]。虽然本书并不持这种观点,但是这也说明了,数据仓库的用户不是一般的操作人员,而是

[①] 高洪深:《决策支持系统(DSS):理论·方法·案例(第三版)》,清华大学出版社2005年版,第128页。

业务管理部门的决策人员。从技术的角度来看,数据仓库实际上是一种解决方案,而不是某种特定的软、硬件集成品。

在第十四章中,曾经讨论了组织内部信息管理的瓶颈往往驱动了组织管理信息系统的发展方向。在数据库应用的早期,组织管理信息系统主要支持的是基层的事务处理。利用计算机实现联机事务处理,企业或其他组织可以获得强大的竞争力。到20世纪80年代以后,原有局限在操作层的对数据的管理已经不适应组织竞争的需要,新的需求表现在要求信息系统能够为管理层的决策服务,这就需要能够对已经产生的大量数据进行分析,从中找到有价值的决策信息。

然而,从数据中获得信息并非易事。首先,原有的基于数据库的事务处理系统和管理信息系统主要强调的是事务数据的处理性能和系统的可靠性,关注数据的更新,而数据分析则要求对数据的整合,涉及大量数据的统计汇总和复杂的查询,关注数据的读取和可视化,这样同一个数据库在实现上难以做到两全。其次,各种数据库产品的出现促进了管理信息系统的多元化发展,然而业务数据往往被存放于分散的异构环境中,这使得数据的统一管理出现了问题。再次,业务数据的组织结构与运算模式是针对日常事务处理来设计的,并不适合决策分析的需要。

因此,人们认识到,将数据仓库建立在原有的数据库基础上,是不现实的,为了提高两方面的性能,就不得不在数据库之外,另外构造一个数据中心,以支持数据分析的需要;数据中心的数据可以从各种事务处理系统的数据库、外部的其他数据源等途径中获得。这个数据中心就是"数据仓库"。

数据仓库的定义

英蒙(W. H. Inmon)在其《建立数据库仓库》一书中给出了对数据仓库的经典定义:数据仓库是一个面向主题的、集成的、时变的、非易失的数据集合,支持管理部门的决策过程。[①] 四个关键词:面向主题的、集成的、时变的、非易失的,将数据仓库与其他信息系统区别开来。[②]

第一,面向主题。数据仓库围绕一些主题,如顾客、供应商、产品和销售组织。数据仓库关注决策者的数据建模与分析,而不是集中于组织机构的日常操作和事务处理(如图15-1所示)。因此,数据仓库排除对于决策无用的数据,提

[①] W. H. 英蒙:《数据仓库》,机械工业出版社2003年版,第21页。
[②] Jiawei Han, Micheline Kamber:《数据挖掘:概念与技术》,机械工业出版社2001年版,第26—27页。

供特定主题的简明视图。

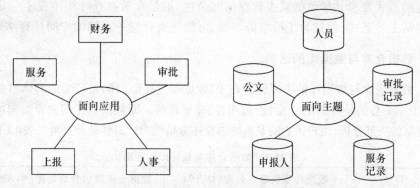

图15-1　面向应用的数据和面向主题的数据之区别

　　面向主题的特性,使得在规划和设计数据仓库时,只需要考虑数据建模以及库结构本身的设计,而无需考虑系统设计。另外,数据仓库中的数据之间是相互联系的。对某个数据的查询,比如人员,可能会与其他各项数据表中的数据联系起来。

　　第二,集成的。通常,构造数据仓库是将多个异种数据源,比如关系数据库、一般文件和联机事务处理记录,集成在一起。使用数据清理和数据集成技术,确保命名空间、编码结构、属性度量等的一致性。

　　在一般的应用系统设计中,数据库中的数据命名可能是不同的。这就会导致不同的系统之间缺乏一致性,从而难以整合。数据仓库要能够整合不同的数据源,就有必要通过命名转换,使数据处于统一命名的状态,从而保证系统性的数据检索。除了命名以外,度量单位的统一也十分重要。比如有的时间数据用天数,有的用月数、年数等,这些都会影响数据的统一使用。

　　第三,时变的。数据存储从历史的角度提供信息。数据仓库中的关键结构、隐性地或者显性地包含时间元素。

　　数据仓库中的数据不一定要求是最新的,但是却要求在一个较长的时间跨度内保存全部的数据。这个时间跨度可能是1年、5年,甚至10年。一旦这些数据被保存下来,除非某种特定的条件,一般都不可再被更改。如果说应用系统数据库中的数据是即时成像的相片,那么数据仓库中的数据就是可以连续播放的影片,它可以清晰地告诉用户关于某个指标数据的发展脉络。

　　第四,非易失的。数据仓库中的数据总是物理性地分离存放,这些数据源于操作环境下的应用数据。由于这种分离性,数据仓库不需要事务处理、恢复和并发控制等机制。通常它只需要两种数据访问方式:数据的初始化装入(Loading)和数据访问(Access)。也就是说,数据仓库中的数据是不可更改的,数据仓库中不存在数据的插入、删除、修改等操作。在应用系统的数据库设计中,需要注意的范式要求是尽可能减少数据的冗余性,但是在数据仓库中不仅不一定需要遵从上述范式,而且为了检索的需要,可能还会存储一系列的中间计算结果。

数据仓库与数据库的区别

数据仓库与数据库的主要区别在于,数据库主要面向的是日常的具体事务处理,用户关心的是数据的安全性、可用性、完整性等。而数据仓库则主要面向的是管理层的决策分析,用户关心的是系统的整体分析能力。具体的差别可见表 15-1。

表 15-1 数据仓库与数据库的区别

特性	数据库联机事务处理(OLTP)	数据仓库联机分析处理(OLAP)
特征	操作处理	信息处理
面向	事务	分析
用户	办事员、数据库专业人员	管理者、分析员
功能	日常操作	长期信息需求,决策支持
数据库设计	基于实体—关系,面向应用	星型/雪花,面向主题
数据	当前的,确保最新	历史的,跨时间维护
汇总	原始的,高度详细	汇总的,统一的
视图	详细、一般关系	汇总的,多维的
工作单元	短的,简单事务	复杂查询
存取	读/写	大多为读
关注	数据进入	信息输出
操作	主关键字上索引/散列	大量扫描
访问记录数量	数十个	数百万
用户数	数千	数百
数据库规模	100MB 到 GB	100GB 到 TB
优先级	高性能、高可用性	高灵活性、端点用户自治
度量	事务吞吐量	查询吞吐量、响应时间

资料来源:Jiawei Han, Micheline Kamber:《数据挖掘:概念与技术》,机械工业出版社 2001 年版,第 28 页。

数据仓库的多维视图

多维视图是数据仓库与数据库相区别的重要特征之一。"维",就是维度,坐标,也可以理解成分析问题的一个角度。比如,一张工资表上,"性别"、"部门","籍贯"等就是"维"。再比如,一张审批表上,"企业类别"、"经营范围"、"所属区县"也是"维"。如图 15-2 所示,多个维可以构成一个"数据立方体"。当然,事实上当存在更多的维时,是一个 n 维空间中的几何体。

对于一个特定的事务,称之为一个"事实",是由多个维度确定的。这些事

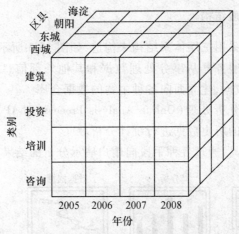

图 15-2 数据仓库的数据立方体

实在各个维度上的取值,称之为"度量"。维上的"刻度"可能会涉及不同的"粒度"。比如,某项事务涉及企业类别、区县、日期三个维,这三个维上的一次取值(度量),比如培训、朝阳、2006 年,就确定了涉及 2006 年北京市朝阳区一个培训企业的一次特定的事务。而对于日期这个维,存在着年、月、日等不同的粒度。

在维的基础上,数据仓库可以提供基本的多维分析,包括上卷(roll up)、下钻(drill down)、切片(slice)、切块(dice)、转轴(pivot)等。

- 上卷和下钻都是指改变维的层次,变换分析的粒度。上卷是在某一维上将低层次的细节数据概括到高层次的汇总数据中,或者减少维数;而下钻则相反,它从粗粒度的数据深入到细粒度的数据上进行观察,或者增加新的维。

- 切片和切块是指,在给定的数据立方体上选择若干个维,形成一个子立方体,如果只选择一个维,就是切片,多个维就是切块。

- 转轴是指改变分析报告中显示的维的方向,即在报告中重新安排维的放置,比如行列互换等。

数据仓库的应用主要有三类:信息统计、分析处理和数据挖掘。信息统计是指,对数据仓库中提供的数据进行一般性的统计分析,然后利用各种图、表的方式将这些统计的结果展示出来。信息统计是最基本的数据应用,在管理信息系统中,一般也会提供信息统计工具,对当前信息进行分析。分析处理则支持数据仓库的多维数据分析,它通常通过切片、切块、下钻、上卷、转轴等工具实现联机分析。数据挖掘则支持在数据仓库中发现知识,找到在海量的数据背后所隐藏的各种模式、规律等。

数据仓库的一般结构

数据仓库可以采用三层体系结构来构造,如图15-3所示。底层是数据仓库服务器。数据仓库服务器从事务处理数据和其他外部信息源中提取、清理、转换、装载以及刷新数据,建立面向各种主题的数据仓库。

中间层是联机分析处理(Online Analysis Process,OLAP)服务器,其职责是实现对数据仓库中的历史数据进行统计分析。

顶层是前端工具,通过各种手段向用户展示分析的结果。

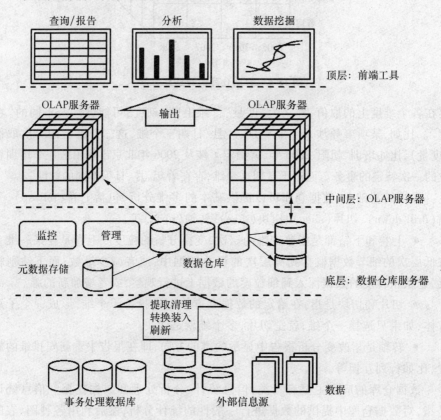

图15-3 数据仓库的一般结构

资料来源:Jiawei Han, Micheline Kamber:《数据挖掘:概念与技术》,机械工业出版社2001年版,第44页。

案例15-1

税务决策支持系统数据仓库的设计[①]

数据仓库技术为税务决策支持系统中对信息和数据全面、高效、快速和统一的管理提供了有效的途径。它把决策支持系统所需的信息从原始的操作数据中分离出来,把分散的、难以访问的原始操作数据转化为集中统一、随时可用的信息。

税务数据仓库的使用者是税务机关的决策者和管理者,他们需要从更广泛、更全面的视角去了解当前情况并分析事务的发展趋势,据以做出正确的决策。因此,税务数据仓库系统的目标,就是通过对税务部门内部和外部数据的综合分析处理,可以解决以下几个方面的问题:第一,对不同行业、区域的应收税款进行预测,制定出最有效的征收计划;第二,对税务部门内部外部的大量数据资料的分析,来掌握各种行业从业人员和企业的纳税能力,并与实际的纳税金额进行对比,从而查出偷税漏税者;第三,对不同行业、区域中纳税人进行统计分析,确定重点税源,加强监管和保护,谋求因势利导的税收管理策略。

某地税局税务决策支持系统数据仓库的总体架构如图15-4所示。数据源层存有大量的事务级数据,是整个数据仓库系统的数据来源,由税务部门的各业务处理系统组成,主要包括税务征管系统、税务稽查系统、税务申报系统以及从其他政府机关和外部有关职能部门获取外部数据。

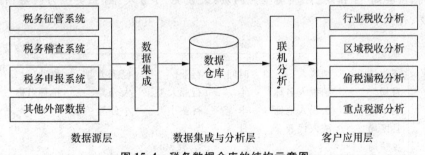

图15-4 税务数据仓库的结构示意图

数据集成与分析层则由数据集成、数据仓库、联机分析三部分组成。数据集成把各个应用系统的数据,经过提取、清理、转换、加载一系列环节,集成到数

[①] 摘自冉春玉等:《税务决策支持系统数据仓库的设计》,载《计算机应用》,2005年第12期。

据仓库中。数据仓库存储元数据和用于决策分析的数据。其中用于决策分析的数据来自于各业务系统。对需要的数据按照多维数据模型进行重组，支持用户多角度、多层次分析，这样可以将分散在各个业务系统的数据集中成一个全面的视图，可以看到纳税人各项活动的全貌，而且可以从历史的角度对纳税人档案、财务数据、申报征收数据等进行分析。联机分析在基于数据仓库中的数据，为决策者提供行业税收分析、区域税收分析、偷税漏税分析和重点税源分析等。

客户应用层则通过前端查询分析工具，使数据仓库中的数据能够给用户提供图形化的、直观的多维数据分析功能。用户可以方便地得到各种统计报表和分析图形。

该数据仓库系统的概念模型如图 15-5 所示，它用二维表格的形式来反映用户使用数据仓库进行多维分析处理的需求。分为以下三个方面：

第一个方面是"事实"。事实是决策者分析的目标数据，可以帮助决策者了解全局，作出相应决策。系统确定应缴税款额、实缴税款额、缴税额同比增减、去年同期缴税额为度量值。

第二个方面是"维度"。维度是事实的属性信息，也是考察事实的角度。在系统方案中主要包含六个维：纳税人维、税种维、行业维、税务征收机关维、经济类型维、时间维。

第三个方面是定义粒度。粒度是维划分的单位，体现着数据单元的详细程度和级别。系统中，时间的粒度分为三层：年、季、月；征收机关为四层：省局、市地局、区县局、乡镇局；经济类型为两层：大分类、小分类；行业类型为两层：行业大类、行业小类。

粒度	维度					
	征收机关	纳税人	时间	行业	经济类型	税种
	省局	纳税人名称	年	行业大类	大分类	税种名称
	地市局	法税人地址	季	行业小类	小分类	
	县区局	法人代表	月			
	乡镇局					

事实
应缴税款额、实缴税款额、缴税额同比增减、去年同期缴税额

图 15-5 税务数据仓库的概念模型

根据概念模型，可以进一步得到逻辑模型。本系统采用星型逻辑模型，星型中心是分析的内容，对应事实表；四周是访问的角度，对应维度表，每一维又

可以分为不同的粒度,每一个维度表通过一个关键字直接与事实表关联。事实表中每条记录都包含指向各个维度表的外键和应缴纳税款额、实缴纳税款额、缴税额同比增减等事实数据。维度表中记录的是有关这些维的属性,如在纳税人维度表中就包含了纳税人的名称、地址等各种信息。事实表中的数据是不允许修改的,新数据只是简单地增加进去,维度表中的数据可以改变。

从逻辑模型转向物理模型设计,完全遵循传统的数据库设计方法。在这个阶段主要完成以下任务:第一,选择开发工具;第二,创建数据表;第三,创建索引,加快信息检索速度,优化查询的响应时间。

§15.2 数据挖掘技术

数据挖掘(Data Mining)是从大规模的数据中,提取隐含在其中的未知的知识的过程,也称作知识发现、知识挖掘等。2002年,麻省理工学院的《技术评论》(Technology Review)杂志将数据挖掘技术评为改变未来的十项新兴的技术之一。

数据挖掘与上文提到的信息统计、联机分析既有区别,又有联系。数据挖掘是一种更深层次的数据分析方法,其功能不仅仅限于对数据进行统计、汇总、分类、切割、比较等,还执行关联、分类、预测、聚类、演化等更高级的分析任务。理论上,数据挖掘可以在任何类型的数据存储上进行,数据仓库是其中的一种。

案例15-2　　　　　　　　　　　　　　　　　　　　>>>

国外政府部门对数据挖掘技术的使用

"9·11"以后,美国联邦政府机构运用数据挖掘手段,开发出预测型侵入模型,试图回答"什么样的事件有可能形成安全威胁?"并把这些模型运用到早期预警系统中。2003年3月1日,巴基斯坦东北部城市拉瓦尔品第,20个巴基斯坦情报人员和士兵在美国中央情报局人员的配合下,冲进了一个不起眼的房子。短暂枪战过后,"基地"组织头领、"9·11"事件主要策划者之一被捕。尽管当局未透露细节,但情报部门消息称,美国某公司研制的数据挖掘和传感器系统,使情报人员从截获的哈立德发给其他基地成员的短信中找到了重要线索。

美国政府的税务机关也建立了相关数学模型,回答类似于"谁可能违反税务规则,且金额多少?""哪些退税可能不符合要求?"等问题。为防治疾病形成全面传染病流行,并检定是否存在生化恐怖威胁,公共卫生部门开发了一个早期预警系统,该系统能够连续不断地从多个信息源搜集数据,然后通过集成和分析其数据,对潜在的传染病爆发做出预警。

数据挖掘涉及一系列的数学和计算机技术,这些不属于本书的讨论范围。以下仅讨论若干种数据挖掘的类型。

分类分析

分类(Classification)是指找出描述并且区分数据的类别或者概念的过程。通过建立分类模型,可以预测新对象的类别及其静态或动态特征。

构造分类模型,需要首先对"训练数据"进行分析。训练数据来自于已经发生的事实的数据。给定若干种对事实的描述特征,根据对数据的分析,找出对特定类别的描述模式。

最典型的分类方法是决策树模型,如图15-6所示。决策树模型通常由一系列选择的指标和判断组成。选择指标,也就是数据的维。在图15-6中,是否申请补助的对象被分成两类。根据年龄、是否有工作和是否孤老这三个指标可以导出一个分类模型。假设年龄是最能区分这两个类别的因素。在年龄之后,有工作和是否孤老将进一步区分每类对象。这样的决策树可以帮助使用者理解服务对象的特点对相关工作的影响,并在未来的服务情境中提高效率。

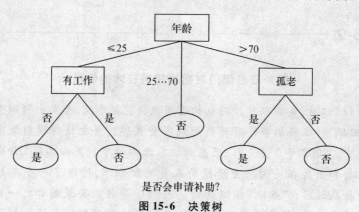

图15-6 决策树

聚类分析

分类分析的类别是已知的,或者说外生的,而在聚类(Clustering)分析中,则不考虑已知的类别,类别是在分析过程中产生的,是内生的。聚类就是形成不同类别的过程。它通常通过类内相似性最大化,类间相似性最小化的原则进行分析。也就是说,通过聚类分析,使得一个类内的事实具有高度的相似性,而不同类别中的事实很不相似。聚类分析的主要意义在于,能够得到使用者原先所不知道或想知道的类别模式。比如,对海量的网络舆论进行文本聚类分析,可能可以得到若干种具有代表性,且相互对立的观点。

聚类分析的方法包括统计分析方法、机器学习方法等。在统计分析方法中,聚类分析是基于距离的,如欧式距离、海明距离等。这种聚类分析方法是一种基于全局比较的聚类,需要考察所有的个体才能决定类的划分。在机器学习方法中,聚类是由机器自学习的,距离是根据概念的描述来确定的。[1]

案例15-3

长江三角洲各城市循环经济发展水平的聚类分析[2]

欧氏距离(Euclidean distance)也称欧几里得距离,是一个通常采用的距离定义,它是在 m 维空间中两个点之间的真实距离,其二维的公式为 $d=\sqrt{(x_1-x_2)^2+(y_1-y_2)^2}$。在聚类分析中,假设每个事实有 m 个维,那么可以将每个事实看成是 m 个变量对应的 m 维空间中的一个点。该空间中的两个点的欧式距离越近,则"亲密"程度越高。

循环经济水平指标选择如表 15-2 所示。

表 15-2 循环经济水平指标列表

指标名称	变量	指标名称	变量
万元 GDP 能耗(吨标煤/万元)	X1	农药使用量(kg/hm2)	X10
万元 GDP 水耗(t/万元)	X2	工业固废综合利用率(%)	X11
万元 GDP 电耗(kW#h/万元)	X3	第三产业占 GDP 的比率(%)	X12
单位工业增加值能耗(吨标煤/万元)	X4	城镇生活污水集中处理率(%)	X13
万元 GDP 化学需氧量排放量(kg/万元)	X5	城镇生活垃圾集中处理率(%)	X14

---

[1] 张玉峰等:《决策支持系统》,武汉大学出版社 2004 年版,第 289 页。
[2] 摘自王保乾、张艳冉:《长江三角洲城市群循环经济发展水平的实证分析》,载《中国人口·资源与环境》,2010 年第 9 期。

(续表)

指标名称	变量	指标名称	变量
万元GDP二氧化硫排放量(kg/万元)	X6	建成区绿化覆盖率(%)	X15
万元工业产值污水排放量(t/万元)	X7	地区生产总值(万元)	X16
工业污水达标排放率(%)	X8	人均GDP(元)	X17
化肥施用强度(折纯)(kg/hm2)	X9	地区生产总值增长率(%)	X18

利用欧式距离对长江三角洲各城市的循环经济发展水平进行聚类分析，公式为 $d_{ij} = \sqrt{\sum_{t=1}^{p}(x_{i,t} - x_{j,t})^2}, (i,j = 1,2,\cdots,n)$。结果显示，长三角16城市大致可以分为三类。上海市作为第一类特大城市在综合发展因子和经济发展因子上占到了绝对的优势地位，上海经济发展水平高，地理位置优越，资源的投入量比较大，生产效率较高，第三产业比较成熟，但受人口、资源、环境的约束，经济发展潜力较其他城市不大。第二类城市杭州、南京、宁波、苏州、无锡在四个因子上都比第三类城市略高，但在资源利用和污染治理上总体差别并不显著。常州、湖州、嘉兴、南通、绍兴、台州、泰州、扬州、镇江、舟山为第三类城市。第二三类属于大中型城市，发展潜力大，自然地理环境较好，但在污水治理、废物处理、第三产业发展上与第一类城市存在一定差距。

关联分析

如果两个或多个数据的联合取值在一定频率上重复出现，或者说，一个数据项的出现也会引起另一个数据项的出现，那么这些数据之间存在着某种关联关系。关联(Association)分析即是要寻找这种关联关系的过程。比如，在购买计算机的用户和购买软件用户存在某种关联，某项业务数据显示，50%的购买计算机的用户会同时购买某个软件，这样的购买在全部购买中占5%。

案例15-4 >>>

尿布与啤酒[①]

世界著名商业零售连锁企业沃尔玛(Wal-Mart)拥有世界上最大的数据仓

---

① 摘自《数据挖掘技术在沃尔玛的应用》，http://database.51cto.com/art/200901/107373.htm。

库系统。为了能够准确了解顾客在其门店的购买习惯,沃尔玛利对其顾客的购物行为进行购物篮分析,想知道顾客经常一起购买的商品有哪些。沃尔玛数据仓库里集中了其各门店的详细原始交易数据。在这些原始交易数据的基础上,沃尔玛利用数据挖掘工具对这些数据进行分析和挖掘。一个意外的发现是:"跟尿布一起购买最多的商品竟是啤酒!"

这是数据挖掘技术对历史数据进行分析的结果,反映数据内在的规律。那么这个结果符合现实情况吗?是否是一个有用的知识?是否有利用价值?

于是,沃尔玛派出市场调查人员和分析师对这一数据挖掘结果进行调查分析。经过大量实际调查和分析,揭示了一个隐藏在"尿布与啤酒"背后的美国人的一种行为模式:在美国,一些年轻的父亲下班后经常要到超市去买婴儿尿布,而他们中有30%—40%的人同时也会为自己买一些啤酒。产生这一现象的原因是:美国的太太们常叮嘱她们的丈夫下班后为小孩买尿布,而丈夫们在买尿布后又随手带回了他们喜欢的啤酒。

既然尿布与啤酒一起被购买的机会很多,于是沃尔玛就在其一个个门店将尿布与啤酒并排摆放在一起,结果是尿布与啤酒的销售量双双增长。

时序分析

时序(Sequence)分析实际上也是一种关联分析,它是在时间序列中找出重复出现频率较高的关联关系的过程。通常,时序分析将判断,在某个最小时间单元内出现的频率是否高于某个阈值,如果高于则说明存在着某种时序关系。比如,在所有申请某项业务审批的人中,半年后60%的人会办理另一项业务等。再比如,在股市中,一只股票上涨或下跌后,可以在一个短时期内找到有相似波动的股票。

孤立点分析

在数据库中,可能会存在一些数据,它们表现出与其他数据的一般行为或模型所不同的特征。这样的数据被称为"孤立点"(outlier)。孤立点可能是由于度量失误或者行动错误所导致的。例如,数据录入人员在录入数据时多按一个数字键就有可能使该值超出合理的数据范围。孤立点也有可能是一种正常的情况。比如,一个公司高层领导的薪酬远远高于其他工作人员。

孤立点分析,也有译为例外挖掘、偏差分析、离群数据挖掘、例外探测、异常检测等,即用来发现数据库中与其他数据显著不同的数据对象的过程。在大部分数据分析中,孤立点常常被看作是数据噪音或者异常而被"抛弃",但是在某些决策应用中,孤立点所反映的某种罕见事件可能比正常出现的事实更有价值。比如,通过孤立点分析发现,某个银行账号在短期内有大量的频繁存款。在一些业务中,要求详细地辨认孤立点,研究孤立点出现的起因,是因为错误的行为导致的,还是因为本身存在某种问题。

常用的孤立点检测方法有:(1)基于分布的方法,即假定存在一个概率分布模型,根据模型对每个数据进行不一致性测试,如果与分布不符合,就认为它是一个孤立点;(2)基于距离的方法,其基本思想是,如果一个点与大多数的数据点之间的距离都大于某个阈值,那么这个点就是一个孤立点;(3)基于密度的方法,根据数据点之间的距离和给定范围内的数据点个数计算点密度,然后根据点密度来判断是否是孤立点;(4)基于深度的方法,即将每个数据映射为N维空间中的点,并赋予特定定义的深度,深度小的数据往往可能是孤立点。

案例15-5

基于孤立点分析的计算机审计[①]

审计的基本职能是通过对账簿的检查,监督财政、财务收支的真实、合法和效益。审计对象的信息化,客观上要求审计人员的作业方式必须及时做出相应的调整,要运用计算机技术,全面检查被审计单位的经济活动,发挥审计监督的应有作用。

在进行面向电子数据的计算机审计时,一般需要如下几个步骤:首先,采集被审计对象信息系统中的数据;然后,根据对这些数据的分析和理解将其转换为审计软件所需要的数据形式;最后,运用计算机审计软件对采集到的电子数据进行分析处理。其中,电子数据的分析处理是计算机审计的关键步骤。目前,一般由审计人员根据自己的经验,按照一定的审计分析模型,在通用的数据库软件中采用SQL命令来分析采集来的电子数据。这种方法既提高了审计的正确性与准确性,也使审计人员从冗长乏味的计算工作中解放出来,彻底告别以前手工翻账的作业模式。但是这些方法仅仅是把手工的审计流程计算机化,没有充分利用目前先进的信息技术,不能从电子数据中提取一些隐藏的或未知

---

① 摘自陈伟、刘思峰、邱广华:《计算机审计中一种基于孤立点检测的数据处理方法》,载《商业研究》,2006年第17期。

的信息,且要求审计人员有较高的业务知识。

基于孤立点检测的数据处理方法的流程如图15-7所示。

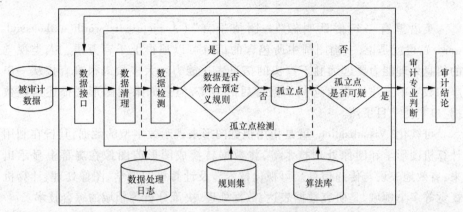

图 15-7 审计中的孤立点分析流程

原理可简述如下:首先,对被审计数据进行分析,选择孤立点检测算法,并预定义孤立点检测算法参数和孤立点识别规则;然后,把被审计数据通过数据接口调入到孤立点检测系统中来。数据清理模块调用算法库中的数据清理算法对被审计数据进行清理,来清除重复记录、清除错误数据以及标准化数据格式等,从而提高孤立点检测的准确度;然后,数据检测模块从算法库中调用孤立点检测算法,对被审计数据进行检测,并根据规则集中预定义的孤立点识别规则,来判定该数据是不是孤立点;如果不是,则直接将该数据经数据接口导入到数据源中。如果判断该数据是孤立点,则由审计人员来判定该孤立点是否可疑,因为有些孤立点也可能是固有的数据变异性的结果,如一个单位负责人的工资,自然远远高于其他人员的工资,成为一个孤立点。如果不可疑,则直接将该数据经数据接口导入到数据源中;如果可疑,则由审计人员通过一定的方法进行审计专业判断,从而最终发现审计线索。

演变分析

演变(Evolution)分析是指描述某个活动或事实随时间而变化的规律或者趋势的过程。演变分析可能建立在上述分类、聚类、关联、时序和孤立点分析的基础上。最典型的例子是对股票指数演变过程的分析,它有助于分析股票市场价格的未来走向。数据仓库中通常存储了较长时间跨度的历史数据,可以以此来详细刻画演变过程。

§15.3 数据可视化技术

英语里有一句俗话叫做"一图值千言"（A picture is worth a thousand-words），也就是说，一幅图画中所包含的信息可以顶得上千言万语。人类视觉的信息处理能力要远远胜于口头的信息表达能力。大多数人很难直接从一串串的数字中迅速地获取这些数据背后的事实，但是如果用图形来描述这些数据，事实便一目了然。

可视化（Visualization）就是指用视觉图形来表示数字型的数据，其旨在利用计算机图形学和图像处理技术等，将数据转换成图形或图像在屏幕上显示出来，有效地表现与传递信息。可视化技术涉及计算机图形学、图像处理、计算机视觉等多个领域，是研究数据表达、数据处理、决策分析等领域的综合技术。

目前，可视化技术有两个重要的分支。一个重要分支是科学计算可视化（Visualization in Scientific Computing）。科学计算可视化在1987年提出，现在已经在工程和计算领域里得以广泛应用。它能够把科学数据，包括测量获得的数值、图像或是计算中产生的数字信息变为直观的、以图形图像表示的、随时间和空间变化的物理现象或物理量呈现给研究者，使他们能够观察、模拟和计算。

第二个重要分支是数据可视化（Data Visualization）。数据可视化是随着数据仓库技术发展起来的，是对大型数据库或数据仓库中的多维、非空间数据的可视化。通过数据可视化，人们不再需要通过复杂的数据关系表来观察和分析数据，而是可以更直观的方式利用图形的方式，从不同的维度考察数据及其结构关系，从而做出更深入的分析。要注意的是，数据可视化既不意味着为了实现其功能而变得过于枯燥乏味，也不意味着为了看上去绚丽多彩而显得过于繁复。为了有效地传达信息，数据可视化要求美学形式与功能齐头并进，直观地传达数据中的关键特征，从而实现对复杂数据的深入观察。[1]

数据可视化的发展和科学计算可视化的最大区别在于所处理的数据对象是不同的。科学计算可视化主要针对的是科学和工程领域的计算或测量数据，侧重于科学与工程测量领域的空间连续数据可视化。而数据可视化则主要针对大型数据集中的非空间离散数据。科学计算可视化主要是数据场的可视化，包括点数据场、标量场、矢量场和张量场的可视化等。数据可视化致力于在二

---

[1] Vitaly Friedman, "Data Visualization and Infographics", in *Graphics*, *Monday Inspiration*, January 14th, 2008, http://en.wikipedia.org/wiki/Data_Visualization#cite_ref-1。

维平面上显示数据的多维属性,分析并发现其中的关联和走势。科学计算可视化可以利用基本的参考模型,先将原始数据转换为几何数据,再将几何数据转换为图像数据,最后进行映射和绘制。数据可视化没有基本的模型可以遵循,可视化系统可给出带有多变量的图形化分析数据,帮助分析员进行信息发现,然后查看到那些无论系统计算能力有多强,机器算法都难以确定的模式和关系。[1]

数据可视化的技术包括基于几何的技术、基于图标的技术、面向像素的技术、基于层次的技术、基于图的技术以及混合技术等。下面介绍几种主要的技术。

几何技术

基于几何的可视化技术(Geometric Techniques)是以几何投影的方式来表示数据库中的数据。其中的典型代表是平行坐标法。[2] 平行坐标法是最早以二维形式表示 n 维数据的可视化技术之一,其基本思想是:建立 n 条平行的轴,分别表示数据的 n 个属性维。轴上的值按照对应的维的取值范围,从小到大均匀分布。这样,每个数据在各个轴上都有一个对应的点,即在对应维上的取值。用直线将各个点依次连接起来,每个多维的数据就可以用一个二维的折线段表示出来(如图 15-8 所示)。图 15-9 给出了一个应用平行坐标法的实例。

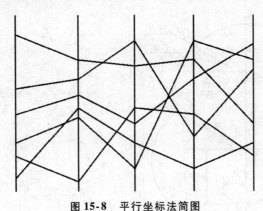

图 15-8 平行坐标法简图

基于图标的技术

基于图标的技术(Icon-based Techniques)把数据的每个维映射成某种图标

---

[1] 刘勘、周晓峥、周洞汝:《数据可视化的研究与发展》,载《计算机工程》,2002 年第 8 期。
[2] Inselberg A., Dimsdale B., "Parallel Coordinates: A Tool for Visualizing Multi-dimensional Geometry", Proceeding of IEEE Visualization '90, San Francisco, CA, 1990: 361—375.

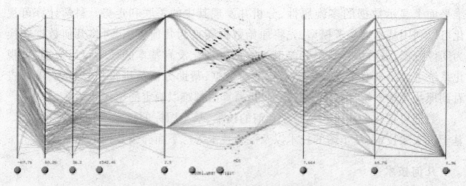

图 15-9　平行坐标法的一个实例

图片来源：Xiaoru Yuan, et al., "Scattering Points in Parallel Coordinates", *IEEE Transactions on Visualization and Computer Graphics*, 2009, 15(6).

上的部位或组成部分，不同的值用不同的图标变型来表示。

典型的技术代表是 Chernoff 脸谱。Chernoff 脸谱图通常由六个部分构成脸的轮廓、鼻、嘴、眼、眼球和眉，各部分表示的意义及其变换公式如图 15-10 和表 15-3 所示。

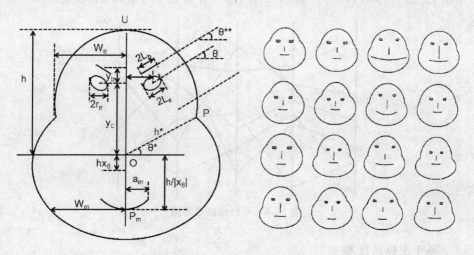

图 15-10　Chernoff 脸谱图

图片来源 1：王健海、曾桢：《多维度战略数据的 Chernoff 脸谱图表示方法与实证研究》，载《现代图书情报技术》，2010 年第 7/8 期。

图片来源 2：Herman Chernoff, "The Use of Faces to Represent Points in K-Dimensional Space Graphically", *Journal of the American Statistical Association*, 1973, 68(342): 361—368.

表 15-3 Chernoff 脸谱图参数说明

决定变量	脸变量	变换公式	取值范围	说明
X_1	h^*	$h^* = (1+X_1)H/2$	$[0,1]$	OP 的长度，H 为脸大小比例数
X_2	θ^*	$\theta^* = (2X_2-1) \times \pi/4$	$[0,1]$	X 轴与 OP 的角度
X_3	h	$h = (1+X_3)H/2$	$[0,1]$	OU 之长度
X_4	X_4		$[0.2, 0.8]$	脸的上半椭圆离心率
X_5	X_5		$[0.2, 0.8]$	脸的下半椭圆离心率
X_6	X_6	$2hX_6$	$[0.1, 0.7]$	鼻的长度
X_7	p_m	$P_m = h[X_7 + (1-X_7)X_6]$	$[0,1]$	嘴的位置
X_8	X_8		$[-5, 5]$	嘴的曲率
X_9	a_m	$a_m = X_9(h/|X_8|)$	$[0,1]$	嘴的大小
X_{10}	y_e	$y_e = h[X_{10} + (1-X_{10})X_6]$	$[0,1]$	眼的纵坐标位置
X_{11}	x_e	$X_e = w_e(1+2X_{11})/4$	$[0,1]$	眼的横坐标位置
X_{12}	θ	$\theta = (2X_{12}-1)\pi/5$	$[0,1]$	眼的倾斜角
X_{13}	X_{13}		$[0.4, 0.8]$	眼的椭圆离心率
X_{14}	L_e	$L_e = X_{14}\min(x_e, w_e - x_e)$	$[0,1]$	眼的长轴之长度
X_{15}	X_{15}		$[0,1]$	眼珠的位置
X_{16}	y_b	$y_b = 2(X_{16}+0.3)L_eX_{13}$	$[0,1]$	眼到眉的高度
X_{17}	θ^{**}	$\theta^{**} = \theta + 2(1-X_{17})\pi/5$	$[0,1]$	眉的倾斜角
X_{18}	L_b	$L_b = r_e(2X_{18}+1)/2$	$[0,1]$	眉的长度

资料来源：王健海、曾桢：《多维度战略数据的 Chernoff 脸谱图表示方法与实证研究》，载《现代图书情报技术》，2010 年第 7/8 期。

案例 15-6

利用 Chernoff 脸谱图综合评价上市公司财务绩效①

以钢铁行业为例，选取 30 家钢铁行业上市公司的 11 个财务指标数据，如表 15-4 所示。

---

① 本案例摘自舒晓惠：《上市公司财务绩效的评价方法研究》，暨南大学硕士学位论文，2005 年。

表 15-4 上市公司财务绩效指标列表

类别	指标名称	类别	指标名称
盈利能力	主营业务利润率 X1	运营能力	总资产周转率 X7
	资产利润率 X2		总存货周转率 X8
	净资产利润率 X3		应收账款周转率 X9
偿债能力	资产负债比率 X4	成长能力	主营业务增长率 X10
	流动比率 X5		净资产增长率 X11
	速动比率 X6		

首先确定各类指标的主成分与脸谱指标的对应关系。脸谱的特点就是通过人的自然表情来反映上市公司的财务状况。以行业平均值作为脸谱表情不悲不喜对应的中间值。利用一系列公式计算出各上市公司对应的脸谱指标数值。① 各上市公司脸谱如图 15-11 所示。

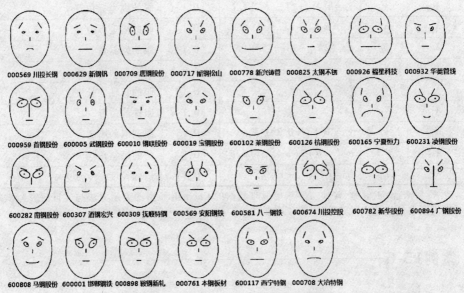

图 15-11 上市公司财务绩效脸谱图

上述脸谱可给出以下结论：

● 总的来看，脸形圆润、眉开眼笑、鼻长气粗说明公司财务状况良好，比如 000717 韶钢松山等；脸形偏瘦、愁眉苦脸说明公司财务状况糟糕，比如 000569 川投长钢。

---

① 具体计算公式请参见原文。

- 从脸谱图的嘴巴形状和大小看公司的盈利情形,脸谱图嘴形大且笑得很开,说明其盈利能力很强,比如 600019 宝钢股份;嘴形微笑说明公司盈利能力强,嘴形下弯说明公司盈利较差。
- 从眼睛的斜率和大小看公司的偿债能力,眼睛大而有神(双眼呈倒八字形)说明偿债能力强,比如 600231 凌钢股份;眼睛小而无神(双眼呈八字形)说明偿债能力弱。
- 从眉毛的斜率和鼻子的长度看公司的运营能力,眉开鼻长说明运营能力很强,比如 600894 广钢股份。
- 从下半部分脸形看公司的成长能力,脸形明显圆润成长能力很强,比如 600894 广钢股份。

基于层次的技术

基于层次的技术(Hierarchical Techniques)将多维数据空间划分成若干个子空间,并按照层次化的方式在二维空间中组织起来。典型的层次技术包括嵌套坐标系技术(Worlds-within-Worlds)[1]、维堆(Dimensional Stacking)技术[2]等。

嵌套坐标系的基本思想是,将三维坐标系嵌套起来,内层坐标系的原点在外层坐标系的坐标值是外层坐标系的变量取值,最内层的坐标系描绘数据(如图 15-12 所示)。嵌套坐标系方法适用于连续的数据集,但是当维数升高时,会引起视觉混乱,而且难以判断空间关系;对于非相同坐标系维度的相近点,在屏幕上的位置可能会较远。

维堆则首先利用多维数据的两个维度构建二维坐标系,并将坐标轴分为若干区域,形成一个网格;然后在每一个网格中,选取另外两个维度构建第二层坐标系;依此类推,直到所有的维度都被描绘出来;最后数据在最内层的坐标系中以散点的形式表示(如图 15-12 所示)。维堆方法适用于维数不多的离散数据集,能够发现其中的聚类、模式和规则信息,但是内外属性选取方法、区间划分标准对可视化效果影响较大。[3]

---

[1] S. K. Feiner, Clifford Beshers, "Worlds within worlds: metaphors for exploring n-dimensional virtual worlds", Proceedings of the 3rd annual ACM SIGGRAPH symposium on User interface software and technology, 1990.

[2] Jeffrey LeBlanc, PMatthew O. Ward, Norman Wittels, "Exploring N-dimensional databases", Proceedings of the 1st conference on Visualization '90, 1990.

[3] 孙扬、封孝生、唐九阳、肖卫东:《多维可视化技术综述》,载《计算机科学》,2008 年第 11 期。

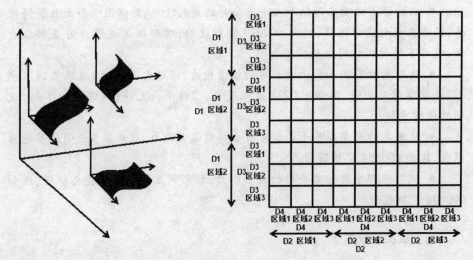

图 15-12 嵌套坐标系和维堆示意图

知识管理篇

第十六章 组织中的知识演化

本章摘要

管理学范式下的知识概念注重知识的经济属性,强调知识对于人的行动的价值,相较于哲学意义上的知识,更具有操作性。从知识的呈现程度可以将知识分为显性知识和隐性知识。显性知识依赖于隐性知识的存在,人类绝大部分的知识是隐性知识。知识在组织中的创新是一个不断演化的过程。

关键术语

知识　隐性知识　显性知识　知识螺旋　信息空间

§16.1 知　　识

知识的来源

什么是知识?不同的学科语境下,对这个问题会给出不同的诠释。虽然哲学上对于现代意义的"知识管理"并没有给出严格的阐述,但从哲学上探讨"知识"仍然有利于对知识本质的把握,从而获得更为深刻的认识。

哲学上对知识的探索可以上溯到古希腊时期。柏拉图否定了之前的观点,即认为知识来自于人的经验,是相对于个人的而言的,没有绝对意义的。柏拉图在《美诺篇》和《泰阿泰德篇》中对知识有详细的讨论。在目前涉及"知识论"的教科书中,有关知识的三元定义,即知识是"得到确证的真实信念"(Justified True Belief),便被视为是"柏拉图的定义"(如图 16-1 所示)。实际上,柏拉图本人认为这个定义仍然是不充分的,但他并没有给出明确的定义。① 在他看来,知识与意见是相对立的,他以辩证法和科学、数学为知识,而以常识和幻觉为意见;知识的最高形式是智慧,并从观念论的观点,依知识探究方法与知识本身对象,把人类知识分类成臆测(Conjecture)、信念(Belief)、了解(Understanding)与纯理性(Pure Reason)四种。②

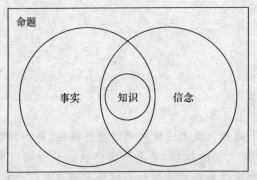

图 16-1 知识的三元定义

虽然普遍认为,知识是对事物的本质属性或事物与事物之间的本质联系的反映,但究竟什么是知识,知识是如何产生的?人们有不同的理解。前述以柏拉图为代表的理性主义知识观认为,知识是人类理性认识的结果和概念的思维过程。而以 17 世纪的培根和洛克为代表的经验主义知识观则认为,人类所有的知识都来源于感觉经验,是从特定的感官实践中归纳得出的对外部世界各种联系的反映,感觉知识是知识的基础。兴起于 19 世纪末 20 世纪初的实用主义哲学则把知识看成是一种行动的工具,认为知识的标准既不是主观的理性行事,也不是客观的感觉经验,而是能够产生令人满意的行为结果,因此把知识看成是静止的、终极的、完美的和永恒的是完全错误的。美国实用主义哲学创始人杜威是其中的代表。他反对消极静止的求知理论,认为认知的目的是在环境中找到差别,在困难中探索走出困境的道路,因而知识即探索。③

---

① 陈嘉明:《信念、知识与行为》,载《哲学动态》,2007 年第 10 期。
② 奉继承:《知识管理的哲学思想及其方法论研究》,载《工业工程》,2004 年第 3 期。
③ 袁曦临:《知识管理》,东南大学出版社 2009 年版,第 2 页。

第十六章 组织中的知识演化

哲学上的讨论强调知识中的因果逻辑,这有助于厘清知识的本质。现代信息科学则强调知识与信息的联系与区别,认为信息是基本的资源,而知识是对信息进行加工、处理后所得到的抽象化产物,是以各种方式把一个或多个信息关联在一起的信息结构,是客观世界规律性的总结。[①] 进而,计算机科学认为,知识是可以通过信息技术或者信息系统标识和处理的,可以通过计算机和网络进行编码、存储和传播。在计算机诞生之前,大脑是唯一可以对信息进行自动处理并从中获取知识的工具;而计算机之所以被称之为"电脑",正是因为其是一种可以替代人脑完成信息处理的智能化工具。目前的计算机技术已经发展到让机器具有思维功能,让机器学会学习,并可以从大规模的数据仓库中挖掘出隐含的知识。这种观点的进一步推论则认为组织的发展能力可以建立在组织的数据库或者知识库所提供的显性的知识基础上。[②]

管理学上则更注重知识的经济属性,并强调知识对于人的行动的价值。管理学家斯威比指出,知识不等于信息,信息是对象,可以收集、存储和利用,知识是过程,是人行动的能力;信息经过人的大脑的吸收、处理后才能成为知识,才能变成人们解决问题的能力,知识的创造和共享发生在人与人的交流和解决问题的实践过程之中。知识管理的大师达文波特(Davenport)则认为,知识是一种包含了结构化的经验、价值观、语境信息、专家见解和直觉等要素的动态的混合体,它为评估和利用新经验与信息提供了环境和框架;它源于知者(Knower)的头脑,并为知者所用;在组织中,知识不仅嵌入在各种文档和知识库中,也嵌入在组织的惯例、过程、实践以及规范之中。[③] 要注意以下三点:

第一,知识是人的大脑活动的产物。知识被人在特定的条件下所理解,对于同样的信息,由于理解不同,所获得知识可能也不同。

第二,知识可以指导人的行动的实质是,知识能够在一定的时空背景下为行动者提供恰当的用于决策的信息,从而做出决策并形成行动。

第三,如果说信息科学范式下的知识概念与哲学体系中的知识概念之间的区别较为模糊的话,那么管理学语境下的知识界定则显然大大地扩充了哲学层面的知识范畴。这种界定使得对知识的管理更具有操作性。

本书采用上述管理学范式下对知识的定义。同时也要认识到,人类大脑的

[①] 姜旭平、姚爱群:《信息系统开发方法》,清华大学出版社2004年版,第7页。

[②] Yogesh Malhotra, "Knowledge Management and New Organization Forms: a Framework for business Model Innovation", In *Knowledge management and virtual organizations*, Idea Group Publishing, 2000: 4.

[③] Davenport, Thomas H., Laurence Prusak, *Working knowledge: how organizations manage what they know*, Boston, Mass: Harvard Business School Press, 1998: 5.

思考能力是有限的,获取知识的效率也自然会受到限制。因此在缺乏外部技术的条件下,知识的积累只能建立在漫长的时间上。在历史上,各种科学实验的出现,可以看作是对人类思考能力的一种补充,因为这种外化于人脑的研究技术可以在短时间内获得原先需要长期才能够观察到的信息,从而为获取知识创造了条件,大大地简化了人进行逻辑推理,获取知识的过程。计算机等智能工具的出现,为人类提供了远远超出人类自身的信息处理能力,可以从海量的信息中找到富有价值的内容,从而支持人们获得更多的知识,做出更优的决策。但正如下文所要讨论的,大部分的知识是以隐性知识的形式存在于个体大脑之中的。总之,本章所要讨论的对知识的管理,既要管理数据,管理技术,也要管理人,要将技术的处理能力与人的创新能力结合起来考虑。由经济合作与发展组织(OECD)在1996年发表的《以知识为基础的经济》报告中将关于知道什么人能做什么事的人力知识(Know-who),与关于事实方面的事实知识(Know-what),关于自然原理和科学理论的原理知识(Know-why)以及关于技艺和能力的技能知识(Know-how)所并列。[1] 换言之,知识的管理本身也是一种知识,对人的管理也可以看作是对知识的管理。

数据、信息与知识

在知识管理中常常使用到数据、信息和知识。三者之间是什么样的关系?图尔班认为,数据是很多事实、测量结果和统计值的集合;信息是有条理的或者加工过的数据,具有即时性和精确性;而知识是一种情境化的、相关的并对指导行动有价值的信息。[2]

达文波特和普鲁萨克指出,数据是关于事件的离散的、客观的事实集合;在一个组织中,对数据最直接的描述就是结构化的交易记录,数据本身缺乏相关性和目的性。信息即消息,通过书面或音、视频交流的方式表现出来;通常会有一个发送者和一个接收者,信息会改变接收者的认知,影响他的判断和行为。信息派生于数据,知识派生于信息,知识产生于知者;与数据和信息相比,知识与人的行动关系密切,知识能够而且应当由它所指导的决策或行动来评价。[3]

博伊索特认为,数据是在不同的物理状态之间所做出的区分,它们也许向行为主体传达了信息,也许没有传达,其特征可以概括为事物的一种属性;知识

---

[1] OECD, *The Knowledge-based Economy*, Paris, 1996.
[2] 埃夫拉伊姆·图尔班等:《管理信息技术》,中国人民大学出版社2009年版,第295页。
[3] Davenport, Thomas H., Laurence Prusak, *Working knowledge: how organizations manage what they know*, Boston, Mass: Harvard Business School Press, 1998: 2—6.

则是行为主体的一种属性,知识预先决定了行为主体在特定条件下的行为方式;在驻留于事物中的数据里,信息是激活行为主体的那个数据子集——它是由行为主体的感性或理性工具从数据中过滤出来的,在事物与行为主体之间建立起了一种联系(如图 16-2 所示)。①

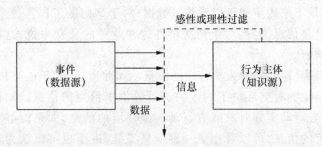

图 16-2 作为事物属性的数据与作为行为主体属性的知识

图片来源:马克斯·博伊索特:《知识资产:在信息经济中赢得竞争优势》,上海世纪出版集团 2005 年版,第 14—15 页。

廖开际等则认为,数据是一系列关于事件的离散的客观事实,在组织中,数据通常是关于事项的结构化的记录;信息有具体的含义,当数据源加上一定意义后数据就变成了信息;换言之,信息是在数据基础上增加了语境,或者通过对数据进行分类、计算、筛选而获得的产物;知识则是可用于行动的信息,是对信息进行分类、诠释、推理、抽象化的产物。②

可见,数据、信息与知识是属于不同层次的,又是密不可分的三个概念。结合前面章节中的讨论,本书认为对这三个概念可以把握以下几点。

第一,数据是对客观事实的记录。数据不仅仅包括量化的数据,也包括非量化的数据。比如,在某个组织的业务管理中,工作人员的数量是一个数据,每一个工作人员的姓名也是数据,一个被记录下来的工作流程同样可以看作是数据。数据可以利用文字、数字、图示、比特流或者其他符号来记录。

第二,从认识论的角度来看,信息是在数据中有价值的内容。信息的价值是相对的,同样的数据,对于某些人来说可能蕴含了丰富的信息,而对于另一些人则可能没有任何信息可言。

比如,在一般情况下,由于职责所在,对于人事部门的工作人员而言,组织

---

① 马克斯·博伊索特:《知识资产:在信息经济中赢得竞争优势》,上海世纪出版集团 2005 年版,第 14—15 页。
② 廖开际等:《知识管理:原理及应用》,清华大学出版社 2007 年版,第 7—9 页。

中每个工作人员的姓名、年龄等数据,并不能带来有价值的内容,也即没有提供信息;如果某位领导因为某项政策需要,要求人事部门提供组织中年龄在 30 岁以下的工作人员的姓名,这些姓名对于领导来说便蕴含着信息。再比如,政府机构中各种审批业务的办理流程可以通过纸质文件或者政府门户网站向外公布,这些被记录下来的流程可以看作是数据;对于部门的工作人员来说,这些流程通常并不具备信息,但是对于初次申办这些业务的公众来说,这些流程就蕴含着丰富的信息。

第三,知识是能够指导人类行动的信息。如前所述,知识能够指导行动,是因为知识在特定的时空环境下为人的决策提供了恰当的信息。知识所提供的信息,不是来自行动实施对象或者行动实施环境的信息,而是能够对这些信息进行加工处理的信息,可以看作是一种信息工具,进而也可以认为是一种解决问题,做出决策的能力。有人认为,决策的质量是信息量的函数,信息越充分,决策质量越高。然而如果仅仅考虑获得多少信息,并不足以解释为什么会产生出新的信息,为什么在决策中能够做出选择? 被忽略的因素正是知识。

仍以人事部门工作为例,关于工作人员的姓名、年龄、特长、性格等数据只能在一定环境下提供信息,却不是知识;而关于人力资源的知识,有助于将不同类型、能力和性格的工作人员安排在最恰当的岗位上。再比如,对于长期处理审批业务的工作人员来说,审批对象提供的信息并不是知识,而相关政策法规、业务流程等是他们拥有的知识,因为这些知识可以指导如何开展相关工作。对于申请审批的公众来说,在初次了解业务流程之前,他们不具备这些流程知识;初次申请时,可以通过阅读纸质公告或者上网来获取流程信息,而这些信息能否成为他们以后申办同样事宜的指导,取决于这些信息是否转换为他们的知识。对于业务流程这种被明确规定的、显性化的信息,可以通过记忆的方式来转化知识;而对于那些没有被明确规定的,隐性化的知识,则需要通过反复的练习来领悟,或者通过对其中各种要素之间关系的逻辑理解来获得。

知识的分类

亚里士多德曾将人类知识分为三类,即纯粹理性、实践理性和技艺。所谓纯粹理性,在亚里士多德时代,大致是指几何、代数、逻辑之类可以精确研究的学科,如今似乎还应当包括某些自然科学(如传统的物理、化学),而不是所有的自然科学(如宇宙起源理论和生物进化理论);实践理性则是人们在实际活动中用来做出选择的方法,用来确定命题之真伪、对错,行为善良与否,如伦理学、政治学,还包括另外一些科学技术;技艺则是指那些无法或几乎无法用言辞传达

第十六章 组织中的知识演化

的,只有通过实践才可能把握的知识,例如木匠的好手艺就无法通过教学来传授,又如医生对疾病的诊断的能力,这种知识往往是通过师傅带徒弟的方式来传承的。①

罗素按照知识的来源将知识分为三大类,其一是个人直接体验所得的知识,其二为通过其他人间接体验所得的知识,其三为内省所得到的知识。或者按照知识的性质分为三类,其一为科学的知识,其命题必须能够与事实相验证;其二为神学的知识,其命题必不可与事实相验证;其三为哲学的知识,其命题大致属于科学与神学之间。②

20世纪40年代末,教育哲学家赖尔(G. Ryle)提出把知识划分为"知什么"(Knowing-that)的命题性知识与"如何做"(Knowing-how)的行为性知识两大类型。现代认知心理学则将知识分为储存于个体内的"个体的知识"和储存于个体之外的"人类的知识",并以赖尔的分类为基础,将"个体的知识"又分为两类,一类为"陈述性知识",另一类为"程序性知识"。③"陈述性知识"指个人具有有意识的提取线索,因而能直接陈述的知识,是关于"是什么"、"为什么"的知识,通常包括有关某一具体的事件、事实、经验型概括的命题以及反映事物本质的原理等。程序性知识是个人没有意识的提取线索,只能借助某种活动形式间接推论的知识,是一套办事的操作步骤,是关于"怎么办"的知识,通常包括各种方法、策划、程序、方略、策略、技术和窍门等。

波兰尼(Michael Polanyi)于1958年出版的《个人知识》和1966年出版的《隐性方面》是西方学术界第一个对隐性知识及隐性认识与科学研究进行较为系统的探讨和分析的著作。④ 波兰尼认为人类的知识包括显性知识(Explicit Knowledge)和隐性知识(Tacit Knowledge,也有翻译为默会知识)两种:前者是指,可以用书面文字、图表和数学公式等明确显示的符号加以表述的知识;后者则是指未被表述的,是人们知道却难以言传的知识,但并不等价于神秘经验,并非是说这类知识绝对地不能言说。⑤

---

① 苏力:《知识的分类》,载《读书》,1998年第3期。苏力进一步指出,在亚里士多德时代,乃至康德的时代,知识的分类更多地域学科的分类相联系,某个学科的知识就只有某一类知识。但是严格说来,历史上任何学科都或多或少地同时具有这三类知识。这一特点在当代尤其显著,知识分类与学科分类相互交叉。
② 汪丁丁:《知识社会与知识分子》,载《读书》,1995年第11期。
③ 丁家永:《知识的本质新论——一种认知心理学的观点》,载《南京师大学报》(社会科学版),1998年第2期。
④ 肖广岭:《隐性知识、隐性认识和科学研究》,载《自然辩证法研究》,1999年第8期。
⑤ 郁振华:《波兰尼的默会认识论》,载《自然辩证法研究》,2001年第8期。

波兰尼认为,在日常生活和科学研究中经常遇到的"所讲不及所知"(We know more than we can tell)的现象就表明了隐性知识的存在。他举例说,正如我们能够从成千上万,甚至上百万张联众认出某一个人的脸,但是在通常情况下,我们却说不出我们是怎样认出这张脸的。显性知识可以用明确的符号,比如语言、文字、图形或者计算机代码来表达或标识的知识,可以利用外化于人的各种物理介质作为载体,比如纸、计算机存储器等,并通过各种信息网络传播。隐性知识则往往只可意会,不可言传,难以形式化,"它只能被演示证明它是存在的,学习这种技能的唯一方法是领悟和练习"[①]。然而,显性知识依赖于隐性知识的存在,必须有隐性知识的支撑。人类绝大部分的知识是隐性知识。

隐性知识对于知识的创新具有重要的作用。朱克曼(Harriet Zuckerman)在《科学界的精英》一书中的研究表明,截止到1972年,92名美国诺贝尔科学奖获得者中有48名曾经作为老诺贝尔奖获得者的学生、博士后或年轻的同事,表明诺贝尔奖获得者通过师徒关系在不同代际的延续。根据其调查,后辈们学到的主要不是显性知识,而是诸如工作标准和思维模式等更大范围的倾向性态度和不能编纂整理的思维和工作方法等隐性知识。[②]

日本学者野中郁次郎指出,显性知识与认知心理学中的陈述性知识相对应,而隐性知识则与程序性知识相对应。[③] 隐性知识是高度个人化的知识,具有难以规范化的特点,因此不以传递给他人;它深深地植根于行为本身,植根于个体所处环境的约束,包括个体的思维模式、信仰、观点和心智模式等,这些模式、信仰、观点是如此根深蒂固,以至于人们习以为常,不自觉地接受了它们的存在,并在观察世界的时候收到它们的巨大冲击。[④]

野中郁次郎进一步将隐性知识分为两个维度。第一个维度是技术维度(technical dimension),包括个人的非正式的,难以掌握的技巧,这些技巧需要通过大量地、反复的练习才能获得,但其却很难用科学的逻辑来明确表述。第二个维度是认知维度(cognitive dimension),它包含诸如信仰、观点、价值观以及思维模式等,尽管人们不能准确地表述,但对这些已经习以为常,自觉地接受它们的存在;这个类型的隐性知识对人们认识世界具有重要的影响。[⑤]

---

① 赵曙明、沈群红:《知识企业与知识管理》,南京大学出版社2000年版,第66页。
② 肖广岭:《隐性知识、隐性认识和科学研究》,载《自然辩证法研究》,1999年第8期。
③ 竹内弘高、野中郁次郎:《知识创造的螺旋》,知识产权出版社2006年版,第52页。
④ 江新、郑兰琴、黄荣怀:《关于隐性知识的分类研究》,载《开放教育研究》,2005年第1期。
⑤ Nonaka, Ikujiro, Noboru Konno, "The Concept of 'Ba': Building a Foundation for Knowledge Creation", *California Management Review*, 1998, 40(3): 40—55.

知识对物质和能量的"替代"

知识可以通过以下三种途径实现对物质和能量资源的节约使用。[①]

第一,融入物质或能量资源之中,即把知识本身嵌入各种实物制品或工艺当中,从而改变它们的数据结构及其信息负载能力。例如,采用恒定大小和形状的建筑用砖,就比采用粗石或大石头,可以使墙垒得更快捷、更坚固,而且更省料。

第二,把物质或能量资源组织起来,即把知识本身作为信息,嵌入用于协调人工制品的创造或操作的文件与符号支持系统之中。房屋或办公大楼的设计图纸以抽象的形式,描绘了在限定的空间中实物产品与工艺的一种复杂的结合状态。人们必须连同详尽的技术说明与预算方案,才能读懂这样的设计图。

第三,增强与物质或能量资源互动的具有智能的行为主体的理解力,即把知识本身嵌入个人的大脑或组织之中。在绘制房屋与办公楼设计图纸的过程中,建筑师运用了积累下来的知识储备,而这些知识储备反映着人们对于空间中的人类行为、结构与材料的物理性能以及建筑项目的管理等的共同理解。

总之,行为主体所掌握的知识,构建了隐含于各种物质和能量资源之中的信息结构。知识资产是那些随着时间的推移能够带来一连串有用服务的知识积累,同时,这些知识积累可以实现实物资源的节约使用。

§16.2 组织中的知识演化与创新

知识螺旋模型

知识演化与创新关注于组织中不同类型的知识之间相互作用的关系及其过程。野中郁次郎在1991年的一篇文献中提出了"知识螺旋模型"[②]。这个模型在2005年他与竹内弘高合著的《知识创造的螺旋》中得到了进一步的阐述。[③]该模型按照所谓"认识论"和"存在论"两个维度构成,如图16-3所示。

在存在论维度,知识被分为个体(Individual)的知识、小组(Group)的知识、

[①] 马克斯·博伊索特:《知识资产:在信息经济中赢得竞争优势》,上海世纪出版集团2005年版,第15—16页。

[②] Nonaka, Ikujiro, "The Knowledge-Creating Company. Full Text Available", *Harvard Business Review*, 1991, 69(6): 96—104.

[③] 竹内弘高、野中郁次郎:《知识创造的螺旋》,知识产权出版社2006年版,第48—66页。

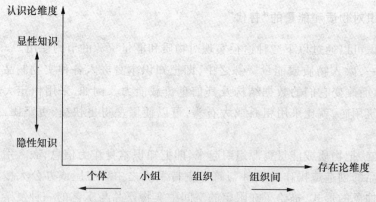

图 16-3 知识演化的认识论与存在论

图片来源：竹内弘高、野中郁次郎：《知识创造的螺旋》，知识产权出版社 2006 年版，第 46 页。

组织（Organization）的知识和组织间（Inter-organizational）的知识。从某种角度来看，组织的功能是为个体提供创造知识的环境。因此，组织层面的知识创新可以理解为：在组织层面"放大"由个体所创造的知识，并将其"结晶"为组织知识网络的一部分的过程。[①] 在认识论维度，如前所述，知识被分为隐性知识和显性知识两类。显性知识和隐性知识的相互作用被分为四种：社会化（Socialization）、外部化（Externalization）、组合化（Combining）和内在化（Internalization）。该模型又简称为 SECI 模型，如图 16-4 所示。

图 16-4 知识螺旋的 SECI 模型

社会化，是指从隐性知识到隐性知识的转化过程，发生在个体与个体之间。"个体可以从他人那里不经语言直接获得隐性知识，……获得隐性知识的关键

[①] 竹内弘高、野中郁次郎：《知识创造的螺旋》，知识产权出版社 2006 年版，第 49 页。

是体验,否则个体很难置身于他人的思考之中。"①最典型的例子是师傅带徒弟,徒弟与师傅一同工作,主要凭借观察、模仿和练习来学习技艺。

外部化,是指从隐性知识到显性知识的转化过程,即使隐性知识成为具体明确,且可有效使用的小组知识。概念的描述是其中主要行动。通常"采用比喻、类比、概念、假设或模型等形式将知识外化",其中,当试图"对一个意象进行概念化时,大多借助语言来表示其本质——书写是将隐性知识转化为可以表述的知识的一种方式"②。最典型的例子是在小组中讨论并形成讨论结果报告。

组合化,是指从显性知识到显性知识的转化过程,即将现有的,各种不同来源的显性知识整理、分类、重组等,综合为新的知识体系的过程。典型的例子是,在不同的研究团队提交的论文的基础上形成最新研究综述。

内在化,是指从显性知识到隐性知识的转化过程,即个体学习外部知识,利用这些知识来扩大、延伸、重新界定自己的隐性知识。经过社会化、外部化和组合化三个过程的体验,以共有心智模式或技术诀窍的形式内在化到个体的隐性知识基础内,这些体验便变成了有价值的资产,有助于其他个体能够间接地体会个体所经历的事件。典型的例子是电话呼叫中心的知识数据库,该数据库可以为呼叫接线人员提供他们此前未曾遇到过的问题答案。

知识螺旋模型主张,社会化旨在共享隐性知识,但是社会化只是一种有限的知识创造模式。除非使共享的知识外部化,否则不可能轻易为整个组织所利用;而另一方面,如果只是将分离的显性知识组合起来,形成一个新的整体,这个过程并没有真正使组织的既有知识基础扩大。

组织中的知识创造是一个隐性知识与显性知识持续相互作用的动态过程。首先,社会化起始于创建一个能够促进成员彼此分享经历和心智模式的互动的"场";其次,外部化由有意义的"对话或集体反思"所触发,并运用适当的方法帮助成员将难以沟通的隐性知识以容易交流的方式表达出来;再次,组合化将新产生的显性知识与组织原有知识进行整合,形成新的体系;最后,组织成员在新的知识体系内在化于自身的隐性知识中。个体隐性知识是组织知识的基础。组织需要调动由个体所创造及积累的隐性知识,这些隐性知识通过知识转换的四种模式在组织层次上得以放大,并且在小组和组织上固定下来,然后在新的起点进行新一轮的演化,组织的知识存量就如同螺旋一样上升,这个过程被称作"知识螺旋"。知识螺旋的过程源自个体,并且随互动群体的扩大,超越小组、

---

① 竹内弘高、野中郁次郎:《知识创造的螺旋》,知识产权出版社2006年版,第53页。
② 同上书,第55页。

组织的边界而不断推进。①

知识演化矩阵模型

在野中郁次郎等人研究的基础上,瑞典斯德哥尔摩经济学院教授赫德兰(Gunnar Hedlund)建立了一个知识演化的矩阵模型。② 如图16-5所示,该模型同样将知识分为两个维度。纵向维度上分为隐性知识和显性知识,横向维度上分为个人、小组、组织以及组织间的知识。在组织中,存在着知识的纵向转化和横向转化。纵向转化是指在个体、小组、组织以及组织间各个层次之中,知识在显性知识和隐性知识之间相互转化,包括显性知识转化为隐性知识的"内在化"(internalization)和隐性知识转化为显性知识的"明言化"(articulation)。"内在化"是知识学习的过程,"明言化"则促进了知识的转移、扩张和提升。这个过程强调两种知识之间的相互影响,称之为"映射"(reflection)。横向转化则是指知识在个体、小组、组织以及组织间的转化,分为正向的"扩展化"(extension)和反向的"专有化"(appropriation)。"扩展化"是指知识按照个体、小组、组织和组织间的方向转化。"专有化"则是指知识按照与"扩展化"相反的方向转化。这个

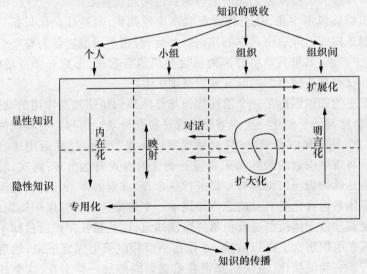

图16-5 知识演化的矩阵模型

---

① 竹内弘高、野中郁次郎:《知识创造的螺旋》,知识产权出版社2006年版,第64—65页。
② Hedlund, "A model of knowledge management and the N-form corporation", *Strategic Management Journal*, Special Issue: Strategy: Search for New Paradigms, 1994, 15: 73—90.

第十六章 组织中的知识演化

过程强调知识主体之间的"对话"(dialogue),认为知识在这个转化过程中得以创新。此外,在组织与环境之间还存在着知识的"吸收"(assimilation)和知识的"传播"(dissemination)过程。这两个过程可以看作是知识的输入和输出。

信息空间模型

英国学者博伊索特将知识演变从组织内部扩展到社会,提出一个概念性框架——信息空间(I-空间)。首先,知识被划分为个人知识、组织的专有知识、公共的(课本)知识及常识四种。其次,信息空间是一个由三个维度构成的立体空间,三个维度分别是:未编码—编码,具体—抽象,未扩散—扩散。[①]

编码是指知识形式化或者显性化的过程。知识能否显性化,在一定程度上取决于是否存在合适的形式符号和编码规则。编码通过形式化,有助于对现象进行分类。一种有效的编码在某种程度上是"智力和观察技巧的问题",同时也取决于所需要分类的现象的复杂性。复杂性越大,编码可能越困难。反过来,编码则是一种降低复杂性或者说不确定性的技术。编码过程也"可以被看作去除冗余数据从而在数据处理上实现节约的过程。"如果将知识的未编码状态到编码状态给出关于编码的维度,那么在这个维度的一端是"不确定的,几乎是混沌的状态,……任务数据是随机的",而在另一端,则是一种"非常有秩序的状态"。

如果说编码赋予现象以形式,那么抽象则赋予现象以结构。在进行抽象时,人们可以更加集中地关注于那些构成数据的基础的因果结构或分类结构,"它所带来的是概念而不是感知"。概念同样是在数据处理上实现节约的手段,它揭示了哪些类别可能与数据处理的任务相关。同样用一个维度来表示抽象的程度,那么在这个维度的一端是非常具体的经验,其中的知识通常是感性的、局部性的,这时结构中的因果关系也常常是模糊的,很难辨别。而在维度的另一端是抽象的思想,知识主要是理性的,全局性的,可以找到普遍的用途。

扩散是指知识向更多的数据处理主体传播的过程,既包括无意识的,也包括有意识的扩散过程。这个维度可以用信息或知识所达到的特殊数据处理主体在总体中的比例来刻度。总体可以是某种组织,也可以是整个社会。"低层次的技术因素会影响到信息(知识)在特定总体内的扩散性,并由此影响到信息(知识)可用性。高层次的社会和文化因素会影响到在那个总体内对信息的吸收,并由此影响到吸收和运用信息(知识)的速度。"

---

① 这部分内容引自马克斯·博伊索特:《知识资产:在信息经济中赢得竞争优势》,上海世纪出版集团 2005 年版,第 51—77 页。后文不在给出引文出处。

图 16-6 说明了在信息空间中知识的动态演化过程。知识演化的起点是 A，是关于特定事件的、个人化的特异性知识。这些知识经过不断的构建，最终会去掉隐性的具体细节，获得一般性的知识。这时，这些知识可以由其他人来分享和使用。这个过程包含了从具体到抽象、从未编码到编码的过程。如果知识的扩散受到其创造者的控制，例如存在专利或著作权，那么就会变成专有的知识，即到达 B 点。随着时间的推移，专有的知识会进入公共领域并变得可以扩散，作为公共的或课本上的知识到达 C 点。这样的知识会出现在杂志、报纸、教材、说明书等之中。如果人们在各种各样的不同情况下使用了这些公共的知识，也就是这些知识被内化了，其大部分内容被隐性化为人们的常识，达到 D 点。人们普遍地分享着常识，但由于各自的经历和境遇不同，从而会将其中相当多的内容，再次转换为个人化的、特异性的经验，即个人知识，回到 A 点，从而进入新一轮的演化。因此，新知识的创造和扩散往往是以某种特定的顺序来实现的，这个过程被称为"社会学习周期"。社会学习周期包含六个阶段：扫描、解决问题、抽象、扩散、吸收和形成影响。

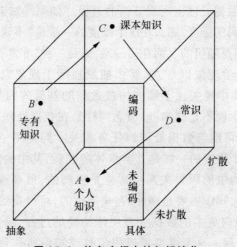

图 16-6　信息空间中的知识演化

- 扫描：在一般可以获得，但通常是模糊不清的数据中，识别威胁与机会，赋予数据以形式，使之成为独特的或特异性的见解等，并成为个体或小群体所拥有的东西。
- 解决问题：即编码过程，对扫描阶段形成的各种观点赋予明确的形态，许多不确定性的东西会被消除掉。
- 抽象：把编码的见解的适用性推广到范围广阔的各种情形。这包括把它们简化到最本质的特征,使之形成概念。

- 扩散:和目标总体分享新创造的见解。编码充分的抽象数据在技术上更容易扩散到大规模的总体。只有发送者和接收者事先就共享了语境,这样才能加速未编码的具体数据的扩散。
- 吸收:以"干中学"或"用中学"的方式,将新编码的见解应用到各种不同的情形。随着时间的推移,这些已编码的见解逐渐获得某种语境,这有助于指导它们在特定情况下的应用。
- 形成影响:将抽象知识嵌入到诸如人工制品、技术准则、组织规则或行为模式等具体的惯例之中。

在下图中,从 A 点到 B 点的过程是解决问题和抽象阶段,即个人知识向专有知识转化的过程;从 B 点到 C 点的过程是扩散阶段,即专有知识向公共知识转化的过程;从 C 点到 D 点的过程是吸收和影响阶段,即公共知识向常识转化的过程;从 D 点到 A 点的过程是扫描阶段,即常识向个人知识转化的过程。[①]

[①] 转引自潘新红:《组织知识特征与演化模式研究》,载《情报科学》,2009 年第 8 期。

第十七章 知识管理

本章摘要

知识管理是对知识及知识的作用进行管理。知识管理不是一个全新的管理活动,它贯穿于组织的所有部门和活动,是为组织发展目标服务的。知识管理涉及知识的获取、知识的存储、知识的传递和知识的应用等一系列管理活动,可以借助但并不等同于信息技术。知识管理的理论流派主要包括技术学派、行为学派和综合学派等。知识管理的目标主要包括四个方面:建立知识仓储、改善知识存取、强化知识环境、管理知识资产。

关键术语

知识管理　技术学派　行为学派　知识仓储　知识存取

§17.1 知识管理的理论探讨

知识管理的界定

第十一章中曾经讨论了,在管理信息系统发展的早期,人们认识到在组织中的专业或技术人员的信息需求与其他工作人员不同,他们的工作需要专业化知识的支持,因此提出了为专业或技术人员服务的"知识工作系统"。

随着知识经济时代的到来,一方面,越来越多的人开始从事与信息和知识

第十七章 知识管理

相关的工作,这些工作不仅需要深厚的知识积累,更需要及时的知识更新;另一方面,在全球化背景下,各种组织,无论是政府还是企业,都需要对瞬息万变的世界做出快速地反应,提供个性化的产品和服务,这要求他们必须迅速掌握和有效利用关于社会的、市场的、管理的以及技术的新知识,而知识也日益成为核心的生产要素,对知识的引入能够大幅地降低物耗和能耗。随着工业经济的基础从自然资源转变为知识资产,企业的经营者们便不得不对业务中所涉及的知识以及这些知识的使用情况进行全面而认真地思考,并逐渐认识到,对知识的支持不仅仅是组织中某个部门、某一些人的需求,实际上应当贯穿于组织的所有部门与所有的活动。同时,计算机,尤其是互联网的兴起使得对知识的编码、存储和分享变得更加容易和低廉,但也导致出现信息的冗余,造成知识流失,在组织内部无法充分分享知识的情况。在这样的背景下,"知识管理"应运而生。

知识管理不是一个全新的管理活动。[1] 对知识的管理,由来已久。人类自古以来都将知识视作进步的阶梯,努力地利用各种技术手段管理和传播自己的知识,诸如笔、纸、图书馆、教育等都是人类管理和传播知识的技术或工具。"家族企业会将自己的经营秘诀传授给他们的继承人,工匠师傅会将煞费苦心地将手艺传给他们的徒弟,工人们则会在工作中交流想法和技巧等。"但是,知识管理作为一个独立的、系统化的管理思想和实践模式发轫于 20 世纪 90 年代发达国家的企业管理中,被认为不啻于一次管理革命。因此,知识管理从提出伊始,便是面向实践的,试图开发出完善的知识管理方法、技术和系统,帮助各种组织更好地管理技术、业务、管理等多方面的知识,提高组织发展的绩效水平。

知识管理的涵义有广义和狭义两种:广义的知识管理是指知识经济环境下管理思想与管理方法的总称;狭义的知识管理是指对知识及知识的作用进行管理。[2] 本书所讨论的是狭义的知识管理。国内外研究者和专业人士对什么是"知识管理"众说纷纭,并没有统一的界定。

从管理过程的视角,知识管理被界定为创造、获取和利用知识提升组织绩效的过程;[3]是管理各种知识的连续过程,以满足现有和将来可能出现的各种需

---

[1] Hansen, M. T., Nohria, N., Tierney, T., "What's Your Strategy for Managing Knowledge", *Harvard Business Review*, 1999, March-April: 106—116.

[2] 左美云:《国内外企业知识管理研究综述》,载《科学决策》,2000 年第 3 期。

[3] Bassi, "Harnessing the Power of Intellectual Capital", *Training & Development*, 1997, (12): 51.

要,确定和探索现有的知识资产,发展新的机会①;是系统地发现、选择、组织、过滤和表达信息的过程,目的是改善雇员对待特定问题的理解②;是一个组织作为一个整体在组织内外知识的海洋中,充分利用各种工具和手段,对知识的捕获、应用和创新的过程,目的是将恰当的知识在恰当的时间传递最恰当的人,以便使组织中的个人能够做出恰当的决策,而作为组织则提高了应变能力和创新能力。③

从组织目标的视角,知识管理被界定为在组织中为了取得组织目标而对知识的明确的控制和管理④,是一系列系统化的,目标导向的措施的应用,这些措施用于控制组织内有形的和无形的知识资产,其目标是利用组织内部和外部的现有知识来创造新的知识,并从中产生价值,创新和不断的改进⑤;是一种在技术支持下,通过知识生产、分享和开发的过程来使用组织的集体知识,从而实现组织目标的一种能力。⑥

从信息管理的视角,知识管理被界定为搜集和组织信息、把信息传播给需要它的人、不断地通过分析和合作来优化信息;⑦是信息管理的延伸,是信息管理发展的新阶段,是将信息转换为知识,并用知识提高特定组织的应变能力和创新能力。⑧

从信息处理的角度,知识管理被认为关注于构建和分析组织中计算机数据库中的信息,以使这些知识随时可以在整个组织中分享,而不是在生产它们的

---

① P. Quitas, P. Lafrere, G. Jones, "Knowledge Management: A Strategic Agenda", *Long Range Planning*, 1997, 30(3).

② E. Maise, "Knowledge Management Takes Industry Center Stage", *Computer Reseller News*, 1998(776).

③ 刘冀生、吴金希:《论基于知识的企业核心竞争力与企业知识链管理》,载《清华大学学报(哲学社会科学版)》,2002年第1期。

④ van der Spek R. Spijkervet A., "Knowledge Management: Dealing Intelligently with Knowledge", in Liebowitz, J., Wilcox, L., *Knowledge Management And Its Intergrative Elements*, New York: CRC Press, 1997.

⑤ Wunram, Michael, "Practical Methods and Tools for Corporate Knowledge Management-Sharing and Capitalising Engineering Know-How", in the Concurrent Enterprise Report No. 1: Concepts of the CORMA knowledge management model, IST project No 1999—12685, CORMA consortium, 2000.

⑥ Xiaoming Cong, Kaushik V. Pandya, "Issues of Knowledge Management in the Public Sector", *Electronic Journal of Knowledge Management*, 2003, 1(2): 25—33.

⑦ 比尔·盖茨:《未来时速:数字神经系统与商务新思维》,北京大学出版社1999年版,第228页。

⑧ 乌家培:《信息管理与知识管理》,载《中国改革报》,1998年11月18日。

部门中束之高阁,使其他部门的成员无法访问①;知识管理将索引、搜索以及推送(push)技术组合起来,帮助组织将存储在不同数据源的数据组织起来,并且将用户需要的信息准确地送给用户。②

从管理对象的视角,知识管理被界定为是一种综合的、系统的方法,其可帮助组织识别、管理和分享部门信息资产,包括数据库、文件、政策、程序、流程以及个体所拥有的未能明晰表达的专业知识和经验。③

从具体流程的视角,知识管理被界定为包括知识的获取、整理、保存、更新、应用、测评、传递、分享和创新等基础环节,并通过知识的生成、积累、交流和应用管理,复合作用于组织的多个领域,以实现知识的资本化和产品化;④是采用工具和方法来定位、提炼、转移和应用公司中可用的知识和经验来进行的管理。⑤

从综合的视角,知识管理被界定为一系列通过获取、共享和应用知识来推进组织运营、实现组织目标的过程、活动和实践。⑥

以上不同的界定反映了研究者的不同视角,每一个界定都是为具体的研究对象和内容服务的。这些界定中的共识是:

第一,知识管理是为组织发展的目标服务的,其直接目标是要提高组织管理知识的效率,其最终目标是要提高组织的绩效;

第二,知识管理不仅仅是组织中某个部门的业务,而是贯穿于组织的所有部门和活动;

第三,知识管理涉及一系列的管理活动,包括知识的获取、知识的存储、知识的传递和知识的应用等;

第四,知识管理可以借助一定的技术、工具和方法,包括以现代信息技术为核心的信息工具,但知识管理并不等同于技术,尤其是信息技术。

---

① "Knowledge Management Consulting Gives CPAs a Competitive Edge", *the CPA Journal*, 1998, 68(8): 72. Available at http://www.nysscpa.org/cpajournal/1998/0898/NV/nv7.html.
② Hibbard, J., "Ernst & Young Deploys App for Knowledge Management", *Information Week*, 1997, Jul 28, 28.
③ 转引自李岱素:《知识管理研究述评》,载《学术研究》,2009年第8期。
④ 王广宇:《知识管理——冲击与改进战略研究》,清华大学出版社2004年版,第14页。
⑤ Georg von Krogh, "Care in knowledge creation", *California Management Review*, 1998, 40(3): 133.
⑥ 李岱素:《知识管理研究述评》,载《学术研究》,2009年第8期。

知识管理的理论流派

国内学者对当前的知识管理研究做了探索性的归纳,认为目前知识管理的理论流派大致可分为三大学派,即技术学派、行为学派、综合学派。①

- 技术学派

知识管理的技术学派认为"知识管理就是对信息的管理"。这个领域的研究者和专家一般都有着计算机科学和信息科学的学科背景。主要关注如何借助技术的效率,研究信息管理系统、人工智能、群件系统等的设计和构建,认为知识是一种资源,不仅存在于组织的文件或数据中,也存在于组织的各种流程、标准、规范之中,可以在信息系统中被标识和处理,可以通过计算机和网络进行编码、存储和传播。技术学派研究的角度包括:从知识组织的角度研究知识表示和知识库;从知识共享的角度研究团队通信与协作的技术;从技术实现的角度研究知识地图系统、知识分类系统、经验分享系统、统一知识门户技术等;从系统整合的角度研究知识管理系统与办公自动化(OA)系统等系统的整合等。

- 行为学派

知识管理的行为学派认为"知识管理就是对人的管理"。这个领域的研究者和专家们一般都有着哲学、心理学、社会学或管理学的学科背景。他们关注发挥人的能动性,研究人类个体的技能或行为的评估、改变或改进过程。他们认为,知识等于"过程",是一个对不断改变着的技能等的一系列复杂的、动态的安排。该学派主要代表人物瑞典卡尔·斯威比博士把知识定义成一种行动的能力,即强调知识是动态的。野中郁次郎博士则指出,"知识创新并不是简单地处理客观信息,而是发掘员工头脑中潜在的想法、直觉和灵感,并综合起来加以运用"。行为学派研究的角度包括:从组织结构的角度研究知识型组织;从组织文化的角度研究知识管理观念,如学习型组织;从战略角度研究知识管理战略;从人力资源的绩效考评和激励角度研究知识管理制度;从学习模式的角度研究个人学习、团队学习和组织学习等。

- 综合学派

知识管理的综合学派则认为,"知识管理不但要对信息和人进行管理,还要将信息和人连接起来进行管理;知识管理要将信息处理能力和人的创新能力相互结合,增强组织对环境的适应能力"。组成该学派的专家既对信息技术有很好的理解和把握,又有着丰富的经济学和管理学知识。他们推动着技术学派和

---

① 左美云:《企业知识管理的内容框架研究》,载《中国人民大学学报》,2003年第5期。

行为学派互相交流、互相学习，从而融合为自己所属的综合学派。综合学派强调知识管理是一套整体解决方案，在这套解决方案里，第一是知识管理观念的问题，第二是知识管理战略的问题，第三是知识型的组织结构问题，第四是知识管理制度的问题，接下来还有知识管理模板，比如规范的表格等问题。在此基础上，将知识管理制度流程化、信息化，将知识管理表格和模板界面化、程序化，将组织知识分类化、数据库化，在考虑与其他现有系统集成的基础上，开发或购买相应知识管理软件，建设知识管理系统。

按照社会功能的不同，综合学派又进而细分为经济学派和战略学派。[①]

经济学派的知识管理主要关注如何获得经济效益，即如何更好地取得优势利益。经济学派在美国主要由技术学派的部分学者，从侧重关注技术层面开始转向侧重关注资源经济演化而来，并最终有别于技术学派的基本观点。经济学派的重要特点是结合了行为学派的部分观点，如隐性知识和隐性知识可以部分地向显性知识转化等观点。该学派认为，知识管理其实只是观察世界的一种方式。它帮助人们能够认识谁和什么是组织的真正的资源。正如各种设备、机器、资金和人力资源等一样，知识资产也同样需要管理以取得最大的投资回报。该学派主要代表人物达文波特指出："知识管理真正的显著方面分为两个重要类别：知识的创造和知识的利用。"另一位主要代表人物托马斯·斯图尔特则提出：在各种资产中，最重要的是"软"资产，例如技能、能力、专业经验、文化、忠诚等，这些都是知识资产（智力资本），它们决定着最终能否获得成功。

战略学派的知识管理主要关注不同的组织面向不同的战略性目标。战略性目标可以包括直接经济目标，但决不局限于单纯的直接经济目标。与经济学派相比，战略学派的视野更宽，思路更广。比如，一个组织的战略性目标主要围绕着如何发展核心能力，这就要求组织要关注可持续的能力发展，比如关心人的能动性，关心诸如如何创造更优异环境来吸引人才、培养人才以及更有效地进行内部吸收、转化和共享隐性知识等问题。战略学派主要是由战略管理的理论研究出发，有机结合了行为学派和技术学派的部分观点（如应用信息技术，重发挥人的能动性），并在不断改进管理和有效指导具体的实践活动的基础上发展而来。战略学派要求探究知识管理的终极目的，即知识创新是知识管理的最终目的。

厄尔（Michael Earl）给出了一个更详细的分类。他将对知识管理的研究划

---

① 陈建东：《知识管理理论流派初探》，载《中国科技论坛》，2007年第2期。

分为七个学派(如表17-1所示)。① 其中,系统学派、地图学派、工程学派强调技术,尤其是信息技术或管理技术,如何为知识工作者提供支持条件;商业学派强调如何从知识资产中获得收益;而组织学派、空间学派和战略学派则强调在生产、分享和使用知识资源的过程中,如何激励和协调管理者的行为。

表17-1 知识管理理论流派

学派 属性	强调技术			强调经济	强调行为		
	系统学派	地图学派	工程学派	商业学派	组织学派	空间学派	战略学派
关注点	技术	地图	流程	收益	网络	空间	理念
目标	知识库	知识目录	知识流	知识资产	知识沉淀	知识交换	知识能力
单位	领域	组织	活动	专门知识	社区	地点	业务
关键成功点	验证激励	分享的文化和激励网络	知识的分享和信息无限制传播	专家团队和制度化的流程	互动的文化和知识的中介	鼓励目标导向的设计	知识在使命和目标中的陈述
信息技术的贡献	基于知识的系统	网络上的文件与知识目录	共享的数据库	知识资产注册与处理系统	群件和内联网	获取和表达的工具	综合的
理念	编码化	连通性	能力	商业化	协作	联络	意识

● 系统学派

系统学派是最早出现的一个研究学派,他们认为基于知识的系统就是信息系统,可以在诸如光盘、专家系统等知识库中获取专业的知识,以使得个人或者小组拥有的知识能够成为组织的共同知识。知识库通常是领域相关的,能够支持知识密集型的工作和特殊的决策任务。

系统学派认为,知识管理能够成功的关键因素包括两个方面。第一,由于知识不仅可以从客观的数据中派生出来,也可以从实践经验中获得,而这些知识又必须被编码(codified)后才能成为知识库中的显性的知识——这是该学派的基本理念,因此知识——尤其是经验知识——必须被验证。第二,如果知识需要由个人或小组分享给其他个人或小组,那么需要有适当的积极激励来鼓励这种行为。激励的宗旨应当是使每个人都能更有效率的工作。

信息技术是系统学派的知识管理的关键要素,计算机系统是实现知识获取、存储、组织和表达的基础。

---

① Michael Earl, "Knowledge Management Strategies: Toward a Taxonomy", *Journal of Management Information Systems*, 2001, 18(1): 215—233.

- 地图学派

地图学派(Cartographic School),顾名思义,其主要关注点在于如何"描绘"组织知识的"地图"。所谓"地图"的实质是一种知识目录,它揭示出组织中的知识分布:谁知道什么?这个问题可以告诉人们,他们可以在组织的什么位置找到什么样的有"知识"的人获得建议或者进行交流。其中的关键就在于标识出,什么人是组织中可以接触和交流的知识源,而不是那些所谓的知识库,后者被认为不仅只包含一些并不充分的知识,而且仅能回答一些简单的问题。上述观点的假设是,人与人的直接交流可以获得价值更高的隐性知识。

与系统学派所不同,地图学派更强调针对人们之间知识交换的正面激励,而不是针对向知识库提交知识。每个成员更新自己的材料所需支付的成本,要比不断地编辑、维护和验证知识内容低廉得多。当然,前提是人们愿意在知识目录中对他们的能力和经验做出准确的和综合的描述。不难看出,知识目录更强调个人的个性化知识,而不是编码化的知识库;更强调个人之间的交流,而不是技术。简言之,这个学派认为,知识管理的关键成功因素在于相互支持和知识分享。这个学派的基本理念在于人与人之间的连接性(connectivity),即组织成员之间的沟通网络是至关重要的。

地图学派一般认为,信息技术的关键贡献在于通过内联网(Intranet)将人们连接起来,并能够通过在内联网上构建知识目录为人们定位知识源。

- 工程学派

工程学派派生于"业务流程再造"(business process reengineering,BPR),其基本假设包括两个方面。第一,组织的业务流程绩效水平可以通过向业务操作人员提供与他们任务相关的知识来提高。第二,管理流程比业务流程更趋于知识密集型,更少结构化(structured)和例行化(routine)。因此,该学派主张不仅要提供与决策相关的信息,还应当提供与情景相关的"最佳实践"(best practice),因为从经验中学习,让知识工人能够获取到他们需要的知识和信息,无论是业务还是管理流程的绩效水平都会因此而提高。

该学派认为知识管理的关键成功因素有两点。第一,将来自于系统的或者内联网的知识或信息提供给各个层次的工作人员。第二,知识和信息的提供与传播是没有限制的。该学派的基本理念在于提高组织的核心能力。

信息技术在这里的关键贡献点是,为知识工人提供了贯穿于流程的,跨任务、跨层级、跨实体和跨地理空间的知识库。

- 商业学派

商业学派的主要观点是,不仅要保护,而且要利用组织的知识资产,为组织带来直接的收益。正如达文波特所言,"要想管理资产一样管理知识"①。在这派观点中,知识资产与知识产权是等价的。在所有的学派中,商业学派是最多强调利用(exploitation)知识,而最少强调探索(exploration)知识的。②

该学派认为知识管理的关键成功因素是:第一,建立一个专家团队或者构建某个组织的职能来积极地管理知识产权;第二,按照例行的规则来管理知识资产,否则组织需要花费过多的时间来衡量知识资产的价值,而不是开发利用这些资产。

信息技术的关键作用点是可以建立知识资产的注册和处理系统。

- 组织学派

组织学派关注于如何利用组织的结构或网络来共享或"沉淀"知识,其倡导所谓"知识社区",即由一群拥有共同的兴趣、问题和经验的人所组成的小组。这个社区的建立和维护主要是为了组织业务的目标,其中的人员可以来自于一个部门,也可以是跨部门的。虽然也需要技术的支持,组织学派被认为更强调组织行为,这是因为知识社区的核心特点是,作为一种相互依赖的网络,可以在非例行化的、个性化的和非结构化的方式下相互交换和分享知识。另一个重要的特点是,知识和拥有知识的人一同被聚合起来,而且可以得到网络上知识库的支持。这意味着,编码化的显性知识和隐性的知识都可以通过社区来获得。实际上,知识社区本身就是一种既是技术的,又是社会的交流网络,它将拥有问题的人和拥有答案的人联系在一起。

两个关键的成功因素是:第一,知识社区在传统的社会网络中更容易成功。第二,与计算机网络一样,需要一个居于中心的调解人(moderator)。由此可见,这个学派的基本理念是提高知识工人之间的协作。

信息技术的关键作用点是,通过整合内联网和群件系统将组织成员连接起来,并在组织中沉淀他们的显性的和隐性的知识。

- 空间学派

空间学派关注于如何为知识的交换提供空间场所的设计。典型的例子包括,开放的咖啡屋或者所谓"知识咖啡"(knowledge cafe),开敞式的办公室或者所谓"知识建筑"(knowledge building)等。这个学派对于知识管理的重要性表现在四个方面。第一,组织中大多数成员都具有社会性,非常愿意互相交流。

---

① Davenport, T. H., De Long, D. W., Beers, M. C., "Successful knowledge management projects", *Sloan Management Review*, 1998, 39(2): 43—57.

② Zack, M. H., "Developing a knowledge strategy", *California Management Review*, 1999, 41(3): 125—134.

第二,共同的讨论有助于获得隐性知识。第三,传统组织的设计或者空间位置的安排倾向于将成员分离开来,而不是相互联系。第四,对各自业务效益的追求常常使得人们很难与那些在业务上没有往来的同事相互交流。因此,这个学派十分关注如何培养和使用组织中的社会资本,这种社会资本可以通过人们之间的正式的或者非正式的持续交流来获得。①

该学派认为知识管理的关键成功因素是:第一,追求即兴的学习与创造性;第二,公开承认并且鼓励上述交流模式。

- 战略学派

战略学派将知识管理看作是竞争战略的维度之一,甚至看作是组织战略的核心。他们认为,知识管理的目标是要通过系统、流程以及组织成员,来建立、培养和利用各种知识资产,并将这些知识资产通过知识产品和服务的形式转化为价值。因此,该学派强调知识资本包括人力资本、结构资本和客户资本三大项,②并将知识管理看作是在组织内部的整合动力。

由于处于组织战略的层次,战略学派在实施层面被认为可以将其他所有学派囊括进来。之所以被单独划分为一种学派,是因为其强调将知识资产视为关键性资源,不仅是实现了组织的价值,而且是价值的来源。知识的创新不是作为一种产品或者流程来支持和提升竞争战略,而是在根本上推动了组织的竞争战略。

由上可知,战略学派关注于如何提高将知识资源作为可能的价值创造源的组织意识。因此,该学派认为必须在组织的使命和目标陈述中强调知识对于组织的意义。由于将知识看作是一种战略,因此信息技术在各种知识管理创新上的贡献点是多方面的,可以看作是包括网络、系统、各种工具以及知识库等在内的综合。

国内学者廖开际等在厄尔的基础上加入了组织学习学派。组织学习就是要发现组织中存在的问题和障碍,并分析其形成的原因,进而以改进措施来消除障碍、解决问题。其代表人物阿吉里斯(Argyris)强调,优秀的组织总是在学习如何能更好地检测并纠正组织中存在的错误。组织学习越有效,组织就越能够不断创新并发现创新的障碍所在,错误可能出现在技术、管理、人员等各个方面。组织学习应该使得组织成员更多地协作,应该能够适应复杂性和多变性的

---

① Nahapici. J. E., Ghoshal, S., "Social capital, intellectual capital and the organizational advantage", *Academy of Management Review*, 1998, 23(2): 242—267.

② Petrash, G., "Dow's Journey to a Knowledge Value Management Culture", *European Management Journal*, 1996, 14(4): 365—373.

挑战。而能否形成这样的组织，又取决于员工与组织之间持续的互动，取决于彼此的互信和自由的交流，取决于以互信为基础的组织凝聚力，取决于互助式的风险和责任承担方式。①

§17.2 知识管理的目标与框架

达文波特等指出，各种组织实现知识管理的目标包括四个方面：建立知识仓储、改善知识存取、强化知识环境、管理知识资产。②

- 建立知识仓储(Create Knowledge Repositories)

建立知识仓储关注于将组织中各种载有知识的文档，比如备忘录、报告、演讲、文献、情报等存储在知识仓库中，人们可以方便的从知识仓库中获取这些知识。对于那些非结构化的、隐性的知识，则可以采用"社区"讨论的模式，参与者将他们的经验记录下来，并且对其他人的评论做出反馈。这种模式有助于扩大知识在组织成员中尤其是对新成员的分享范围。

- 改善知识存取(Improve Knowledge Access)

改善知识存储关注于如何获取知识以及在个体之间传递知识。人们发现，找到那些拥有所需知识的人并且使他的知识能够分享给其他人是一个较为艰难的过程。如果把建立知识仓储看作是建设"图书馆"，那么知识存取的目的就类似于"黄页"，通常可以用知识地图、专家网络来实现。

- 强化知识环境(Enhance Knowledge Environment)

强化知识环境关注于建立一个有益于知识的有效生产、转移和使用的环境。在这个目标指引下，知识管理要求改变组织中与知识相关的各种规则和价值标准，改变与知识相关的组织成员的行为，标识出组织知识的生产、分享和使用的流程。

- 管理知识资产(Manage Knowledge as an Asset)

管理知识资产关注于如何将知识按照一种资产来管理，在组织的资产负债表上将知识资产和组织的其他资产一样看待。

不同的学派分别从不同的理论视角讨论知识管理，并研究出各种知识管理的框架、方法、技术等。我国台湾学者林东清教授综合各个学派的观点，提出了

---

① 廖开际等：《知识管理：原理与应用》，清华大学出版社 2007 年版，第 38 页。
② Davenport, T. H., De Long, D. W. & Beers, M. C., "Successful knowledge management projects", *Sloan Management Review*, 1998, 39(2): 43—57.

一个"整合型的知识管理多视图框架"(Knowledge Management Perspectives Framework)。对组织而言,可以从以下七个视图来思考知识管理。①

第一,知识管理的资本视图(Capital Perspective)。知识是组织重要的无形资产或称知识资本。它有别于机器、徒弟、设备、现金等有形资产。知识资本主要包括人力资本、结构资本和客户资本。这些都是无形的,但是却决定着一个组织未来的发展潜力与竞争优势。因此,组织应系统地整理、了解、评估这些无形资产,分析其强弱点,以便进行管理,发挥其最大的价值,而不应只重视有形资产的管理。

第二,知识管理的战略视图(Strategic Perspective)。知识是组织重要的战略竞争武器,不只是作业流程上改善绩效,而是组织用来达成战略目标的重要战略核心资源。因此,组织要随时注意自己在核心能力的知识上是否有创新者、领先者?自己核心能力的知识是否具有价值?目前的知识是否足够?知识缺口在哪里,以及如何快速地学习及补足缺口,从而达成组织的战略目标?

第三,知识管理的流程视图(Process Perspective)。组织应强调做好知识管理必须掌握的主要步骤或活动。知识管理流程包括知识的定义、获取、创造、共享、传递、利用和存储等。这个划分并不存在固定的模式。每个流程都有影响其绩效的管理、文化、技术和领导等因素。此观点的研究重点在于,如何设计一个有效的知识管理流程,让知识存量能快速地积累,而流量能够畅通无阻。组织要做好知识管理必须注重跨组织的知识交流与分享,组织只有同相关的外部实体充分地交流与共享知识,其能力才能增强。

第四,知识管理的组织行为视图(Organizational Behavior Perspective)。知识是蕴藏在员工个人心智模式内的重要资产。组织在员工的薪酬制度上如何鼓励和触动员工学习与创意的动机?影响员工配合执行知识管理的态度的主要因素是什么?组织如何掌握这些影响因素发挥员工最大的智力潜能?此外,影响员工行为最重要的文化因素、领导目标是哪些?组织如何掌握重要议题?这些都是组织行为理论认为知识管理关键的成败因素。

第五,知识管理的信息技术视图(Information Technology Perspective)。群组系统、专家系统、全球信息网络、搜索引擎、远程视屏会议等,使知识的搜集、存储、传递和共享更加方便可行。因此,信息技术本身是知识管理的一个主要杠杆工具,知识管理必须靠强而有力的信息技术支持达到管理与传递的目的,如果没有引进优势的信息技术,则知识管理的许多重要目标便很难达到,且不

---

① 转引自廖开际等:《知识管理:原理与应用》,清华大学出版社2007年版,第53—56页。

可行。

第六,知识管理的实施视图(Implementation Perspective)。如果组织引进知识管理的项目,应如何做好实施的管理?组织在引进知识管理的过程中要详细、正确地规划每个步骤实施。此外,还要以权变理论为基础讨论不同背景特性的组织应如何选用适合自己的实施管理。

第七,知识管理的评估视图(Measurement Perspective)。没有评估就没有管理。知识管理的实施是否成功,投资是否值得,应有一套完善的评估标准。这些准则包括对知识管理目标实现程度的评估,对知识管理流程绩效的评估、对知识管理计划质量的评估等重点,并且应先将指标量化、定性。过程与目的要兼顾和平衡,也要客观、持续、实时和简便。

图 17-1 描述了以上七个视图的关系。

- 知识管理过程面

知识管理的实施面:包括知识的定义、获取、创造、共享传递、利用和存储六个流程,这六个流程并不存在一个固定顺序,应该是一种反馈式的互动。组织必定要有良好的实施战略和方法论来指导这六个流程如何顺利地推动。此外,项目管理、变革管理如何规划与执行也是重要议题。

知识管理的管理面:知识管理的实施有两个管理的工具,一个是方向的指导,另一个是执行的评估。首先,知识管理的实施要有重点和方向,不可能把组织所有的知识都存储在知识库中进行管理。因此,如何指导知识管理实施的方向是知识管理战略的主要目的。其次,知识管理实施后的绩效要进行评估,并将评估的信息反馈给知识管理的战略和目标,以了解实际程度并进行修正。

- 组织支持面与知识管理面的关系

知识管理的实施要靠组织的有力支持,包括提供良好的信息技术设备,适当地激励员工执行知识管理的制度与文化,以及设计良好的、有效率的组织结构等,给知识管理提供一个肥沃的土壤。

- 组织价值面

知识管理实施的最终目的就是组织要形成重要的无形资产和知识资本,通过这两者形成组织的价值。

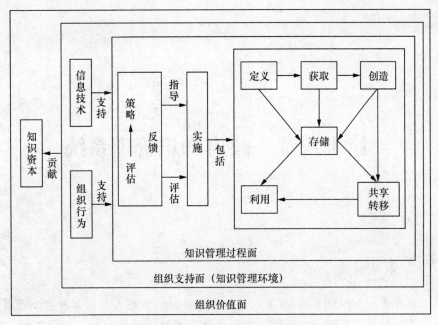

图 17-1　知识管理框架的七个观点及其关系图

图片来源:廖开际等:《知识管理:原理与应用》,清华大学出版社 2007 年版,第 56 页。

第十八章 政府知识管理系统

本章摘要

政府是一个知识系统,其基本职能在于将知识转化为行动。政府知识管理不仅是对知识的管理,也是基于知识的政府管理。政府对知识的管理由来已久,但是传统的管理效率无法适应新的发展需要。政府知识管理包括知识的定位、知识的存储、知识的共享和知识的创造等活动。政府知识管理系统包括数据层、应用层和表现层。数据层由知识库组成。应用层则可以包含知识集成、知识生成等功能。表现层则提供知识门户,支持不同的访问途径。

关键术语

政府知识管理 知识定位 知识共享 政府知识管理系统 知识库 知识地图 知识集成 知识门户

§18.1 政府知识管理

在电子政务的研究中,已经形成一种共识,即电子政务不能仅仅定位为一种技术的引进,其本质是一种新的政府管理模式。目前的电子政务对于政府管理而言,其创新主要表现在两个方面。第一,政府通过互联网为社会提供"一站式"服务;第二,建立管理信息系统实现数据共享和跨人员、跨科室、跨部门的业务协同。两方面的创新在本质上是一致的,即都是基于信息流管理的业务模式再造,所关注的是在政府机构内部、机构之间以及与社会之间如何更有效的实现信息交换,改变传统业务流程和方法,提高效率和服务质量,它们在一定程度上解决了政府在信息管理方面的瓶颈。可以将这一阶段的电子政务称之为"面向信息管理的电子政务"。这个阶段的主要特征是,关注于从数据共享、服务导向、业务协同的角度来改变原有的政府管理模式。其中,数据共享是信息传播技术的变化,服务导向和业务协同则是政府管理制度的变革。

下一个瓶颈在哪里?本书认为应当是如何提高政府决策的质量,即如何在现有工作基础上,提高应用信息的能力,为政府决策服务。面向信息管理和服务的电子政务系统难以满足那些需要对大量信息进行分析的政府决策过程。如前所述,提高决策质量的关键在于有效的知识获取与应用。知识管理有助于提高政府决策的质量。[1] 虽然知识管理不等同于知识管理系统,但是现代信息技术的引入有助于实现政府知识管理的目标。因此,可以将信息技术在政府管理中应用的第二个阶段称之为"面向知识管理的电子政务"。这个阶段的主要特征是,关注于知识分享、问题导向、决策优化。其中,知识分享面向技术,问题导向,优化决策则面向政府管理。知识分享的最终目的不是为了管理政府内部和外部的各种知识资源,更重要的是能够解决政府管理活动中出现的问题,提高决策的质量。

政府对知识的管理

在知识经济时代,与企业一样,政府面临着来自多方面的挑战。首先,随着经济发展水平的不断提高,社会需求日趋多元化,公共事务日益复杂化,信息传播呈现网络化,公众对公共事务提出越来越高的要求,传统决策模式对于新形势、新问题显得"捉襟见肘"。其次,各种自然和社会事件层出不穷,涉及领域多,对社会影响速度快,要求政府做出迅速反应,而传统政府决策体制越来越不适应社会快速发展的需要。再次,无论是在各国之间,还是在各地区、各城市之间存在着日益激烈的竞争,在物质资源日益匮乏的今天,知识资源已经成为提高竞争力的核心要素。这些挑战要求政府必须不断地纳新吐故,用新的知识为决策服务。因此,在政府管理中引入知识管理具有重要的意义。

广义上,政府做出的任何决定都可看作是政府决策,但是严格而言,决策往

---

[1] Karl M. Wiig, "Knowledge management in public administration", *Journal of Knowledge Management*, 2002, 6(3): 224—239.

往往意味着在不确定性中有所选择,因此受到相关政策法规约束,具有确定路径的业务处理并不能算是决策。理论上,决策发生在规则之外,或者说是在规则没有定义的地方才需要决策。信息交换和业务协同通常是在具体政策规定下设计的,因此严格来讲并不涉及或者较少涉及决策。当然,在实际管理中,决策是普遍存在的,即使是最基层的官员也拥有所谓"自有裁量"空间,需要做出决策。

从理论上看,现代信息技术导致在政府信息资源管理中出现集中化与分散化两种可能的发展趋势。所谓集中化,是指原先分散在各个机构或个人那里的信息资源通过信息数据库集中存储、集中管理、集中使用。这既提高了信息的使用效率,又能够减少机构或个人的自由裁量空间,有利于政府制定更为科学的决策。所谓分散化,是指信息资源通过网络被更多的人所共享,这样就有可能促使权力的下放,基层决策者在现场就能对问题做出快速的反应。无论是集中化还是分散化,其中隐含了一个假设,即决策质量是信息量的函数,信息越充分,决策质量越高。问题是,一方面,如果仅仅考虑获得多少信息,不足以解释为什么会产生新信息,组织为什么可以做出选择?另一方面,因为决策者需要支付处理信息的成本,如果信息量越大,决策者处理信息的负担也就越重,反而较难从中获取有价值的内容来支持决策。

被忽略的因素是知识。或者说,决策需要的是知识,而不仅仅是信息。政府工作成员拥有各种知识,这些知识提供了分析、处理信息的工具,实现知识汇聚,从而产生解决特定问题的新知识,支持决策。赫伯特·西蒙等曾指出,任何组织可看作是一个信息处理(机器)系统。[1] 它从环境中获取信息,信息由政府工作人员加工、处理,形成支持决策的新信息,从而指挥组织行动。与其说组织是一个信息处理系统,不如说组织是一个知识系统,其产出是知识汇聚并创新的结果。以此也可以解释,为什么在同样的信息基础上,不同组织的业绩是不同的。

如前所述,知识管理,即是围绕组织中的知识所展开的管理活动,其目标是充分发挥组织中的知识价值,为组织决策服务,为组织的发展目标服务。需要明确的是,组织从来都使用着各种知识为决策服务,只是知识管理的各项功能、环节、方法分布在管理中,是附随业务活动而开展的,缺少系统化的关注。现代信息技术使这些功能、环节、方法可以被"连接"起来,为系统化的思考与实践创造了条件。

---

[1] 詹姆斯·马奇、赫伯特·西蒙:《组织》,机械工业出版社 2008 年版。

第十八章 政府知识管理系统

政府知识管理的界定

政府知识管理,即在政府管理活动中,利用知识工具实现知识的获取、传递、存储、定位、表达和利用,进而发挥知识价值,支持政府及其工作人员有效的运用知识效能,以促进实现政府管理活动目标的过程。对于这个界定,应当注意以下两点。

第一,政府知识管理不仅是对各种显性和隐性知识资源的综合管理,而是基于知识的政府管理,它与政府的业务过程不是相互独立的两种管理活动,而是共同反映了政府管理活动的不同侧面,实际上是统一的。

在一般意义上,将由若干相互联系的组成成分结合而成,并具有特定功能的有机整体称之为系统。系统的各个组成成分之间既可以通过物质和能量,也可以通过信息和知识产生联系。这些联系通常会形成一种"整体—部分"的层次性关系结构。任何一个组织都可以看作是一个系统,组织成员是系统中的组成元素,为了实现组织的目标,成员之间就要建立联系,互相沟通,开展合作。人们一般习惯于从行为过程的角度来考察组织,把业务过程等同于行为过程。但事实上,组织中信息过程和组织成员的行为过程是彼此密不可分的,一切行为过程都伴随着信息过程,都须通过相应信息过程的引导才可能完成——信息过程是与行为过程是一个互为因果的耦合关系;任何一个组织,从信息过程这个侧面,都可以被抽象为一个信息系统,由实现组织中各种信息符号化和符号信息化的一切要素和过程所构成。①

进一步来看,组织作为一个系统,需要从外部环境中获取信息,所有组织成员将参与这些信息的加工处理工作,形成能够支持组织决策的新的信息,从而指挥组织的行动,达到组织的目标。如前所提出的问题,如果仅仅是从信息过程的角度,不足以解释为什么会产生新的信息,为什么可以支持组织做出新的决策。实际上,组织中的任何一个组成成分,也就是每一个组织成员,都拥有他们特定的知识;这些知识被用来指导加工处理信息的行动过程。这些知识通过行动结果而汇聚起来,产生关于解决特定问题的新的知识,从而能够支持组织决策。进一步扩展开来,组织中的成员不仅包括人,可能还包括各种文档、书籍、资料等显性知识载体,它们都可以参与到组织的知识生产之中。

政府作为一种组织,也是一个知识系统,其基本的职能就在于将知识转化

---

① 夏昊翔、王众托、党延忠:《关于信息系统概念基础的一点思考》,载《系统工程理论与实践》,2001年第10期。

为行动。政府系统通过输出公共政策实现社会价值的分配。① 公共政策是关于社会如何行动的知识,是在既有知识的基础上产生的关于社会行动的新的知识。在政策制定过程中,来自官方的,或者非官方的各种制定主体都将从自己既有的知识体系出发,为新的政策建言献策,最后出台的政策是各种知识汇聚并创新的结果。既有的知识——包括各种关于自然界和人类社会的知识——能否得到有效利用,决定了政府决策的质量。因此如何获取知识、传递知识、存储知识以及应用知识,便成为保证各级政府机构能够有效履行职责的重要内容。也因此,所谓政府的知识管理,是这个知识系统的内在要求,也是这个系统存在的基础。换言之,如果不能有效的组织和管理这些知识,那么政府也就无法履行其职责,为社会提供管理和服务。

第二,政府知识管理并不是一个全新的管理活动,对知识的管理一直存在于政府机构的各项业务过程中,然而由于传统的管理效率无法适应新的发展需要,因此需要系统化地整合知识管理的过程。

从实践上看,任何时代的政府都会利用各种技术或工具来管理自己的知识,以提高自己的决策能力。既然政府是一个知识系统,那么不难理解,虽然知识管理作为一种独立研究的管理学范式为时尚短,但是对知识的管理活动并不是一个全新的管理活动。无论是个人的决定,还是组织的决策,或者政府制定公共政策,只要是理性的决策行为,都离不开知识的支持。

在现代政府管理活动中所涉及的知识来自方方面面,既包括正式的知识,比如各种政策、标准、流程,以及来自自然科学和社会科学研究的知识;也包括非正式的知识,比如各个地方或领域的行政文化、社会文化、社会心理等,政策规定之外的自由裁量的经验、方法、技巧等。通常,正式的规章制度都以文件的形式显性化地存储下来,并在各级机构和工作人员之间传播,又转化成为工作人员的隐性知识;自然科学和社会科学的知识可以通过论文、书籍、研究报告等显性化,但也常常需要借助于相关研究者的隐性知识;各种非正式的知识则通常属于工作人员的隐性知识,这些知识来源于他们办理大量业务而得到的经验。

为了对这些知识进行管理,实现这些知识的价值,传统的方法是,通过图书馆、档案馆或者资料库等存储各种显性化的知识;通过撰写总结、备忘录等文档使工作人员的隐性知识显性化;通过召开会议提供大家相互交流、切磋的机会,

---

① David Easton, *The Political System: An Inquiry into the State of Political Science*, New York: Knopf, 1971: 129—134.

并形成会议纪要,以形成新的知识;为工作人员提供各种培训的机会,或者鼓励其参加培训,更新其知识体系;在条件较好的机构中,会建立体制外的专家小组,以便在遇到特殊的问题时,能够定位到合适的知识拥有者。这些原有的知识管理手段可能会面临以下问题:

- 长期积累下来的大量的显性化的文档虽然包含了丰富的业务知识,但往往缺乏合适的知识检索工具实现知识的定位,实际上很难做到知识的分享;
- 越来越多的社会问题需要政府做出快速的反应,而面对面的交流机会容易受到时间、空间等要素上的制约;
- 各种业务的复杂性要求工作人员能够较快地更新自己的知识体系,系统化的培训固然重要,但有时"远水解不了近渴";
- 政府工作人员都是各个业务领域的专家,拥有特殊的业务知识,但是由于社会问题越来越具有跨领域的复杂性,当个人的知识不足以解决问题时,却较难在其他机构找到合适的人,获得合适的知识;
- 工作人员办理业务的经验、技巧、直觉等隐性知识,实际上是在大量业务基础上的一种感性总结,其可靠性、稳定性因人而异,而对电子政务系统积累的海量的业务数据,单单靠人力很难进行科学的分析和总结;
- 在一般的情况下,专业研究者往往提供的是原理性的知识,并不一定熟悉业务现场的实际问题,因此并不总能够向政府机构提供有价值的知识或信息,而在一些较为紧急的情况下,时间上也可能不允许从机构外部寻找知识。

政府的知识

布鲁津(Brooking)指出,组织内部存在四类关键知识(Critical Knowledge),即组织成员的知识、团队的知识、工作的知识和组织的知识。[①] 与此对应,政府中的知识包括:

第一,工作人员的知识。工作人员都具备哪些知识? 这不仅包括工作人员所具备的自然科学和社会科学的专业知识,还包括他们撰写的业务报告,比如工作总结、备忘录、会议纪要等,以及在业务办理过程中,他们在政策规定之外进行自由裁量的经验、方法、技巧等。如前所述,大部分的知识以隐性知识的方式存储在人们的头脑中,因此每一位工作人员都是组织的知识财富。各级政府机构应当详细地了解每一位工作人员的知识特长,并分析这些知识载体更适合

---

① Brooking, Annie, *Corporate Memory: Strategies for Knowledge Management*, London: International Thomson Business Press, 1999.

于什么样的工作岗位,发挥最大的知识效益。为了促进工作人员的成长,就有必要对工作人员进行培训或岗位轮换。

第二,业务团队的知识。许多业务工作是由一些业务团队比如各个科室、项目组等共同完成的,团队中的成员个人可能只是拥有其中部分的知识,个人的知识不足以解决新的问题,而需要完整地存储在业务团队里的知识。

第三,业务的知识。业务的知识是从业务的视角来定义政府的知识,主要是指政府内部各种重要业务所涉及的相关知识,比如各种政策、标准、流程等。这些业务知识通常需要经过较长的时间才能掌握识,是政府机构在发展过程中不断积累的知识财富。

第四,政府机构的知识。各个机构在遇到难题甚至危及时应当如何解决?如何组织业务团队,以及如何设计程序和配置资源?是否存在某种"最佳实践"能够对相关的行动予以指导?机构内部的价值观、行政文化等也是政府机构的知识,这些知识会影响工作人员的工作方式。

如图18-1所示,政府外部的知识则可能来源于某些个体,比如各种专家、社会公众等;也可能来自于各种机构,比如学术科研机构、咨询公司、一般企业、媒体(包括传统媒体和新媒体)、统计调查机构、行业协会以及其他政府机构等;还可能来自于国家或地方文化。

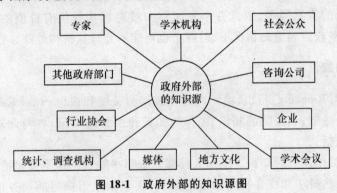

图18-1 政府外部的知识源图

政府知识管理的目标

不难看出,系统化的知识管理思想的提出,与信息技术的发展有着必然的联系。在完成了电子政务的信息管理阶段后的各级政府机构,可以利用信息技术构建知识管理系统。与信息管理系统类似,知识管理系统不仅仅是原有管理方式的电子化,而是利用信息技术的特性,解决传统对知识的管理中所存在的缺陷,并对其进行改造,使之更加适合于新形势、新问题的需要。进一步来看,知识管理或知识管理系统都只是手段,实现更加有效的知识管理,其目的仍然是为了提高政府的管理和服务水平,提升政府的执政能力。总的来看,政府知识管理及其系统应实现以下目标。

第一,应促进建立学习型政府,满足政府工作人员不断学习新知识的需要。社会上出现的各种新事务,新问题,都需要政府工作人员不断学习新的知识,积累新的经验,而老问题,老事务,在新的环境下也需要有不同以往的管理方法。知识管理系统应当成为政府工作人员的学习平台,为他们提供各种形式、各种类型的信息、资料、数据、经验等,以形成他们自己的知识体系。

第二,应促进建立科学型的政府,满足政府机构做出科学决策的需要。科学的决策要用数据说话。电子政务业务系统中产生了大量的业务数据,这些数据中往往反映了客观的社会现实,蕴含了科学决策的依据,但是仅靠工作人员的人力无法完成对海量数据的研究分析。知识管理系统应当能够提供对特定业务中海量数据的运算、分析功能,从而提高决策的合理性、科学性。

第三,应促进建立敏捷型的政府,满足政府对社会公共问题做出快速反应的需要。当前,在经济水平不断提高,社会需求日益多元化的同时,各种社会公共问题层出不穷,并且在市场化、全球化、互联网等要素的催化下,一些问题已经成为制约社会发展的桎梏。这些形势要求政府必须具备对这些问题的准确的分析能力,快速的应变机制,灵活的处置手段,保证人、财、物、信息等各种资源能够得到迅速的调配,被使用在最恰当的地方。

第四,应促进建立创新型的政府,满足坚持持续不断的改革和完善的需要。创新是一个民族进步的灵魂,是一个国家兴旺发达的不竭动力。要建设创新型的国家,首先要求有一个创新型的政府。[①] 在政府工作中,旧的问题解决了,又会在特定的时间和空间条件下出现新的问题,继续沿用过去的方法往往无济于事,而是需要有新的眼光,新的思路,新的方法,归根结底要有新的知识来指导行动。

创新是根本,是建立学习型、科学性和敏捷型政府的基础。创新的知识从何而来?人类进入到知识时代,知识以前所未有的速度被生产出来,但是这并不意味着知识是信手拈来。面对新问题时,临时抱佛脚,找来各种知识文本和专家,只求解决一时只需,往往是只得信息管理之表,不得知识管理之神。知识是在不断积累和思考中获得的。从这个意义上看,创新是一个过程,而不是某

---

① 俞可平:《建设一个创新型政府》,载《人民论坛》,2006年第17期。

种行为。将知识管理系统引入到政府管理活动中，就是要形成一种长期学习、持续积累的创新平台，营造一种相互交流、协同发展的创新氛围，建立一种理性分析、科学决策的创新机制，让创新不仅成为一种时尚，更要成为一种习惯。

政府知识管理的流程

知识管理流程是指知识管理过程中的关键环节或步骤。具体应当包括哪些环节或步骤，存在不同的划分方法，并没有统一的界定。比如，有学者将知识管理流程划分为知识的获取、知识的传播和知识的利用；也有划分为知识创造与来源（Creation & Sourcing）、编译与转换（Compilation & Transformation）、传播（Dissemination）、应用与价值实现（Application & Value Realization）等。贝克曼（Beckman）详细讨论了这些划分，并指出这些划分的环节之间并不一定是严格的先后关系，在实际情况中，有些环节是同时发生的，或者若干个环节会出现循环重复。[①]

本书将政府知识管理的流程划分为政府知识的定位、政府知识的存储、政府知识的共享和政府知识的创造四个环节。

- 政府知识的定位

政府知识的定位，即让合适的人适时的获得适当的知识，其目标是通过提供快速、准确的检索和定位功能，实现政府机构中知识的有效汇集与快速定位，在面临问题时能处变不惊，迅速找到解决方案、参考经验或找到能够解决问题的人。首先，知识管理是问题导向的，它致力于解决面临的问题，提高决策质量，而不是要让每个人都拥有全部知识，后者既不现实，也不经济。因此，知识定位不仅包括让知识需求者能从知识库中获取显性知识，也包括能找到拥有特定知识，解决特定问题的人。其次，大量知识资源的聚集容易造成"知识仓库"过于"拥挤"。知识爆炸可能比没有知识时更糟。因此，知识定位要实现有效的知识管理，关键是让需求者在最短时间内找到最适用的知识。

政府知识的定位应当包括两个环节。第一个环节是在知识库建立之前完成的"知识的标识"（Knowledge Identification, KI），目的是将政府机构内、外存在的各种知识明确地标识出来，由此判断目前存在的"知识缺口"，从而可以从外部获取所需的新知识。第二个环节是在知识库建立之后为用户提供的"知识的检索"（Knowledge Retrieve, KI），目的是让用户使用最方便的手段找到最准确的

[①] Beckman T. J., "The Current State of Knowledge Management", in Jay Liebowitz, *Knowledge Management Handbook*, CRC Press, 1999.

知识。

- 政府知识的存储

按照达文波特的定义,知识的存储就是知识的编码化,即是将知识转换成某种代码(不一定是计算机代码),使之组织化、显性化、便于访问和易于理解,也就是将知识变成让需要它的人更容易访问的形式。[①]

政府管理中存在各种已经显性化的知识,比如政策法规、项目文件、会议记录、总结报告、业务系统数据、各种专业数据库、自动生成的网络剪报,各种专业论文、评论,以及专家资料等。各种业务系统会产生大量业务数据,这些数据中往往反映了客观的社会事实。可以通过知识库集中存储这些知识和数据。除了显性知识外,更需要关注隐性知识的存储。除了利用知识地图等工具建立知识网络,还应具备更方便的知识显性化工具,只有不断地促进将个人隐性知识显性化,融会贯通到群体知识中去,才可能形成更丰富的知识财富。

简言之,政府知识的存储就是要让隐性的知识显性化,显性的知识编码化,并在编码的基础上实现知识资源的集中化和系统化。

- 政府知识的共享

政府知识共享是指在政府机构内部的工作人员或者业务科室、团队之间或者跨机构之间实现知识交换的过程,其目的是为政府决策服务。知识共享可以看作是在不同个体之间的知识对话过程,因此,应当考虑如何在知识需求者和知识拥有者之间建立有效率的"对话"平台。与知识共享类似的另一个概念是"知识转移"(Knowledge Transfer)。从狭义上看,知识共享强调某种非正式的知识交换,而知识转移则一般指较为正式的知识交换。本书不做这种区分。

在政府机构中,知识共享存在多种方式。第一,可以通过政府机构的正式组织结构,从上至下传递信息和知识,即由上级部门或上级领导向下级部门或工作人员共享知识。第二,可以通过师傅带徒弟的传统形式,即由资历较深的工作人员通过对资历较浅的工作人员讲解、示范进行培训,从而完成知识的转移。第三,可以通过会议,比如研讨会、总结会的方式,在特定的时间、空间中,来自不同部门和岗位的工作人员相互讨论,交流经验。第四,可以前三种都是通过直接的交流实现知识交换,此外还可以借助于知识库。传统的知识库是利用纸质媒介,比如共享文件资料、报刊杂志等,计算机知识库则可以提供更多的电子资料。第五,还有非正式的共享方式,比如向别人请教,朋友之间的分享,

---

① Davenport, Thomas H., Laurence Prusak, *Working knowledge: how organizations manage what they know*, Boston, Mass: Harvard Business School Press, 1998: 68.

闲谈聊天,以及一同工作都可以在潜移默化中实现知识的交换。

- 政府知识的创造

政府知识的创造是指政府工作人员在既有的知识体系下,利用不同的方法,开发对政府决策与管理具有价值的新知识。政府机构在公共管理活动中会不断地遇到新形势,新问题,仅仅依靠原有的知识体系,依循旧的工作方法,往往无法解决这些问题。因此,在工作中必须不断从知识库中补充知识,并转化为新的知识,指导制定和执行公共政策。

政府知识的创造应当包括两个方面的活动。一是知识的转化,即从其他工作人员或者政府知识库中补充原先的知识体系的过程;二是知识的创新,即在新的知识体系基础上开发出新的用于支持决策的知识。注意两点,首先,知识转化与知识共享是紧密衔接的,知识共享是知识转化的前提,转化往往是在知识共享的过程中实现的;其次,知识转化与知识创新往往是同时发生的,随着知识转化的程度不断加深,创造出来的新知识也将更具有价值。

政府知识的创造涉及工作人员个人的知识创造和集体知识的创造。个体创造的知识是由工作人员个体通过知识转化和知识创新所产生的新的隐性的或者显性的知识。集体创造的知识则是与集体业务活动或者工作流程相关的共同的新知识。

总之,无论是政府知识的定位、存储、共享还是创造,知识管理不仅是对知识的管理,更重要的是基于知识的管理。之所以需要知识,是为了指导人的行动,对知识进行有效管理的目标是为了更好服务于政府管理活动的目标。一方面,政府知识管理不是要让政府机构中的所有工作人员都拥有所有的知识,也并非所有的知识都可以被显性化,因此知识管理不仅要管理各种显性的知识,也要管理拥有知识,能够为组织解决特定问题的人。另一方面,政府知识管理的首要目的,不是为了提高工作人员的知识能力,而是要发展政府的知识,提高决策的能力,因此只有通过不断的知识编码、存储、共享,将个人的知识融会贯通到群体的知识中去,才有可能形成政府机构的知识财富,也才可能实现知识的创新。当然在这个过程中,个人的知识能力也将得到升华。

§18.2 政府知识管理系统

政府知识管理系统是利用现代信息技术,集成各种知识管理方法,实现知识管理过程和知识管理功能的信息系统。政府知识管理系统要从技术上提供对知识的定位、知识的存储、知识的共享以及知识的创造过程的系统支持。

从信息系统的三层体系结构出发,可以将政府知识管理系统从功能结构上划分为三个层次,即系统数据层、系统应用层和系统表现层。如图18-2所示,系统数据层即政府知识库;系统应用层提供了知识集成和知识生成两组应用功能;系统表现层则通过知识门户提供用户访问。

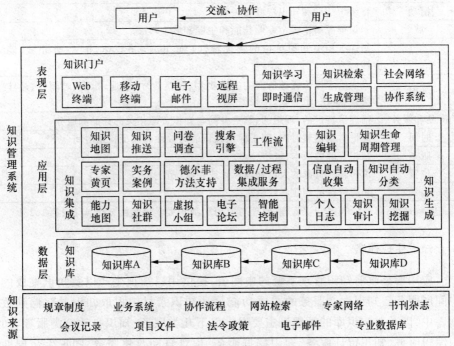

图18-2 政府知识管理系统结构示意图

知识库

知识库是政府知识管理系统实现知识存储的核心,主要存储的是已经编码化的显性知识。政府知识库中的显性知识可以从各种知识素材中获取,来源可以但不限于包括规章制度、政策法令、项目文件、协作流程、会议记录、网页检索、电子邮件、专家网络、书刊杂志、专业数据库等。

知识库将根据人工的方式或者自动地对政府的知识按照某种模式进行分类、编码,对各种结构和类型的知识资源进行集中式的或者分布式的存储。知识库中可以存储的对象格式可以包括视频、音频、文本、数据、图形、图表等,对象内容可以包括项目报告、案例、政策、规则、流程、模型等。

对于每一个知识资源,都可以建立一个刻面描述集合,用来刻画知识资源的属性。这些属性可以提高检索的效率,同时也可以方便用户简要了解知识资源的大致情况。表 18-1 所列是国外研究者给出的一个可能的属性集。①

表 18-1 一个可能的知识属性集合

属性	说明
活动	将组织活动和知识资源相关联
域	知识资源属于哪个专业技能和主题领域
形式	描述了相关知识单位的物理特性(纸、电子、多媒体、正式、非正式、隐性)。
类型	说明给定知识资源所在的文档类型,包括程序、手册、指南、时间表、最佳实践、备注、出版物、年报等
产品和服务	描述了特定的、理想的、非重叠的与知识资源相关的产品和服务
时间	标记对象创建时间,用于标识知识的时效性和减少检索时间
版本	知识资源的版本
位置	说明知识资源的大约物理位置或逻辑位置
作者	知识资源的创建者或负责人

资料来源:廖开际等:《知识管理:原理与应用》,清华大学出版社 2007 年版,第 162 页。

知识生成服务

应用层是政府知识管理系统的中间层,提供用以知识生产以及知识集成的中间层服务。知识生产服务的主要功能是从知识素材中提取知识并存储到数据库中,以及对知识库的管理。主要提供以下几类服务:知识自动分类服务、知识编辑服务、知识审计服务、知识挖掘服务、信息自动收集服务、知识生命周期服务、个人日志服务等。

• 知识自动分类服务

知识自动分类服务是指利用计算机,实现政府知识资源的自动分类。自动分类的基本原理是,根据自动的或者人工的方法形成某种分类特征模式,然后将新的知识资源的属性或其他特征与这些分类模式进行比对,模式相近的资源将被归入同一类中。根据模式的生成条件,可以分为自动聚类(Clustering)和人工分类(Classification)。自动聚类是由计算机软件根据从知识资源从抽取出来的词汇出现的位置、频率等,自动构建分类模式。人工分类则是事先由专家定义分类标准,并将一部分知识资源进行分类,计算机自动学习专家提供的分类

---

① Tiwana, A., *The Essential Guide to Knowledge Management*, New Jersey: Prentice Hall, 2001. 转引自廖开际等:《知识管理:原理与应用》,清华大学出版社 2007 年版,第 162 页。

结果,然后分析新资源的模式,并将其归入到合适的知识类别中。

- 知识编辑服务

知识编辑服务用以实现各种数据、信息、文档和程序的获取并提供创建知识的各种协作工具,比如文档和网页制作工具、数据转换工具等。

- 知识审计服务

知识审计服务负责监视知识的重复利用和创新,为知识管理提供决策支持。它将确定对知识的需求、调查目前拥有的知识资源与知识需求之间的差距,调查知识的流动路径、规律,绘制知识地图等。

- 知识挖掘

知识挖掘是指在数据挖掘算法技术的支持下,对业务系统中产生的大量数据资源以及各种文本资源进行数学分析,挖掘出这些资源背后所潜藏的规律。

- 信息自动收集服务

信息自动收集服务可以对外部信息资源,尤其是互联网信息资源中的指定的信息或知识对象实现自动检索和收集服务。这项功能结合自动分类功能,可以大大减轻工作人员搜集外部资源的工作,提高信息采集的效率。

- 知识生命周期管理服务

知识生命周期管理服务负责对知识内容的版本进行监控和管理,如多版本控制、版本跟踪等功能。

- 个人日志

个人日志,或称"网络日志"(Weblog),简称博客(Blog),是一种个人日记形式的网络服务。日志内容是由政府工作人员个体提供的,每个人都拥有自己日志的管理权限,可以自由的新添、删除、修改。其他人员可以对日志发表评论。具有相同专业领域或主题的日志可以相互联系,建立日志群。这是一种促进个体将隐性知识显性化的工具。

知识集成服务

知识集成服务是通过不同的方式集成知识库中的知识资源,以供用户通过访问知识门户来使用。主要的功能服务包括:知识地图、专家黄页、能力地图、实物案例、知识推送、知识社群、问卷调查、搜索引擎、工作流、虚拟小组、电子论坛、德尔菲方法支持、过程集成服务、数据集成服务、智能控制等。

- 政府知识地图(Knowledge Map)

政府知识地图可以看作是政府内部各种知识资源的总目录,它不仅指出各种知识资源的位置或来源,而且还会显示不同知识资源之间的动态联系,标识知识资源的使用率或评级情况,发现相关问题的专家,并建立及时的沟通等。知识地图不仅能够标识出显性知识,也能标识隐性知识——用于记录各种专家信息或者工作人员的专长、技能的"专家黄页"即可以看作是一种支持隐性知识的知识地图。知识地图可以分别按照三种类型来建立。第一种是概念型,即按照知识的概念或主题之间的关系来组织知识地图,这种模式有助于组织主题学习;第二种是流程型,即按照业务活动的流程来组织知识地图,这种模式有助于确认最佳实践、实施项目管理等;第三种是能力型,即根据人员与知识间的关系来组织,这种模式有助于组织项目团队等。

- 政府能力地图(Competence Map)

政府能力地图是一种定义政府管理流程知识的工具。政府管理活动十分复杂,涉及各种不同的知识。能力地图以核心流程为主线,详细定义与流程相关的所有议题和它们之间的关系,并描绘它们之间的关系。比如,对于一个流程,需要定义出最熟悉该流程的专家、涉及的知识、方法、经验等。

- 实务案例

实务案例是指以故事描述的方式来说明实践案例。案例中应当包括事件的来龙去脉,与工作人员日常的业务工作密切相关,不需要受到任何格式上的限制等。这种方式有助于知识学习者对管理细节的把握。

- 搜索引擎

搜索引擎是为支持知识用户及时地搜索到所需要的知识提供基础服务。目前计算机支持的检索方式包括目录检索和关键词检索。目录检索即按照知识目录或知识地图,按"图"索骥,逐层、依序或通过知识关联关系找到所需要的知识资源。关键词检索则是按照词法和语法来检索。根据用户提交的关键词,与知识库中定义的索引词相比较,列出所有包含该关键词的知识资源。可以根据关键词出现的频率、若干关键词在知识资源中的距离、在知识库中的重要程度、更新时间等,对知识资源进行排序,从而提高检索效率。关键词检索比目录检索迅速,但是搜索结果较多,准确性不够。目前比较可靠的方法是增加人工干预,对知识资源的排序和内容显示进行专门的编排组织。

另外,目前检索技术的一个新方向是语义搜索,其要旨在于根据用户提交的知识需求描述的自然语言语义进行搜索,从而提高知识定位的准确性。比如,当用户提交的知识需求是"达文波特在哪本著作里定义了'知识管理'的概念",语义检索会根据这段描述做出推理,给出准确的答案;其推理是建立在其所掌握的事实基础上。目前,语义技术已经在一些网站上开始应用,但是成熟的语义搜索工具仍有待时日。

- 知识推送

知识推送是指按照管理者的统一安排或者按照工作人员自己的预定要求,系统将特定的知识推送给相关的工作人员。可以是一次性推送,也可以是按照一定的时间要求逐步推送。比如对于新来的工作人员,知识库可以自动地将与具体业务以及与团队或者机构相关的知识推送给他们;一些工作人员对某个领域的知识特别感兴趣,就可以预订这些知识。

- 虚拟小组

虚拟小组是指知识管理系统提供虚拟的空间,让工作人员可以自由地在其中组织讨论。工作人员并不一定来自同一个科室、部门,可以自动加入,也可以由发起者或管理者选择特定的工作人员。与电子论坛不同,虚拟小组是为某些特定事务临时建立的,所有参与者离开会,小组就自动解散了。

- 电子论坛

电子论坛为工作人员提供固定的虚拟讨论区。论坛可以按照主题设立若干个子论坛,所有的或者特定的工作人员可以访问这些论坛,发表文章或者做出评论。

- 问卷调查

问卷调查提供在所有工作人员或者指定的某个团体内部进行信息调查的电子工具。

- 知识社群

知识社群是指工作人员按照各自的知识兴趣,不分科室、不分专业地结成松散的小圈子,知识管理系统可以为其提供各种知识服务。与电子论坛所区别的是,知识社群内部可以共享更多的知识资源,并集成虚拟小组、知识推送和问卷调查等服务。

- 工作流服务

工作流服务能够保证在合适的时间,向合适的人发送合适的信息和知识,使知识能及时发挥作用

- 数据/过程集成服务

数据/过程集成服务包括两方面功能。一个方面是使知识管理系统可以有效地整合来自核心业务应用系统中的业务信息,另一个方面是实现知识管理系统和业务应用系统的集成,使知识管理可以和业务过程紧密结合。

- 智能控制服务

智能控制服务负责跟踪政府机构各个层次的业务过程,并且可以从业务数据中发现关键信息,并根据业务规则进行意外管理。

- 德尔菲方法支持

德尔菲方法支持是指为政府利用德尔菲方法调动外部专家资源进行决策提供技术支持。传统德尔菲方法需要由工作人员通过纸质邮件的方式,反复匿名征询专家意见并进行汇总。新功能可以支持专家在网上回答相关问题或提交相关意见报告,工作人员则可以在系统中直接汇总结果,这样可以大大提供德尔菲方法的工作效率。

知识门户

知识门户是为知识管理系统的用户提供访问知识资源的门户入口。系统应用层将不同来源的信息和知识呈送给统一的门户入口,并为用户提供便捷的知识访问手段。每个工作人员都可以根据其工作对信息和知识的具体需求对其门户进行个性化定制。关于门户的基本概念和设计原则已经在第八章中详细讨论。

门户的实现方式可以包括互联网终端、移动终端、电子邮件以及远程视屏等,即用户通过这些不同的门户形式,都可以访问到知识库中的知识资源。门户提供的服务主要包括即时通信、社会网络、协作系统、知识学习、知识检索、知识生成管理等。

- 即时通信服务

即时通信服务为任何个体之间的电子交流提供技术支持。用户可以通过不同的方式调用即时通信服务,比如通过即时通信主程序、通过电子邮件中的姓名、通过知识资源中标识出的创建者或者负责人等。

- 社会网络服务(Social Network Service,SNS)

社会网络服务是指为政府机构中工作人员之间的非正式网络提供技术支持。社会网络中的"好友"之间可以相互看到最新的动态,比如撰写了一篇博客、提交了一份文档、获取了某项知识资源、完成了某个工作任务、目前的项目完成状态等。

- 协作系统服务

协作系统服务则通过整合知识社群、虚拟小组、电子论坛等多种手段协助工作人员分享知识。

- 知识学习服务

知识学习服务提供网络化的教育培训方式,使工作人员可以随时随地获得定制的培训服务。

- 知识检索服务

知识检索服务调用知识集成服务中的搜索引擎技术,为用户提供快捷的知识搜寻服务,并按照用户的要求以不同的方式来显示这些知识资源。

- 生成管理服务

生成管理服务则为知识生成服务提供访问和管理接口。

以上给出的仅是政府知识管理系统的一般功能模型,不同政府机构的知识管理系统平台必然有各自的特点。但是无论其在解决方案上有何异同,各种系统所提供的功能大都是从上述三个层面展开。

参考书目

[1] A. Dexter, V. Parr, *Government Online—An International Perspective 2003*, TNS UK Ltd, 2003.

[2] Accenture Consultant, *eGovernment Leadership: Engaging the Customer*, 2003.

[3] Accenture, *eGovernment Leadership-Realizing the Vision*, 2001.

[4] Accenture, *Leadership in Customer Service: New Expectations, New Experiences*, 2005.

[5] Affairs (UNDESA) and the Civic Resource Group (CRG), UN Global E-government Survey 2003, 2003.

[6] Bellamy, C., "The politics of public information system", In C. D. Garson(Ed.), *Handbook of Public Information Systems*, New York: Marcel Dekker, Inc, 2000.

[7] Bonsor, Kevin, Jonathan Strickland, *How E-voting Works*, HowStuffWorks.com, http://people.howstuffworks.com/e-voting.htm.

[8] California Internet voting Task Force, *A Report on the Feasibility of Internet Voting*, 2000, http://www.ss.ca.gov/executive/ivote.

[9] Darrell M. West, etc., *Global E-Government*, 2006/2007, Center for Public Policy Brown University.

[10] Davenport, T., Eccles, R. G., Prusak, L., "Information Politics", *Sloan Management Review*, 1992, Fall.

[11] Davenport, Thomas H., De Long, D. W. & Beers, M. C., "Successful knowledge management projects", *Sloan Management Review*, 1998, 39(2).

[12] Davenport, Thomas H., Laurence Prusak, *Working knowledge: how organizations manage what they know*, Boston, Mass: Harvard Business School Press, 1998.

[13] David Easton, *The Political System: An Inquiry into the State of Political Science*, New York: Knopf, 1971.

[14] Davis G. B., Olson M. H., *Management Information Systems: Conceptual Foundations, Structure and Development* (2nd edition), New York: McGraw-Hill, 1985.

[15] Department of Economic and Social Affairs, United Nations, *E-Government Survey* 2010: *Leveraging e-government at a time of financial and economic crisis*, 2010.

[16] Gambetta, Diego, "Can We Trust Trust?", in Gambetta, Diego (ed.), *Trust: Making and Breaking Cooperative Relations*, electronic edition, Department of Sociology, University of Oxford, 2000: 213—237.

[17] Gorry, G. Anthony and Morton, Michael S. Scott, "A Framework for Management Information Systems", *Sloan Management Review*, 1971, 13(1).

[18] Hansen, M. T., Nohria, N., Tierney, T., "What's Your Strategy for Managing Knowledge", *Harvard Business Review*, 1999, March-April.

[19] Harold J. Leavitt, Thomas L. Whisler, "Management in the 1980s", *Harvard Business Review*, 1958, 36(6).

[20] Harrison, E. F., *The Managerial Decision-Making Process*, Boston: Houghton Mifflin Company, 1981.

[21] Hedlund, "A model of knowledge management and the N-form corporation", *Strategic Management Journal*, Special Issue: Strategy: Search for New Paradigms, 1994, 15.

[22] J. D. Little, "Models and Managers: The Concept of a Decision Calculus", *Management Science*, 1970, 16(8).

[23] Jeffrey LeBlanc, PMatthew O. Ward, Norman Wittels, "Exploring N-dimensional databases", Proceedings of the 1st conference on Visualization '90, 1990.

[24] John Clayton Thomas, Gregory Streib, "E-democracy, E-commerce, and E-research: Examining the Electronic Ties Between Citizens and Governments", *Administration & Society*, 2005, 37(3).

[25] Karl M. Wiig, "Knowledge management in public administration", *Journal of Knowledge Management*, 2002, 6(3).

[26] Lynda M. Applegate, M. Bensaou, Michael Earl, *Information Technology for Managers*(影印版), 中国人民大学出版社 2002 年版.

[27] Marakas. G. M., J. T. Wu, "A Taxonomy of Multiparticipant Decision Structures", University of Maryland Working Paper Series in Information Systems, 1997.

[28] Marilyn Greenstein, Miklos Vasarhelyi, *Electronic commerce: security, risk management and control*, Boston: McGraw-Hill/Irwin, 2002.

[29] Mary Bellis, *The History of Voting Machines*, http://inventors.about.com/library/weekly/aa111300b.htm.

[30] Michael Earl, "Knowledge Management Strategies: Toward a Taxonomy", *Journal of Management Information Systems*, 2001, 18(1).

[31] Michiel Backus, *E-governance and developing countries: Introduction and examples*, International Institute of Communication and Development, 2001(3).

[32] Miller, G. A., "The Magical Number Seven, Plus or Minus Two: Some Limits on Our Capability for Processing Information", *Psychology Review*, 1956, 63(2).

[33] Mintzberg, Henry, "Strategy-Making in Three Modes," *California Management Review*, 1973, 16(2).

[34] Nahapici. J. E., Ghoshal, S., "Social capital, intellectual capital and the organizational advantage", *Academy of Management Review*, 1998, 23(2).

[35] *Creating a government that works better & costs less: the report of the National Performance Review*, Washington, D. C.: The Review: U. S. G. P. O., 1993

[36] Nonaka, Ikujiro, Noboru Konno, "The Concept of 'Ba': Building a Foundation for Knowledge Creation", *California Management Review*, 1998, 40(3).

[37] Nunamaker, J, F., Jr., A. R. Dennis, J. S. Valacich, D. R. Vogel, J. F. George, "Group Support Systems Reserach: Experience from the Lab and the Field", In *Group Decision Support Systems: New Perspectives*, edited by L. Jessup and J. Valacich, New York: Macmillan, 1993.

[38] OECD, *The Knowledge-based Economy*, Paris, 1996.

[39] Øystein Sø., "A Process for Identifying Objectives and Technological Forms in E-Democracy Initiatives", Americas Conference on Information Systems (AMCIS), Proceedings, 2006.

[40] Petrash, G., "Dow's Journey to a Knowledge Value Management Culture", *European Management Journal*, 1996, 14(4).

[41] Power, D. J., "Decision Support Systems: Concepts and Resources for Managers", Greenwood/Quorum, 2002.

[42] Rocheleau, B., "Computers and horizontal information sharing in the public setor", In H. J. Onsrud, G. Rushton (Eds.), *Sharing Geographic Information*, New Brunswick, N. J.: Rutgers University Press, 1995.

[43] Rogers, Everett M., "Informatization, globalization, and privatization in the new millennium", *The Asian Journal of Communication*, 2000, 10(2).

[44] S. Coleman, J. A. Taylor, W. Van de Donk, "Parliament in the Age of the Internet", *Parliamentary Affairs*, 1999, 52.

[45] S. K. Feiner, Clifford Beshers, "Worlds within worlds: metaphors for exploring n-dimensional virtual worlds", Proceedings of the 3rd annual ACM SIGGRAPH symposium on User interface software and technology, 1990.

[46] SAOUG(n. d.), "The Role of the South African Online User Group (SAOUG) in the Informatisation of Society", Available at http://www.saoug.org.za/archive/2003/0317a.pdf.

[47] Ticheror, P. J., Donohue, G. A., Olien, C. N., "Mass Media Flow and Differential

Growth in Knowledge", *Public Opinion Quarterly*, 1970, 34(2).

[48] Tversky, A., D. Kahneman, "Judgment under Uncertainty: Heuristics and Biases", *Science*, 1985.

[49] UN, "E-Government at the crossroads", 2003, www.un.org.

[50] van Dijk, Jan, "Models of Democracy and Concepts of Communication", In Hacker, Kenneth L., Jan van Dijk, *Digital Democracy: Issues of Theory and Practice*, London: Sage, 2000.

[51] Vitaly Friedman, "Data Visualization and Infographics", in Graphics, Monday Inspiration, January 14th, 2008, http://en.wikipedia.org/wiki/Data_Visualization#cite_ref-1.

[52] Vroom, V. H., P. W. Yetton, "Leadership Behavior on Standardized Cases", Technical Report No. 3. Yale University New Haven. Conn Dept. of Administrative Sciences: Yale University Press, 1973.

[53] Wunram, Michael, "Practical Methods and Tools for Corporate Knowledge Management—Sharing and Capitalising Engineering Know-How in the Concurrent Enterprise Report No. 1: Concepts of the CORMA knowledge management model", IST project No 1999—12685, CORMA consortium, 2000.

[54] Xiaoming Cong, Kaushik V. Pandya, "Issues of Knowledge Management in the Public Sector", *Electronic Journal of Knowledge Management*, 2003, 1(2).

[55] Yonesji Masuda, *The Information Society as Post-Industry Society*, Washington, D. C.: World Future Society, 1981.

[56] Zack, M. H., "Developing a knowledge strategy", *Califomia Management Review*, 1999, 41(3).

[57] Ake Gronlund 等. 电子政府:设计、应用和管理[M]. 陈君,白大勇等译. 北京: 清华大学出版社, 2006.

[58] George M. Marakas. 21世纪的决策支持系统[M]. 朱岩,肖勇波译. 北京: 清华大学出版社, 2002.

[59] Jiawei Han, Micheline Kamber. 数据挖掘:概念与技术[M]. 范明,孟小峰译. 北京: 机械工业出版社, 2001.

[60] W. H. Inmon. 数据仓库[M]. 王志海等译. 北京: 机械工业出版社, 2003.

[61] W. 兰斯·班尼特. 新闻政治的幻想[M]. 杨晓红,王家全译. 北京: 当代中国出版社, 2005.

[62] 埃德温·埃默里等. 美国新闻史[M]. 展江译. 北京: 中国人民大学出版社, 2004.

[63] 埃夫拉伊姆·图尔班等. 管理信息技术[M]. 赵苹,曹晓玮等译. 北京: 中国人民大学出版社, 2009.

[64] 白井均等. 电子政府[M]. 陈云,蒋昌建译. 上海: 上海人民出版社, 2004

[65] 北京大学课题组. 中国电子政务工程推广应用指南[C]. 北京: 解放军出版社, 2005.

[66] 本杰明·巴伯. 强势民主[M]. 彭斌译. 长春:吉林人民出版社,2006.

[67] 比尔·盖茨. 未来时速:数字神经系统与商务新思维[M]. 蒋显译. 北京:北京大学出版社,1999.

[68] 曹荣湘. 解读数字鸿沟:技术殖民与社会分化[M]. 上海三联书店,2003

[69] 陈嘉明. 信念、知识与行为[J]. 哲学动态,2007(10).

[70] 陈建东. 知识管理理论流派初探[J]. 中国科技论坛,2007(2).

[71] 陈伟,刘思峰,邱广华. 计算机审计中一种基于孤立点检测的数据处理方法[J]. 商业研究,2006 (17).

[72] 陈振明. 法兰克福学派与科学技术哲学[M]. 北京:中国人民大学出版社,1992.

[73] 陈振明. 评西方的"新公共管理"范式[J]. 中国社会科学,2000(6).

[74] 戴维·G. 马希尔森. 新公共管理及其批评家(上)[J]. 张庆东译. 北京行政学院学报,2001(1).

[75] 戴维·奥斯本,特德·盖布勒. 改革政府——企业精神如何改革着公营部门[M]. 上海市政协编译组,东方编译所编译. 上海:上海译文出版社1996.

[76] 戴维·赫尔德. 民主的模式[M]. 燕继荣等译. 北京:中央编译出版社,2004.

[77] 戴维·加森. 公共部门信息技术:政策与管理[M]. 刘五一译. 北京:清华大学出版社,2005:23.

[78] 丹尼尔·贝尔. 后工业社会的来临[M]. 高銛,王宏周,魏章玲译. 北京:商务印书馆,1984.

[79] 道格拉斯·霍姆斯. 电子政务[M]. 詹峻峄等译. 北京:机械工业出版社,2003.

[80] 蒂莫西·贝斯利. 守规的代理人——良政的政治经济学[M]. 李明译. 上海:上海人民出版社,2009.

[81] 丁家永. 知识的本质新论——一种认知心理学的观点[J]. 南京师大学报(社会科学版),1998(2).

[82] 菲利普·艾文思,托马斯·沃斯特. 裂变:新经济浪潮冲击下的企业战略[M]. 刘宝旭等译. 上海:上海远东出版社,2000:34—35.

[83] 冯杰,王剑锋. 深圳涉嫌违法用地499宗[N]. 深圳特区报,2010-04-19.

[84] 冯维江,何帆. 日本股市与房地产泡沫起源及崩溃的政治经济解释[N]. 世界经济,2008(1).

[85] 奉继承. 知识管理的哲学思想及其方法论研究[J]. 工业工程,2004(3).

[86] 弗里茨·马克卢普. 美国的知识生产与分配[M]. 孙耀君译. 北京:中国人民大学出版社,2007

[87] 福山. 国家构建:21世纪的国家治理与世界秩序[M]. 黄胜强,许铭原译. 北京:中国社会科学出版社,2007.

[88] 高洪深. 决策支持系统(DSS)理论·方法·案例(第三版)[M]. 北京:清华大学出版社,2005.

[89] 戈登·B.戴维斯.布莱克韦尔管理信息系统百科辞典[C].姚家奕译.北京:对外经济贸易大学出版社,2001.

[90] 工业和信息化部中小企业司.2009年中国中小企业电子商务应用及发展状况调查[C].北京:机械工业出版社,2010.

[91] 郭小安.网络民主的概念界定及辨析[J].天津行政学院学报,2009,11(3).

[92] 哈罗德·伊尼斯.帝国与传播[M].何道宽译.北京:中国人民大学出版社,2003.

[93] 赫伯特·西蒙.管理决策新科学[M].李柱流,汤俊澄译.北京:中国社会科学出版社,1982.

[94] 加里·施奈德.电子商务[M].成栋译.北京:机械工业出版社,2008.

[95] 简·芳汀.构建虚拟政府——信息技术与制度创新[M].邵国松译.北京:中国人民大学出版社,2004.

[96] 江新,郑兰琴,黄荣怀.关于隐性知识的分类研究[J].开放教育研究,2005,11(1).

[97] 姜旭平,姚爱群.信息系统开发方法[M].万谦译.北京:清华大学出版社,2004(47).

[98] 肯尼斯·阿罗.组织的极限[M].北京:华夏出版社,2006.

[99] 李存娜."中国:全球化与反全球化"会议综述[J].世界经济与政治,2003(2).

[100] 李岱素.知识管理研究述评[J].学术研究,2009(8).

[101] 李京文等.信息化与经济发展[C].北京:社会科学文献出版社,1994.

[102] 李农.中国城市信息化发展与评估[M].上海:上海交通大学出版社,2009.

[103] 廖开际等.知识管理:原理与应用[M].清华大学出版社,2007.

[104] 刘冀生,吴金希.论基于知识的企业核心竞争力与企业知识链管理[J].清华大学学报(哲学社会科学版),2002(1).

[105] 刘勘,周晓峥,周洞汝.数据可视化的研究与发展[J].计算机工程,2002(8).

[106] 刘文富.网络政治———网络社会与国家治理[M].商务印书馆:2002.

[107] 刘昭东,宋振峰.信息与信息化社会[M].北京:科学技术文献出版社,1994.

[108] 罗伯特·麦克切斯尼.富媒体穷民主[M].谢岳译.北京:新华出版社,2004.

[109] 马费成等.信息资源管理[M].武汉:武汉大学出版社,2001.

[110] 马费成,赖茂生.信息资源管理[M].北京:高等教育出版社,2006.

[111] 马费成.信息资源开发与管理[M].北京:电子工业出版社,2004.

[112] 马海群等.信息资源管理政策与法规[M].北京:科学出版社,2009.

[113] 马克斯·博伊索特.知识资产:在信息经济中赢得竞争优势[M].张群群译.上海:上海世纪出版集团,2005(4).

[114] 迈克尔·C.詹森.组织战略的基础[M].孙经纬译.上海:上海财经大学出版社,2008.

[115] 麦奎尔.麦奎尔大众传播理论[M].崔保国译.北京:清华大学出版社,2006.

[116] 曼纽尔·卡斯特.认同的力量[M].曹荣湘译.北京:社会科学文献出版社,2003.

[117] 孟广均. 祝愿奇葩更鲜艳[J]. 知识工程, 1991(1).
[118] 孟庆国, 樊博. 电子政务理论与实践[M]. 清华大学出版社, 2006.
[119] 倪庆萍. 管理信息系统原理[M]. 北京: 清华大学出版社, 北京交通大学出版社, 2006.
[120] 潘新红. 组织知识特征与演化模式研究[J]. 情报科学, 2009(8).
[121] 朴顺玉, 陈禹. 管理信息系统[M]. 北京: 中国人民大学出版社, 1995.
[122] 阙天舒. 中西式电子民主的发展: 一种现实性比较研究[J]. 学术论坛, 2010(2).
[123] 冉春玉等. 税务决策支持系统数据仓库的设计[J]. 计算机应用, 2005(12).
[124] 施拉姆, 波特. 传播学概论[M]. 北京: 新华出版社, 1984.
[125] 世界银行. 中国的信息革命: 推动经济和社会转型[M]. 北京: 经济科学出版社, 2007.
[126] 舒晓惠. 上市公司财务绩效的评价方法研究[D]. 暨南大学硕士学位论文, 2005.
[127] 斯蒂芬·哈格, 梅芙·卡明斯, 唐纳德·麦卡布雷. 信息时代的管理信息系统[M]. 严建援等译. 机械工业出版社, 2004.
[128] 苏力. 知识的分类[J]. 读书 1998(3).
[129] 孙扬, 封孝生, 唐九阳, 肖卫东. 多维可视化技术综述[J]. 计算机科学, 2008, 135(111).
[130] 谭晓梅. 全球化对公共行政的冲击[J]. 上海交通大学学报(社科版), 2000(4).
[131] 陶文昭. 互联网上的民粹主义思潮[J]. 探索与争鸣, 2009(5).
[132] 陶文昭. 论电子民主的两种取向[J]. 理论与改革, 2009(3).
[133] 托马斯·弗里德曼. 世界是平的[M]. 何帆译. 长沙: 湖南科技出版社, 2006.
[134] 托马斯·弗里德曼. "凌志汽车"和"橄榄树"的视角[M]. 赵绍棣, 黄其祥译. 北京: 东方出版社, 2006.
[135] 汪丁丁. 知识社会与知识分子[J]. 读书 1995(11).
[136] 汪玉凯. 电子政务基础知识读本[M]. 北京: 电子工业出版社, 2002.
[137] 王安耕. 区分: 电子政务与电子政府[OL]. 中国计算机报, 2005-12-12.
[138] 王保乾, 张艳冉. 长江三角洲城市群循环经济发展水平的实证分析[J]. 中国人口·资源与环境, 2010, 20(9).
[139] 王广宇. 知识管理——冲击与改进战略研究[M]. 北京: 清华大学出版社, 2004.
[140] 王浣尘, 信息技术与电子政务——信息时代的电子政府[M]. 北京: 清华大学出版社, 2004.
[141] 王浦劬, 杨凤春. 电子治理: 电子政务发展的新趋向[J]. 中国行政管理, 2005(1).
[142] 王宪磊. 信息经济论[M]. 北京: 社会科学文献出版社, 2004.
[143] 王则柯, 李杰, 孙群燕. 瓦里安谈信息市场和信息管理[J]. 国际经济评论, 2001(Z2).
[144] 王长胜等. 中国电子政务发展报告 No.3[C]. 北京: 社会科学文献出版社, 2006.

[145] 王长胜等. 中国电子政务发展报告 No.4[C]. 北京：社会科学文献出版社，2007.

[146] 维纳. 控制论——或关于在动物和机器中控制和通讯的科学[M]. 郝季仁译. 北京：科学出版社，1962：133.

[147] 乌家培. 经济信息与信息经济[M]. 北京：中国经济出版社，1991.

[148] 乌家培. 信息管理与知识管理[N]. 中国改革报，1998-11-18.

[149] 乌家培. 信息资源与信息经济学[J]. 情报理论与实践，1996(4).

[150] 邬伦等. 地理信息系统——原理、方法和应用[M]. 北京：科学出版社，2001.

[151] 吴国盛. 芒福德的技术哲学[J]. 北京大学学报(哲学社会科学版)，2007，44(6).

[152] 夏昊翔，王众托，党延忠. 关于信息系统概念基础的一点思考[J]. 系统工程理论与实践，2001(10).

[153] 夏义堃. 公共信息资源的多元化管理[M]. 武汉：武汉大学出版社. 2008.

[154] 肖广岭. 隐性知识、隐性认识和科学研究[J]. 自然辩证法研究，1999(8).

[155] 肖明. 信息资源管理[M]. 北京：电子工业出版社. 2008.

[156] 谢阳群. 信息化的兴起与内涵[J]. 图书情报工作，1996(2).

[157] 徐贞元，孙启宏等. 中国省级环境决策支持系统的系统分析[J]. 环境科学研究，1997(5).

[158] 徐治立. 科技政治空间的张力[M]. 北京：中国社会科学出版社，2006.

[159] 许晶华. 信息产业分类体系的比较研究[J]. 情报学报，2001(05).

[160] 薛华成. 管理信息系统[M]. 北京：清华大学出版社，1999.

[161] 尤尔根·哈贝马斯. 关于公共领域问题的答问[J]. 社会学研究，1999(3).

[162] 俞可平. 建设一个创新型政府[J]. 人民论坛，2006(17).

[163] 郁振华. 波兰尼的默会认识论[J]. 自然辩证法研究，2001(8).

[164] 袁曦临. 知识管理[M]. 南京：东南大学出版社，2009.

[165] 约翰·奈斯比特. 大趋势：改变我们生活的十个新方向[M]. 梅艳译. 北京：中国社会科学出版社，1984.

[166] 詹姆斯·科尔曼. 社会理论的基础[M]. 邓方译. 北京：社会科学文献出版社，2008.

[167] 詹姆斯·马奇，赫伯特·西蒙. 组织[M]. 邵冲译. 北京：机械工业出版社，2008.

[168] 詹姆斯·汤普森. 行动中的组织：行政理论的社会科学基础[M]. 敬乂嘉译. 上海：上海人民出版社，2007.

[169] 张成福，唐钧. 电子政务绩效评估：模式比较与实质分析[J]. 中国行政管理，2004(5).

[170] 张春华. 应用税务地理信息系统搬开征管中的"绊脚石"[J]. 辽宁财税，2003(4).

[171] 张国庆. 行政管理学概论[C]. 北京：北京大学出版社，2000.

[172] 张维迎，刘鹤. 中国地级市电子政务研究报告[C]. 经济科学出版社，2003.

[173] 张燕飞，严红. 信息产业概论[C]. 武汉：武汉大学出版社，1998.

[174] 张玉峰等. 决策支持系统[M]. 武汉：武汉大学出版社，2004.

[175] 赵萍. 管理信息系统案例教程[M]. 北京：北京大学出版社，2003.

[176] 赵曙明，沈群红. 知识企业与知识管理[M]. 南京：南京大学出版社，2000.

[177] 中国电子口岸. 中国电子口岸数据中心简介[OL]. 中国电子口岸网页 http://www3.chinaport.gov.cn/templates/default/common/aboutus.jsp.

[178] 中国人民银行征信中心. 企业和个人征信系统介绍[OL]. 中国人民银行征信中心网页，http://www.pbccrc.org.cn/zhengxinxuetang_102.html.

[179] 中日北京技术文明与现代化学术讨论会. 中日北京技术文明与现代化学术讨论会文集[C]. 长沙：湖南科学技术出版社，1987.

[180] 钟义信. 社会动力学与信息化理论[M]. 广州：广东教育出版社，2007.

[181] 钟义信. 信息科学原理[M]. 北京：北京邮电大学出版社，1996.

[182] 周宏仁. 信息化概论[M]. 北京：电子工业出版社，2009.

[183] 周宏仁等. 电子政务的理论与实践[M]. 北京：国家行政学院出版社，2002.

[184] 周志忍. 当代国外行政改革比较研究[M]. 北京：国家行政学院出版社，1999.

[185] 周志忍. 当代政府管理的新理念[J]. 北京大学学报（哲学社会科学版），2005(3).

[186] 周志忍. 英国执行机构改革及其对我们的启示[J]. 中国行政管理，2004(7).

[187] 朱晓峰，王忠军. 政府信息资源基本理论研究[J]. 情报理论与实践，2005(1).

[188] 竹内弘高，野中郁次郎. 知识创造的螺旋[M]. 李萌译. 北京：知识产权出版社，2006.

[189] 左美云. 国内外企业知识管理研究综述[J]. 科学决策，2000(3).

[190] 左美云. 企业知识管理的内容框架研究[J]. 中国人民大学学报，2003(5).